Go for it!

Go for it!

Jupiters Fahrt – Wie die Reise begann

Ted Simon

Für Ann,
die mich so sehr unterstützt hat.

Und für William, Lyndon und Wyatt,
damit sie mich besser kennenlernen.

© 2024 Ted Simon jupitalia.com

Übersetzung: Eva Strehler
Lektorat und Korrektorat: Sophie Leistner & Christine Klemm
Satz: Hanna Ilse, Grafik-Design; Eva Strehler
Layout- und Umschlaggestaltung: Hanna Ilse, Grafik-Design

Herstellung und Verlag: BoD – Books on Demand, Norderstedt

ISBN: 978-3-7597-2328-4

Die Inspiration für das Unterfangen, meine Kindheit nachzuzeichnen, war Marcel Pagnols unvergleichliche Beschreibung seines Lebens und der Zeit, in der er neun und zehn Jahre alt war. In *La Gloire de Mon Père* und später *in Le Château de Ma Mère* beschwört er ein ereignisreiches Leben voller Emotionen herauf, das ohne Unterbrechungen durch Tage, Wochen und Monate fließt – und selbst, wenn man eine große dichterische Freiheit annimmt, war die zugrundeliegende Geschichte voller Charaktere und Ereignisse zweifellos vorhanden. *Pagnols Tour de Force* reicht bis weit vor den Ersten Weltkrieg in das Jahr 1903 zurück, in eine Zeit, von deren Stabilität man nur träumen kann. Er sieht sich im Kreis seiner Familie – seinem Vater, seiner Mutter, einem kleinen Bruder und einer noch kleineren Schwester – aufwachsen, beobachtet sie, reflektiert beständig seine Beziehungen zu ihnen und denkt auf höchst amüsante Weise über die Ursprünge des Lebens nach. Vergeblich habe ich in meinen Erinnerungen nach ähnlichen Episoden aus meinen frühen Jahren gesucht – ich kann stattdessen das Folgende anbieten:

GO FOR IT!

1. Erster Mai, ich komme!

Das Leben eines Menschen hat viele Anfänge: Geburt, bewusste Erinnerungen, Sprache und so weiter. Doch wenn ich nach dem ersten wirklich bedeutenden Ereignis meines Lebens gefragt werde, denke ich immer an einen Tag in London, an dem ich als Kind die Kensington Park Road entlangging – und kann nichts weiter dazu sagen, als genau diesen Augenblick zu beschreiben. Ich bin nicht sicher, wann es war, und es ist auch nichts Besonderes passiert.

Ich glaube, ich war etwa dreizehn oder vierzehn; vielleicht war es auch früher. Auf jeden Fall war es vor Kriegsende, denn wir wohnten schon am anderen Ende der Kensington, näher am Notting Hill Gate, und ich hatte keinen Grund mehr, sie hinunterzulaufen.

Manchmal frage ich mich, wie Menschen, die keinen Krieg erlebt haben, sich zeitlich orientieren – schließlich wirkt jeder andere Anhaltspunkt vergleichsweise trivial: »Ich habe meine Jungfräulichkeit kurz vor der Währungsreform verloren.« – aber wann *war* die nochmal? Oder: »Ich habe meinen Führerschein während der Suez-Krise gemacht.« Es ist einfach nicht das Gleiche, auch wenn es in meinem Fall sogar stimmt.

Nichts war so einschneidend wie der Krieg. Mein Krieg begann 1939 und endete 1945, ich war gerade vierzehn. Es gab ein ›vor dem Krieg‹, ein »während des Krieges« und ein »nach dem Krieg« – und alle drei Phasen waren mit vollkommen verschiedenen Gefühlen, Geschmäckern und Farben verbunden. Die Amerikaner erlebten einen anderen Krieg. Er begann 1941 und endete einige Monate nach unserem mit einem großen Knall, doch niemand, den ich in Amerika kenne, nutzt ihn als Orientierung. Vielleicht, weil viele zu jung sind, um sich daran zu erinnern, oder weil er viel zu weit entfernt stattfand.

Mein Krieg hingegen kam sehr nahe, und er war überall. In den Gärten der Kensington Park Road öffneten sich Luftschutzbunker, Sandsäcke stapelten sich vor Gebäuden, um die Wucht der Explosionen abzumildern, Schaufenster waren kreuz und quer mit Klebeband verstärkt und an den Fenstern des vorbeifahrenden 52er Busses waren grüne Mesh-Netze angebracht, um im Fall eines Bombenangriffs das splitternde Glas festzuhalten. Die roten, gusseisernen Briefkästen, in die wir früher unsere Post geworfen hatten, waren oben nun gelb angemalt und sollten bei einem Gasangriff ihre Farbe verändern. Fast wünschte man sich einen Gasangriff, um das zu erleben. Ich fand Chemie damals sehr spannend und ich hatte ein besonderes Set aus Geruchsproben, mit denen man herausfinden konnte, ob man gerade mit Phosgen, mit Senfgas oder mit dem alten, langweiligen Chlorgas vergiftet wurde. Ich habe keine Ahnung, wie uns das helfen sollte; unsere Gasmasken machten derartige Unterschiede jedenfalls nicht.

Jeder und jede hatte zu Beginn des Kriegs eine Gasmaske bekommen, und wir sollten nicht ohne sie nach draußen gehen. Man muss sich das vorstellen: 45 Millionen Gasmasken, jede in einem Pappkarton und mit Trageriemen. Damals war eine Million viel, egal wovon. Bis zur Mitte des Krieges hatten die meisten ihre Maske verloren oder verlegt, und wer sie noch hatte, trug sie ganz bestimmt nicht mit sich umher. Doch selbst ohne die Gasmasken erinnerte uns genug daran, dass Krieg herrschte.

Zum Zeitpunkt des Ereignisses (oder des Nicht-Ereignisses), das ich beschreiben will, waren all diese Zeugnisse des Krieges ebenso Teil des Alltags wie die verputzten Häuserfassaden, die großen, farblosen Pflastersteine unter meinen Füßen und die eisernen Fleur-de-Lys-Zäune, die Lord Beaverbrooks patriotischem Schmelzkessel entkommen waren.

Die Kensington Park Road war schon immer eine Anliegerstraße, aber sie war auch die wichtigste Verkehrsstraße meines Lebens draußen. Jahrelang ging ich sie auf meinem Schulweg hinauf und hinunter, weshalb ich einfach nicht sagen kann, wann genau dieser so entscheidende Tag meines Lebens stattgefunden hat. Ich kann sagen, dass das Wetter schön war (was in England bedeutet, dass es nicht regnet) und dass ich trödelte. Da ich nicht in Richtung Notting Hill Gate rannte, um den 31er Bus zur Schule zu bekommen, war es höchstwahrscheinlich Wochenende. Vielleicht war ich auf dem Weg zu einem Freund oder machte Besorgungen für meine Mutter. Am Bahnhof gab es einen Laden, in dem ich manchmal Zigaretten für sie kaufte – *Craven A, Cork Tipped* mit der schwarzen Katze auf der Packung, wenn sie vorrätig waren, was nicht oft der Fall war. Vielleicht war ich aber auch auf dem Weg in den Briefmarkenladen in der Church Street.

Jedenfalls schlenderte ich die Straße entlang. Seltsam ist, dass ich zwar nicht weiß, welcher Tag es war, aber ganz genau, *wo* ich war. Gerade hatte ich die langweilig graue St. Peterskirche hinter mir gelassen, die Chepstow Villas überquert und ging nun an einer hohen Backsteinmauer mit gelbem Abschluss entlang. Auf einmal überkam mich ein außergewöhnliches und überwältigendes Gefühl der Freude. Die Ekstase kam wie ein Rausch, ziemlich ungewöhnlich und sehr seltsam. Zum ersten Mal in meinem Leben spürte ich, wie es war, mich vollkommen wohlzufühlen – und das einfach nur, weil ich *ich* war.

Eine Weile ging ich so die Straße hinunter, beflügelt von einem Staunen über die pure Schönheit, am Leben zu sein. Außerdem hatte ich das deutliche Empfinden, dass dieses großartige Gefühl reproduzierbar sein könnte. Das bedeutet nicht, dass ich sonst schwer an meinen Sorgen und Aufgaben trug – meine Mutter hätte bei dieser Vorstellung gelacht –, aber ich war eben ein ziemlich normales Kind mit den üblichen Ambitionen, enttäuschten Wünschen, Selbstzweifeln und Befürchtungen, wie ich auf andere wirkte.

In diesen kurzen, glühenden Minuten war all das von mir genommen und ich schwebte befreit.

Ich wünschte, ich könnte sagen, dass mein Leben von diesem Moment an in einem Zustand heiterer Erleuchtung verlief, doch dem war beileibe nicht so. Obwohl ich weitere solcher Momente erlebte, zehre ich vor allem von der Erinnerung an sie.

Dieses Erinnern hat mich mehr als einmal vor der Versuchung bewahrt, mich mit destruktiven Verpflichtungen für eine Person, ein Ziel oder ein unangebrachtes Pflichtgefühl zu belasten. Es machte Drogen überflüssig, da ich offensichtlich auch ohne sie high werden konnte. Wann immer ich das Gefühl hatte, festzustecken, habe ich mich befreit, egal, wie hoch der Preis war. Denn ein ungemeines Vergnügen daran finden zu können, einfach am Leben zu sein, war jeden Preis wert. Dieser unbedingte Wille zur Freiheit hat mich durch viele Irrungen und Wirrungen geleitet. Es könnte sich lohnen, die Geschichte dazu zu erzählen.

Ich erblickte das Licht der Welt im Jahr 1931 im zweiten Stock einer Wohnung in Harburg, das heute ein Teil von Hamburg ist. Die Wohnung gehörte meiner Großmutter Auguste Flügge. Ihre eigenwillige Tochter, die ebenfalls Auguste hieß und mit meinem Vater in London lebte, war allein nach Deutschland zurückgekommen, um mich bei ihrer Mutter zur Welt zu bringen. Ich habe nie richtig verstanden, warum. Und irgendwie habe ich meiner Mutter in all den Jahren, die sie noch lebte, nie diese einfache Frage gestellt. Tatsächlich überrascht es mich, wie wenig Interesse Menschen in der Regel an den Geschichten ihrer Eltern zeigen – bis diese sterben und es zu spät für Fragen ist.

Gab es etwas, das sie an der englischen Geburtshilfe der damaligen Zeit störte? Ich weiß, dass sie kein großer Fan der britischen Medizin war. Einige Jahre später, ich war drei Jahre alt, entwickelte ich eine Rachitis. Meine Beine verkrümmten sich so stark, dass der Gemeindearzt meine Knochen brechen und neu zusammensetzen wollte, damit meine Beine s-förmig würden. Meine Mutter war geschockt und fand heraus, dass die Krankheit in Deutschland mit Schienen für die Nacht behandelt wurde. An sie erinnere ich mich lebhaft, und sie funktionierten. Tatsächlich funktionierten sie so gut, dass ich im späteren Leben so manches Kompliment für meine Beine erhielt, wo ich eigentlich wegen höherer Werte bewundert werden wollte.

Aber vielleicht war es gar nicht das, was meine Mutter nach Deutschland brachte. Vielleicht spürte sie schon die ersten Momente der Abneigung zwischen sich und meinem Vater, die schließlich fünf Jahre später in die Scheidung münden sollte. Sie hätte die Reise nach Harburg nicht ohne seine Hilfe und Zustimmung machen können. Damals war der Mann in der Regel Herr im Haus und bestimmte über das Geld, doch meine Mutter war eine willensstarke Frau. Sie wusste, was sie wollte, und sie hatte keine Angst, es kundzutun. Sie war die einzige von fünf Schwestern, die es gewagt hatte, ihren eigenen Weg zu gehen. Auf der Suche nach einem freieren Leben ging sie 1928 nach London – eine ziemlich rebellische Entscheidung. Was auch immer ihre Beweggründe dafür waren, mich *in utero* nach Deutschland zu bringen: Sie führten dazu, dass ich mein Leben lang erklären musste, warum ich zwar Brite bin, aber kein Engländer. Man kann nur dann Engländer sein, wenn man in England geboren wurde.

Es gelang ihr ein weiteres Mal, mich zu etwas Besonderem zu machen, indem sie mich am Maifeiertag zur Welt brachte. Ich habe mich immer daran erfreut, am 1. Mai geboren zu sein, sodass die ganze Welt meinen Geburtstag feiert. Obwohl ich dieses Privileg mit zwanzig Millionen Menschen auf diesem Planeten teile, hilft es anderen, an ihn zu denken, sodass ich als Kind wahrscheinlich mehr Geschenke bekam als üblich. Später schien das Datum dazu einzuladen, eine Party zu geben – und ich mag Partys.

Es gab meinem Leben zudem eine rötliche Färbung, die nicht ganz unpassend war. Wann und wie es kam, dass meine Mutter in die Kommunistische Partei Großbritanniens eintrat, weiß ich nicht – noch eine dieser Fragen, die zu stellen ich vergessen habe. Ich vermute jedoch, dass es nach ihrer Scheidung war. Ich bin immer davon ausgegangen, dass meine Mutter die Scheidung wollte, denn ich erinnere mich an einen verräterischen Brief, den sie in der Hose meines Vaters fand, als sie die Wäsche machte. Damals war Ehebruch im wahrsten Sinne des Wortes der einzige Weg zur Freiheit. Was auch immer tatsächlich vorgefallen war, es war der Ehemann, der dafür sorgte, im Bett – Schock! Entsetzen! – mit einem bezahlten Gegenpart in irgendeinem zwielichtigen Etablissement erwischt zu werden.

Tatsächlich könnte ihre Entscheidung, der Kommunistischen Partei beizutreten, der letzte Nagel am Sarg ihrer Ehe gewesen sein. Ihre Entscheidung wird meinen Vater schockiert haben. Er hatte hart daran gearbeitet, seine exotische Herkunft als rumänischer Jude hinter sich zu lassen und ein respektiertes Mitglied der konventionellen britischen Geschäftswelt zu werden. Die Referenzen, die er seinem Antrag auf die britische Staatsbürgerschaft beigefügt hatte, stammten sämtlich von Männern aus diesen Kreisen, und sie sprachen positiv über ihre Beziehungen zu ihm. Ich kann mir nicht vorstellen, dass er (oder sie) jemals die Vorstellung akzeptiert hätten, er könnte mit einer Kommunistin verheiratet sein.

Natürlich traf meine Mutter ihre Entscheidung nicht über Nacht. Der Ärger musste sich schon eine ganze Weile zusammengebraut haben, und erst kürzlich entdeckte ich zufällig einige Hinweise darauf, wie die Dinge sich wahrscheinlich entwickelt hatten. Ich habe einige Fotos von mir als Kleinkind – große, schöne und glänzende Abzüge, denen man ihre gute Qualität deutlich ansieht. Auf der Rückseite tragen sie den Stempel der Photographin: Edith Tudor-Hart. Ich wusste bereits, auch wenn ich nicht sicher bin, woher, dass sie und meine Mutter befreundet waren. Das früheste Bild zeigt mich, wie ich ein schwarzes Kätzchen streichle. Ich bin höchstens zwei oder drei Jahre alt, und mein Haar, das später schwarz wurde, ist wie bei meiner Mutter ein Schopf blonder Locken. Es ist ganz und gar nicht deutlich, ob ich ein Junge oder ein Mädchen bin. Später erzählte man mir, dass die Bilder Teil der Werbekampagne *Preparing to Be a Beautiful Lady* von *Pear's*-Seife werden sollten.

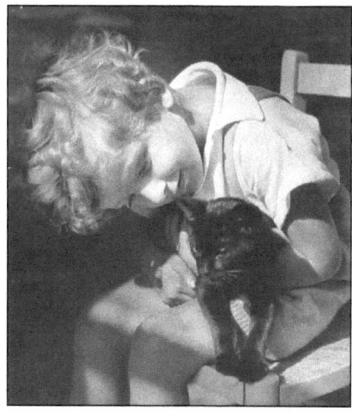 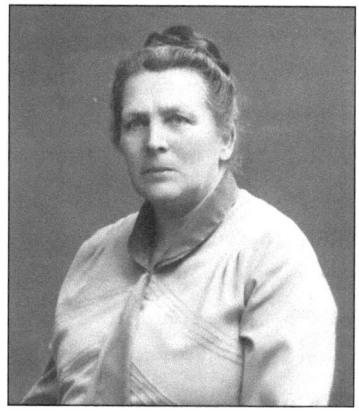

Ich, strahlend jung.
Portrait von Edith Tudor-Hart.

Meine preußische Großmutter:
Auguste Flügge.

Erst jetzt, achtzig Jahre später, kam mir die Idee, Google mit dem Namen der Photographin zu füttern. Die Ergebnisse waren erstaunlich und brachten Licht ins Dunkel. Edith Tudor-Hart war alles andere als eine hiesige, freundliche Kinderfotografin. Vielmehr war sie eine revolutionäre Aufwieglerin, und ich war überrascht zu erfahren, dass ihr fotografisches Werk in Museen in Glasgow, Wien und erst 2013 in Deutschland gefeiert worden war. Die Ausstellung trug den Titel *Edith Tudor-Hart, Im Schatten der Diktaturen*, und all ihre Fotos zeigten bittere, zu Herzen gehende Armut und Unterdrückung in Mitteleuropa und im England der 30er Jahre.

Sie wurde 1908 als Edith Suschitzky in Wien geboren und wuchs in einer Stadt auf, die vom Ersten Weltkrieg verwüstet war. Obwohl sie fünf Jahre jünger war als meine Mutter, mussten sie beide die bitteren Entbehrungen der Nachkriegszeit erleben, die meine Mutter mir immerwährend anschaulich schilderte: den immerwährenden Kampf um Brennstoff und Essen, die wütenden Demonstrationen in einer zerfallenden Gesellschaft und die Angst vor streunenden Banden ehemaliger Soldaten, die nichts mehr zu verlieren hatten. Der große Unterschied zwischen beiden war, dass Edith in streng jüdischen Kreisen aufgewachsen und ihre Kindheit von sozialen Themen und einer Kultur dominiert war, in der die Auswirkungen der Oktoberrevolution sehr präsent waren. Meine Mutter dagegen war bis dahin kaum mit Politik in Berührung gekommen. Ihre einzige Überzeugung rührte aus ihrer Jugend: die Abneigung gegen die spießig-religiösen Frauen, denen sie und ihre Schwester sonntags eine religiöse Zeitschrift auslieferten. Nicht einmal an den eisigsten der Harburger Wintertage hatte eine von ihnen die durchgefrorenen Mädchen hineingebeten, um sich die Hände zu wärmen. In diesem Augenblick hatte Gott meine Mutter verloren.

Edith Tudor-Hart und meine Mutter machten eine Ausbildung zur Erzieherin. Ich vermute, dass das zu der Zeit ein üblicher Weg für junge Frauen war. Ediths Weg führte zur Montessori-Pädagogik, die seit kurzer Zeit populär war. Mir scheint interessant, dass auch meine Mutter diese Methode übernahm, als sie viel später einen eigenen Kindergarten eröffnete, obwohl sie nach den traditionelleren Lehren eines Herrn Fröbel ausgebildet worden war. Edith ging bald nach Dessau, um am Bauhaus Fotografie zu studieren, und arbeitete danach als Fotojournalistin. Mit Mitte zwanzig geriet sie politisch, manchmal aber auch körperlich zwischen die Fronten von Links und Rechts. 1933 wurde Österreich eine faschistische Diktatur und Edith als Agentin für die Kommunistische Partei verurteilt. Sie entkam der Haft durch die Hochzeit mit dem englischen Arzt Alexander Tudor-Hart und ging nach London ins Exil.

Man kann sich leicht vorstellen, welchen Eindruck eine Frau mit Ediths Hintergrund und Erfahrungen auf meine Mutter machte. Es war, als hielte man ein Streichholz an ein Munitionsdepot. All die Ungerechtigkeit und Scheinheiligkeit, die sie erlebt hatte, die überall spürbaren, klaffenden Ungleichheiten des Klassensystems, die ungehemmte Frauenfeindlichkeit der Zeit – all das wurde von Marx und Engels im Kommunistischen Manifest klar und deutlich eingeordnet. Während Edith erlebt hatte, wie es in Mitteleuropa zu bürgerkriegsähnlichen Zuständen kam, gab es in England Hungermärsche, Massenarbeitslosigkeit und eine alles lähmende Wohnungsnot. Letztere zwang selbst arbeitende Familien in entwürdigende Lebensumstände, die George Orwell in *Der Weg nach Wigan Pier* so meisterhaft beschrieben hat.

Im Europa der 30er Jahre, das die Gemetzel des Weltkrieges noch lebhaft in Erinnerung und das Elend der Großen Depression täglich vor Augen hatte, verhieß der Kommunismus für viele Licht und Hoffnung. Noch war keine seiner dunklen und schrecklichen Konsequenzen spürbar. Und selbst wenn man vom strengen Vorgehen der Sowjetunion hörte, akzeptierte man es als notwendig im Kampf gegen die Verschwörungen, Aggressionen und Sabotage, die von feindlichen faschistischen Staaten ausgingen.

Deutlich wie eine Landkarte sah meine Mutter die Zukunft vor sich. Um damals – ohne die heute mögliche staatliche Unterstützung – als alleinerziehende Mutter zu überleben, waren strenge Disziplin und Flexibilität gefragt. Wie Millionen anderer suchte sie Arbeit und musste bereit sein, jede Tätigkeit anzunehmen. Sie arbeitete als Haushälterin, Näherin, Buchhalterin und Kindermädchen. Und sie musste sich immer unterordnen. Die Versuchung, bei einem anderen Mann – in einer neuen Ehe oder sogar unverheiratet – Sicherheit zu finden, muss riesig gewesen sein. Umgeben von schreiender sozialer Ungerechtigkeit und selbst ein Opfer davon, wurde sie unmittelbar und unwiderstehlich von der kommunistischen Philosophie angezogen.

Es war so offensichtlich: Wenn die Arbeiterklasse nur die Kontrolle über den Reichtum und die Produktionsmittel des Landes gewinnen könnte, würde die Geißel der Armut und Ungleichheit verschwinden. Was heute naiv erscheint, war im Kontext der Zeit schlicht nebensächlich. Nichts konnte schlimmer sein als ihre Wirklichkeit. Meiner Mutter war es mit ihren politischen Ambitionen sehr ernst. Sie kaufte die Werke von Marx, Engels, Lenin und anderen und beschäftigte sich intensiv mit ihnen. Sie wurde Mitglied im *Linken Buchclub*, dessen kunstleinerne Einbände ich später, als ich George Orwell entdeckte, in ihrem Regal sah. Sie glaubte an die Sowjetunion als Gesellschaftsmodell der Zukunft und arbeitete in ihrer freien Zeit unermüdlich auf dieses Ziel hin.

Über die zeitlichen Zusammenhänge kann ich nur spekulieren. Während sich die hässlichen Scheidungsformalitäten hinzogen, schickte meine Mutter mich für drei Monate zu ihrer Mutter nach Deutschland. Ich bin sehr froh darüber, dass sie das getan hat, denn ich habe enorm von dieser Zeit profitiert. Und trotzdem frage ich mich, wie eine Kommunistin ihren fünfjährigen Sohn nach Nazideutschland schicken konnte; besonders dann, wenn sein Vater Jude war. Vielleicht war meine Mutter politisch noch nicht so gebildet; immerhin kamen britische Touristen mit leuchtenden Augen aus Deutschland zurück und berichteten, welch wundersame Verwandlung die Deutschen seit dem Krieg durchgemacht hätten, wie glücklich sie alle unter Hitler schienen und dass die Züge immer pünktlich waren – genau wie die Züge Mussolinis.

Ich habe bereits an anderer Stelle davon geschrieben, aber die Wiederholung lohnt sich, weil mein ungutes Gefühl mit jedem Nachdenken darüber klarer wird. Die Reise nach Hamburg, zu der eine Nacht auf einem Ozeandampfer gehörte, war ein großartiges Erlebnis. Ich reiste allein, wenn auch unter Aufsicht, und teilte meine Koje mit einem anderen Jungen. Ich weiß, dass die Sprossen der Leiter, auf der ich in meine Koje stieg, mit dickem, rotem Plüsch bezogen waren, denn ich erinnere mich daran, sie einmal während des Tobens heruntergesprungen zu sein. Und ich erinnere mich daran, dass das Schiff mit hell erleuchteten Läden aufwartete, in denen ungewöhnliche und luxuriöse Dinge verkauft wurden.

In Hamburg, wo mich wahrscheinlich eine meiner Tanten vom Schiff abholte, werde ich sicher einige schwierige Momente gehabt haben, da einzig meine ledige Tante Hanne Englisch sprach. Trotzdem habe ich nur gute Erinnerungen. Es gab Kinder, mit denen ich spielte, und so lernte ich die Sprache schnell. Tante Hanne hatte ein Räucherfischgeschäft, das ich als Höhle voller Leckereien in Erinnerung habe. Sie richtete vieles von dem, was sie verkaufte, selbst an, weshalb ich viel Zeit spielend auf dem steinernen Fußboden verbrachte, gesättigt von den köstlichen Aromen geräucherter Heringe und Aale und dem Duft, der den Fässern mit eingelegten Essiggurken und Sauerkraut entströmte.

1936 waren die Nazis eifrig dabei, ihre Mythologie zu verbreiten, und überall sah und hörte man Nazi-Brimborium, welches auf meine kindliche Fantasie tiefen Eindruck machte. Ich liebte all die schicken Uniformen, vor allem die schwarzen von der SS, mit ihren glänzenden schwarzen Stiefeln und den schönen, tiefgezogenen Mützen, und ich streckte ihnen mit größter Ernsthaftigkeit meinen besten Hitlergruß entgegen. Ich liebte die Blaskapellen und oh, wie sehr bewunderte und beneidete ich die Hitlerjugend um ihre Halstücher mit Lederknoten, ihre Holster und ihre Messer! An eine Nacht erinnere ich mich besonders gut. Auf einem Platz in der Straße *Am Irrgarten*, wo meine Großmutter wohnte, hielten Nazi-Fanatiker eine Fackelprozession ab. Fasziniert beobachtete ich sie vom Balkon meiner Großmutter. Natürlich war ich noch ziemlich unschuldig – aber sind wir das nicht alle?

2. *Captain Blood* bei Kerzenschein

Als ich nach England zurückkehrte, lebte meine Mutter noch immer in unserem Haus, mein Vater aber war nicht mehr da. Einmal schickte meine Mutter mich zu Besuch zu ihm. Seltsamerweise kann ich mich an weiß gestrichene Holzböden, Türen und vielleicht auch Schränke in seiner Wohnung erinnern, an mehr jedoch nicht. Ich meine, damals die Anwesenheit einer Frau wahrgenommen zu haben, aber es ist nur eine sehr vage Erinnerung. Ich verbrachte die Nacht bei ihm. Wir schliefen im selben Bett und am Morgen spielten wir irgendein urkomisches Spiel mit dem Bettzeug. Das Wissen, dass wir nie wieder so vertraut miteinander sein würden und dass ich ihn danach kaum noch sehen würde, versetzt mir noch heute einen Stich.

Irgendwann musste die Doppelhaushälfte, die mein Vater in New Eltham gekauft hatte, verkauft werden. Sie war zweifellos mit einer Hypothek belastet, aber vielleicht bekam meine Mutter etwas vom Erlös. Mein Vater blieb ein kleiner, blasser Teil meines Lebens. Er erklärte sich (wahrscheinlich auf Drängen meiner Mutter) dazu bereit, meine Ausbildungskosten in Wynyard House zu übernehmen, einem kleinen, privaten Internat in Watford, wo ich Mütze und Blazer trug. An der Schule wurde Latein unterrichtet, sodass ich in einem heißen Klassenraum, in dem Staubteilchen in den Strahlen der Sonne zu Boden sanken, *mensa, mensa, mensam* durchdeklinierte, während ich mit dem Verlangen kämpfte, einfach einzudösen und zu träumen.

Allerdings sah der Lehrplan ebenso vor, dass wir Knirpse gepolsterte Lederhandschuhe anzogen und uns gegenseitig damit schlugen. Ich fand das sehr überraschend und unangenehm. Niemand hatte mir bis dahin offenbart, dass dieses aggressive Verhalten, das man normalerweise missbilligte, auch als Kunstform betrachtet und seltsamerweise »Boxen« genannt wurde. Ich protestierte lautstark. Meine Chancen, jemanden zu treffen, schätzte ich als äußerst gering ein, während ein größerer Junge – und in diesem Moment schienen alle Jungs größer zu sein als ich – mich bestimmt treffen würde. Und es würde weh tun. Trotzdem wurde ich von einer *Force majeure* gezwungen, in den Ring zu steigen. Das Ergebnis war exakt das, was ich vorhergesagt hatte.

Ein Semester verbrachte ich in Wynyard House, und die Briefe, die es noch gibt, lassen vermuten, dass ich relativ glücklich war.

»Liebe Mama«, schrieb ich, »wie schade, dass du gestern nicht da warst. Ich habe zwei Läufe und im Weitsprung gewonnen. Papa hat ein Foto von mir gemacht. Mein Boxpartner war M. Boxer.

In Liebe, Edward«

Die guten Nachrichten beruhigten meine Mutter nicht allzu sehr. Als sie herausfand, dass ich in einen Boxring gesteckt wurde, um dort geschlagen zu werden, nahm sie mich umgehend von der Schule und brachte mich zurück nach Clapham. Das machte jede Chance zunichte, von den glorreichen Traditionen der britischen Privatschulen zu profitieren, die so viele Staatsmänner, Feldmarschalle und Wirtschaftsgrößen hervorgebracht haben – von der noch größeren Zahl an Schurken und Schmarotzern ganz zu schweigen.

Rückblickend bin ich mir nicht sicher, ob sie mir damit einen Gefallen getan hat. Ich hätte lernen können, dass die Angst vor einem Schlag schlimmer ist als der Schlag selbst. Und vielleicht liegt ja eine Art Tugendhaftigkeit darin, eine Person ohne bösen Vorsatz zu schlagen? Ich werde es niemals erfahren. Gerade stelle ich erstaunt fest, dass ich mich nicht daran erinnern kann, in meinem langen Leben jemals einen Menschen absichtlich geschlagen zu haben – obwohl mir oft danach war. Tatsächlich bin ich ziemlich gut darin geworden, körperliche Auseinandersetzungen zu vermeiden, denn ich habe eindeutig Angst davor, verletzt zu werden. Unabhängig davon, ob dieses Verhalten nun die berühmte Porzellankiste rettet oder nicht, ist zweifellos eine Menge Feigheit dabei. Heute kann ich das zugeben, denn ich habe inzwischen einige Dinge getan, für die ich Mut aufbringen musste.

Schon bald nachdem ich dem Boxring entkommen war, fand meine Mutter Arbeit bei einer Familie in Hastings, einer Stadt am Ärmelkanal. Ich vermute, dass sie dort zwar als Haushälterin oder Kindermädchen angestellt, im Grunde aber nur ein besseres Hausmädchen war. Ich habe keinerlei Erinnerungen an ihre Arbeitgeber, und das allein lässt schon vermuten, dass meine Mutter dort nicht sehr glücklich war. Bestimmt benahm ich mich wie jeder sechsjährige Junge, aber alles, was mir im Gedächtnis blieb, war die Bedeutung des Frühstücks. Damals waren auf den Packungen von *Kellogg's Corn Flakes* gepunktete Linien. Wenn man an diesen entlangschnitt und die einzelnen Teile zusammensteckte, entstanden die tollsten Dinge. Vorher musste die Packung natürlich leergegessen werden – ein Geniestreich des *Kellogg's* Marketing, dem ich mich nur zu gern unterwarf.

Man sollte meinen, dass Boote, Wellen und kleinere nautische Abenteuer in den Erinnerungen eines Jungen, der so nah am Meer lebte, vorkommen würden. Tatsächlich aber sind die einzigen Spuren aus dieser Zeit, die noch schwach zu erkennen sind, meine Vorliebe für eingelegte Krabben und eine Pastete aus Räucherhering – wohl eine Hommage an Tante Hanne und ihren Fischladen. Diese Aufstriche kaufte man in Dosen, die so unverschämt klein waren, dass *Shippam*, der Hersteller, sich hätte schämen sollen, so knauserig zu sein. In Hastings bekam ich auch mein erstes Fahrrad geschenkt, aber irgendwann verletzte ich mir ein Knie so sehr, dass es sich versteifte. Es war ein seltsamer Zustand, der einige Jahre anhielt und Teil meiner Identität wurde, bis ich eines Tages bemerkte, dass er sich auf wundersame Weise aufgelöst hatte.

Irgendwann waren wir zu Besuch auf einem Hof. Von diesem Aufenthalt wurde mir später erzählt, dass ich eine kleine Leiter gefunden und sie an ein großes, gutmütiges Kutschpferd gelehnt hätte und dann auf seinem Rücken sitzend entdeckt worden sei. Ich selbst erinnere mich daran, dass es auf dem Hof viele Kaninchen gab, die eingefangen und zu Pastete verarbeitet wurden. Ich beobachtete den Bauern dabei, wie er die Kaninchen ins Jenseits beförderte, indem er ihnen mit einer schnellen Drehung des Kopfes das Genick brach. Als es mir einmal gelang, ein Kaninchen in einen Heuhaufen zu scheuchen und zu fangen, versuchte ich vergeblich, es auf diese Weise zu töten. Das verletzte Tier entkam, und ich war untröstlich.

Im Sommer des Jahres 1938 wurde ich unter mysteriösen Umständen mit dem Zug in die Ferien nach Cornwall geschickt. Möglicherweise hatte das etwas mit Edith Tudor-Hart zu tun, ihr Ehemann Alex lebte dort. Mysteriös waren die Umstände deshalb, weil meine Mutter nicht mit mir fuhr. Es muss also eine Person dabei gewesen sein, der sie vertraute, an die ich mich jedoch nicht erinnere. Ich glaube nicht, dass ich in diesem Alter allein reiste. Vielleicht begleiteten mich Freunde meiner Mutter. Ich weiß, dass sie viele Freunde hatte, die sie liebten und ihr jederzeit geholfen hätten. Getrieben von einer unbezähmbaren Wut auf die soziale Ungerechtigkeit brachte sie sich voller Energie für linke Ideen ein. Heute vermute ich, dass viele der Menschen, die sie auf den von ihr organisierten Treffen kennenlernten und mit ihr arbeiteten, ein wenig Ehrfurcht vor ihr hatten. Mit meinen acht Jahren wurde ich von alledem natürlich ferngehalten; ich war mit Sicherheit schon im Bett, wenn die Meetings stattfanden.

In Cornwall lebte ich in einem kleinen Cottage aus Stein. Mein Zimmer war anders als alle, in denen ich früher gewohnt hatte. Die Wände waren cremefarben und irgendwie klumpig, nicht so glatt, wie ich sie kannte. Vielleicht wusste ich, dass es gekalkte Mauern waren, aber mit meinen acht Jahren kam ich nicht auf die Idee, darüber nachzudenken, warum sie so aussahen. Ich mochte sie einfach und fand es schön, wie sie bei Kerzenschein aussahen. Sie waren mir sehr nahe, denn es war ein kleines Zimmer direkt unter dem Dach, kaum größer als mein Bett.

Ich fühlte mich in diesem kleinen Raum sehr wohl und verbrachte einige Zeit darin, denn in den Ferien war ich an Gelbsucht erkrankt und lag, wie man damals sagte, »darnieder«. Wenn es etwas gab, das an dieser Krankheit unangenehm war, so ist es mir entfallen. Tatsächlich erinnere ich mich an nichts von dem, was außerhalb des kleinen Raumes vor sich ging. Ich weiß nicht, wem das Cottage gehörte, wie ich dorthin gekommen war oder was ich getan hatte, bevor ich krank wurde. Vielleicht war es zur selben Zeit, als ich eine Felswand an einem Strand hochkletterte und steckenblieb. Ich war starr vor Angst, wurde fast panisch und konnte weder weiter nach oben noch wieder herunterklettern. Vielleicht war es so, aber irgendwie gehören die beiden Erinnerungen nicht zueinander.

Es ist der Raum, an den ich am liebsten denke. Am Fußende des Bettes war ein kleines Regal in die Wand eingelassen, auf dem einige Bücher standen. Eines von ihnen war *Captain Blood* von Rafael Sabatini. Ich las es im Bett im Schein der Kerze, und ich hätte nicht glücklicher sein können. Es ist das erste Buch, an dessen Lektüre ich mich erinnere – was bemerkenswert ist, weil ich vorher sicher schon viele Bücher gelesen hatte. Gerade habe ich es im Internet entdeckt, und die Geschichte über Piraten in der Karibik hat mich sofort wieder in ihren Bann gezogen. Sie fesselt mich mit ihrem salzigen Vokabular, das ich längst vergessen hatte, mit Begriffen wie Sprengluken, Beiboote und Kuhlen. Gentlemen mit adlerähnlichen Gesichtszügen riefen: »Erdolche mich!« Und obwohl die Handlung vorhersehbar und vertraut ist, liegt doch einige Raffinesse darin, wie sich die Geschichte entfaltet – und der schneidige Captain Blood ist ebenso wenig nur irgendeine Phantasiefigur wie zum Beispiel James Bond. Ich staune darüber, dass sich ein achtjähriger Junge durch diese Welt navigieren konnte. Das Buch erschien Anfang des 20. Jahrhunderts, hätte aber auch zweihundert Jahre früher geschrieben sein können. Ich habe keine Ahnung, was ich unter Wendungen wie »sein Schwert nach Frankreich bringen« verstand, aber ich verschlang das Buch – meist bei Kerzenschein, weil es keinen Strom gab. Nach und nach entstand so eine kleine Sammlung an Dingen, die mir Freude bereiteten: weiß gekalkte Wände, Lesen im Bett und der scharfe Geruch einer flackernden Kerze.

Fast ein halbes Jahrhundert später wollte ich in einer kalifornischen Klinik in der Nähe meines damaligen Wohnortes Blut spenden. Ich gebe zu, ich fühlte mich ziemlich tugendhaft, als ich auf der Liege meinen halben Liter Blut ablieferte. Erst danach wurde ich zu meiner Krankengeschichte befragt. Als ich schon auf dem Weg nach draußen war, sagte man mir, man habe mein Blut wegen meiner früheren Gelbsucht weggeworfen. Ich weiß nicht, was mich zurückgehalten hat, aber innerlich war ich wütend. Warum hatten sie nicht vorher gefragt? Und überhaupt hätten sie mir das Blut zumindest als Dünger für meine Rosen mitgeben können.

Während ich in Cornwall war, ging meine Mutter zurück nach London. In der Offerton Road, nicht weit entfernt vom Park Clapham Common, bezog sie eine Wohnung, in der sie viel an ihrer Nähmaschine arbeitete. Die Wohnung ging über zwei Etagen, aber die Räume waren winzig, sodass meine Mutter ihre Schneiderpuppe auf dem Absatz zwischen den beiden Etagen aufbewahrte. Auf der Treppe gab es kein Licht, und wenn ich in der Dunkelheit zu Bett ging, tauchte diese blasse, menschliche Form auf, eine geisterhafte, mondweiße Erscheinung. Obwohl ich genau wusste, was es war, blieb mir jedes Mal das Herz stehen, und ich dachte mir Horrorgeschichten mit dieser Puppe aus.

Nur drei Straßen weiter gab es eine Grundschule, zu der ich in den letzten Vorkriegsjahren, also im Alter von knapp acht Jahren, jeden Wochentag zu Fuß ging. Viel wichtiger als die Schule aber waren der nahe gelegene Spielplatz mit seinen Schaukeln und Karussells und schließlich, ein kleines Stück weiter, der Park selbst. Die Freiheit, die wir Kinder damals hatten, war wundervoll. Wenn wir nicht in der Schule waren, lag uns ganz London zu Füßen. Einzig die Notwendigkeit, zu essen und zu schlafen, band uns an unser Zuhause. Da meine Mutter oft bis sechs oder später unterwegs war und arbeitete, genoss ich besonders viel dieser Freiheit. Natürlich musste ich mit ihrem Zorn rechnen, wenn sie mich fragte, wo ich mich herumgetrieben hatte, aber die Vorstellung einer Bestrafung blieb seltsam abstrakt. Es war faszinierend, was man sich selbst vorgaukeln konnte, um den »Ich muss jetzt nach Hause«-Moment so lange hinauszuzögern, bis es zu spät war – und die Konsequenzen drastisch, manchmal sogar schmerzhaft wurden.

Einige Monate vor Kriegsbeginn und lange bevor ich ahnte, dass solcher Schrecken überhaupt möglich war, beobachteten

wir, wie Männer in Uniform und Overalls zum Park kamen und
große Bereiche mit Zäunen abtrennten. Ihre Lastwagen waren
mit langen Metallröhren und schweren Maschinen beladen. Ein
paar Tage später entdeckte ich, dass etwas Silbriges auf dem
Boden ausgelegt worden war. Dann ertönten von den Lastwagen
laute Maschinengeräusche, und staunend beobachtete ich, wie
das silberne Material sich in geisterhaft unförmigen Klumpen
langsam vom Boden erhob. Nach und nach nahm es die Form
eines großen Ballons mit Elefantenohren an und erhob sich
unter dem Brummen und Scheppern der Maschinen langsam
und majestätisch in die Luft.

Nach einer Weile gab es viele dieser Sperrballons im Park, und
ich gewöhnte mich daran, dass sie da waren. Es war vor allem
der Teich, der meine Aufmerksamkeit fesselte. Natürlich gab
es dort Enten, die man füttern oder ärgern oder jagen konnte,
aber gerade an Wochenenden war es ein ganz besonderer Ort.
Männer, die in meinen Augen alle gleichermaßen alt waren und
fast einer anderen Art angehörten, kamen dorthin, um ihre
Modellboote fahren zu lassen. Einige davon waren ungewöhnlich detailgenau gebaut: Miniaturausgaben berühmter Yachten,
die größeren oft ferngesteuert. Manchmal gab es sogar Rennen,
und es war aufregend zuzuschauen, während die Besitzer wie
Fußballtrainer am Rand des Teichs vollen Einsatz zeigten, an
den Knöpfen ihrer kleinen schwarzen Boxen drehten und ihre
Antennen schwenkten.

Alles in mir wollte so einein solches Boot. Und endlich, zu
meinem Geburtstag 1939, kaufte meine Mutter mir ein kleines
Einmasterboot, das ich auf dem Teich segeln lassen konnte.
Zunächst traute ich mich nicht, es am Rand des Teiches loszulassen, aber ich wusste, dass der Wind, wenn ich die Segel nur
richtig setzte, es über den ganzen Teich bringen würde. Dann
kam der schreckliche Moment, in dem ich es zum ersten Mal

losließ – und danach viele Momente voller Anspannung, wenn ich das umgekippte oder in einer Flaute vor sich hin dümpelnde Schiff mit purem Willen an Land bewegen wollte.

Uns gelangen dennoch einige erfolgreiche Überquerungen des Ozeanteichs, bevor das Unheil seinen Lauf nahm. Nicht nur die Ballonmänner bereiteten sich nun auf den Krieg vor, auch die Feuerwehr traf letzte Vorbereitungen. Eines Tages fuhren zwei ihrer leuchtend roten Fahrzeuge an den Rand meines Ozeans heran. Mehrere Männer stürzten aufgeregt rufend heraus und luden Schläuche ab und kommandierten einander herum. Als sie ihre Schläuche zum Rand des Teichs zogen, spürte ich, wie eine böse Vorahnung meinen Magen zusammenzog. Mein Boot segelte gerade langsam und prachtvoll zu mir zurück, als der erste Wasserstrahl den Teich traf. Schnell entschieden die gnadenlosen Feuerwehrmänner, dass ihnen ein Ziel gerade recht kam, um ihre Fertigkeiten zu verfeinern. Es dauerte nicht lange, bis ihre kräftigen Strahlen mein kleines Traumboot fanden, und obwohl es tapfer gegen den kräftigsten aller Stürme ankämpfte, dem jemals ein Schiff auf hoher See begegnete, ergab es sich mit gebrochenem Mast, gekentert und auf ewig verloren schließlich seinem Schicksal. So kam es, dass auch ich – im zarten Alter von acht Jahren – ein großes Opfer brachte und zu Hitlers Untergang beitrug.

Wir lebten noch in der Offerton Road, als Großbritannien Deutschland den Krieg erklärte. Ich saß gerade in der Küche am Radio, als ich die schicksalhafte Ankündigung hörte. Nach meinem Verständnis war es nun mehr als wahrscheinlich, dass deutsche Soldaten über London absprangen und auf den Dächern kämpfen würden. Ich stellte mir Mann-gegen-Mann-Kämpfe mit Schwertern vor und freute mich auf dramatische Szenen, doch abgesehen davon löste die Aussicht auf Krieg in meinem achtjährigen Bewusstsein nicht viel aus. Meine Mutter hingegen trug sie wie eine schwere Last. Lange bevor die Regierung die Evakuierung aller Kinder in London angeordnet hatte, war sie zu dem Entschluss gekommen, mich aus der Schusslinie zu bringen. Sie nutzte ihre Kontakte und fand für mich einen Platz an einer Schule für Kinder, die aus Nazi-Deutschland geflohen waren. Ich verbrachte den gesamten Winter an der *Bunce Court School* in Kent.

Er war ungewöhnlich kalt, und es gab jede Menge Schnee, sodass wir im Schulgarten Iglus bauten. Es war der Winter, in dem Stalin in Finnland einmarschierte. Er war davon ausgegangen, auf wenig Widerstand zu treffen. Doch die Finnen behaupteten sich mehrere Monate lang gegen ihn. Das lag vor allem daran, dass Stalin seine eigene Armee in einer Reihe von paranoiden Säuberungsaktionen verstümmelt und fast all seine höheren Offiziere getötet hatte. Die *Picture Post* war voll mit Bildern und Berichten von den schneidigen Finnen, die dem russischen Bären in Schnee und Eis standhielten, und wir Kinder spielten das Drama auf unsere Weise nach. Von meiner Mutter wurde natürlich und nicht zum letzten Mal erwartet, dass sie sich der Parteihaltung anschloss und die Finnen als Faschisten verurteilte. Ich hingegen war in seliger Weise unpolitisch, zumal es im Garten von *Bunce Court* keine Faschisten gab.

Da Kent aber nicht viel sicherer war als London, wurde die Schule 1940 nach Shropshire in Nordengland, in die Nähe der Stadt Wem, evakuiert. In *Jupiters Heimkehr* habe ich bereits ausführlich über die Schule, den Kindertransport und die bemerkenswerte Geschichte der Direktorin Anna Essinger erzählt, aber als achtjähriger Junge wusste ich nichts von diesem faszinierenden Hintergrund. Er hätte mich wohl auch nicht interessiert. Ich wurde in diese Horde Jungen hineingeworfen – an Mädchen kann ich mich nicht erinnern. Wahrscheinlich sprachen sie noch eine Mischung aus Englisch und Deutsch, was für mich kein Problem war. Ohne Zweifel waren einige von ihnen noch durch den Verlust ihrer Eltern traumatisiert, doch Jungen dieses Alters haben bekanntlich wenig Mitgefühl. Es dauerte nicht lange, bis ich mich in Gwynne Badworth verliebte, eine junge, blonde Frau, die sich um die Jüngsten von uns kümmerte. Sie brachte uns bei, wollene Quadrate zu stricken, die zu Decken für unsere Soldaten zusammengenäht wurden. Und sie zeigte mir, wie ich meine Fingernägel reinigen konnte, indem ich meine Hände ineinander verhakte und die Seife in sie hinein- rieb. Noch immer habe ich das Bild vor Augen, wie ihre Hände sich um meine legten, und wenn ich mir heute, fast achtzig Jahre später, die Hände wasche, denke ich manchmal an sie.

Vom Haupthaus führte ein Weg hinab zu der roten Backstein- villa, in der ich im ersten Jahr wohnte. Wenn man den Tod nicht scheute, konnte man aus einem der Fenster im Erdgeschoss steigen, um ein schmales Fensterbrett herum- und durch ein anderes Fenster wieder in die Villa hineinklettern. Der Fall in die Büsche unter uns bedeutete einen Sturz von furchterregen- den eineinhalb Metern, aber ich habe den tödlichen Sprung nie gewagt. Etwa ein Jahr später begann ich, auf Bäume zu klettern, und zu meiner eigenen Überraschung schaffte ich es, bis in die Krone einer Buche zu klettern. Vom Hain aus konnte ich die ganze Welt sehen, was mich überaus glücklich machte.

Jede Woche sorgte Gwen dafür, dass ich meiner Mutter eine Postkarte schrieb, auf der für gewöhnlich stand: »Es geht mir gut. Bitte schick mir einen Schilling.«, oder Abwandlungen davon. Ein- mal konnte ich sogar am Telefon mit ihr sprechen – ein aufregen- des Unterfangen, weil dafür einige Vorbereitungen nötig waren. Zu ihnen gehörte der sogenannte »Stammanruf«. Dieser war mir ein großes Rätsel, da ich Stämme nur von Bäumen kannte. Ich bestürmte meine Mutter mit Bitten, mich nach London zu holen und mit mir ins Kino zu gehen, denn ich wollte unbedingt *Target for Tonight* sehen. Im Herbst 1941 gab sie schließlich nach und erlaubte mir, für ein oder zwei Wochen nach Hause zu kommen. So kam es, dass Gwen mich eines Tages Anfang September in Wem in den Zug setzte und meine Mutter mich in Euston abholte.

Bahnhöfe waren in meinem Leben immer besonders dramatische Orte. Zuerst waren sie die größten Gebilde, die ich kannte, größer sogar als die Kaufhäuser wie *Selfridges* in der Oxford Street, wohin wir in der Weihnachtszeit gingen. Paddington Station kannte ich schon von der geheimnisvollen Fahrt, die ich mit der *Great Western Railway* nach Cornwall unternommen hatte. Nun aber war ich neun Jahre alt und sog jedes Detail auf. Der weite, höhlenartige Raum dieses riesigen Bahnhofs, in dem stechender Rauch und Dampf waberten, war ehrfurchteinflößend. Ich konnte meine jungen Augen kaum von den großen Lokomotiven abwenden, denn ihre Anatomie war sichtbar. Man begann zu verstehen, wie diese Kolben die großen Räder antrieben, wo die Kohle lagerte, wie sie in die Kessel geschaufelt wurde, und warum die Lok eigentlich ein großer, liegender Zylinder war. Schon beim Blick durch die Dampfwolken, die darunter hervorstießen, konnte man erkennen, wie er die Bremsen in Gang setzte, die das Ungeheuer quietschend und ruckelnd zum Stehen brachten.

Dann waren da all die wunderbaren Geräusche, die von den hohen Gewölben aus Glas und Stahl widerhallten. Die kräftigen Dampfstöße der Lokomotiven, die schrillen Pfiffe und Rufe der Schaffner, das Durcheinander von Menschen, die zum oder vom Bahnsteig liefen – all das bildete ein Spektakel, mit dem nur ein Zirkus mithalten konnte. Nun lag ein neuer Zauber darauf. Alles hatte sich verändert. Der Bahnhof war voller Menschen in Uniform. Überall sah man Sandsäcke und rote Eimer und Feuerlöscher und Männer mit Stahlhelmen. Hätte meine Mutter gewusst, dass Hitlers Luftwaffe gerade ihren Blitzkrieg gegen London begann, hätte sie meinen Besuch ganz sicher abgesagt. Das erste Kriegsjahr war beängstigend ruhig verlaufen, es war die Phase des ›falschen Krieges‹. Doch dann, als ich gerade ankam, brach die Hölle los. Die Luftwaffe begann, London ohne Pause zu bombardieren, und die Auswirkungen waren überall spürbar.

Meine Mutter war aus Clapham weggezogen und wohnte nun in einer kleinen Wohnung in Brixton. Am Ende der Straße stand ein riesiger Maulbeerbaum, der seine violetten Früchte über den ganzen Fußweg verteilt hatte. Er grub sich tief in mein Gedächtnis ein und ist der einzige Hinweis, den ich auf die Jahreszeit damals habe. Warum meine Mutter umgezogen war, weiß ich nicht, doch sie wollte wahrscheinlich Geld sparen. Kurz darauf zog sie noch einmal um, sie hatte Bettwanzen hinter der Tapete entdeckt.

Die deutschen Bomber kamen in meiner ersten Nacht in London. Vom Schlafzimmerfenster aus beobachteten wir den grandiosen, rotglühenden Widerschein der Zerstörung über dem Londoner Hafenviertel und lauschten den pausenlosen Explosionen, dem Dröhnen der Flugzeuge und den jaulenden Sirenen, die über der ganzen Stadt ertönten. Von dieser Nacht an kamen sie unglaubliche acht Monate lang jede Nacht, töteten etwa 30.000 Londoner und zerstörten eine Million Häuser.

Nach vielen Diskussionen mit meiner Mutter nahm sie mich schließlich mit ins Kino, um *Target for Tonight* zu sehen, einen spannenden und bereichernden Bericht über einen Wellington-Bomber, der einen Angriff über Deutschland fliegt. Kurz darauf kehrte ich nach Wem zurück. Mein kindlicher Appetit auf Dramatik war mehr als gestillt.

3. Radieschen für den Sieg

Vielleicht erinnern wir uns besonders gut an die Dinge aus unserer Kindheit, die damals die größte Bedeutung für uns hatten. Vielleicht war es aber auch einfach das, was wir einordnen und benennen konnten. Ich erinnere mich an Dinge, die mir in der Schule in Wem widerfahren sind, und an solche, die ich dort getan habe. Ich erinnere mich nicht an meine Gedanken, an Zweifel oder Ängste – ich erinnere mich nur an meine Triumphe. Hatte ich Heimweh oder Angst? Ich werde es nie wissen. Ich habe keinerlei Erinnerungen an Traurigkeit, Neid oder Schmerz.

Ich erinnere mich daran, dass ich in einen Strauch Brennnesseln gefallen bin (das muss wehgetan haben) und anschließend durch die Verandatür ins Haus gebracht, auf einen Tisch gelegt und mit reichlich Galmeisalbe eingerieben wurde.

Ich erinnere mich daran, dass es mich unglaublich viel Zeit und Mühe kostete, Kakaopulver und Wasser zu einer geschmeidigen Masse zu vermengen, wenn ich an der Reihe war, sie für das Schulfrühstück zuzubereiten. Es ist seltsam, denn heute gelingt es mir mühelos und im Handumdrehen.

Ich erinnere mich daran, wie ich im sommerlich hohen Gras zwischen Butterblumen lag, dem Summen der Bienen lauschte, mit mir und der Welt im Reinen war und dabei ein kleines Flugzeug beobachtete, das über mir kreiste und das deutsche Eiserne Kreuz unter seinem Flügel trug.

Ich erinnere mich daran, dass wir unsere winterkalten Hände an den Warmwasserheizkörpern in der Halle aufwärmten, wenn wir aus dem Schnee reinkamen. Ich erinnere mich an die Frostbeulen, aber ich erinnere mich nicht an den Schmerz.

Ich erinnere mich daran, dass wir nach meinem Umzug ins größere Gebäude in Etagenbetten schliefen, die an den Wänden lehnten. Es waren vielleicht sechs Jungs pro Raum. Ich hatte das obere Bett über einem Jungen namens Heinz, und wir erfanden ein Spiel, in dem wir wie mittelalterliche Ritter mit der Lanze kämpften. Der Junge oben – also ich, der Schmächtigere – war der Ritter. Ich saß auf Heinz' Schultern, der das Pferd unter mir war, und wir perfektionierten eine Technik, mit der ich eine magische Geschwindigkeit erreichte, um unseren Gegner zu konfrontieren und zu überwältigen. Es war, soweit ich mich erinnere, das letzte Mal, dass ich die großartige Fähigkeit des kindlichen Geistes nutzte, das Leben in Fantasie zu kleiden – und auf Heinz' Schultern war ich selbstverständlich ein Ritter.

An Lehrer, an Unterrichtsstunden oder an die allgemeinen Schulabläufe erinnere ich mich überhaupt nicht. Ich kann nur vermuten, dass ich mich ganz anständig durchschlug, sodass ich von alledem kaum Notiz nehmen musste.

Dank Hitlers waghalsiger Kehrtwende im Frühling 1941 konnte ich im Sommer nach London zurückkehren und wieder bei meiner Mutter leben. Sie hatte in North Kensington eine Wohnung oben in einem fünfstöckigen Terrassenhaus in Ladbroke Gardens gefunden. Obwohl die Bombardierung aufgehört hatte, waren die oberen Etagen noch immer billiger, und meiner Mutter war Lebensqualität schon immer ein wenig wichtiger gewesen als Sicherheit. Alle Gebäude in dieser Gegend sahen gleich aus. Sie waren im 19. Jahrhundert während eines Baubooms in relativ kurzer Zeit entstanden. Blickte man auf die hintereinander liegenden Häuserreihen und -bögen, in denen sich mehrgeschossige, massive Häuser mit beachtlicher Ähnlichkeit aneinanderreihten, auf all den Asphalt und die Pflastersteine, auf die Infrastruktur der Straßen und die eingezäunten Vorgärten, war es kaum vorstellbar, dass all das nur knapp neunzig Jahre zuvor offenes Weideland gewesen war. In nur einem Jahrzehnt hatte der viktorianische Wohlstand diesen Boom ausgelöst, der mehrere Quadratkilometer von Ladbroke Estate mit Häusern für betuchte Familien und ihre Diener (durchschnittlich ein Diener auf drei Schnösel) bedeckte. Ein großer Teil davon wurde von einem gewissen Dr. Walker finanziert, der mit einem Vermögen aus Indien zurückgekehrt war. Dort hatte er Indigo angebaut, den natürlichen Farbstoff, der all die Damen des 19. Jahrhunderts mit exklusiven Violett- und Mauvetönen schmückte.

Doch nach jedem Boom kommt eine Pleite, und diese zerstörte beinahe unser Haus. Als die Stadtentwickler ihre Fühler von Holland Park aus immer weiter nach Norden ausstreckten, erreichten sie meine Straße genau zu der Zeit, als dem ganzen Unternehmen die Luft ausging. Im Februar 1854 kollabierte Dr. Walkers kurzlebiges, wackliges Imperium vollständig, als Ramsey, einer seiner Partner, bankrottging. Die halbfertigen Häuser von Ladbroke Gardens tauchten 1857 im Magazin *The Building News* auf: »In einigen Teilen der Notting-Hill-Siedlung wurden zahlreiche Häuser errichtet. Viele von ihnen sind bezugsfertig, andere werden gerade fertiggestellt. Derweil stehen Gebäude in anderen Teilen noch immer als bloße Gerippe herum oder wurden in verschiedenen Baustadien aufgegeben. Offenbar fehlten die Mittel, um sie fertigzustellen.«

In Ladbroke Gardens gab es achtzehn potenziell äußerst hochwertige Häuser, denen man »beim Verfall förmlich zusehen konnte«: »Die nackten Gerüste, die zerfallende Ausstattung, die gespaltenen Wände und der schleimige Zement, auf denen die Hitze des Sommers und der Regen des Winters ihre zerstörerischen Spuren hinterlassen haben, sind noch immer auf dem Gelände sichtbar ... und die schmähende Bezeichnung »Sargreihe« war dort an die Straße geschrieben, wo die Fenster diese grässliche Form hatten.«

Doch nichts konnte die Ausbreitung des Empire aufhalten. Um neues Interesse an der Gegend zu wecken, wurde einige Jahre später eine Kleinbahnstrecke weiter nach Norden verlegt. Ladbroke Gardens wurde vor dem Verfall bewahrt.

Wir zogen in das Haus Ladbroke Gardens Nr. 7, und bald kannte ich es wie meine Westentasche. Es war wohl eines dieser »äußerst hochwertigen Häuser«, denen man »beim Verfall förmlich zusehen konnte«, doch mit meinen elf Jahren hatte ich keinen Blick für Architektur. Was ich sah, war eine Reihe hoher, fünfgeschossiger Gebäude, die cremefarben verputzt und verziert waren. In den Kriegsjahren wirkten sie etwas schäbig, aber auch erhaben – ein Eindruck, den die umlaufende Balustrade auf ihren Dächern noch verstärkte. Wie bei den anderen Häusern führten auch bei uns ein kurzer Weg und vier Stufen zu einer grün gestrichenen Doppeltür mit strahlenden Messingbeschlägen. Links dieser Stufen gab es einen offenen Graben. Betrunkene oder verwirrte Fußgänger, die durch die Verdunkelung stolperten, wären ohne Zweifel hineingefallen, wenn er nicht auf Straßenhöhe durch ein schmiedeeisernes Geländer geschützt worden wäre.

Ein Tor in diesem Geländer öffnete den Weg zu Stufen, die zu einer Souterrainwohnung und dem Kohleschacht führten. Dieser war für das Überleben ebenso wichtig wie Strom es heute ist – in jeder der fünf Etagen des Hauses in Ladbroke Gardens gab es Räume mit Kohleöfen. Der Kohlevorrat unter dem Bürgersteig wurde durch ein rundes Loch gefüttert, das mit einer gusseisernen Scheibe bedeckt war. Wie die unterschiedlichen

Mieter es schafften, ihre eigene Kohle von der der Anderen zu unterscheiden, ist mir heute ein Rätsel. Doch damals muss ich es gewusst haben, denn ich war es, der den Kohleeimer aus Kupfer fünf Stockwerke hochschleppte. Ich weiß, dass der Kohlenmann mit seinem Pferdekarren von Charringtons Hof kam und dass wir uns glücklich schätzten, wenn er walisische Nüsse oder Anthrazitkohle hatte. Er trug eine schwarzglänzende Mütze mit einem langen Stoffteil im Nacken. Es sollte ihn vor dem Kohlestaub schützen, wenn er den zentnerschweren Sack über seine Schulte hievte und die Kohle in das Loch hinabschüttete. Der Schutz war minimal. Kohlebröckchen klebten an ihm, als hätte er das Zeug eigenhändig dorthin geschaufelt. Wie die Kohle unten im Schacht aufgeteilt wurde, ist mir ein Rätsel. Vielleicht erlebte die Demokratie in Londons Kohleschächten ihre größte Blüte, vielleicht wartet aber auch noch das eine oder andere Skelett auf seine Entdeckung.

Dem Kohleschacht gegenüber lag die Souterrainwohnung, in der Frau Nicholls lebte und Pekinesen züchtete. Sie erlaubte mir, zum Kohleholen durch ihre Wohnung zu gehen, und weil es deutlich einfacher war, als den Weg außenherum zu gehen, nahm ich ihr Angebot eines Tages an.

»Wusstest du«, fragte sie mich, »dass Pekinesen im alten China zur Löwenjagd eingesetzt wurden?« Sie hatte damals ein Dutzend oder mehr dieser flauschigen kleinen Hunde, und eigentlich hätten sie für einen Elfjährigen spannend sein müssen. Doch nach diesem ersten Besuch vermied ich es, die Wohnung wieder zu betreten, denn sie war durchdrungen von einem überwältigenden und Übelkeit erregenden Geruch nach alter, gekochter Milch. Stattdessen schleppte ich den Kupfereimer aus dem Keller hinauf auf den Bürgersteig und dann durch zwei Türen ins Haus. Dieser Eingang, hoch, getäfelt und in einem satten Grün gestrichen, erschien mir sehr vornehm. Durch ihn gelangte man in eine gefliese Halle im Erdgeschoss, aus der eine prachtvolle Treppe über vier Absätze in den zweiten Stock führte. Sie hatte eines dieser glatten, runden Geländer, auf denen man hinunterrutschen konnte.

Ich habe nie herausgefunden, wer im Erdgeschoss lebte, doch dafür habe ich die Frau aus dem ersten Stock einige Male getroffen. Vermutlich haben die ursprünglichen Bewohner einst ihre Gäste im ersten Stock empfangen. Seine ebenfalls sargförmigen Fenster zeigten zur Straße, doch so, wie sie waren – mit Pilastern, feinem Stuck und aufgelockert durch das schmiedeeiserne Geländer ihres Balkons – hatten sie nichts Begräbnisartiges an sich. Ich war nie in dieser Wohnung, aber die Frau, die dort lebte, war Köchin in einem Restaurant im West End. Meine Mutter war entrüstet darüber, dass sie die Abfälle der Brathähnchen von der Arbeit mitbrachte und an ihren Hund verfütterte. Damals, bevor es Fast Food gab, war Hähnchen Luxus und wegen der strengen Kriegsrationierung kaum zu bekommen. Ich hatte damals noch nicht die politische Reife, mich zu fragen, warum Restaurants all die Leckereien anboten, die wir nicht kaufen konnten. Ich beneidete einfach den Hund.

In der zweiten Etage, wo das Geländer endete, lebte Alice Clarke-Smith, die erste doppelnamige Person in meinem Leben. Sie war eine kleine, ruhige und pingelige Frau, die zurückgezogen lebte. Einige Jahre später begriff ich, dass Alice das eher traurige Überbleibsel einer im Abstieg begriffenen Mittelklassenfamilie war, die den äußeren Schein bis zum Letzten wahrte. Doch sie hat mich nie wirklich beschäftigt. Es war ihr Sohn John, der meine Aufmerksamkeit auf sich zog. Er war in meinem Alter, und natürlich wurden wir Freunde.

Ab dem zweiten Stock bestanden die Stufen plötzlich aus einfachen Brettern, die passend für Dienstboten waren. Die Decken waren ein gutes Stück niedriger, und eine Treppe mit einer Drehung am Ende brachte mich zur Tür unserer Wohnung. Diese erstreckte sich durch die ganze Tiefe des nach oben deutlich schmaler werdenden Hauses. Sie war in vier Räume aufgeteilt und hatte drei Fenster nach vorn und drei nach hinten. Vorn lagen eine enge Küche und ein Schlafzimmer, im hinteren Teil ein enges Bad und ein Wohnzimmer. Zwischen der Badezimmer- und der Küchentür waren ein kleiner Flur und die Wohnungstür. Vier Jahre lang war dies mein Reich. Dort, in diesem rechteckigen Horst, diesem Krähennest hoch über den Straßen Londons, nahm mein mentales und emotionales Leben Gestalt an. Dort führte ich all meine Experimente zur Welt und zu mir durch, dort durchlitt ich die Qualen der Pubertät, den Schmerz der Unwissenheit, die Wunden der Zurückweisung und das Glück der Entdeckung.

Zum ersten Mal in meinem Leben, seit ich das Konzept von »zu Hause« verstanden hatte, konnte ich tatsächlich sagen: »Das ist mein Zuhause.« Bevor wir nach Ladbroke Gardens gezogen waren, hatte sich alles immer vorläufig angefühlt. Nun aber konnte ich zu einem Schulfreund sagen: »Lass uns zu mir gehen.« Was aber tat ich als Erstes, nachdem wir eingezogen waren? Ich nervte meine Mutter, mich rauszulassen. Das war nicht unbedingt überraschend. Ich hatte keine Schulfreunde, schließlich hatte ich noch nicht einmal eine Schule. Ich war während der Sommerferien 1942 aus Shropshire nach London zurückgekommen, und nun musste meine Mutter mich irgendwo unterbringen. Für mich war das überhaupt keine Frage, denn mein einziger Freund war John Clarke-Smith aus der Etage unter uns. Er verbrachte die Wochen im Internat einer angesagten Vorschule in Chiswick, und es lag auf der Hand, dass dies auch der richtige Ort für mich war.

Es war ein großer Fehler, der beinahe schlimme Konsequenzen gehabt hätte, aber die Vorteile waren zu verlockend für meine

Mutter. Sie war allein auf dieser Welt. Sie hatte einen Job, für den sie von 7.30 bis 18.30 Uhr vor Ort sein musste. Was sollte ein elfjähriger Junge den ganzen Tag lang, noch dazu im Krieg, machen, wenn selbst die wenigen Sozialdienste, die damals existierten, zum größten Teil ausgesetzt waren? Und wenn ich zu einer öffentlichen Schule gehen wollte, müsste ich London wieder verlassen, denn sie waren noch immer aufs Land evakuiert.

Es muss wirklich schwer für sie gewesen sein. Sie bekam einen sehr niedrigen Lohn, und die Schule kostete Geld, auch wenn ich nicht weiß, wie viel. Wieder einmal würde sie eine Mütze und einen Blazer – diesmal in Pink – kaufen müssen, aber wenigstens würde sie mich an den Wochenenden sehen. So kam es, dass ich an der *Gunnersbury Preparatory School for Boys* angemeldet wurde.

Ich kann voller Überzeugung sagen, dass es keine besonders gute Schule war. Ich kann mich nicht daran erinnern, dort irgendetwas gelernt zu haben – außer wie man Radieschen züchtet. Das Gebäude war nicht mehr als ein Vorstadthaus, kein besonders großes dazu, mit einem kleinen Garten im Hof. Wir können nicht mehr als ein Dutzend Jungs gewesen sein. Nichts Gutes passierte hier und auch nichts besonders Schreckliches. Mein schlimmstes Erlebnis hatte ich eines Abends zur Badezeit. Ich stieg gerade aus dem dreizehn Zentimeter hohen Badewasser, das uns laut Vorschrift erlaubt war, als der Schulleiter (der im Grunde der einzige Leiter war) hereinkam und die Schmutzränder in der Badewanne sah.

»Putz die Wanne, bevor du gehst, Simon!«, befahl er streng.

Ich schaute mich nach etwas um, mit dem ich hätte putzen können, entdeckte aber nichts.

»Was soll ich benutzen?«, fragte ich kleinlaut.

»Grips, Junge«, erwiderte er verärgert, »benutz Grips!«, und stolzierte hinaus.

Ich zog mir meine Shorts an und ging nach unten ins Büro der Wirtschafterin, um etwas von diesem seltsamen Zeug namens Grips zu bekommen. Sie scheuchte mich ohne Mitleid und ohne Erklärung davon. Zurück im Waschraum – wieder nackt und wieder in der Wanne – versuchte ich, den Dreck so gut es ging abzureiben, als der Schulleiter hereinrauschte und sich wütend neben mir aufbaute.

»Man hat mir berichtet, was du getan hast. Wie kannst du es wagen, so frech zu sein?« In diesem Moment erlebte ich, wie schrecklich hilflos und gedemütigt man sich fühlt, wenn man nackt mit einer selbstherrlichen Autorität konfrontiert ist. Ich habe keine Erinnerung an eine körperliche Strafe wegen dieser Angelegenheit. Wenn es eine gab, hat die Erinnerung an die Angst, die ich empfand, sie verwischt. Ich bin nicht sicher, ob diese Lektion mir in irgendeiner Weise genutzt hat, aber drei Jahre später kam die *Gumption Reinigungspaste* auf den Markt.

Kleine Jungs sind in der Regel nicht unterzukriegen, und natürlich habe ich dieses Jahr irgendwie überstanden. Die Schlafzimmer (ich glaube, es waren nur zwei) waren wie die in Wem mit Etagenbetten eingerichtet, doch wir hatten hier nicht annähernd so viel Spaß. Außerdem erinnere ich mich daran, dass die Wände irgendwie schimmelig waren. Die anderen Jungen waren zu verklemmt, um Ritter und Pferd zu spielen. Ich begnügte mich also damit, anstößige Limericks zu erfinden.

Hinter dem Haus gab es einen Garten, der die besten Möglichkeiten bot, sich zu verwirklichen. Die Blumenbeete waren selbstredend tabu, aber an der Insektenwelt konnte man sich austoben. Irgendwie war ich an ein kleines Uhrwerk gelangt, das man mit einem Schlüssel aufziehen konnte. Es faszinierte mich, zu beobachten, was mit den Käfern geschah, die ich durch die Zahnräder und Federn schickte. Wundersamerweise und all meinen Versuchsanordnungen zum Trotz überlebten sie.

Das größte Projekt war jedoch das »Buddeln für den Sieg«. Jeder in England war aufgerufen, seinen Möglichkeiten entsprechend Lebensmittel anzubauen, und schließlich wurden selbst die Blumenbeete für die Nation geopfert. Nach zwei Monaten sporadischer Versuche hatte der Rest der Klasse nichts auch nur annähernd Essbares hervorgebracht. Ich aber triumphierte phänomenal mit Radieschen. Meine Radieschen stachen alles andere aus, und sie wurden alle zur selben Zeit reif. Es war der reinste Radieschenwald.

Selbst der Schulleiter musste zugeben, dass er beeindruckt war.

»Du scheinst deinen Grips ja doch noch gefunden zu haben«, sagte er voller Sarkasmus. »Was wirst du mit ihnen machen?«

»Sie mit nach Hause zu meiner Mutter nehmen«, erwiderte ich.

»Wir sollten erst einmal sehen, was wir hier davon essen können«, sagte er.

Doch selbst als alle in der Schule so viele davon verzehrt hatten, wie sie konnten (ich muss gestehen, dass ich sie nie sehr mochte), hatte ich noch so viele, dass mein kleiner Koffer fast platzte, nachdem ich sie hineingestopft hatte. Und tatsächlich platzte er, als ich an jenem Freitag mit John im Bus nach Hause fuhr – das Oberdeck wurde zum Gemüsegarten.

»Du sammelst jetzt besser mal die Radieschen ein, und zwar schnell!«, rief der Fahrer. »Ich werd' noch genug mit der ganzen Erde zu tun haben, die da liegenbleibt.« Ich musste die ganzen Radieschen in meine Taschen stopfen, damit ich den Koffer wieder schließen konnte, während John erzählte, dass seine Mutter ihn nie etwas in seine Taschen stecken ließ. Die Radieschenblätter schauten überall heraus, sodass ich aussah wie die Vogelscheuche aus dem *Zauberer von Oz*, als ich zu Hause ankam. Meine Mutter lachte und prophezeite mir eine leuchtende Zukunft in der Landwirtschaft. Dafür liebte ich sie zwar noch mehr als ohnehin schon, doch als es darum ging, das Zeug loszuwerden, war sie keine große Hilfe. Die Radieschenfrage bestimmte nun mein ganzes Denken, und am Morgen entschied ich, sie auf dem Markt in der *Portobello Road*, nur wenige Minuten Fußmarsch entfernt, zu verkaufen.

Damals war die *Portobello Road* noch nicht die Flaniermeile mit Boutiquen und Schmuckständen, die sie heute ist. Sie war eine heruntergekommene Straße mit einem eher rauen Ruf. Entlang des Bürgersteigs waren etwa ein Dutzend Gemüseständer aufgebaut, an deren Vorzelten Waagen baumelten. Oft half ich meiner Mutter, indem ich dorthin ging und *King-Edwards*-Kartoffeln, Karotten oder in Zeitungspapier verpackten Rosenkohl kaufte. Einmal, als die Zeitung durchnässt war, sagte mir die fröhliche, rotbäckige Frau:

»Das passt schon, mein Süßer, das is' nur Guinness.«

In der Regel nutzte meine Mutter jede Gelegenheit, ihren alten Witz über den deutschen Einwanderer zu wiederholen, der sich beschwerte, drei Pence seien zu viel verlangt für einen Blumenkohl, denn: »Die Straße runter kann ich für zwei Pence zu Blumenkohl werden.«

»Werd bloß kein Blumenkohl!«, rief sie, als ich die Treppe hinunterlief.

Als ich mit meinem Radieschenkoffer auf dem Markt ankam, wurde mir klar, dass ich die Sache nicht ganz durchdacht hatte. Es gab Radieschen im Überfluss. Es war eine regelrechte Radieschenschwemme. Man konnte ganz umsonst ein Radieschen werden. Doch nicht nur, dass der Markt übervoll war mit Radieschen, es gab auch keinen Platz für den Koffer. Ich konnte meine Radieschen nicht einmal verschenken. Es gab keine Möglichkeit, sie loszuwerden. Schließlich schleppte ich mich mit ihnen nach Hause – unterlegen bei meinem zweiten Versuch, den Krieg zu gewinnen.

Mein Jahr in *Gunnersbury* zog sich ohne große Vorfälle und Auswirkungen hin. Doch während ich dort war, wurde meiner Mutter gerade noch rechtzeitig klar, dass sie einen schweren Fehler
begangen hatte, als sie meine Ausbildung und meine Zukunft
aufs Spiel gesetzt hatte. Wie der Name *Gunnersbury Preparatory
School* schon sagt, sollte sie Jungen auf etwas vorbereiten. Dieses Etwas war eine *Public School*, eine Schule, die alles andere
als öffentlich war und definitiv mehr kostete, als meine Mutter
jemals hätte bezahlen können.

Niemand hatte ihr von der »11plus« erzählt, und so habe ich
sie verpasst.

Diese berüchtigte, landesweit durchgeführte Prüfung richtete sich an Kinder im Alter von elf Jahren. Sie entschied, wer zu
den 20 Prozent gehörte, die einen Platz an einer höheren öffentlichen Schule bekamen und damit gute Chancen hatten, später
zur Universität zu gehen. Man hatte nur eine Gelegenheit. Wenn
man es nicht durch die »11plus« schaffte, standen die Chancen,
jemals mit der *Crème* oder gar der *Crème de la Crème* gleichzu-
ziehen, schlechter als schlecht.

In diesem Jahr aber hatte das Erziehungsministerium doch
tatsächlich bemerkt, dass es außergewöhnliche Zeiten waren.
Angesichts all der Kinder, die in chaotischer Weise durch das
ganze Land hin- und hergeschickt wurden, könnten ja Ausnah-
men gemacht werden. Die »12plus« wurde erfunden. Ich bekam
mit zwölf also noch eine Chance, mein Schicksal in die Hand zu
nehmen, und ich stellte mich gut genug an, um am oberen Ende
des Haufens zu landen. Zu dieser Zeit spielte John Clarke-Smith
kaum noch eine Rolle in meinem Leben. Ich ließ ihn zurück,
ohne mit der Wimper zu zucken. Seine Mutter war noch immer
in ihren Dünkeln gefangen, und der Gedanke, ihr Sohn könnte
zu einer öffentlichen Schule gehen, ließ sie erschaudern. Er ging

weiter auf dem Weg, der für Jungen der oberen Mittelklasse vor-
gesehen war, selbst wenn sie eher zur unteren als zur oberen
Klasse gehörten. Er besuchte eine weniger angesehene Privat-
schule, wo er sich, wie ich viel später erfuhr, das Leben nahm.

4. Meine Welt auf Linoleum

Im Sommer 1943 teilte man uns mit, dass ich mich für einen Platz an einer weiterführenden Schule in Chelsea qualifiziert hatte. Dann erfuhren wir, dass die Schule sich nicht mehr in Chelsea befand, sondern wie alle anderen nach Addlestone evakuiert worden war, eine kleine Stadt vierzig Kilometer von London entfernt. Ende August fand ich mich also mit meinem kleinen Koffer (der dieses Mal vollkommen radieschenfrei war) dort ein. Ich verstand nicht, warum die Schule noch immer so dicht an London lag, aber solche Dinge wurden nicht hinterfragt. Es war Krieg, und man beschwerte sich nicht.

Für mich wurde Addlestone vor allem deshalb bedeutsam, weil ich dort meine erste außerkörperliche Erfahrung machte. Ich fuhr mit dem Fahrrad einen steilen Abhang hinunter, als mir der Gedanke kam, dass eine höhere Geschwindigkeit den Spaß vergrößern würde und dass ich dies durch Fahren im Stehen erreichen könnte. Vielleicht war das sogar meine erste richtig dumme Idee. Tatsächlich kann ich mich an nur eine einzige ähnlich schlechte Entscheidung seitdem erinnern. Natürlich verlor ich sofort die Kontrolle und fiel kopfüber – ich sollte wohl eher naseüber sagen – in einen Zaun aus senkrecht überlappenden Holzlatten.

Noch immer staune ich darüber, dass ich im Sekundenbruchteil vor meinem Aufprall das genaue Aussehen des Zauns, seine Struktur und die Maserung des verwitterten Holzes wahrnahm und abspeicherte. Dann lag ich in einer Art Traumzustand im Gras. Ich sah Menschen um mich herumstehen und auf mich herabschauen, und ich hörte jemanden schreien. Die Schreie schienen von irgendwoher zu kommen, und es dauerte eine Weile, bis mir – mein Bewusstsein kehrte langsam in meinen Körper zurück – klar wurde, dass sie aus meinem Mund kamen. Auf äußerst schmerzhafte Weise erkannte ich den Grund. Meine Nase und ich überlebten jedoch irgendwie, und nachdem der Schmerz abgeklungen war, staunte ich über die Entdeckung, dass das Bewusstsein einfach einen Schalter umlegen und ein unbeteiligter Beobachter werden kann. Dieses Mysterium begleitet mich seither. Auf einer eher praktischen Ebene habe ich später versucht, den Höcker auf meiner Nase auf den Unfall zurückzuführen, doch ich denke, ich habe ihn natürlichen Umständen zu verdanken.

Unsere Zeit in Addlestone währte nicht lang. Es waren die letzten Monate des Schulexils, und noch vor Weihnachten waren wir alle zurück in London, wo die Schule ein weiteres Mal umgewandelt und zur West-London-Notschule für Jungen wurde. Sie hatte einen ausgedehnten Einzugsbereich: Mit vierhundert von unserer Sorte war es für die damalige Zeit eine große Schule. Der Erziehungsansatz war ziemlich schlicht, und Kinder mussten zur Schule gehen, bis sie fünfzehn waren.

Der Krieg brachte in seinen Konsequenzen auch jede Menge Spaß mit sich. Die üblichen Methoden, Jungs unter Kontrolle zu halten, waren weggebrochen. Ihre Väter, die wichtigsten Autoritätspersonen, waren irgendwo im Krieg. Sie wurden unzureichend vertreten von altmodischen Käuzen und Exzentrikern, die kaum rennen konnten, und von Müttern, die zur Arbeit mussten. War die Schule vorbei, wartete eine Welt ohne erzieherische Einschränkungen auf uns. Für kleine Jungen, zu ihrem Glück noch taub für die Stimmen von Gewissen und Moral, war die Stadt ein Vergnügungspark aus Bombenkratern und eingestürzten Häusern. Hinzu kamen die kribbelnde Erregung gelegentlicher Luftangriffe und die ständig laufende Fortsetzungsgeschichte – der Krieg.

An unserer Wohnzimmerwand hing eine große Karte von Europa und Russland (mit freundlicher Genehmigung des *News Chronicle*«). Zu ihr gehörten kleine Flaggen, und es war meine Aufgabe, mit ihnen die Truppenbewegungen an der Ostfront zu markieren. Natürlich interessierte meine kommunistische Mutter sich besonders dafür, außerdem war es der einzige Bereich des Bodenkrieges, den wir auf diese Art verfolgen konnten. Selbst Informationen über die Nordafrikafeldzüge von Rommel und Montgomery erreichten uns nur bruchstückhaft, und alles andere fand in der Luft und auf den Meeren statt. Regelmäßig kaufte meine Mutter den *News Chronicle* und den *Daily Worker*, aber der Höhepunkt des Nachrichtenstroms, das tägliche Ereignis, das ganz England vereinte, waren die 9.00-Uhr-Nachrichten, denen wir und wohl fast alle in Großbritannien mit Hoffnung und Furcht lauschten.

Big Bens voller, beruhigender Gong hallte durch den Raum, woraufhin der eine oder andere unserer Lieblingssprecher sagte: »Hier sind die Nachrichten, es liest Alvar Lidell« – oder meinetwegen Bruce Belfrage, sodass wir nicht auf einen falschen Nachrichtenleser aus Berlin hereinfallen konnten. Als ich anfing, Nachrichten zu hören, lagen die schlimmsten Ereignisse bereits hinter uns. Der Vormarsch der Nazis, die mit dem Ziel Moskau über Osteuropa hergefallen waren, war bei Stalingrad ins Stocken geraten. Die furchtbare »Mutter aller Schlachten« wurde fünf Monate lang unerbittlich geschlagen, während wir alle den Atem anhielten. Endlich, im Februar 1943, als ich gerade zu verstehen begann, was auf dem Spiel stand, zogen sich die Deutschen zurück, und das Blatt des Krieges wendete sich zu unseren Gunsten. Ich erlebte den Krieg als eine langsame, aber unaufhaltsame Entwicklung in Richtung Sieg. Ich kannte die sowjetischen Generäle und Feldmarschalle – Timoschenko, Rokossowski, Schukow, Wassilewski –, und sie alle waren meine Helden.

Nach den Inlandsmeldungen, die mich nicht interessierten, folgte die Litanei des Seewetterberichts, eine tägliche Reise die englische Küste entlang, die so vertraut wurde wie das Vaterunser: Firth, Tyne, Dogger, Cromarty und so weiter bis zu den Hebriden und den Färöern. Obwohl ich keine Ahnung hatte, was diese geheimnisvollen Namen bedeuteten, hätte ich die gesamte Reihe ohne Stocken aufsagen können. An den Wochenenden gab es die Fußballergebnisse und mit ihnen weitere Listen mit Namen, die wie *Sheffield Wednesday* und *Heart of Midlothian* fast obskur klangen. Ich lernte all diese Namen auswendig, jedoch nicht deshalb, weil sie mir etwas bedeuteten, sondern weil, solange sie fielen, das schreckliche Wort »Schlafenszeit« es nicht tat.

Mag sein, dass es irgendwo in dieser ungerechten Welt kleine Jungen gibt, die ins Bett gehen wollen. Ich habe nie einen getroffen. Aufs Heftigste verabscheute ich diese Strafe, die allabendlich über mich verhängt wurde, wenn die Nachrichten vorbei waren, und meine Mutter, die ich sonst liebte, sich in ein hasserfülltes, schmallippiges, drakonisches Wesen verwandelte. Gelegentlich, wenn es spannende Nachrichten von der Ostfront gab, konnte ich eine Gnadenfrist aushandeln – schließlich war es von grundlegender Wichtigkeit, unsere Karte aktuell zu halten. Und wenn Marschall Rokossowskis tapfere Männer bei Charkiw durchgebrochen waren, dann handelte es sich natürlich um eine Angelegenheit von höchster Priorität, dies an der Wandkarte festzuhalten. Die meiste Zeit des Jahres 1943 bis weit hinein ins Jahr 1944 war die wichtigste Aufgabe der Roten

Armee und ihres Vormarsches von Stalingrad nach Berlin die Verzögerung meiner Schlafenszeit.

Am schlimmsten waren die Sonntage. Punkt halb zehn, unmittelbar nach den Nachrichten, wurde ich aus dem Raum geschickt, in dem nun das wöchentliche Drama *Appointment with Fear* begann und Valentine Dyalls volltönende Stimme seine Ankunft als Mann in Schwarz verkündete. Nur eine dünne Wand trennte mein Schlafzimmer vom Wohnraum, und mit Hilfe eines leeren, an die Tapete gepressten Bechers konnte ich einige Bruchstücke aus dem ewigen Kampf von Gut gegen Böse verstehen. Es war jedoch ein anstrengendes Unterfangen, und nach einer Weile sank ich auf mein Bett und schlief selbstredend auf meiner rechten Seite liegend ein, wie der oberste Pfadfinder Lord Baden-Powell es empfohlen hatte, damit mein Herz das Blut nicht aufwärts pumpen musste.

Meine Pfadfinderkarriere war recht kurz und endete mit einer Abnormität. Ein Junge aus der Schule hatte mir von den Pfadfindern und dem Spaß, den er dort hatte, erzählt, und so sagte ich meiner Mutter, dass ich Pfadfinder werden wollte. Sie muss sich umgehört haben, denn bald darauf erzählte sie mir von einer Air-Scout-Gruppe, die sich jeden Donnerstagabend traf. Seit der Luftschlacht um England 1940 war so ziemlich jeder im Land ergriffen von der Luftfahrtromantik im Allgemeinen und einer Verehrung des Jagdflugzeugs *Spitfire* im Besonderen, sodass die Pfadfinderbewegung 1941 endlich ihren jahrzehntelangen Widerstand aufgab und die eigenständige Abteilung der Air Scouts gründete. Sie trugen eine besondere Uniform, was zwar vornehm klingt, in den damaligen Zeiten, in denen selbst Kleidung rationiert war, jedoch eher symbolischer Natur war: Sie bestand aus einer Baskenmütze und einem Halstuch. Die Gruppe traf sich am Rathaus, einem Haufen aus Portland-Kalksteinen in der Kensington High Street. Eine Zeit lang war ich begeistert dabei, bis ich mit der niederschmetternden Erkenntnis konfrontiert wurde, dass ich unwürdig war.

Wie sich zeigte, war ich nicht in der Lage, den Pfadfindergruß auszuführen. Für ihn knickt man den kleinen Finger der rechten Hand nach unten ab, hält ihn mit dem Daumen fest und grüßt mit den übrigen drei gestreckten Fingern. Diese drei symbolisieren für die Pfadfinderschaft entscheidende Werte: Gott zu ehren, anderen zu helfen und das Gesetz zu achten. Jedes Treffen begann mit einer kleinen Parade und einem Gruß, doch zu meiner Verzweiflung stellte ich fest, dass mein Daumen nicht über meinen kleinen Finger reichte. Mit der linken Hand ging es ganz gut, aber mit der rechten konnte ich höchstens zwei Finger zeigen – was bestenfalls als V für *Victory* und schlimmstenfalls als vulgäre Geste verstanden werden konnte. Es wirkte, als zeigte ich einen Stinkefinger. Dieser Umstand und meine durchaus zwiespältige Beziehung zu Gott beeinflussten meine Moral eher negativ, und ich trat aus. Naja, eigentlich nicht. Ich hatte einfach die Nase voll und ging nicht mehr hin.

Immerhin hatte ich noch das Pfadfinderbuch, und ich sog daraus auf, soviel ich konnte – zum Beispiel, wie man einen Zweig als Zahnbürste nutzen kann, wie man Feuer macht (dafür braucht man zwei Zweige), wie man einen Reffknoten bindet und so weiter. Das Schlafzimmer wurde zu meinem Versuchsraum, und all meine Experimente führte ich hier – meist auf dem Boden – durch. Er war mit Linoleum bedeckt. Gleich nach unserem Einzug in die Wohnung waren meine Mutter und ich in die Westbourne Grove gegangen, um das Linoleum zu kaufen.

Westbourne Grove war eine Verlängerung unserer Straße Ladbroke Gardens, aber sie veränderte sich spürbar, nachdem man die Kensington Park Road überquert hatte. Zuerst kam links eine Apotheke – eine richtige Apotheke mit großen Glaskolben voll farbiger Flüssigkeit im Fenster. Es war die Art Apotheke, die man heutzutage nicht mehr findet, in der man echte Chemikalien kaufen konnte. Das sollte später sehr wichtig für mich werden. Dann, Ecke Portobello Road, kam die Praxis von Doktor Evans, in die meine Mutter mich einige Male gebracht hatte. Doktor Evans war ein boshafter Mensch, der ihr – so erzählte sie es mir viele Jahre später – zu verstehen gab, dass ich ein kränkliches Kind sei und es wahrscheinlich nicht weit bringen würde. Ab da wurde Westbourne Grove eine belebte Straße mit Geschäften und Büros. Meine Mutter zeigte auf ein Antiquitätengeschäft auf der anderen Straßenseite, über dem ein Schild in golden geprägten Buchstaben auf die Inhaber *P. Smith & By the Grace of God His Five Sons* hinwies. Darunter stolzierte, in kniehohen, glänzendbraunen Stiefeln und mit einer Pfeife im Mund, ein Mann herum.

»Er ist ein Faschist«, sagte meine Mutter mit nüchterner Stimme.

Etwas später kam das Kino *Roxy*, in dem ich zum ersten Mal das Lied *Auf der Balalaika* hörte, das zum festen Bestandteil meiner unbewusst angelegten inneren Songliste wurde. Dann kam das Haushaltswarengeschäft. Rollen von Bodenbelägen standen dort hochkant, viel höher als ich, und ich schlenderte durch sie hindurch, als wäre ich in einem Wald aus Linoleum. Meiner Mutter war es wichtig, die Variante mit Einlassungen zu nehmen, auch wenn sie teurer war, da die billigere, bedruckte Variante schnell verschleißen würde. Also bestellten wir das Linoleum mit hell- und dunkelbraunen Fischgräten-Parkettmuster.

Wir vermaßen den Boden mit dem Schneiderband meiner Mutter, und noch an diesem Nachmittag schnauften und ächzten zwei leinenbeschürzte Männer mit drei Rollen des kostbaren Materials die Treppe herauf. Ich schwirrte aufgeregt umher und wünschte sehnlichst, bei seiner Verlegung auf den blanken

Bohlen Hand anlegen zu können. Die selbstverständliche Fertigkeit der beiden Männer im Umgang mit ihren Linoleummessern faszinierte mich. Als sie fertig waren, staunte ich, wie groß der Raum plötzlich wirkte – es war das erste Mal, dass ich dieses Phänomen bemerkte, das mich seither immer wieder begeistert hat. Dieser unerwartete, neue Blick auf den offenen Raum schien nach einem Daseinszweck zu verlangen. Er erzeugte dasselbe unwiderstehliche Begehren, das ein leerer Strand oder eine unberührte Schneefläche auf jedes Kind und die meisten Erwachsenen auszuüben scheint: den Drang loszustürmen und etwas damit zu machen – vielleicht Sandburgen zu bauen oder Iglus. Doch was kann man mit Linoleum anstellen? Sehr wenig. Dennoch bin ich davon überzeugt, dass diese offene, neutrale Fläche mich befähigt hat, Räume in meinem Kopf zu öffnen. Auf ihr spielte ich meine Spiele, auf ihr fuhr meine Modelleisenbahn – und auf ihr habe ich mich beinahe in die Luft gejagt.

All diese Abenteuer erlebte ich allein. Natürlich hatte ich Freunde in der Schule, und ich wäre überglücklich gewesen, hätte ich sie mit zu mir nach Hause bringen können, doch sie wohnten zu weit entfernt. Die Schüler meiner Schule kamen vor allem aus dem Süden und Westen, aus Chelsea und Fulham – mein Zuhause in Kensington lag zu weit nördlich, um Lust auf Besuche zu machen. Eine halbe Stunde Busfahrt und ein fünfminütiger Fußmarsch pro Strecke waren nicht zumutbar, selbst wenn dies wahrscheinlich nicht der einzige Grund war. Ich fand in der Schule einfach niemanden, der meine Neugier darauf teilte, wie Dinge funktionierten und woraus sie bestanden. Vielleicht lag es auch nur daran, dass wir kaum ruhige Zeit für Gespräche oder Nachdenken hatten.

Die Zeit in der Schule bestand vor allem darin, stundenlang in schnurgeraden Reihen brauner Holzpulte zu sitzen. Jedes Pult hatte einen schrägen, aufklappbaren Deckel und oben eine Mulde für Feder und Bleistift sowie eine Aussparung für ein Tintenfass. Die meisten Pulte waren zudem mit eingeritzten Initialen früherer Generationen dekoriert, von denen jeder möglicherweise im Rektorenzimmer für seine Kunstfertigkeit mit Stockschlägen bestraft worden war. Körperliche Bestrafung war an meiner Schule ein akzeptierter Teil der Erziehung, und die einzigen Klagen, die ich je gehört habe, bezogen sich auf die kleinen, willkürlichen »Aufmerksamkeiten«, die uns einige Lehrer im Unterricht zukommen ließen. Rektor Guy Boas, ein anerkannter und bestens vernetzter Pädagoge – seine Frau war mit der königlichen Familie verwandt – betrachtete die Bestrafung von Missetätern mit dem Rohrstock als bedeutende Pflicht. Es bestand nie der leiseste Zweifel daran, dass er es genoss. Für ihn diente es schlicht der notwendigen Abschreckung. Keiner von uns war anderer Meinung, wobei ich mit »uns« die braven Jungs meine, die nur selten in Schwierigkeiten kamen. Es gab viele wilde Jungs, die vehement dagegen waren.

Vor dem Krieg war Sloane eine klassische weiterführende Schule, die in erster Linie Schüler von relativ hohem akademischem Niveau aufnahm. In dieser Notsituation jedoch wurden alle Kinder aus den benachbarten Vierteln hineingestopft. Die Klassen hatten maximal dreißig Schüler, und als ich an die Schule kam – meine Jahrgangsstufe war im zweiten Jahr – gab es meiner Erinnerung nach drei Klassen: 2A, 2B und 2C, vielleicht gab es sogar eine 2D. Die Einteilung folgte in etwa den Ergebnissen des »11plus«-Tests. Da ich mich in Prüfungen recht gut machte, fand ich mich in der 2A und damit in sicherem Abstand zu den Jungs wieder, die den Rohrstock mit größter Wahrscheinlichkeit zu spüren bekamen. Bald schon entwickelte ich jede Menge Ideen für eine Erziehungsrevolution, bei denen Segen und Fluch körperlicher Züchtigung jedoch nicht zur Sprache kamen.

Vierzig Minuten am Stück mussten wir dasitzen und Lehrern zuhören, auf eine Tafel schauen oder mit unseren Tintenfedern über Papier kratzen. Kugelschreiber gab es noch nicht, und ein Füllfederhalter war ebenso exotisch und unerreichbar, wie es ein persönlicher Roboterassistent heute wäre. Es war schick, alle unsere Lehrer als unerträglich langweilig oder tyrannisch zu bezeichnen (einer war beides), tatsächlich aber waren sie einfach ältere Männer, die man aus dem Ruhestand geholt hatte und die ihr Bestes gaben, um die jüngeren, die im Krieg waren, zu ersetzen. Sicher, einige waren ihren alten Methoden treu geblieben und neigten bei Frust zu körperlichen Misshandlungen wie Linealhieben auf die Fingerknöchel oder Ohrfeigen. Trotzdem fand ich viele Themen durchaus interessant, was wohl mehr für meine lebhafte Fantasie spricht als für die Lehrmethoden. Ich hatte nur einfach keine Lust, mich anzustrengen.

Diese vor- und nachmittäglichen Erziehungsattacken wurden alle fünfundvierzig Minuten von einer Glocke und einem Durcheinander aus bloßen Knien und Ballonhosen unterbrochen, in dem wir uns zu den Waschräumen oder rechtzeitig in den nächsten Klassenraum kämpften. Auch die Mittagspause hatte in puncto Erholung nicht viel zu bieten. Die Schule hatte einen Essenssaal neben der Sporthalle und betrieb während des Kriegs eine eigene Kantine. Diese gehörte zu einem landesweiten Netzwerk, das die Regierung geschaffen hatte, um Menschen zu verpflegen, deren Häuser zerbombt waren oder die sich nicht mehr selbst ernähren konnten. Man nannte es »das britische Restaurant«, und es gab sich die größte Mühe, Großbritanniens Ruf, das unappetitlichste Essen in ganz Europa zu kochen, aufrechtzuerhalten. Hier konnte man Kohl essen, der in Soda gekocht worden war, damit er hellgrün wurde, ein paar Möhren und ein mageres Stück zerkochtes Rindfleisch, das neben matschigen Kartoffeln in einem Meer aus Marmite-Soße schwamm. Doch auch wenn das Essen öde schmeckte: Seine Zutaten waren gesund. Die schlechte Ernährung der Briten verbesserte sich durch den Zwang, Gemüse zu essen, auf wundersame Weise. Aber geschmeckt hat es nicht.

Fairerweise muss ich sagen, dass es zuweilen *Spotted Dick* gab, einen mit Rosinen gefüllten Pudding mit goldenem Sirup, für den ich normalerweise die drei Pennys hinlegte, die meine Mutter mir für die Essensmarke mitgegeben hatte. Manchmal jedoch ging ich in einen kleinen Laden in der Fulham Road und kaufte mir eine köstliche Fischfrikadelle. Hatte ich dann noch einen Penny übrig, ging ich ab und zu um die Ecke in die Edith Grove und holte mir in einem winzigen Süßwarengeschäft eine Flasche orangene *Tizer*-Limonade.

Süßigkeiten waren ebenfalls rationiert – einer von mehreren Gründen dafür, dass sich die Zahngesundheit der Briten während des Krieges erheblich verbesserte –, und ich vermisste sie kaum. Etwas, wonach ich mich jedoch verzehrte, war Butter, doch die war so schwer aufzutreiben wie Gold. Im Laden gab es auch ein Gewinnspiel, ein mit Stoff bezogenes Pappding, auf dem Punkte markiert waren. Wenn man etwas gekauft hatte, konnte man mit einem Streichholz in einen Punkt stechen und ein Papierröllchen-Los herausziehen, auf dem stand, ob man etwas gewonnen hatte.

Ich gewann nie.

5. Eine Banane zu Weihnachten

Während meiner ersten Jahre an der Schule entstanden Freundschaften, in denen uns vor allem die wesentlichen Dinge wie das tägliche Comic-Tauschen verbanden. Keiner von uns konnte sich alle Ausgaben leisten, sodass es einen lebhaften Handel mit Ausgaben von *Hotspur*, *Champion* und *Wizar* gab, begleitet von aufregenden Neuigkeiten über die Heldentaten verschiedener Supermänner wie Wilson, dem Helden von *Hotspur*, der wie ein früher Forrest Gump schneller war als der schnellste Gepard und es sogar vor dem *Flying Scotsman* nach Edinburgh schaffte. Dieses Tauschen und Tratschen fand in den kurzen Momenten zwischen den Unterrichtsstunden oder in der Mittagspause auf dem Spielplatz statt. Abgesehen davon beschäftigten mich (mehr oder weniger freiwillig) schulische Themen sowie die üblichen Sorgen heranwachsender Jungs. Doch da ich ein Einzelkind war und viel Zeit allein verbrachte, war es mein Verhältnis zum Rest der Welt, das mich am meisten umtrieb.

Ich hatte zwei besondere Klassenkameraden, die ich als Freunde bezeichnete, und es war in erster Linie eine akademische Rivalität, die uns zueinander hinzog. Bei fast allen Prüfungen und Endjahreszeugnissen belegten wir die ersten drei Plätze, und obwohl ich nicht das Gefühl hatte, mit ihnen zu wetteifern, war es mir wichtig, zu den Klassenbesten und damit zur Elite zu gehören. Meine größte Bewunderung galt

Don Wheal, einem blonden Jungen mit aufgewecktem Gesicht, der auf eine typisch englische Weise attraktiv war und äußerst selbstsicher wirkte – all die Eigenschaften, die mir vermeintlich fehlten und um die ich ihn beneidete. Schon in diesen frühen Jahren, wir waren gerade zwölf und dreizehn Jahre alt, verfügte er über eine Zielstrebigkeit, die im Gegensatz zu der eher verrückten Impulsivität der meisten Kinder stand. Es war mir wichtig, von ihm gemocht zu werden, es war ein Schutz, hinter dem ich mich verstecken konnte.

Ich war mir sicher, dass mein Aussehen, meine etwas dunklere Hautfarbe, mein üppiges, schwarzes Haar und meine Adlernase andere leicht dazu brachten, mich als anders und als verdächtig anzusehen. Dank meiner Mutter habe ich nie daran gedacht, mich als jüdisch zu betrachten. Doch in einer unterschwellig, dafür aber durch und durch antisemitischen Gesellschaft, wie Großbritannien es damals war, gab es zweifellos jene, die sich so ihre Gedanken machten und diese mit den kaum wahrnehmbaren Hinweisen weitertrugen, die wir alle irgendwann verstehen. Den Beweis dafür lieferte mir ein sympathischer, stämmiger, stupsnasiger, irischer Lehrer namens Murphy (wegen seiner Herkunft nannten wir ihn natürlich »Knolle«), der mich eines Tages in der Kantine beiseite nahm.

»Lass dich von ihnen nicht wegen deiner Nase ärgern«, sagte er, »es ist eine sehr schöne Nase.«

Da bisher niemand je etwas über meine Nase gesagt hatte, wusste ich nicht, wovon er redete – doch von da an beschäftigte sie mich natürlich sehr.

Dons Familie wohnte ganz in der Nähe der Schule in einem Wohnblock, den der *Guinness Trust* am Ende der Straße gebaut hatte. Im Gegensatz zu mir hatte er eine »richtige« Familie, also einen Vater und eine Mutter sowie einen kleinen Bruder, der in der Schule eine Klasse unter ihm war, aber schon erste

Anzeichen eines begabten Fußballspielers zeigte. Aus meiner Sicht hatten sie ein glückliches Leben. Ich kam gar nicht auf die Idee, mich zu fragen, warum sein Vater nicht im Krieg war. Erst viel später erfuhr ich, dass er ein schwaches Herz hatte, an dem er (und sechs Jahrzehnte später auch Don) schließlich starb.

Der andere Junge war Bern Cousins, etwas kleiner, dunkelhaarig und ernsthaft. Bern wohnte noch weiter von der Schule entfernt als ich, aber näher am Stadtzentrum und damit in einer anderen Richtung. Ich habe ihn nur einmal besucht. Er wohnte in den Newport Dwellings, einem Mietshauskomplex hinter dem Leicester Square. Die winzige Wohnung, in der er mit seiner Großmutter lebte, war kleiner als unsere, wirkte aber durch Unmengen von Dekoration und Schnickschnack noch viel beengter. Jedes Objekt stand auf seinem eigenen Spitzendeckchen, einige unter gläsernen Kuppeln. Alle verfügbaren Flächen auf unzähligen kleinen Tischen, Beistelltischen und anderen Möbeln waren zugestellt – es war eine Herausforderung, einen Weg durch den Raum zu finden. Bern tat mir leid. Schon damals wusste ich zu schätzen, wie viel freier ich auf meinem unverstellten Linoleumboden war.

Diese Jahre im Alter von zwölf, dreizehn und schließlich vierzehn Jahren waren auf eine bestimmte und überwältigende Art einzigartig, die kaum zu greifen war und nie thematisiert wurde. Es war eine Atmosphäre, die alles durchdrang und so allgegenwärtig war wie die Luft, die wir atmeten: selbstverständlich, aber unbemerkt. Man nannte es Krieg, doch natürlich war es nicht die Art Krieg, die in Russland oder Afrika oder an all den anderen Orten der Welt wütete, wo Armeen im Einsatz waren, Panzer brüllten und Tausende kämpften und starben, wo Frontlinien sich vor- oder zurückbewegten, wo Menschen versklavt oder befreit wurden, wo sie glorreiche oder abscheuliche Dinge taten.

Wir hingegen wurden auf unserer Insel lediglich in einem Schwebezustand gehalten, in dem wir, beschäftigt mit kleinen, alltäglichen Dingen, unsere eingeschränkten Leben lebten, nur hin und wieder von schrecklichen Katastrophen und kurzen Phasen unmittelbarer Gefahr – alles jenseits unserer Kontrolle – unterbrochen. Über uns allen waberte eine gedämpfte, nebelgraue Stimmung. Es lag gar nicht so sehr an den Einschränkungen – sie waren zwar lästig, aber einige waren sogar gut für uns. Es war vielmehr das Gefühl, dass alles angehalten worden war. Seit ich den Krieg bewusst wahrnahm (die dunkelsten Tage lagen da bereits hinter uns), zweifelte niemand, den ich kannte, daran, dass wir irgendwann gewinnen würden – wohl auch, weil die Alternative undenkbar war. Und dennoch ... Für Friedenszeiten zu planen war unmöglich. Wir warteten also auf die Farbe, die die Welt nach dem Sieg durchfluten würde, während wir unser graues, fadenscheiniges Leben mit rationierten Büchern, Blackouts, Eipulver und 12,5 Zentimetern Badewasser lebten.

Am Morgen eines jeden Schultags stand ich äußerst widerwillig auf und tauschte meinen Schlafanzug gegen Unterwäsche, graue Wollsocken, ein blaues Shirt, eine graue Kammgarn-Short und meinen gestreiften Stretchgürtel mit der silbernen, s-förmigen Schnalle. Die Schuluniform bestand aus einer blaugestreiften Krawatte und einer Mütze. Der Rest waren Kleidungsstücke, die wir besaßen. Die Rationierung von Kleidung verhinderte eine große Auswahl, gewaschen wurde einmal pro Woche, und unser Badeabend war samstags.

Ich schlang einige Scheiben Brot mit Margarine und dem gerade verfügbaren Aufstrich hinunter, kippte eine Tasse Tee hinterher, zog meine Jacke und meinen Regenmantel an und rannte los, um meinen Bus an der zehn Minuten entfernten Notting-Hill-Gate-Haltestelle zu erwischen. An trockenen

Tagen ging ich den Stanley Crescent bis nach oben, von wo aus man die triste, fleckig graue Kirche St. Peter sehen konnte. Sie hatte für mich keine religiöse Bedeutung, aber manchmal war da ein warziger alter Mann, der die Wetterfahne auf dem Kirchturm prüfte und dann »*Nor'-Nor'-West*« zu seiner Frau rief, die sich aus einem Fenster im obersten Stockwerk des Häuserrunds lehnte, um die Nachricht zu hören. Bei Regen ging ich an den Gardens entlang direkt zur Kensington Park Road, denn dort gab es eine Bedarfshaltestelle für den 52er. Wenn ich Glück hatte, erwischte ich einen und fuhr bis zum Notting Hill Gate. Wenn ich noch mehr Glück hatte, war der Kontrolleur gerade in der oberen Ebene des Doppelstockbusses, sodass ich an der nächsten Haltestelle aussteigen konnte, ohne meinen Penny zu bezahlen. Üblicherweise hatte ich jedoch bei beidem kein Glück und stieg ziemlich durchnässt in den 31er. Dann versuchte ich, im oberen Deck einen der vorderen Sitze zu ergattern, denn die halbstündige Fahrt zur Schule hatte durchaus einiges zu bieten. Manchmal war eine Bombe gefallen und hatte einen ebenso mächtigen wie faszinierenden Schauplatz des Schreckens hinterlassen. Es gab unzählige Geschichten über die bizarren Auswirkungen der Abwürfe. Einmal sah ich aus dem Bus ein Haus, in dem ein komplettes Stockwerk verwüstet war – nur die Stützpfeiler standen noch –, während das übrige Gebäude unversehrt schien. Ich werde nicht behaupten, dass ich je »Wie schrecklich, diese armen Menschen!« gedacht habe. Es waren keine sentimentalen Zeiten.

Wenn ich in feuchter Kleidung die Schule erreichte, empfing mich der überwältigende Geruch nasser Wolle, der von vierhundert in der Morgenversammlung singenden Schülern ausging. Tatsächlich weideten noch immer Schafe auf unseren grünen Hügeln, und da ihre Wolle verfügbar war, wurde sie vielfältig verarbeitet. Großbritannien war eine blockierte Insel, und wie viele andere Dinge musste auch Baumwolle importiert werden. Wir alle wussten um die Risiken, die Handelsschiffe eingingen, um Hitlers U-Boote zu überlisten – wertvoller Laderaum wurde nicht für Firlefanz verschwendet. In einem Jahr jedoch lenkte Churchill ein, und ich bekam eine Banane zu Weihnachten.

Mein Zimmer, die Wiege meiner Neugier, war wahrscheinlich nicht einmal zehn Quadratmeter groß und fast mönchisch karg eingerichtet. Meine Mutter war in kleinen Räumen aufgewachsen, die mit allen möglichen Dingen vollgestopft waren und von Gaslampen nur stellenweise beleuchtet wurden. Sie war entschlossen, das Zimmer nicht durch den kleinsten überflüssigen Gegenstand zu vermüllen und Licht gnadenlos in jeden Winkel scheinen zu lassen. Im Raum standen mein Bett, ein kleiner Tisch, eine Kommode sowie ein schmuckloser, einfacher Schrank – *Utility Furniture*, das man nach Vorgaben zusammengebaut hatte, die während des Krieges entwickelt worden waren. Die beiden Fenster, aus denen man auf die Ladbroke Gardens schaute, waren quadratische Schiebefenster. Die äußeren Fenstersimse waren breit und völlig verkrustet von alter Farbe und den Hinterlassenschaften der Tauben, die auf ihnen patrouillierten. Dies war mein Reich, der eine Pol meines Lebens. Der andere war die Schule.

Soweit ich wusste, war der Sinn der Schule, das Abschlusszeugnis zu erhalten. Dieses magische Dokument würde mir Türen öffnen. Um es zu bekommen, würde ich mit fünfzehn eine Prüfung bestehen müssen: die Allgemeine Schulzeugnisprüfung. Fiel man durch, wurde man Teil der großen Mehrheit mit sogenannten »Sackgassenjobs«. Bestand man, konnte man auf die unterste Stufe irgendeiner Berufsleiter steigen. Schnitt man jedoch in fünf oder mehr Fächern besser ab als der Durchschnitt, konnte man sich immatrikulieren – der erste Schritt in die hehren Gefilde des Universitätslebens. Jeder in meinem

Umfeld ging davon aus, dass ich diesen Schritt gehen würde. Einzig die Wahl der Sprache – Deutsch, Französisch oder Latein – hatte ich noch zu treffen. Deutsch sprach ich bereits, Latein schien sinnlos, also wählte ich Französisch. Niemand machte mich darauf aufmerksam, dass diese Entscheidung mich unweigerlich aus den gemütlichen Oxbridge-Bruderschaften der Geisteswissenschaften ausschließen würde, für die Latein obligatorische Voraussetzung war. Doch selbst wenn es jemand getan hätte, hätte ich wohl nicht auf ihn gehört. Es zog mich in die Naturwissenschaften, aber ich empfinde es als bemerkenswert, dass derartige Entscheidungen so früh im Leben getroffen werden mussten.

Ich stellte fest, dass es ein großer Vorteil war, eine weitere Fremdsprache zu beherrschen. Ich konnte Laute von mir geben, die meine Freunde schlicht unmöglich fanden, und es war ein Heidenspaß, ihre Ausspracheversuche von *Serrurerie* anzuhören. Doch meist war der Französischunterricht eine elende Qual. Ich verfluchte die Absurdität reflexiver Verben, bei denen Nahrung sich selbst verspeist, und mit der Grammatik bin ich nie warmgeworden. Der eindrücklichste Augenblick meiner Französischausbildung war, als ich eine Novelle Maupassants laut ins Englische übersetzen sollte. An einer Stelle heißt es, dass eine Figur darin »*jeta un coup d'œil sur la table*«, was ich unbewusst verbesserte, indem ich sie Eier auf den Tisch werfen ließ – in meinen Augen viel interessanter, als dies mit einem Blick zu tun. Neben lautem, wissendem Gekicher aus der Klasse erntete ich vom Lehrer einen unheilvollen Blick, unter dem ich vor Scham rot anlief.

Am meisten faszinierte mich Chemie, wofür ich allerdings bis heute keine Erklärung habe. Mein Chemielehrer (an unserer Schule nannten wir die Lehrer *Master*) war ein trockener, alter Knochen. Er war groß und dünn, ernsthaft und alterslos. Nie habe ich in seinem Gesicht ein Lächeln oder irgendeine Empfindung außer Irritation bemerkt. Er war die Art Lehrer, die gern erzählte, dass er als Kind jeden Tag kilometerweit zur Schule laufen musste – natürlich barfuß und in tiefem Schnee – und nur einen Threepence Taschengeld pro Woche bekam. Sein Name war Middleditch, was mehr als passend schien. Er war langweilig und trüb wie Grabenwasser, und doch schaffte er es, einen Funken zu entzünden. Es schien mir wie ein Wunder, dass man zwei unterschiedliche Dinge vermengen konnte und etwas erhielt, das keinem der beiden glich. Oder umgekehrt: Man konnte etwas in zwei vollkommen verschiedene Dinge zerlegen, oft unter Begleitung von Hitze, Licht und Lärm.

Natürlich gab es, wie bei allen Themen, die in der Schule in uns hineingestopft wurden, auch hier einen Haufen sinnloser Schufterei wie das Auswendiglernen des Periodensystems oder der Formeln für Säuren und alkalische Lösungen, doch irgendwie wurde meine Fantasie von der Erkenntnis gekitzelt, dass all die gewöhnlichen Substanzen, mit denen ich täglich zu tun hatte – zum Beispiel Seife oder Essig, Natron oder Zucker – tatsächlich Chemikalien waren. Und wenn man es nur richtig anstellte, wurde man mit einem herrlichen Zischen, Blubbern und Sprudeln belohnt. Der Austritt fauliger Gase, spontane Flammenentstehung und gelegentlich ein lautstarker Knall trugen enorm zu meiner Lebensfreude bei.

Bald begann ich, zu Hause auf der ausgedehnten Linoleumfläche – zwischen meinem Bett und der hinteren Wand lagen immerhin mehr als zweieinhalb Quadratmeter – eigene Experimente durchzuführen. Trotz der kriegsbedingten Einschränkungen im täglichen Leben waren es ironischerweise herrlich freie Zeiten. Man konnte noch chemische Grundstoffe kaufen, die elementaren Bausteine für Experimente und Erfindungen. Die Eisenwarengeschäfte glichen der Schatzhöhle Aladdins, es gab

Holz und Metall und hunderte Sorten von Verschlüssen – alles lose. Man konnte in eine Apotheke gehen und für wenige Pennys Schwefel, Natronlauge, konzentrierte Säuren, Kaliumpermanganat und Myriaden anderer Substanzen kaufen, die heutzutage gefürchtet und gesetzlich verboten sind. Ich habe daraus gemacht, was irgend möglich war. Ich überredete meine Mutter, mir zu meinem dreizehnten Geburtstag einen Chemiebaukasten zu schenken. Somit hatte ich Teströhrchen, einen Kolben, einen Schmelztiegel, einen Bunsenbrenner samt Dreifuß, Lackmuspapier und jede Menge anderer Dinge mit Anleitungen. Ich war auf einem Weg, von dem ich nicht glaubte, dass ich ihn je wieder verlassen würde.

Beim Apotheker in Westbourne Grove erstand ich Kaliumchlorat, mischte es mit Zucker (ein großes Opfer in jener zuckerlosen Zeit), zündete es an und erhielt zufriedenstellende Ergebnisse. Im Unterricht lernte ich, dass Wasser in Sauerstoff und Wasserstoff gespalten werden konnte, indem man Strom hindurchleitete. Also führte ich meinen eigenen Elektrolyseversuch durch, indem ich zwei stromführende Kabel in einen Becher voller Wasser eintauchte. Es folgte eine ohrenbetäubende Explosion, während der Becher knapp an meiner Nase vorbei zur Zimmerdecke schoss. Ich begriff schnell, dass dies ein leichtsinniges und gefährliches Experiment war, doch weshalb der Becher in die Luft geflogen war, habe ich bis heute nicht verstanden.

Durchgeschüttelt, aber unbeirrt akzeptierte ich, dass Pioniere auf ihrer Suche nach der Wahrheit unweigerlich Risiken eingehen müssen. Ich fürchtete diesen Preis nicht. Ich hatte damals Glück, und ich habe seitdem meistens Glück gehabt. In den folgenden Jahren wuchs mein Interesse an Chemie mehr und mehr, und ich führte in der Küche, im Bad und auf dem Schlafzimmerfußboden unzählige Experimente durch. Nichts war vor meinem Forschergeist sicher. Ich war fest entschlossen, alles, was mir in die Finger kam, zu verbrennen oder aufzulösen. Meine Mutter konnte nie sicher sein, unsere Wohnung bei ihrer Rückkehr so vorzufinden, wie sie sie verlassen hatte. Schuhcreme, Kerzenwachs, Seifenflocken, Linoleumstückchen und Proben von allem Möglichen brachte ich meinem Schmelztiegel als Opfer dar. Bei einem äußerst triumphalen Experiment mit Mottenkugeln schaffte ich es, die gesamte Wohnung mit dicken Rußflocken einzudecken. Ich fand unter anderem heraus, wie man aus fermentiertem Zucker Rum gewinnen konnte, und machte unsere Katze damit betrunken. Aus Zeitungen und Kastanienblättern stellte ich Zigaretten her. Die *Ascot*-Heizung im Bad, die mit Kohlegas befeuert wurde, musste mit einem Streichholz entzündet werden. Es entstanden eine kleine Explosion und ein Schauer blauer Kupfersulfatkristalle, die ich auffing und untersuchte.

Mein kühnstes und letztlich kläglichstes Experiment war das Resultat einer fürchterlichen Katastrophe im Februar 1944. Eines Nachts warfen fehlgeleitete deutsche Flieger – eigentlich wollten sie ein Kraftwerk nahe der Schule treffen – Bomben auf einen Platz zwischen den *Guinness-Trust*-Gebäuden in der Kings Road, den wir das »Ende der Welt« nannten. Er lag am Ende der Hortensia Road, in der unsere Schule lag und in der auch mein Freund Don mit seiner Familie wohnte. Mehr als hundert Familien hatten in dem Block gelebt, der nun größtenteils zerstört war. Nur dank einer Laune des Schicksals hatten er, sein Bruder und seine Eltern überlebt, während über fünfzig Menschen getötet und weit mehr schwer verwundet worden waren. Ich war natürlich ahnungslos, bis ich am nächsten Morgen vor der geschlossenen Schule stand.

Ich hörte andere über die Zerstörung reden und ging die Straße hinunter, um nachzusehen. Ich wusste nicht, ob mein

Freund tot oder am Leben war, und durch eine seltsame Betäubung fühlte sich beides gleichermaßen unwahrscheinlich an. Ich war inzwischen so sehr an Katastrophen gewöhnt, dass ich nur noch Neugier empfand. Die Ruinen waren definitiv beeindruckend. Der Staub hatte sich dick auf alles gelegt. Ich bahnte mir meinen Weg über Berge von Ziegeln, Mauerstücken und Eisenteilen, bis ich bei den Überresten einiger Nebengebäude in einem kleinen, verbeulten Käfig einen Kanarienvogel entdeckte. In diesem Moment tauchte Don auf und wir gaben uns in feierlichem Ernst die Hand. Soweit ich mich erinnere, war dies das einzige Mal in meiner Kindheit, dass ich so etwas tat. So gut er konnte, berichtete Don mir von der schrecklichen Nacht. Er erzählte, dass er dem Tod nur durch Zufall entkommen sei: Sein Bruder und er hätten die Nacht eigentlich bei ihrer Großmutter verbringen sollen, doch irgendetwas war dazwischengekommen. Die Wohnung der Großmutter war vollständig zerstört worden.

Wir einigten uns darauf, dass ich den Vogel mit nach Hause nehmen würde. Ich gab mein Bestes, um ihn zu füttern und am Leben zu halten, doch der bedauernswerte Vogel starb ein oder zwei Tage später. Nach meinen früheren Besuchen im *Natural History Museum* und genauen Betrachtungen der Skelette prähistorischer Säugetiere schien das eines Kanarienvogels interessante Erkenntnisse zu versprechen. Nachdem ich seine Federn ausgerupft hatte, wollte ich ihn in heißem Wasser kochen, um das Fleisch von den Knochen zu lösen. Es war keine gute Idee. In der entstandenen Masse war nichts zu erkennen, das Resultat war eine einzige Enttäuschung. Wann immer ich später in meinem Leben kurz davor stand, eine übereilte Entscheidung zu treffen, versuchte ich, mich zu ermahnen: *Koch nicht den Kanarienvogel!*

Plötzlich und unerwartet fand eine Veränderung statt, die mein Zimmer verwandelte: Als ich eines Tages nach Hause kam, entdeckte ich an der Wand ein Klavier. Es war ein wunderschönes, glänzendes Instrument aus teurem Holz, hergestellt von einer deutschen Firma namens Meinberg. Meine Mutter hatte es in einem Geschäft in der Westbourne Grove entdeckt. Es waren offenbar günstige Zeiten, um ein Klavier, besonders aus deutscher Produktion, zu kaufen – nicht viele Menschen waren angesichts der unsicheren Zukunft zu einer solchen Investition bereit. Sie erstand es für zehn Pfund, was zwei Wochenlöhnen entsprach. Ich war beeindruckt, dass man es geschafft hatte, einen solch massiven Gegenstand die letzten steilen Stufen zu unserer Wohnung hochzuhieven, und ich bedauerte, dass ich das Schauspiel verpasst hatte. Nun stand es tatsächlich da, solider und unbeweglicher als jedes andere Objekt in meinem bisherigen Leben. Ich ahnte nicht, dass es mich zu stundenlangem Üben zwingen würde, doch ich hasste es nie. Es bereicherte mein Leben viele Jahre lang.

6. Das Ende meiner Höhenflüge

Wenn ich nicht in der Schule war, war ich meist allein. Keiner meiner Schulfreunde wohnte in meiner Nähe, sodass ich auf mich allein gestellt war, bis meine Mutter gegen halb sieben von der Arbeit kam. Natürlich war dieses einsame Leben nicht normal. Ich entdeckte keine anderen Kinder – nicht zwischen den hohen, dichtgedrängten Gebäuden, in denen wir wohnten, nicht auf dem Weg zur Schule, nicht einmal in den Hinterhofgärten, die mehr und mehr verwilderten. In normalen Zeiten hätten sie Kinder aus den Häusern angezogen wie ein Magnet die Späne, doch nun beherbergten sie Luftschutzkeller, die als Außenlatrinen dienten und ebenso düster wie unappetitlich waren.

Eines Tages, ich war dreizehn Jahre alt und allein zu Hause, empfand ich plötzlich ein seltsames und unangenehmes Gefühl der Ablösung – eine außerkörperliche Erfahrung. Es war, als stünde ich neben mir; als betrachtete ich mich, meine Bewegungen, meine Entscheidungen wie eine andere Person, ein Beobachter ohne jeden Einfluss auf die Ereignisse. Ich konnte diese verstörende Empfindung kaum abschütteln. Manchmal half ein lautes Geräusch, es für eine Weile zu vertreiben – das Klavier leistete hier gute Dienste. Doch schließlich merkte ich, dass ich meine beiden *personae* nur wieder zusammenbringen konnte, indem ich rausging und mich auf einer belebten Straße unter Leute mischte. War das Gefühl erst einmal verschwunden, war ich so erleichtert, dass ich nicht mehr darüber nachdachte. Meiner Mutter habe ich nie davon erzählt und zu dieser Zeit auch sonst niemandem. Einige Monate lang geschah es immer wieder, doch mit der Zeit entdeckte ich kleine Tricks, die es stoppen konnten. Dann entdeckte ich andere Tricks, die diesen Zustand herbeiführten, sodass ich ihn kontrollieren und ein wenig mit ihm spielen konnte. Irgendwann wurde es langweilig. Wenig später bemerkte ich, dass ich den Zustand nicht mehr hervorrufen konnte. Kurz befiel mich das Gefühl eines Verlusts, als hätte ich einen Freund verloren.

Ich vermute, dass meine Einsamkeit – ich war ein Einzelkind und hatte eine berufstätige Mutter – in Kriegszeiten ziemlich außergewöhnlich war. Doch ich glaube, dass alle Kinder damals gähnende Abgründe von Langeweile empfanden (welche wahrscheinlich um die fünfzehn Minuten andauerten), da wir nur wenige der visuellen Leckereien hatten, welche heutzutage angepriesen werden, um die Aufmerksamkeit von Kindern zu fesseln – und vielleicht ist »fesseln« sogar das passende Wort. Aus purer Langeweile und Notwendigkeit entstand (jedenfalls bei mir) so manche Idee. Ich glaube, der eigentliche Prozess, die Mühe, mir etwas auszudenken, mit dem ich mich beschäftigen konnte, machte das Ganze bedeutsamer und interessanter. Vielleicht sprang durch ihn der Funke zwischen ein paar schlafenden Synapsen über, der etwas Neues entstehen ließ. Ich glaube, meine Kastanienblätterzigaretten waren ein Beispiel dafür. In trüber Stimmung war ich zu den verwahrlosten Gärten hinter dem Haus gegangen und hatte, nachdem ich eine Weile umhergestromert war, den Gedanken, dass die fallenden Blätter wie Tabak aussähen. Ich nahm einige mit nach Hause. Dort entschied ich, aus Zeitungen und etwas Klebstoff Zigarettenpapier herzustellen. Wir hatten einen Klapptisch, und mithilfe des Scharniers, das die beiden Plattenhälften verband, presste ich die Zigaretten in Form. Die Blätter glommen ganz anständig, und obwohl der Rauch unerträglich beißend war, produzierte ich einige Zigaretten für meine Schulfreunde und behauptete, es seien *Chestertons*.

Ich habe immer viel geträumt, und meine meist lebhaften Träume schienen mir bedeutsam. Ich habe es jedoch nie geschafft, jemandem davon zu erzählen – nicht einmal meiner Mutter. Einige waren so eindrücklich, dass sie mich mein Leben lang begleitet haben. In einem frühen Traum, wir lebten damals noch in Clapham, lag ich hilflos in einem Bett. Männer in weißen Kitteln beugten sich mit prüfenden Blicken über mich, und einer sagte mit bedrohlicher Stimme: »Irgendwo muss ein Fleck sein.« In einem anderen Traum schlüpften Insekten aus Eiern auf meinen Wimpern, als ein Schwarm dieser Insekten sich erhob und im weiten Himmel verschwand. Ein anderer Traum war für mich besonders wertvoll. Ich träumte ihn, als wir noch an den Ladbroke Gardens wohnten, kurz nachdem ich mich eine Weile für das Handlesen interessiert hatte. Im Traum konnte ich fliegen, kreiste über die Westbourne Grove und beobachtete, wie der Verkehr die Straße entlangfloss. Ich stieg höher und höher, während die Straße kleiner und kleiner wurde, bis sie von so weit oben nur eine lebendig wirkende, gepunktete Linie war. Dann bemerkte ich, dass die Straße die Lebenslinie in meiner Handfläche war. Glücklicherweise hatte ich als Heranwachsender nie den Drang, die Welt zu regieren – wenn ich auch oft wünschte, ich könnte sie bewahren.

Meine Einsamkeit nahm ein Ende, als ich einen Freund in der Nähe fand. Er hieß Michael Le Bas, ging auf meine Schule und wohnte jenseits der Pembridge Villas in besseren Verhältnissen als wir. Er mochte Geologie und besaß jede Menge Steine, die ich gründlich untersuchte und ziemlich langweilig fand, aber beide sammelten wir gern Briefmarken – das Leben öffnete sich ein wenig. In der Upper Church Street gab es ein Philateliegeschäft, dessen Inhaber Jungs gern damit beauftragte, die Gummierung von den Rückseiten der Briefmarken zu entfernen, die er für den Verkauf vorbereitete. Damals fand niemand etwas Verdächtiges daran, und tatsächlich war es das auch nicht. Als Lohn für meine Arbeit bekam ich Briefmarken für meine Sammlung, meist die schön bunten, aber ziemlich wertlosen rumänischen Marken.

Eine Zeit lang war das Leben fast normal. Ich absolvierte Schuljahr um Schuljahr und schaffte es, weiter zu den Klassenbesten zu gehören. Außerdem nahm ich bei einer netten jungen Frau namens Sophie Klavierunterricht. Ich mochte die Musik, die sie mir beibringen wollte, und obwohl das Üben eine Qual war, wollte ich sie spielen können. Alles in allem stellte ich mich trotz der üblichen Hassliebe zum Instrument ganz gut an. Schließlich fand ich mich bei einem Schulkonzert vor einem Flügel sitzend auf der Bühne wieder und gewann mit einer Chopin-Nocturne sogar einen Preis. Zu diesem Zeitpunkt war ich jedoch schon dem Jazz verfallen. Es gab einen älteren Jungen namens Lockyer, der ihn im Musikraum so traumwandlerisch spielte, dass mein Chopin-Triumph dagegen verblasste.

Wenn ich es recht bedenke, gab es immer einen älteren Jungen oder einen größeren Jungen oder einfach einen sehr talentierten Jungen, der mir den Rang ablief. Einmal pro Woche hatten wir nachmittags Sportunterricht. Dafür mussten wir mit dem Bus in Richtung Richmond fahren, wo die Schule einen Sportplatz nutzte. Im Winter spielten wir Fußball, im Sommer Cricket. Ich wollte unbedingt in allem gut sein, schien aber irgendwie zur Mittelmäßigkeit verdammt. Es gab diesen einen magischen Tag, als ich plötzlich den Fußball zu meinen Füßen fand und mit ihm unter Anfeuerungsrufen über fast das ganze Feld lief, nur um schließlich in Panik zu geraten und ihn harmlos über die Linie zu dribbeln. Meist jedoch stand ich frierend, durchnässt und in matschverkrusteten Schuhen irgendwo in der Nähe unseres eigenen Tores, unfähig, etwas Sinnvolles mit dem glitschigen und sehr schweren Lederball anzufangen.

Cricket war ebenso enttäuschend und es erteilte mir eine wichtige Lehre darüber, wie die Welt funktioniert. Die besten Spieler stellten sich ihre Teams zusammen und bestimmten die Reihenfolge der *Batter*. Natürlich setzten sie die besten an den Anfang. Ich war meist zu weit hinten, um überhaupt an die Linie zu kommen, und wurde daher auch nicht besser. Das war hart und gerecht. Hätte ich tatsächlich Erfolg haben wollen, hätte ich trainieren müssen, doch mein Interesse am Spiel dauerte nur so lange wie das Spiel selbst. Selbst die schlimmste körperliche Auseinandersetzung, in die ich je involviert war, endete als Rohrkrepierer. Unser Umkleideraum war ein Durcheinander von mindestens dreißig Jungs, die duschten und sich umzogen. In diesem Gedränge geriet ein Junge namens Nunn irgendwie mit mir aneinander, woraufhin ich – vollkommen untypisch für mich – die Fassung verlor. Wir lieferten uns ein wütendes Wortgefecht, in dessen Verlauf wir uns zu einem Kampf vor dem Gebäude herausforderten. Als wir schließlich, umringt von allen anderen, Auge in Auge dastanden, verließ mich der Mut. Ich fühlte, dass es ihm ebenso erging, aber es gab keinen Weg zurück. Wir hoben unsere Fäuste und tänzelten ein oder zwei Momente umeinander herum, als ein *Master* auftauchte und den Kampf beendete, bevor auch nur einer von uns zum Schlag angesetzt hatte.

In jedem Sommer wurde auf dem Spielfeld ein großes Sportfest mit Wettläufen und verschiedenen anderen Sportarten veranstaltet. Die Eltern waren eingeladen, um ihre Sprösslinge gewinnen und (meist) verlieren zu sehen. Als Trost gab es Tee mit Keksen (aber ohne Sahne) und Limonade. Guy Boas, unser Direktor, der passend zu diesem Anlass Blazer und *Boater*-Hut trug, nutzte die Verwandtschaft seiner Frau mit der königlichen

Familie regelmäßig aus, um es irgendeiner gesellschaftlich unbedeutenden Person zu ermöglichen, in einem großen, beblümten Hut teilzunehmen und Preise zu verteilen.

Tatsächlich gab es eine Disziplin, in der ich gut war, und das war Hochsprung. Mein Interesse dafür begann, als ich entdeckte, dass ich für einen Jungen meiner Größe relativ hoch springen konnte. Hinter der Schule gab es einen kleinen Sportplatz mit einer 400-Meter-Laufbahn und der Möglichkeit, Leichtathletik zu trainieren. Dies tat ich eine ganze Weile, und als das Sportfest nahte, war ich zuversichtlich, etwas gewinnen zu können. Es stellte sich jedoch heraus, dass es einen Jungen aus einer der anderen Klassen meines Jahrgangs gab, den ich nie getroffen hatte. Er war unnatürlich groß – fünfzehn Zentimeter größer als ich, um genau zu sein. Mit Leichtigkeit segelte er über die Stange, und um zusätzlich Salz in meine Wunde zu streuen, trug er auch noch meinen Namen. Nun, jedenfalls fast. Er hieß Simons mit einem extra -s. Ich war nach ihm dran. Um ihn zu übertrumpfen, hätte ich den *Western Roll* beherrschen müssen – eine neue, revolutionäre Sprungtechnik, der etwas Selbstmörderisches anhaftete. Eine Weile schaute ich mir Fotos davon genau an, dann entschied ich, meine Wettkampfkarriere zu beenden.

In diesen mittleren Kriegsjahren war es am Himmel meist ruhig. Ab und zu schickte Hitler uns ein Flugzeug, um uns daran zu erinnern, dass er noch da war. Dann heulten die Sirenen, und wir alle mussten die Treppen hinunterlaufen und Zuflucht in der Schulbibliothek suchen, die man wegen ihrer Lage im Herzen des Gebäudes für den sichersten Ort hielt. Dort starteten wir umgehend einen wilden Comic-Handel, aber bei diesen Tagesangriffen schien nie viel zu passieren.

Ich bin sicher, dass ich in meiner Kindheit nie den Begriff »Arbeitsmoral« gehört habe, aber meine Mutter lebte seine Facetten mit jedem Atemzug. Ihr Leben war Arbeit, es gab darin keinen Raum für das, was man später »Spaß haben« nannte. Nachdem sie mich morgens in die Schule geschickt hatte, fuhr sie mit der U-Bahn in die Fleet Street, wo sie die Buchhaltung für einen kleinen Anzeigenvertreter namens Greenwook erledigte. Ich glaube, er zahlte ihr fünf Pfund pro Woche, was gerade genug war, um davon zu leben. Mit ihren Näharbeiten verdiente sie etwas dazu. Manchmal arbeitete sie bis spät in die Nacht. Einmal zeigte sie mir im Nagel ihres Zeigefingers ein Loch, das aufgrund ihrer Müdigkeit von der Nadel verursacht worden war. Diese Verletzung ist meines Wissens unter Näherinnen weit verbreitet und jagt mir immer noch einen Schauer über den Rücken.

Viel später erzählte meine Mutter mir, dass mein Vater ihr eigentlich zehn Schillinge pro Woche schicken sollte, dass es aber immer wieder lange Zeiträume gab, in denen sie nichts erhielt. Wir sprachen nie über ihn, tatsächlich existierte er für mich nicht. Wir trafen uns nur einmal, ich war elf, und ich nehme an, es muss sehr schmerzvoll für ihn gewesen sein. Ich vermute, dass ich selbst emotional erstarrt war – im Nachhinein konnte ich mich weder an ihn noch an unsere Unterhaltung erinnern. Wir trafen uns am Marble Arch, und er führte mich in das *Schmidt's*, ein Restaurant in der Charlotte Street, wo ich zum ersten Mal Hühnerleberpastete aß. Meine spätere Freude an Fleischwaren war vermutlich sein größtes Vermächtnis an mich.

Dies war das einzige Mal während des Krieges, dass ich in ein Restaurant eingeladen wurde, doch einmal, ich war zwölf und es waren Schulferien, führte ich meine Mutter zum Essen aus. Sie hatte mich gebeten, sie nach Feierabend in ihrem Büro zu treffen. Ich fuhr mit der U-Bahn bis Charing Cross und ging die Straße entlang, bis ich den schäbigen Eingang fand. Ein Fahrstuhl mit Eisengitter brachte mich hinauf in den vierten Stock, wo meine Mutter mich an der Bürotür Mr Greenwood vorstellte. Ich war zu schüchtern, um ihn richtig wahrzunehmen, doch er ließ eine Pfundnote in meine Hand gleiten und sagte etwas gönnerhaft:

»Lade deine Mutter zum Abendessen ins *Strand Palace* ein!«

Das *Strand Palace* war eines der großen, Eckhäuser genannten Restaurants, die J. Lyons in London betrieb, und es überwältigte mich schier mit seinen Säulen und Alabasterleuchten, den Kellnerinnen in schicken schwarzen Knopfkleidern und Spitzenhäubchen, den silbernen Schalen und Salzstreuern und mit dem kleinen Ensemble, das in der gegenüberliegenden Ecke des riesigen Salons leichte Musik spielte. In Ermangelung eines Fernsehers und der Fotografie im Allgemeinen war dies meine einzige Berührung mit dem, was ich für die Lebensweise »der anderen Hälfte« hielt.

In der Regel kam meine Mutter gegen sechs oder wenig später nach Hause und machte Abendbrot. Neben dem Nähen widmete sie ihre Zeit und Energie der Partei. Ihre einzigen Laster waren Tee und Zigaretten. Alkohol gab es in unserer Wohnung nicht. Ihre gelegentlichen Besucher schätzten sie sehr; mich behandelten sie mit fast übertriebenem Respekt. Als meine Mutter einmal – und es war wohl wirklich nur dieses eine Mal – mehrere Tage lang zu krank war, um zur Arbeit zu gehen, kam ein Kamerad (sie nannten einander »Kamerad«) und kochte für uns.

Charlie, früher mal Schiffskoch, war ein kleiner, unscheinbarer Mann, und doch stand ich in der Küche und beobachtete gebannt, wie eine geschälte Kartoffel unter seiner linken Hand in Scheiben zerfiel, während sein Messer, nur eine Haaresbreite von seinen Fingerspitzen entfernt, blitzschnell auf und nieder schoss. Ich sah, wie die gekochten Scheiben sich in cremig-weißen Kartoffelbrei, eines meiner Lieblingsessen, verwandelten, und diese simple Erfahrung kulinarischer Zauberei weckte in mir die Liebe zu Lebensmitteln und zum Kochen.

Bis dahin waren meine Kochambitionen, wenn ich nach der Schule in eine leere Wohnung kam, nie über Rührei hinausgegangen – und jeder, der einmal mit Eipulver, getrockneter Milch und Margarine (mehr hatten wir nicht) gearbeitet hat, wird die Herausforderung darin verstehen. Das Ei klebte erst in der Pfanne fest, um dann in kleinen Kugeln darin umherzuhüpfen. Doch der Kartoffelbrei führte mich zu neuen kulinarischen Abenteuern. Meine Mutter zeigte mir, wie ich mit geriebenen Kartoffeln, Zwiebeln und einem Ei Kartoffelpuffer machen konnte. Diese köstlichen Kartoffelpfannkuchen haben durch die rohe Kartoffel einen ganz besonderen Geschmack, und ich erinnerte mich daran, dass ich sie schon in meiner Kindheit in Deutschland gegessen hatte – meine Großmutter in Hamburg hatte sie gemacht.

Leider hatte meine Mutter nie die Chance gehabt, eine gute Köchin zu werden, da ihr in ihrer Kindheit eine wesentliche Fähigkeit genommen worden war: Eine verpfuschte Operation an den Nasennebenhöhlen hatte ihren Geruchssinn zerstört. In der Küche war das mehr als nur eine deutliche Beeinträchtigung – es konnte extrem gefährlich sein. Das Kohlegas, mit dem wir alle kochten, hatte einen markanten Geruchszusatz, um unbemerktes Austreten zu verhindern. Also war ich zum Gasinspektor unserer Wohnung erklärt worden. Da Geruchs- und Geschmacksempfinden sehr eng miteinander verbunden sind, konnten ihre Geschmacksnerven kaum mehr als den Unterschied zwischen süß und sauer sowie scharf und fade erkennen. Wenn sie streng nach Rezept kochte, waren die Ergebnisse oft sehr gut. Ihre einfachen Gerichte waren lecker, und ich liebte ihre Obstkuchen. Mit ihrer genialen Idee, gehacktem Spinat eine weiße Sauce hinzuzufügen und mich so vor seiner knirschenden Säure zu retten, übertrumpfte sie sogar Popeye. Der Spinat von damals bestand aus dicken, schweren, dunkelgrünen

Blättern voller Oxalsäure, die einem die Zähne stumpf werden ließen und der Fluch im Leben eines jeden Jungen waren.

Manchmal jedoch führten die olfaktorischen Defizite meiner Mutter zu interessanten Ergebnissen. Eines Sonntags hielt sie einen Block Kerzenwachs für Schmalz und briet die Kartoffeln darin. Sie wurden wunderbar braun und sahen äußerst appetitlich aus – es war eine Schande, dass wir sie wegwerfen mussten.

»Kann ich sie nicht den Enten geben?«, bettelte ich. »Ich nehme sie heute Nachmittag mit zum Round Pond.«

»Na gut«, gab sie nach.

»Und was ist mit den Scones? Kann ich die auch mitnehmen?«

Die Scones ließen uns schon seit Tagen keine Ruhe. Sie waren ein weiteres kulinarisches Desaster, für das etwas verwendet worden war, das wie Backpulver aussah. Meine Mutter hatte versucht, etwas kostbare, echte Milch zu verwenden, die sauer geworden war. Wir hatten keinen Kühlschrank (ich kannte niemanden, der einen hatte), und wie die meisten Leute versuchten wir, unsere Sachen in einem Fleischtresor kühl zu halten. Der Tresor war eine Box aus Metall und Gaze, die außen auf dem Fensterbrett stand; heutzutage würde man ihn wahrscheinlich für einen Airconditioner halten. Wenn das Wetter stimmte, war er besser als nichts. Jedenfalls waren die Scones steinhart geworden, nichts konnte sie durchdringen. Ich hatte mir an ihnen fast die Zähne ausgebissen, und meine Mutter hatte vergeblich versucht, sie aufzuweichen.

Der Round Pond in den Kensington Gardens war ein beliebter Ort. Durch die Notting Hill Gate und über die Bayswater Road waren es etwa zwanzig Minuten Fußweg. Ich hatte zwar kein eigenes Boot mehr, das ich auf dem Teich segeln lassen konnte, andere aber schon – und es hingen dort eigentlich immer schräge Typen herum, die einen Blick wert waren. Außerdem stand dort die Peter-Pan-Statue. Sobald die Enten mich am Rand des Teichs erblickten, paddelten sie auf mich zu. Ich warf etwas gewachste Kartoffel in die Schar. Die Kartoffelstücke, vom Wachs zusammengehalten, dümpelten auf der Wasseroberfläche herum. Die Enten spielten Wasserpolo mit ihnen, ahnten aber, dass etwas nicht stimmte, und bissen nicht hinein. Die Scones waren eine weitere bittere Enttäuschung. Ich versuchte, sie zu zertreten, natürlich vergeblich, und auch die Enten hatten mit ihnen kein Glück. In der Hoffnung, dass das Wasser sie irgendwann aufweichen würde, warf ich sie einen nach dem anderen ins Wasser. Ein letzter Scone war noch in meiner Hand, als ein Parkwächter herankam und mich fragte, was ich dort machte.

»Meine Mutter hat Scones gebacken, aber sie sind zu hart, sehen Sie?«, antwortete ich und hielt ihm mein letztes Exemplar hin.

Er nahm es und versuchte hineinzubeißen.

»Verflucht nochmal«, sagte er, »sie sollte Munition herstellen!«

Eines Winterabends nahm meine Mutter mich mit auf eine lange, geheimnisvolle Busfahrt zu einem Schauspielhaus in einem mir unbekannten Stadtviertel. Erst als wir ankamen, erfuhr ich, dass wir etwas sehen würden, das man Oper nannte. Natürlich war ich nie zuvor in einer Oper gewesen, und es würde mich nicht überraschen, wenn es bei meiner Mutter ebenso gewesen wäre. Sie musste die Karten geschenkt bekommen haben. Es war ein einschneidendes Erlebnis, ganz einzigartig fern von unserem normalen Leben. Das Gebäude war vollkommen anders als das Kino, in das wir samstagabends gingen. Der Eingang und die Menschen schienen irgendwie größer und wichtiger zu sein. Wir stiegen viele Treppen hinauf und öffneten eine Tür zu einer Box. Alles war mit plüschigem Samt ausgekleidet, und unter uns war das Orchester. Die Menschen auf der Bühne waren beeindruckend, auch wenn ich keines ihrer Worte verstand – alles war italienisch. Das Gebäude hieß *The Old Vic,* und die Paukenschläge aus Verdis *Il Trovatore* prägten mich fürs Leben, auch wenn es bestimmt fünfzehn Jahre dauerte, bis ich wieder in eine Oper ging.

7. »Auch ich hätte Gefangener in Bergen-Belsen sein können.«

Ab 1943 entzündete sich in meinem Leben ein Feuerwerk neuer Interessen und Ideen. Mit meinen zwölf Jahren begann ich, wie ein Verrückter zu lesen. Ich arbeitete mich durch die Bücher der öffentlichen Bibliothek, indem ich sie regalweise von links nach rechts durchkämmte. Sie waren alphabetisch nach Autoren geordnet. Ich las sie eines nach dem anderen, bevor ich zum nächsten Regal überging. Ich verschlang die Abenteuerromane – H. Rider Haggard war einer meiner liebsten Autoren – und Erzählungen über wissenschaftliche Entdeckungen, schließlich vermehrt Romane mit sozialen Themen, beispielsweise von Dickens, H. G. Wells, Upton Sinclair und Émile Zola. Seltsamerweise blieben die großen Londoner Museen wie das *Natural History Museum* mit seinen berühmten Skeletten und sogar das *Victoria and Albert Museum* während des Krieges geöffnet. Praktischerweise befanden sie sich alle nah beieinander in South Kensington, sodass ich sie leicht besuchen konnte.

Auf einem anderen Unterhaltungslevel fanden sich die öffentlichen Schwimmbäder am Ende der Westbourne Grove, in die ich manchmal ging. Hier planschten die Kids aus der Umgebung und unterhielten sich schreiend. Zu meinem Erstaunen war jedes zweite Wort das F-Wort – mit größter Selbstverständlichkeit hörte man »*fucking*« hier und »*fucking*« dort. So etwas hatte ich nie zuvor erlebt. Ich fühlte mich wie ein Ausländer und hatte keine Ahnung, wie ich mit ihnen reden sollte. Ich wusste, dass diese Kids wahrscheinlich in den Wohngebieten nördlich von uns lebten, die kaum besser waren als ein Slum, und dass sie aus der Arbeiterklasse kamen, von der unter Kommunisten immer mit Ehrfurcht gesprochen wurde. Meine Mutter sagte, dass auch wir zur Arbeiterklasse gehörten, doch ich hatte nicht das Gefühl, viel mit ihnen gemeinsam zu haben.

Manchmal ging meine Mutter zu diesen Häusern am anderen Ende der Ladbroke Grove, um dort etwas zu tun, das sie »anwerben« nannte. Einmal nahm sie mich mit, und diese Erfahrung hinterließ bei mir einen tiefen Eindruck. Gewöhnlich stieg sie hinunter zu den Souterrainwohnungen unter den Treppen, wo, wie ich annahm, die ärmsten Leute lebten und ich vor dem Gestank ranzigen Bratfetts zurückwich, das aus den Türen strömte, sobald sie öffneten. Die traurig wirkenden Frauen in schmuddeligen Schürzen, die wir antrafen, waren misstrauisch, hörten aber zu. Meine Mutter gab ihnen sogenannte »Literatur«, verschiedene Pamphlete und meist eine Ausgabe des kommunistischen Manifests. Selbst ich konnte sehen, dass die Wohnungen feucht und ungesund waren. Meine Mutter sagte, dass die Vermieter sich weigerten, etwas dagegen zu unternehmen.

Es war unvermeidlich, dass das politische Engagement meiner Mutter auf mich abfärbte, auch wenn sie niemals versuchte, mir moralische oder religiöse Vorstellungen überzustülpen. Sie beantwortete meine Fragen, so gut sie konnte, und es dauerte nicht lange, bis mir der Kommunismus als das einzige erstrebenswerte politische Ideal erschien. Mir begegnete nichts, was dieser Schlussfolgerung widersprach. Sicher, meine Schule gehörte zur *Church of England*, doch es gab keinen Religionsunterricht. In der allmorgendlichen Versammlung sprachen wir das Vaterunser und sangen ein frommes Lied. Ich liebte es, diese Lieder herauszubrüllen, besonders wenn es *Jerusalem* von William Blake war.

Erst viele Jahre später wurde mir klar, dass seine »satanischen Mühlen« nicht die industriellen Mühlen waren, über die Orwell schrieb, sondern Mühlen des Geistes. Wie dem auch sei: Abgesehen von der Schulversammlung kam Gott nicht zu Wort.

In den späteren Kriegsjahren waren Kommunisten fast respektiert. Die Sowjetunion war auf unserer Seite. Sie erlitt die größten menschlichen Verluste, als sie den deutschen Vormarsch bei Stalingrad erst in einer Pattsituation aufhielt und Hitler dann nach und nach zwang, sich zurückzuziehen. Die Kommunistische Partei glaubte (und es sprach einiges dafür), dass die westlichen Mächte nicht gerade unglücklich darüber waren, dass Hitler die Sowjets ausbluten ließ. Ab 1943 engagierte meine Mutter sich in einer wütenden Kampagne, mit der die Regierungen der Alliierten dazu bewegt werden sollten, die Deutschen im besetzten Westeuropa anzugreifen und Druck von Stalin zu nehmen. Ihre Tage waren gefüllt mit der Organisation von Demonstrationen und Versammlungen. Ihre Gruppe hatte eine mobile Tribüne, eine hölzerne Vorrichtung, die samstags in der Portobello Road aufgestellt wurde und auf der sie und ihre Kameraden die Menge für die Parole »EINE ZWEITE FRONT – JETZT!« zu begeistern versuchten. Natürlich wurde dies auch zu meinem Anliegen, sodass ich manchmal mit zu den Meetings ging.

Seit ich mich erinnern kann, war meine Mutter für verschiedene Bereiche innerhalb der Ortsgruppe der Kommunistischen Partei verantwortlich und hielt Treffen in unserer Wohnung ab. Als kleiner Junge bekam ich von alledem nicht viel mit, weil ich meist schon im Bett war, bevor die Treffen auch nur begannen. Später jedoch, gegen Ende des Krieges, als wir in unserem eigenen Haus wohnten, trafen sich die Kameraden in der Küche im Keller und füllten sie mit Zigarettenrauch. Zu dieser Zeit war meine Mutter die Sekretärin der örtlichen Gruppe, was durch das Schreiben von Protokollen, die Pflege der Unterlagen und das Einsammeln der Beiträge eine Menge Arbeit bedeutete. Außerdem musste sie die Einsätze der Leute organisieren, die auf der Straße Mitglieder werben, Flyer verteilen und allgemein Öffentlichkeitsarbeit machen sollten. Ich erinnere mich an einige der wohlmeinenden Menschen, die sich bei uns versammelten. Einer von ihnen hätte sie nur zu gern geheiratet, ein anderer tat es irgendwann.

Später, als eine antikommunistische Haltung Politikern dabei half, ihre Karriere voranzutreiben, begriff ich, dass die Runde um meine Mutter durchaus als »Zelle« bezeichnet werden konnte – mit all den damit verbundenen ernsthaften Konsequenzen. Der Gedanke war bei diesem kleinen Grüppchen lächerlich.

Aus meiner Sicht war der Krieg ein andauernder Zustand gerade noch erträglicher Entbehrungen, unterbrochen von gelegentlichen gewaltsamen Ereignissen oder einer Nachricht, die aufregender war als gewöhnlich. Eine Bombe hier, ein militärischer Durchbruch dort, und das Leben, das ich – vermeintlich – immer gekannt hatte, ging weiter. 1942, ich war gerade elf, wurde ich Zeuge eines besonders dramatischen Ereignisses, als die Royal Air Force mit eintausend Bombern über London hinweg nach Köln flog, um es zu zerstören. Der Lärm war endlos, ohrenbetäubend und äußerst ermutigend, denn endlich hatten wir mal nichts von ihm zu befürchten. Danach dachte ich immer, sie seien auf dem Weg, um Bomben auf Hamburg und meine Großmutter zu werfen. Dies geschah allerdings erst 1943, woraufhin im Rahmen der *Operation Gomorrha* in einer Nacht 30.000 Menschen starben und ein Feuersturm die Stadt fast zerstörte.

Jeder wusste, dass die Invasion bald stattfinden würde; immer häufiger sahen wir amerikanische Soldaten. Anfang 1944 schien es, dass in Kürze etwas passieren würde, doch bevor es so weit war, kam neuer Horror über uns. Deutschland schickte uns die fliegende Bombe. Als Erstes brachte sie die Schrecken einer unbekannten Bedrohung, denn diese mysteriösen Objekte regneten Tag und Nacht auf London herab und richteten dabei immense Schäden an. Wir fanden jedoch schnell heraus, was sie waren. Diese seltsamen kleinen Flugzeuge mit Stummelflügeln und Raketentriebwerken flogen ohne Piloten und transportierten in ihren Nasen mehr als eine Tonne Sprengstoff. Sie wurden von der französischen und später von der belgischen Küste aus gestartet und waren darauf programmiert, London zu erreichen und dort herabzufallen.

Diese Zerstörungsmaschine hatte unterschiedliche Namen. Die Nazis nannten sie ihre »Vergeltungswaffe«, und eine Zeit lang nutzten sogar wir die Nazi-Bezeichnung »V1«. Irgendwie erschien sie dadurch weniger bedrohlich. Bald kamen andere Namen auf: erst *Doodlebug*, »Kugelkäfer«, dann *Buzzbomb*, »Summbombe« wegen des summenden Geräuschs, das sie machte, wenn der Motor einwandfrei lief. Ich selbst habe dieses summende Geräusch nie gehört. Tagsüber gewöhnten wir uns einfach an sie. Im Gegensatz zu den üblichen Bombenangriffen gab es bei ihnen keinen Alarm – ihr Erscheinen am Himmel war nicht vorhersagbar.

Es war die Wucht der Explosion, die die größte Zerstörung anrichtete, und eines Morgens sah ich auf meinem täglichen Schulweg durch die Church Street von der oberen Etage des Busses mit eigenen Augen die Verwüstung und die seltsamen Auswirkungen dieser Wucht: Die Außenmauer eines Hauses war wie abgestreift, und ich schaute in eine offenbar unversehrte Küche, in der der Frühstückstisch noch gedeckt war.

Einmal lief ich kurz vor der Schule fast in eine solche Explosion hinein. Die Schule lag in der Hortensia Road, einer Nebenstraße der Fulham Road. Die andere Seite der Fulham Road ist von einer durchgehenden Häuserreihe gesäumt, und als ich in Richtung Schule ging, erschien eine fliegende Bombe. Sie glitt plötzlich und lautlos über die Häuserreihe hinweg und schien zu meinem Entsetzen geradewegs auf mich zuzusteuern. Ich war gelähmt vor Schreck. Nichts hatte mich auf ein so riesiges, bedrohliches und schnelles Objekt vorbereitet. Ich stand wie angewurzelt, bald jedoch eher erstaunt als angstvoll, denn es flog rasend schnell an mir vorbei. Außerdem muss es deutlich höher gewesen sein, als ich gedacht hatte, denn es flog noch ein ganzes Stück, bevor ich die Explosion hörte.

Weil diese Bomben so willkürlich und unberechenbar waren, erzeugten sie eine Form von Stoizismus. Niemand konnte sagen, wann oder wo sie als nächstes fallen würden, also war es sinnlos, sich ihretwegen zu sorgen. Man kann nicht Tag und Nacht in einem Schutzbunker verbringen, und so förderten sie paradoxerweise eine seltsame Art der Freiheit, die Hitler sicher sehr wütend gemacht hätte, wenn er davon gewusst hätte. Wir saßen in einem Klassenraum und wussten, dass eines dieser Dinger uns aus dem Leben hätte sprengen können, doch man kann über so etwas nicht länger als ein paar Sekunden nachdenken, bevor alltägliche Dinge sich wieder in den Vordergrund drängen. Sobald es irgendein Warnzeichen gab, sollten wir uns unter den Tischen verkriechen. Ich glaube nicht, dass irgendjemand von uns dachte, das könnte etwas bewirken, aber wir hatten eine neue Lehrerin, die entschlossen war, unsere Angst zu mindern.

Sie war eine junge Frau aus Neuseeland, die einzige Lehrerin an unserer Schule, und sie behauptete, übernatürliche Kräfte zu haben. Um ihren Hals trug sie eine Kette mit großen bunten Steinen, die sie von einem Maori-Häuptling bekommen hatte. Diese Kette würde ihr sagen, wenn sie in akuter Gefahr sei, sodass sie uns dann rechtzeitig warnen könnte. Unser Klassenraum war groß und hatte hohe Fenster, und wie das Schicksal es wollte, explodierte keine fünfzehn Minuten später eine *Buzzbomb* ganz in unserer Nähe. Die großen Fenster klirrten wie verrückt, und wir sahen unsere Lehrerin unter den Tisch schlüpfen, bevor wir auch nur daran denken konnten.

Nachts aber konnten sie beängstigend sein. Ich lag in meinem Bett, lauschte ihnen in der Dunkelheit und hörte das unverkennbar knatternde Geräusch, unmittelbar bevor die Motoren stoppten und die Bomben herabfielen. Zuerst hörte man *plop-plop-plop-plop*, dann nichts mehr und dann manchmal, wenn sie in Hörweite herunterkamen, ein lautes *KRUMP*. Es war unmöglich zu sagen, wie nahe sie kamen, aber die Verwüstung, die sie bei ihrem Aufprall anrichteten, war beeindruckend. Als ich so in meinem Bett lag und das Ding mit bloßer Willenskraft dazu bewegen wollte weiterzuploppen, bis es weit genug entfernt war, um woanders herunterzukommen, fühlte ich mich zum ersten Mal in meinem Leben wie bei einer Lotterie. Die meisten Menschen schliefen in Schutzunterkünften. Die Bahnsteige der U-Bahn-Stationen waren mit Etagenbetten, Matratzen und Bettzeug zugestellt. Die Leute in unserem Haus nutzten den Keller als improvisierten Schutzraum, doch meine Mutter wollte davon nichts hören. Sie sagte, die Wahrscheinlichkeit, getroffen zu werden, sei so gering, dass es sich nicht lohne, deshalb schlecht zu schlafen. Sie verabscheute die Vorstellung, mit dutzenden fremden, schnarchenden und weinenden Erwachsenen und Kindern auf engstem Raum zusammengepfercht zu sein. Es kam mir nie in den Sinn, ihr zu widersprechen.

Endlich, im Juni 1944, begann die Invasion, auf die wir alle gewartet hatten, und natürlich fühlte es sich wie ein Wendepunkt an. Für mich war der Krieg immer nur die Kulisse für die Dinge gewesen, die wirklich wichtig waren: meine Schulaufgaben, meine Freunde und meine anderen Interessen. In diesem Sommer jedoch sollte ich plötzlich näher an die Geschehnisse herankommen: Für die Sommerferien organisierte unser Direktor für unsere Klassenstufe eine Reise nach Südengland, wo wir auf einer Farm bei Dorchester Kartoffeln ernten würden.*

Zufällig befand sich unser Camp ganz in der Nähe eines großen Depots, das die Truppen in Europa versorgte. Durch die engen Gassen kurvten Jeeps, die meist von schwarzen GIs gefahren wurden, welche sich mit ihren Schätzen äußerst großzügig zeigten. Wir bekamen Unmengen an Schokolade und Zigaretten und allem, was sie zufällig gerade dabei hatten. Ich ergatterte einen seltsamen, aufblasbaren Gegenstand mit großer Metallschnalle, der uns alle vor ein Rätsel stellte. Ich behielt ihn viele Jahre lang, bis er bei einem meiner unzähligen Umzüge verschwand. Erst fünfzig Jahre später erkannte ich seinen Zweck, als ich ihn im Film *Der Soldat James Ryan* um einen Munitionskanister gewickelt vor der Küste treiben sah.

Die Royal Air Force fand schließlich Wege, die meisten Bomben im Flug abzufangen, und eigentlich störten sie uns auch kaum noch. Dann aber begannen die V2-Raketen aus der Stratosphäre zu fallen. Sie verursachten furchtbare Schäden und töteten Tausende Londoner, doch glücklicherweise durchbrachen die Alliierten schon bald die deutschen Linien und machten dem Bombengewitter ein Ende.

Schließlich – der Krieg in Europa neigte sich bereits seinem Ende entgegen – gab es bei uns zu Hause einen weiteren Umbruch: die Ankunft von Gustel Zörner. Sie war aus Deutschland geflüchtet, etwa im Alter meiner Mutter, und sollte einige Monate lang bei uns wohnen. Ich wusste kaum etwas von ihr. Tagsüber war sie unterwegs und kam nur selten zurück in die Wohnung, bevor ich ins Bett ging. Die größte Veränderung war, dass meine Mutter ihr Bett aus dem Wohnzimmer in mein Zimmer schob und Gustel auf dem Sofa schlief.

Natürlich war sie Kommunistin. Alle Freunde meiner Mutter waren Kommunisten und, soweit ich das beurteilen konnte, nicht anders als andere Menschen. Diejenigen, die ich kannte, waren sehr nett zu mir, und ich wusste, dass sie meine Mutter sehr bewunderten. Als ich elf war, wollte einer von ihnen, ein großer, dünner und unscheinbarer Mann namens Stan Boucher, meine Mutter heiraten. Sie fragte mich vorsichtig, was ich davon hielt. Ich erhob energisch Einspruch, weil ich damals noch die vage Vorstellung hatte, sie selbst zu heiraten. Das Thema wurde nie wieder erwähnt.

Als Gustel drei Jahre später zu uns kam, wäre ein solcher Gedanke abstoßend gewesen. Außerdem hatte ich andere Interessen, von denen sich eines um den Unterschied zwischen den Geschlechtern drehte. Ich verging fast vor Neugier, und da ich keinen anderen Weg wusste, diese zu befriedigen, überwand ich mich schließlich und fragte meine Mutter eines Nachts, als wir in unseren Betten lagen, wie die intimen Bereiche einer Frau aussähen. Sie verglich sie mit einer Schachtel Datteln von *Batger's*. Diese waren damals sehr beliebt und wurden noch mit Stiel in einer schmalen, länglichen Box mit abgerundeten Enden verkauft. Diese Information half mir kein bisschen. Warum meine Mutter ein solch außergewöhnliches Bild wählte, ist mir bis heute ein Rätsel.

Der Krieg in Europa endete bald nach meinem Geburtstag, und für eine kurze Zeit lag eine Hochstimmung in der Luft – bis uns klar wurde, dass sich im Grunde nichts ändern würde. Es gab keine Ehemänner, Brüder oder Väter, die zurück nach Hause kamen. Rationierung und Mangel würden uns offensichtlich noch eine ganze Weile begleiten, wohingegen es keine Kriegsneuigkeiten mehr geben würde, um die Monotonie erträglicher zu machen. Eine Sache jedoch verbesserte sich zumindest, soweit es mich betraf. Nun, da die Rote Armee Berlin eingenommen hatte, verschwand Gustel Zörner, um den Sozialismus und das Glück nach Ostdeutschland zu bringen. Es stellte sich heraus, dass sie im kommunistischen Apparat ein ziemlich hohes Tier war: Sie wurde die persönliche Privatsekretärin von Walter Ulbricht, dem neuen Chef der von Moskau eingesetzten Kadergruppe. Er war derjenige, der später die Berliner Mauer errichten ließ und dafür verantwortlich war, dass vielen Menschen besonders widerwärtiges Unheil angetan wurde. Später hörte ich, dass er auch ein unfassbar langweiliger Mann war. Ich habe nie erfahren, ob Gustel diese Zeit überlebt hat. Aus meiner Sicht war das einzig Entscheidende, dass wir unsere Wohnung wieder für uns hatten.

Die Struktur unseres täglichen Lebens veränderte sich in den Nachkriegsjahren kaum, doch nichts konnte die Dramatik der Veränderungen in meinem persönlichen Leben mindern, als ich von der Kindheit in die Pubertät hineinwuchs. Der einzige stabilisierende Einfluss war die Schule, die ich – meinem inneren Aufruhr zum Trotz – 1945 und 1946 Halbjahr für Halbjahr fortführen musste, bis 1947 eine schicksalhafte Prüfung über meine Zukunft entscheiden würde. Meine Faszination für Chemie wuchs, doch zur gleichen Zeit bekamen wir einige gebildetere Lehrer in Englisch, Geschichte und, in meinem Fall, Französisch. Es waren natürlich ältere, gestandene Männer, die ein Interesse an uns als Individuen entwickelten und uns nicht als eine Herde sahen, die es zu kontrollieren galt. Ich kannte nur ihre Nachnamen und ihre Initialen. Nach alter Tradition trugen sie schwarze Roben, die ihre Autorität und Würde verstärkten. Einzige Ausnahme war Mr Nightingale, der exzentrische Mathematiklehrer, der dafür bekannt war, Stoff von seiner Robe abzureißen, um damit die Kreide von der Tafel zu wischen.

Er war es, der uns am Tag nach der Befreiung des Konzentrationslagers Bergen-Belsen durch die britische Armee verblüffte. Die entsetzlichen Zeitungsbilder von abgemagerten, halbtoten Menschen hatten sich in jede Netzhaut eingebrannt.

Nightingale war ein großer Mann und selbst fast so ausgezehrt wie ein Kadaver. Er stand vor uns auf dem Podium und sagte voller Ernst, aber wider Willen grotesk: »Lasst euch von der ganzen Propaganda nicht in die Irre führen. Ich hätte auch Gefangener in Bergen-Belsen sein können.« Und er zog seine ohnehin schon hohlen Wangen ein, um den Beweis zu liefern.

Natürlich nahm niemand von uns seinen Rat ernst. Wir hielten ihn für verrückt. Seine seltsame Vorstellung habe ich nie ganz durchschaut. Hatte er eine heimliche Nazi-Vergangenheit? War er ein fanatischer Antisemit? War er mit Oswald Mosley marschiert? Trotzdem war er ein guter und geachteter Mathematiklehrer. In dieser Situation dachten wir, er sei wahnsinnig geworden, aber es war eine wichtige Lehre: Ein Mensch kann in einem Bereich total neben der Spur und trotzdem ein wertvolles Mitglied der Gesellschaft sein.

Mr Linklater, der Französischlehrer, war ein eleganter Herr. Er trug einen Nadelstreifenanzug und eine Weste, die bequem über seinem wohlgenährten Bauch saß, den er als seinen *Embonpoint* bezeichnete und somit in den Dienst des Wortschatzaufbaus stellte. Er stand vor uns, als sei er auf einer Bühne: Die Arme erhoben, die Kreide in der Fläche seiner rechten Hand rollend, proklamierte er so unmögliche Worte wie *Fourrurerie*, dessen unaussprechliche »rrrrrr« er aus den Tiefen seiner Kehle aufsteigen ließ. Es war nicht schwer, sich ihn auf den Boulevards von Paris vorzustellen, und seine Persönlichkeit machte einen guten Teil der Qualen wett, die unregelmäßige französische Verben mit sich bringen.

Leider fand ich Geschichte damals ziemlich langweilig und profitierte von Mr Berkeley, der es unterrichtete, nicht so, wie ich es hätte tun sollen. Er war ein äußerst bissiger Charakter mit hartem Profil und einem scharfen, geistreichen Verstand, der es genoss, wenn man ihm schwierige Fragen stellte.

Während ich heranwuchs, stellte ich fest, dass es im Großen und Ganzen eine ziemlich gute Schule war. Vor dem Krieg hatte sie einen beachtlichen Ruf für ihre Shakespeare-Produktionen, und der Direktor setzte alles daran, diesen wiederzubeleben. Wieder war es dem exzellenten Unterricht zu verdanken, dass ich mich in *Macbeth* verliebte. Obwohl wir es nie aufführten, gab es eine Zeit (heute kann ich es kaum glauben), in der ich das gesamte Stück rezitieren konnte.

Wir führten jedoch Stücke kleineren Kalibers auf. Es gab eine unerträgliche Komödie mit dem Titel *Browne With An E*, in der ich »Ze, französischer Kellner" war, und später *The Thread of Scarlet*, von dem berichtet wurde, dass »E. J. Simon eine beeindruckende Vorstellung des Butlers darbot, eine sorgfältige Interpretation einer von geheimer Schuld gepeinigten Seele.«

Abgesehen von Chemie reizte mich von allen Fächern Englisch am meisten. Obwohl ich spürte, dass es mein Schicksal war, Wissenschaftler zu werden, waren Lesen und Schreiben wie natürliche Bedürfnisse für mich, sodass ich mich auch der Herausforderung des literarischen Schreibens stellte. Ein Englischlehrer, ein kleiner, immer kahler werdender, sympathischer Mann, den ich als Mr F. A. Allen kannte, gab uns manchmal die Aufgabe, eine Kurzgeschichte zu schreiben. Aus einem meiner Ergüsse griff er einen Charakter heraus, der humpelte und einen Gehstock benutzte, welchen ich mit »Stock mit Gummispitze« beschrieben hatte. Mr Allen war so verzückt, wie es ein solch bescheidener Mann nur sein konnte, nur weil ich eine Gummispitze auf den Spazierstock gesetzt hatte: »Es ist genau diese Art Detail«, rief er aus, »die den Unterschied ausmacht!«

Nichts anderes aus der Schulzeit ist mir so im Gedächtnis geblieben, und wenn es einen Zeitpunkt gab, ab dem ich zu glauben begann, ich könnte etwas Gutes schreiben, dann war es dieser. Wie unglaublich kraftvoll das Kompliment eines guten

Lehrers sein kann, wenn es zum richtigen Moment kommt! Zu dieser Zeit arbeitete schon etwas in mir, das sich literarisch ausdrücken wollte. Wir hatten eine Schülerzeitung, *The Cheynean*, und ich begann, Geschichten dafür zu schreiben. Sie waren kurz und überzogen dramatisch, nie gab es ein Happy End, am Ende waren alle tot – und doch glaube ich, dass dies der Beginn meiner literarischen Karriere war.

Gelegentlich richtete die Schule Veranstaltungen für die älteren Jungen und ihre Eltern aus. Alle Stühle wurden aus der Versammlungshalle geräumt, um Platz für eine kleine Tanzfläche zu schaffen. Es war etwa zu dieser Zeit, als ich auf unsere Schwesterschule namens *Carlyle* aufmerksam wurde, die nur wenige hundert Meter die Straße hinunter lag. Das Gebäude war eine fast identische Version unserer Schule, nur war in den Stein über dem Eingang *GIRLS* gehauen und nicht *BOYS*. Natürlich hatte ich seit Jahren von dieser Schule gewusst. Anfangs hatte sie mich in keiner Weise interessiert. Dann war sie eine Zeit lang Gegenstand der Art von Witzen, die Jungs machen, wenn sie noch nicht richtig wissen, wie diese Junge-Mädchen-Angelegenheit funktioniert, und schließlich folgte die überwältigende Erkenntnis, dass es in der Schule tatsächlich Mädchen gab, die einem, sofern man Glück hatte, dabei helfen würden, das Geheimnis um die Geschlechter zu lüften.

Inzwischen – ich war in der fünften Klasse – gab es schon einige Wagemutige, die behaupteten, den Code geknackt zu haben. Ich stellte erstaunt fest, dass diese Elite sich deutlich von der Gruppe unterschied, zu der ich gehörte. Das war eine Erkenntnis, die jedes Gefühl der Überlegenheit, das ich bisher vielleicht gehabt hatte, zunichtemachte. Dies waren Jungen, die instinktiv einen vertrauten Umgang mit dem anderen Geschlecht zu haben schienen. Namen fielen: Eine gewisse Marion war angeblich eine willige Teilnehmerin an den bahnbrechenden

Forschungsprojekten. Ich hingegen hatte keine Ahnung, was ich mit einem Mädchen anfangen, geschweige denn, wie ich meiner Maid Marion begegnen sollte.

Viele Jahre lang, seit meiner Kindheit, hatte ich eine Freundin: ein hübsches Mädchen mit dunklen Locken, Stupsnase und ein paar Sommersprossen. Ihr Name war Stephanie Bicz. Sie war die Tochter tschechischer Flüchtlinge aus Wien. Meine Mutter kannte ihre Eltern (wahrscheinlich durch die Partei) und muss etwas mit ihnen abgesprochen haben – vielleicht, um etwas Zeit für sich zu haben, denn ich war an Wochenenden und in den Ferien sehr oft bei ihnen. Sie wohnten ein ganzes Stück entfernt in Swiss Cottage, ungefähr dort, wo heute die berühmten *Abbey Road Studios* sind. Um dorthin zu gelangen, musste ich den 31er Bus nehmen, mit dem ich auch zur Schule fuhr, allerdings in entgegengesetzter Richtung und ungefähr ebenso weit. Manchmal aß ich mit der Familie, auch wenn mich ihr Essen – pikant, rot und geschmacklich vollkommen anders als alles, was meine Mutter kochte – mit Misstrauen erfüllte. Der Vater war ein kleiner, dicklicher Juwelier, der mir eines Tages anbot, seine Werkstatt im hinteren Teil der Wohnung anzusehen. Es gab eine Werkbank mit kleinen, glitzernden Dingen aller Art, einige Werkzeuge und ein Brenngerät. Es war gerade die Zeit, in der mein Interesse an Chemie wuchs, und er zeigte mir, wie er Metall in einem Tiegel zum Schmelzen brachte.

Steffi und ich spielten fröhlich miteinander, und es brauchte einige Jahre des Heranwachsens, bis ich mir vorzustellen begann, sie könnte vielleicht mehr als eine Spielkameradin sein. Als ich es tat, lähmte meine Verwirrung mich vollkommen. Was auch immer es war, das heranwachsende Jungs ihre schüchterne Unbeholfenheit durchbrechen und die Spielregeln ändern ließ: Es fehlte mir. Ich wünschte mir verzweifelt, dass etwas geschehen würde, wusste aber nicht, wie ich das herbeiführen konnte.

Allein die Vorstellung, dass ein Mädchen Interesse daran haben sollte, mich zu berühren oder von mir berührt zu werden, wirkte absurd. Diese kurze Periode unerwiderter sexueller Leidenschaft schien unendlich, und wenn meine Gedanken nicht von anderen Dingen abgelenkt waren, wühlte die Frustration in ihnen herum.

Steffi war das offensichtliche Ziel meiner Begierde. Als wir sechzehn waren, bat ich sie, mich zum Schulfest zu begleiten. Ich wollte sie so gern umarmen, vielleicht sogar küssen. Sie war jetzt ein sehr attraktives Mädchen – es hätte einfach sein müssen, aber ich war hilflos. Ich zerrte sie durch die ganze Schule und hoffte, dass etwas passieren würde, ohne dass ich den ersten Schritt machen müsste: erst zum Musikraum, wo mein Klavierkonkurrent Lockyer leichthändig Jazz spielte, dann zur Sporthalle. Ich bereue noch heute, dass wir in diesem Moment nicht unsere Hemmungen über Bord warfen. Irgendwann brach es wütend und frustriert aus ihr heraus: »Warum nimmst du mich nicht in den Arm?« Doch als ich meine Arme öffnete, rief sie aus: »Jetzt ist es zu spät!«, und lief davon.

Natürlich hätte ich ihr folgen und hartnäckig sein sollen, aber ich stand dort wie angewurzelt, erstarrt durch das Bewusstsein meines Unvermögens. Irgendwie schafften wir es in unserer lähmenden Verzweiflung durch den Abend, und am Ende brachte ich sie zum Bus. Nach dieser Nacht habe ich sie nie wieder angerufen.

* Ich habe in meinem Buch *Rolling Through the Isles* ausführlicher darüber berichtet

8. Bill tritt in unser Leben

Kurz vor meinem fünfzehnten Geburtstag wurde unser Leben auf den Kopf gestellt. Mich überraschte diese Veränderung vollkommen, während meine Mutter schon eine Weile gewusst hatte, dass sie kommen würde. Irgendwie hatte sie es geschafft, ein Haus – ein ganzes Haus – zu kaufen, und so zogen wir gefühlt von einem Tag auf den anderen aus unserer kleinen Zweizimmerwohnung in ein vierstöckiges Haus mit Keller und Garten. Ich hatte keine Ahnung, wie sie das angestellt hatte, und ehrlicherweise interessierte es mich kaum, auch wenn sie versuchte, es mir zu erklären. Sie hatte eine Art Vereinbarung mit einer Familie namens Silberman getroffen, die das Haus mit uns teilen würde. In den unteren Etagen sollte eine Kindertagesstätte entstehen.

Das Haus lag in der Kensington Park Road 34, ganz in der Nähe des Notting Hill Gate. Auf meinem Schulweg war ich jedes Mal daran vorbeigegangen. Natürlich waren diese Neuigkeiten ungeheuer aufregend. Bei meiner ersten Besichtigung geriet ich bei der Vorstellung, wir könnten so viel Raum für uns haben, ganz aus dem Häuschen. Viele Male lief ich die Treppen vom Keller zum Dachboden hoch und wieder runter, um alles aufzunehmen. Schnell hatte ich entschieden, in welchem Zimmer ich schlafen wollte. Ganz oben gab es zwei kleine Räume, und ich würde das nehmen, aus dem man durch ein rundes Fenster auf die Straße schauen konnte wie durch ein Bullauge. Vor den beiden kleinen Räumen, am Ende der schmalen Treppe, gab es einen kleinen Raum mit Dachfenster und Waschbecken. Dahinter, direkt unter den Dachbalken, befand sich ein Wassertank. Es war wichtig, so sagte man mir, den Deckel auf dem Tank zu lassen, damit keine Mäuse darin ertranken. Dies war auch der Ort, an dem acht Jahre später Johnny Parker, Humphrey Lytteltons Pianist, seine Hose zum Trocknen aufhing, die er nach einer Nacht voller Jazz und Alkohol besudelt hatte.

Die Silbermans wohnten eine Etage tiefer. Sie waren zu zweit: Mrs Silberman war eine stämmige Frau mittleren Alters, stets schwarz gekleidet, die für mich mehr oder weniger unwichtig war. Die andere war ihre Tochter Margot. Sie war ungleich bedeutsamer, weil in meinen Augen von betörender Schönheit. Leider war sie mit einundzwanzig Jahren viel zu alt. Sie wiederum betrachtete mich als rotzfreches Gör und tat mich als unbedeutend ab.

Im Stockwerk darunter hatte meine Mutter ihr Schlaf- und Wohnzimmer, in dem auch das Klavier seinen Platz fand, während der große Raum, der sich über die gesamte vordere Breite des Hauses zog, für den Kindergarten genutzt wurde. Auf halber Treppe hinunter zum ersten Stock lag auf einem kleinen Absatz nach hinten raus unser Badezimmer. Das Erdgeschoss bestand, neben der Eingangshalle und der Treppe, aus einem einzigen großen Raum mit hoher Decke, der die ganze Tiefe des Hauses einnahm und Fenster nach vorn und nach hinten hatte. Er sollte der Hauptraum der Kindertagesstätte werden. Unter den Treppen führte eine kleine Tür nach unten in zwei große Kellerräume, von denen einer unsere Küche wurde. Das Beste aber war der ummauerte Garten hinter dem Haus, der sich in üppiger Unkrautvielfalt bis hinunter zur Portobello Road erstreckte. Zu dem Garten brauchte man natürlich einen Hund – zumindest entschied ich das so –, und glücklicherweise stellten die Autoritäten (also meine Mutter) sich dem nicht in den Weg.

Curly war ein Mischling, den wir über Freunde bekamen. Er war
weder groß noch klein, dafür schwarz-weiß, haarig und äußerst
unabhängig. Er gewöhnte sich schnell ein und machte kaum
Arbeit. Ich liebte es, wie seine Augenbrauen sich über seinen
Augen kräuselten und ihm so einen weisen Ausdruck gaben
– und ich würde sagen, für einen Hund *war* er ziemlich weise.
Obwohl er auch im Garten war, interessierte es ihn viel mehr,
die weite Welt zu erkunden. In der Regel verließ er das Haus
am mittleren Vormittag und kam nach dem Tee zurück. Nachdem er etwa ein Jahr bei uns war, folgte ich ihm eines Tages in
sicherem Abstand und war tief beeindruckt davon, wie er in der
großen Stadt zurechtkam.

Zuerst überquerte er – ziemlich vorsichtig, wie ich fand – die
Straße zum gegenüberliegenden Friedhof, wo er zwischen den
Gräbern und im Gebüsch umherstromerte und Blätter von drei
oder vier verschiedenen Pflanzen kostete. Dann trottete bezie-
hungsweise schnüffelte er sich hoch bis zur Kensington Park
Road in Richtung unseres alten Zuhauses (obwohl er natürlich
nie dort gewesen war) und bog dann rechts in die Portobello
Road ab. Dann, fast genau dort, wo ich versucht hatte, meine
Radieschen zu verkaufen, lieferte er sich einen Scheinkampf
mit einem Yorkshire Terrier. Es folgte eine Stippvisite bei einem
Metzger, wo man ihm eine Leckerei hinwarf.

Als er von dannen getrottet war, erfuhr ich vom Metzger,
dass beides, der Terrier und die Leckerei, tägliche Routinen
waren. Ich schloss zu Curly auf, blieb aber ein Stück weit hinter ihm, während er zurück zum Notting Hill Gate trottete, wo
es einen weiteren Metzger gab, der ihn ebenfalls mit einer täglichen Ration versorgte. Dann beeindruckte Curly mich tief,
indem er die Bayswater Road, eine stark befahrene Straße, mit
außergewöhnlicher Umsicht und Voraussicht überquerte, um in
die Kensington Gardens zu laufen, wo er weitere Kumpel hatte.

Dort verließ ich ihn und sah ihn nicht mehr, bis er am frühen Abend nach Hause kam.

Als wir einzogen, war das Haus in meinen Augen zwar ein riesiges Gebäude, aber schmutzig und in schlechtem Zustand. Die Farbe blätterte von den Wänden, die Böden waren blankes Holz, und man ahnte noch den Geist der adligen Vorkriegsära, in der die Stockwerke für verschiedene Welten standen. Ein Brett an der Kellerwand war noch immer mit diesen kleinen Glöckchen bestückt, die, an Federn befestigt, einst die Dienstboten in die oberen Räume eilen ließen, doch meine Mutter, die ihr Londoner Leben als Dienstmädchen für zwei alte Damen begonnen hatte, säuberte das Haus bald von diesen unangenehmen Erinnerungen.

Es gab jede Menge zu tun. Das meiste erledigten wir selbst, doch im Schlafzimmer meiner Mutter musste die Decke neu verputzt werden. Dies übernahmen zwei Männer, die auf den gegenüberliegenden Enden eines langen Brettes arbeiteten, das auf Leitern lag. Sie arbeiteten sich bis zur Mitte des Brettes vor, und ich erfuhr, dass Linkshänder für das Verputzen einen Aufschlag bekamen. Eine ganze Weile war ich damit beschäftigt, die Türen im Untergeschoss mit Spachteln und einem teuflisch ätzenden Zeug von der alten Bleifarbe zu befreien. Manchmal kam auch ein Schweißbrenner zum Einsatz. Etwa zu dieser Zeit lernte ich Bill kennen, den neuen Freund meiner Mutter, der immer häufiger vorbeikam, um zu helfen. Er war ein stämmiger Mann mittlerer Größe mit einem quadratischen, intelligenten Gesicht, eher teilnahmslos, aber mit lebhaften, grauen Augen. Ganz ruhig und unaufdringlich (sicher aus Sorge vor Wutanfällen meinerseits) schlüpfte er in unser Leben, und es dauerte eine Zeit, bis ich bemerkte, dass er ab und zu auch noch am Morgen da war. Er wirkte harmlos und ich entschied, die Angelegenheit einfach zu ignorieren.

Nach und nach begannen wir, Zeit miteinander zu verbringen, und ich fand mehr über Bill heraus. Er arbeitete als Ingenieur für die Londoner U-Bahn und war für eine Maschinenfabrik irgendwo in der Edgware Road verantwortlich. Dort wurden die U-Bahnen gewartet, und er arbeitete oft bis spätabends oder nachts, was der Grund für seine Anwesenheit tagsüber war, die ich damals jedoch nicht hinterfragte. Sein Alter war mir ebenso unbekannt wie gleichgültig – ich hatte noch nicht gelernt, das Alter von Erwachsenen einzuschätzen. Wenn sie nicht sehr alt waren, sahen sie für mich alle gleich aus, und irgendwie schienen alle Erwachsenen, die ich kannte, immer die gleichen Sachen zu tragen. Ich sah Bill nie in etwas anderem als in einem grauen Anzug, seine Hosen an Hosenträgern hängend. Es war ein Schock, als ich viel später erfuhr, dass er zehn Jahre jünger war als meine Mutter.

Er erzählte mir Geschichten, die ziemlich lustig waren, auch wenn er dabei immer so ernst blieb wie ein Stand-up-Comedian in einem Club. »Sie haben das Blei vom Dach der Kirche gegenüber geholt«, erzählte er mir. »Sie tun alles, um an Blei oder Kupfer zu kommen.« Nach dem Krieg gab es eine Zeit, in der Buntmetalle sehr teuer waren, was organisierte Diebstähle förderte. Bill hielt sich gelegentlich beim Fahrkartenschalter auf, wenn er eine Pause hatte. Damals, vor dem Wiederaufbau der Notting Hill Gate-Haltestelle, fuhren Fahrstühle nach unten zu den Bahnsteigen, und eine Wendeltreppe für Notfälle wand sich um den Fahrstuhlschacht. Eine Treppe tiefer befand sich die Herrentoilette.

»Neulich stand ich gerade oben am Schalter, als ich einen Kerl reinkommen sah. Er ging die Treppen runter. Ich erinnere mich an ihn, weil er einen besonders feinen Anzug trug und eine schicke Aktentasche. Kurz darauf kommt derselbe Kerl die Treppe hoch – von Kopf bis Fuß nass, patschnass.« Ein Lächeln stahl sich in Bills Gesicht. »Offenbar waren die Schurken da unten und haben die S-Rohre gelöst, also die Bleirohre, die die Zisterne darüber mit den Fallrohren verbinden. Er muss noch auf dem Klo gesessen haben, als er an der Kette zog und sich alles über ihm ergoss.« Ich schüttelte mich vor Lachen, sodass Bill mir weitere Geschichten aus seiner seltsamen, unterirdischen Welt erzählte. Für gewöhnlich kamen darin »Zivilisten« vor, die in Situationen gerieten, die sie so bald nicht vergessen würden.

Jeden Morgen zur Hauptverkehrszeit versuchten unzählige Menschen, sich in die Fahrstühle zu drängen. Jeder Fahrstuhl hatte zwei Türen – ein Metallgitter, das sich vor den eigentlichen Lift schob, und Holztüren, die sich in den einzelnen Ebenen automatisch schlossen. Zwischen ihnen gab es eine Bodenfläche von knapp dreißig Zentimetern, doch beide Holztüren hatten innen einen Abstandhalter, der genau das verhindern sollte, was dann geschah:

»So ein Typ ist zwischen die Türen geraten. Sollte gar nicht möglich sein, aber einer der Abstandhalter war abgefallen. Als der Fahrstuhl nach unten fuhr, blieb er taumelnd und ohne irgendetwas zum Festhalten auf der Kante zurück und starrte etwa fünf Minuten lang in den Abgrund, bis der Fahrstuhl zurückkam. Ich hab ihn gesehen, als die Türen sich öffneten: Er war weiß wie ein Laken und stürzte hinaus auf die Straße. Schade eigentlich, er hätte eine ordentliche Entschädigung bekommen können.«

Es gab viele Berichte dieser Art – haarsträubende Geschichten über fehlende Stufen in Rolltreppen oder über Fahrstuhlkabinen, die an den letzten Fasern ausgefranster Seile hingen. Und er erzählte mir von all den geheimnisvollen Tunneln, die nie jemand betrat, und die zu stillgelegten U-Bahn-Stationen führten, in denen sich aussortierte Geräte mit kupferumwickelten

Drähten türmten. Die Vorstellung von Kupferminen mitten in London faszinierte mich. Meine Zuneigung für Bill wuchs mehr und mehr, und ich gewöhnte mich daran, dass er ein fester Bestandteil unseres Lebens war. Tatsächlich wurde er mein Stiefvater, aber wir haben nie darüber gesprochen. Er war wahrscheinlich der am wenigsten autoritäre Mensch, den ich je kennengelernt habe.

Bills Charakter war so komplex, dass ich ihn nie richtig durchschaute. Er hatte einen Halbbruder namens George Dowty, ein bedeutender britischer Industrieller und Erfinder, dessen hydraulische Fahrgestelle während und nach dem Zweiten Weltkrieg in fast allen britischen Flugzeugen zu finden waren. Dowty, der 1956 zum Ritter geschlagen wurde, war ein kraftvoller, umtriebiger Mann, dessen Einflüsse in jeden Bereich der britischen Industrie reichten. Ohne jeden Zweifel hätte sich Bill, wenn er es denn gewollt hätte, eine brillante Karriere aufbauen können. Mir fiel bald auf, dass auch er einen findigen, kreativen Geist hatte, aber er wollte Dowtys Beziehungen nicht ausnutzen. Später erzählte er mir, dass er einfach nichts mit irgendetwas zu tun haben wollte, das nach Verwaltung roch, doch meine Vermutung war immer, dass dabei auch dunkle Familiengeheimnisse eine Rolle spielten.

Es überraschte mich außerdem, dass ein so sanfter und zurückhaltender Mann ein solch militanter Kommunist sein konnte. Bis fast zum Ende, als selbst meine Mutter nach der brutalen Niederschlagung des ungarischen Aufstands 1956 den Glauben an diese Ideologie verloren hatte, blieb er Stalinist. Bill war auf eine seltsame und widersprüchliche Art gnadenlos. Er folgte der Weltsicht von Hobbes, die kein Mitgefühl hatte für Menschen, die über ihre Probleme jammerten. Er glaubte daran, dass man selbst die widrigsten Situationen, in die das Leben einen stellte, überleben konnte.

Kurz nach seinem Einzug bei uns erzählte eine der Kindergartenmitarbeiterinnen meiner Mutter, dass sie gerade, unmittelbar vor ihrer Hochzeit, ihren Verlobten verloren hätte – der Pilot der Royal Air Force war abgeschossen worden. Sie war eine attraktive junge Frau, und nach einer Zeit der Trauer verlobte sie sich erneut, nur um ihren zweiten Verlobten eine Woche vor der Hochzeit bei einem Autounfall zu verlieren. Diese doppelte Katastrophe warf sie vollends aus der Bahn. Sie versank in ihrer Verzweiflung und war überzeugt davon, verflucht zu sein. Sie wandte sich derart gegen sich selbst, dass meine Mutter auf ihren Einzug bei uns bestand, damit sie sich keinen irreversiblen Schaden zufügte. Sie schlief im Zimmer neben meinem und stieß nachts im Schlaf immer wieder ihren Kopf gegen die Wand. Alle machten sich große Sorgen um sie – bis auf Bill, der wenig Mitgefühl zeigte und darauf bestand, dass sie ihren eigenen Weg durch diese Zeit finden müsste. Was sie auch tat. Ungefähr ein Jahr später lernte sie einen Mann kennen, der tatsächlich die Hochzeit überlebte. Soweit man das sagen konnte (wir blieben in Verbindung) war es eine glückliche Ehe. Doch Bills gefühllose Art irritierte mich. Vielleicht hatte er eine dieser brutalen Kindheiten erlebt, die gar nicht so selten sind. Ich habe es nie erfahren. Wie dem auch sei: Er wurde mir so sehr zu einem Vater, wie es sein zurückhaltendes Wesen erlaubte.

Die Kindertagesstätte war ein Erfolg. Es gab einen großen Bedarf an Kinderbetreuung. Nicht wenige der Mütter, die ihre Kinder zu uns brachten, gehörten zu den Botschaften, die den westlichen Bereich der Kensington Gardens in der »Reihe der Millionäre« säumten. Oft waren zwanzig oder dreißig Kinder in der Tagesstätte, und für alle galt die unumstößliche Regel, jeden Tag eine Stunde Mittagschlaf zu machen. Obwohl ich nur wenig mit der Einrichtung zu tun hatte, wurde ich manchmal gebeten, beim Auf- oder Abbau der kleinen zusammenklappbaren

Stoffbetten zu helfen. Natürlich interessierten mich die Mäd-chen, die meine Mutter als Hilfen eingestellt hatte. Eine oder zwei von ihnen fand ich sehr attraktiv und ich fragte mich manchmal, ob sie wohl an mich gedacht hatte, als sie sie ausgesucht hatte – doch das war nur Wunschdenken. Mit ihren achtzehn, neunzehn Jahren waren sie viel zu alt, um mich wahrzunehmen.

Meine Mutter hat sich immer Sorgen um mein Seelenleben gemacht. Sie hatte Bücher darüber gelesen, welche Probleme Jungen bekommen könnten, die ohne ihren Vater aufwuchsen, und sie nahm sie sehr ernst. Eines von ihnen, geschrieben vom Arzt Havelock Ellis, warnte alleinstehende Mütter davor, ihre Söhne mit zu vielen Gefühlen zu überhäufen, da dies Homose-xualität begünstigen könnte. Später, als klar war, dass ich keine Neigungen dieser Art hatte, gestand sie mir, dass sie ihre Dis-tanziertheit bereute. In unserer Familie gab es keine warmen Umarmungen oder Küsse. Ich bin sicher, dass ihr das weh tat – mir tat es das bestimmt.

Meine Mutter und Bill, etwa 1950

Mein Schulalltag verlief weiter wie bisher, nur dass ich jetzt, da wir so nah am Notting Hill Gate wohnten, morgens länger liegenbleiben konnte. Im Notfall schaffte ich es in drei Minuten von meinem Bett zur Bushaltestelle – von den Ladbroke Gardens aus hatte mich dieser Ortswechsel fünfzehn Minuten gekostet. Wenn ich genug Zeit hatte, frühstückte ich in der Küche im Keller, bevor Kate kam. Kate war eine Irin, die mit dem Geschirr half, Tee machte, und meine Mutter immer wieder in irritierte Frustration stürzte. Kate war der Überzeugung, dass das Teewasser erst dann heiß genug war, wenn es mehrere Minuten lang gekocht hatte. Wurde sie derweil gebeten, etwas so Simples wie den Abwasch zu erledigen, erwiderte sie: »Oh, ich habe keine Zeit für solchen Krams.«

An Wochenenden verbrachte ich viel Zeit in dieser Küche. Eigentlich lag sie im Souterrain, und über die Vorderseite des Hauses kam viel Licht herein. Später hatte ich mein Labor in der Spülküche, was einen großen Fortschritt in meiner Karriere markierte. Als wir eingezogen waren, hatte ich einen winzigen Raum ganz oben unter der Dachluke bekommen, um meine Experimente durchzuführen. Ich hatte eine Waage von *Griffin & Tatlock*, die ich unter einer Vitrine aufbewahrte, und verschiedene andere kleine Gerätschaften. Auch ein Mikroskop hatte ich und untersuchte damit alles, was ich zwischen Glasscheiben bekam – auch eine Probe meines Spermas, das ich ziemlich faszinierend fand. Doch nachdem ich 1947 die großen, o-Levels genannten Prüfungen bestanden hatte, wurde ich in die Spülküche befördert.

Die Spülküche bot Platz für anständige Experimente, und mit der Zeit richtete ich mir ein ziemlich beeindruckendes kleines Labor mit einer Reihe von Chemikalien und vielen cleveren Glasapparaturen zur Destillierung und Kondensierung von Flüssigkeiten ein. Meine Leidenschaft war die organische

Chemie – die Möglichkeit, Moleküle wie Bausteine hinzuzufügen und dadurch überraschende neue Substanzen zu erschaffen, faszinierte mich über alle Maßen. Die Zeiten, in denen ich der Katze Rum eingeflößt hatte, lagen weit hinter mir; ich bewegte mich nun in durchaus komplexen Gefilden. Was nicht heißt, dass die Katze nicht leiden musste. Einmal gelang es mir, Trinitrotoluol (TNT) zu synthetisieren, einen Stoff, der hochgradig flüchtig und explosiv war, bevor Nobel ihn mit Sägemehl vermengte. Meine Probe explodierte unerwartet auf dem Heizkessel und jagte die Katze durch einen Fensterspalt, der nur halb so groß war wie sie.

Die Wahrheit ist jedoch, dass ich all das für eine Freundin beiseitegeschoben hätte. Die Schüchternheit und die Selbstzweifel, die meine Beziehung mit Steffi unmöglich gemacht hatten, lähmten mich noch immer, wenn ich Mädchen begegnete. Meine Sehnsucht und mein Frust bildeten den Hintergrund von allem, was ich tat. Einmal fand ich mich in der U-Bahn in der Nähe eines attraktiven Mädchens wieder. In der Hoffnung, dass irgendetwas geschehen und uns verbinden würde, blieb ich in der Bahn, bis sie ausstieg. Aber es war mir unmöglich, selbst den ersten Schritt zu machen.

Es machte die Sache nicht leichter, dass das Haus auf der anderen Straßenseite Peter Rachman gehörte, einem berüchtigten Slum-Baron, der sein Einkommen aufstockte, indem er die Zimmer an Prostituierte vermietete. Manchmal tauchten sie an den Fenstern direkt gegenüber meines Schlafzimmerfensters auf und hoben ihre Röcke, um sich zu kratzen. Zwei gnadenlose Jahre lang wüteten meine Hormone unerbittlich. Ich las Bücher, um mich vorzubereiten, und nährte meine Fantasie mit Filmen, doch nie fand ich einen Weg, die Schwelle zu überschreiten. Schließlich – ich war siebzehn – gab ich die Angelegenheit eines Abends aus meinen Händen in die einer jungen Frau. Sie war nur wenig älter als ich und patrouillierte auf den Bürgersteigen der Bayswater Road. Für eine Zehn-Schilling-Note nahm sie mich mit in ihr kleines Schlafzimmer.

»Kein Küssen«, stellte sie klar, »nur Haut an Haut«, was ich nicht weiter schlimm fand, denn sie hatte zwar ein hübsches Gesicht, doch ihre Zähne waren furchtbar. Und nun, endlich, wurde ich unter Nutzung eines Parisers in die Welt der Männer eingeführt. Sie wunderte sich darüber, dass ich kein nettes Mädchen gefunden hatte, das es umsonst mit mir getan hätte, wünschte mir alles Gute und machte sich mit dem Zehner auf ins *The Prince of Wales* in Westbourne Grove, wo sie sich mit ihrem Freund auf einen Drink traf.

Bald danach ließ die Anspannung nach, aber ich habe nie das Gefühl verloren, dass jedes Mädchen, das mit mir schlief, mir einen Gefallen tat. Und tatsächlich war es so.

9. »Simon, du denkst zu viel.«

Es war allgemein erwartet worden, dass ich bei diesen *O-Level*-Prüfungen am Ende meines fünften Jahres anständig abschneiden würde. Es war also keine große Überraschung, dass ich sie gut genug bestand, um mich einzuschreiben und den Hoffnungen, die meine Mutter und ich für meine Zukunft hatten, neue Nahrung zu geben. Dennoch war es eine große Erleichterung, sie nun hinter mir zu haben, und es war wohl als Belohnung gedacht, dass meine Mutter mir mehr Freiheiten gab, in meiner freien Zeit zu tun, was ich wollte.

Meine Schulfreunde und ich mit unseren geliebten Trilbys.

Ich war jetzt in der sechsten Klasse, wir durften nun in der Schule lange Hosen und *Trilby*-Hüte anstelle von Mützen tragen. Das war eine regelrechte Befreiung und ließ uns zumindest äußerlich erwachsen wirken. Obwohl meine engsten Freunde ab jetzt in anderen Klassen in Sprachen und Geschichte unterrichtet wurden, während ich Chemie, Mathe und Physik hatte, sahen wir uns oft und fuhren manchmal in die Welt hinaus. Trampen war zu dieser Zeit einfach und normal, schließlich hatten nur wenige Menschen Autos. Zudem war Benzin streng rationiert, sodass der größte Teil auf den Straßen Lieferverkehr war. Bill erzählte mir, dass er irgendwo in einer Garage einen aufgebockten Lanchester von vor dem Krieg hatte, aber ich habe ihn nie auf der Straße gesehen.

Dafür waren überall auf den Straßen des Landes Lastwagen unterwegs, und ihre Fahrer freuten sich, wenn sie jemanden mitnehmen konnten, der ihnen Gesellschaft leistete. Unsere Reisen begannen immer dort, wo die A6 sich im Westen Londons emporschlängelt und es schließlich hinter sich lässt. So reisten wir vier Schuljungs, natürlich mit unseren *Trilbys*, auf dieser Route in den Norden Englands, und kamen im Morgengrauen in Warrington nahe der städtischen Mülldeponie an, von wo einige der Laster Richtung Westen nach Liverpool und St Helens fuhren.

Einmal fuhr ich allein nach Schottland – ich war sehr stolz darauf, es in weniger als vierundzwanzig Stunden an den Fluss Clyde geschafft zu haben. Meine Mission kam der eines Don Quijote nahe: Ich besuchte ein wunderschönes blondes Mädchen, das einst meine Mutter in Ladbroke Gardens besucht hatte. Ihr Name war Helen und sie war zu alt, um mich überhaupt ernst zu nehmen. Später unternahmen mein Freund Don Wheal und ich eine wundervolle Reise: In der schönsten Sommersonne trampten wir durch das West Country bis zur Abtei von Sherborne. Ich hatte mich bereits in diesen Teil der Welt verliebt, als ich 1944 mit einigen anderen Schülern in Dorchester Kartoffeln geerntet hatte. Nun wuchs meine Liebe zu dem alten, rosafarbenen, von der Sonne erwärmten Stein – etwas, das in meinem späteren Leben so wichtig für mich werden sollte.

Derweil lief es in der Schule weiterhin recht gut. Im Schullabor bekamen wir Chemikalien in die Hände, wegen derer Jahre später Gefahrguttransporte und Männer in Spezialanzügen durch die Straßen gerast wären. Wir spielten mit Quecksilber, schnüffelten selig an hoch konzentrierten Säuren und aromatischen Lösungen. Wenn man dazu noch an die ganze Bleifarbe denkt, die ich eingeatmet haben muss, während wir unser Haus renovierten, ist mein Überleben schwer zu erklären, ganz zu schweigen die Handvoll schlüssiger Gedanken, die ich noch von mir geben kann.

Auch mein politisches Leben lief auf Hochtouren, was wohl an sexueller Frustration lag. Jahrzehnte später erzählte Don von einem Ereignis, das ich vollkommen vergessen hatte. Es hatte sich in dem Jahr zugetragen, in dem Guy Boas, der Schuldirektor, eine Scheinwahl ansetzte, um uns die Mechanismen der Demokratie zu vermitteln. Man hatte drei pseudo-parlamentarische Kandidaten – einen für Labour, einen Konservativen und einen Kommunisten – aufgestellt, die eine Debatte vor der ganzen Schule führen sollten. Diese würde dann den Gewinner wählen. Es war naheliegend, dass ich der kommunistische Kandidat wurde. Don zufolge habe ich sie eindeutig in die Schranken verwiesen. Seit ich das gehört hatte, taten mir die anderen leid. Der Kommunismus war damals so einfach zu erklären und zu verteidigen. Er war rational, idealistisch, und übte eine natürliche Anziehung auf junge Menschen mit wenig Lebenserfahrung aus. Keine der hässlichen Wahrheiten aus Stalins Sowjetunion war zu uns durchgedrungen. Nun, jedenfalls wurde ich ordnungsgemäß zum ersten Premierminister der *Sloane Grammar School* gewählt.

Guy Boas, der über seine Ehefrau mit der königlichen Familie verwandt war, empfand es als tödliche Beleidigung, nun Direktor einer kommunistischen Schule zu sein. Ich muss ihm zugutehalten, dass ich nie ausgeschlossen oder gar gezüchtigt wurde, doch bei einer Gelegenheit ließ er eine Bemerkung fallen, die für einen Lehrer ungewöhnlich war: »Simon«, sagte er, »du denkst zu viel.« Heute denke ich, ich weiß, was er meinte.

Was genau es war, das mich im folgenden Jahr, also im Sommer des Jahres 1948, zu meiner ersten wirklich großen Reise aufbrechen ließ, kann ich nicht sagen. Ich war siebzehn, und zehn Jahre lang hatte der Krieg mich auf der Insel gefangen gehalten. Stärker als andere verspürte ich den drängenden Wunsch aufzubrechen, und mein Plan war, mit dem Fahrrad durch Frankreich zum Mittelmeer zu fahren. Warum Frankreich? Zum einen, weil ich dafür nur über den Kanal hüpfen musste. Auch Deutschland wäre eine Möglichkeit gewesen, schließlich hatte ich Verwandte dort, ich beherrschte die Sprache noch einigermaßen flüssig, und seine jüngste Vergangenheit war ebenso faszinierend wie abstoßend. Und doch kam es mir nie in den Sinn, es zu durchqueren – die Restriktionen machten schon die Planung unmöglich, und schließlich war mir die Vorstellung doch zu furchteinflößend.

Aber warum Frankreich? Nun, es war nicht das Essen. Kulinarischer Genuss war mir ebenso fremd wie jedem anderen Jungen, der auf einer blockierten Insel aufgewachsen war. Es war auch ganz bestimmt nicht der Wein. Selbst wenn ich bis zu diesem Alter ein oder zwei Gläser getrunken hätte, so wäre der algerische Rotwein, den es in England gab, eher eine Quelle von Kopfschmerz gewesen als eine Inspiration. Mein Schulfranzösisch war nicht der Rede wert, und ich wusste so gut wie nichts über das Land. Es war das Mittelmeer, das mich anzog, die Vorstellung von heißen, sandigen Stränden und einem blauen Meer. Das einzige Meer, das ich je gesehen hatte, war kalt und grau. Wie konnte ein Meer warm und blau sein? Was wäre das für ein perfektes Ziel nach einer langen, anstrengenden Reise! Wenn ich so darüber nachdenke, bin ich sicher, dass es das war, was mich überzeugt hat.

Frankreich hatte erst vor kurzem fünf Jahre nationalsozialistischer Besatzung überstanden, und doch kam es mir nie in den Sinn, dass eine Durchquerung schwierig oder gefährlich sein könnte. Überhaupt pflanzte niemand, schon gar nicht meine Mutter, derartige Gedanken in meinen Kopf, was ich heute durchaus bemerkenswert finde. Mich überrascht auch, dass ich niemals daran dachte, mir einen Reisegefährten zu suchen. Ich war zufrieden bei dem Gedanken, die Reise allein zu unternehmen. Es war typisch für mich, dass ich nicht an mögliche Schwierigkeiten dachte, die ich unterwegs haben könnte, obwohl mein weitester Ausflug mit dem Rad mich nur bis zur nächstgelegenen Poststelle geführt hatte. Und wie könnte eine solche Radtour überhaupt ein Problem sein?

Ich plante die Reise für Mai und besorgte mir einen Pass. Durch ihre Parteiverbindungen kannte meine Mutter einige Leute in Paris und schrieb ihnen. Sie versprachen, mich auf meiner Durchreise zu beherbergen. Mein Plan war, nach Newhaven zu fahren, dort die Fähre nach Dieppe zu nehmen und dann mit dem Rad im Zug nach Paris zu fahren. Dann wollte ich nach Süden in die Nähe von Marseille fahren und schließlich den Zug nach Hause nehmen. Für 11 Pfund kaufte ich Traveller Checks von *Thomas Cook* und gab mir einen Monat für das ganze Unterfangen.

In diesem Sommer hatte meine Mutter Vorbereitungen getroffen, um mit einer Gruppe von Kindern für einige Wochen nach Surrey aufs Land zu fahren. Sie hatte irgendwo ein Haus gemietet und einige ihrer jungen Erzieherinnen mitgenommen. Also fuhr ich mit dem Fahrrad hinterher, um auf meinem Weg an die Küste für einen oder zwei Tage bei ihnen vorbeizuschauen. Ich fühlte mich sehr zu den Mädchen hingezogen, meine Gedanken (und der Rest von mir) waren die ganze Zeit bei ihnen. Das Haus hatte sogar einen Tanzsaal, und um die Mädchen bei Laune zu halten, hatte meine Mutter eine Tanzveranstaltung mit Musik vom Grammophon organisiert. Als das einzige männliche Wesen im Raum tat ich mein Möglichstes, mit allen zu tanzen. Allerdings tat ich dies in größter Verlegenheit, denn meine leichten Sommershorts verbargen nicht meine ansehnliche Erektion, die einfach nicht nachlassen wollte. Ich tanzte sehr vorsichtig und mit dem größtmöglichen Abstand zwischen mir und meiner Partnerin. Die Tatsache, dass es keine verstörten Aufschreie gab, hätte mir etwas sagen können, aber ich war zu verwirrt, um zu lernen.

Am nächsten Tag fand ich mich in einem Raum mit dem Mädchen wieder, das ich am meisten mochte. Sie war klein und schmal, hatte ein entzückendes, herzförmiges Gesicht und lockiges, nussbraunes Haar. Auf der Suche nach irgendeinem Gegenstand kniete sie neben mir auf dem Boden, und als sie ihn fand und danach griff, fiel die Vorderseite ihres gestärkten, weißen Overalls nach vorn. Er offenbarte eine perfekte, unbedeckte Brust – die erste, die ich je sah. Es wäre die einfachste und natürlichste Sache der Welt gewesen, meine Hand hineingleiten zu lassen und sie zu umfassen. Ich dachte daran, es zu tun, ich wollte es so unbedingt, aber ich konnte nicht. Zweifellos war dies ein Moment der Wahrheit in meinem Leben. Hätte ich gehandelt, wäre mein Leben höchstwahrscheinlich ganz anders verlaufen. Besser? Schlechter? Ich habe keine Ahnung.

Mein Fahrrad war ein robustes, um nicht zu sagen massives *Raleigh*, ein schwarzes Stahlrohrgefährt mit Lenkerhörnchen, drei *Sturmey-Archer*-Gängen und 28-Zoll-Rädern. Ein Gepäck-träger und eine Pumpe gehörten dazu, und natürlich hatte ich ein Reifenflickset. Damals gab es an jeder Ecke Läden für militärisches Zubehör. Dort kaufte ich einen billigen Schlafsack und eine Bodenmatte. Es gab sogar selbsterhitzende Dosensuppen – zur Auswahl standen Ochsenschwanz und Niere. Ich nahm je eine.

Der Kindergarten hatte jede Menge Erste-Hilfe-Sachen. »Die hier musst du mitnehmen«, sagte meine Mutter und reichte mir einen Beutel mit Pillen, Pflastern und Jod, den ich meiner Sammlung an nützlichem Krimskrams hinzufügte. Ich stopfte meine gesamte Ausrüstung mit ein paar Kleidungsstücken und einem Regenumhang in zwei Taschen und befestigte sie am Gepäckträger.

Mein Wissen über Frankreich war, freundlich ausgedrückt, bruchstückhaft – Geografie war wahrscheinlich mein schwächstes Fach. Ich hatte eine uralte Straßenkarte von Frankreich gefunden, die nahelegte, dass die beste Route zum Mittelmeer von Paris aus auf der Route Nationale 6 nach Süden bis nach Clermont-Ferrand und dann links durch das Rhônetal führte. Vollkommen grundlos und ohne eine wirkliche Vorstellung vom Land nahm ich an, dass es den gesamten Weg bis zum Meer bergab gehen würde. Wie dem auch sei – ich ging davon aus, dass man mir in Paris genauere Informationen geben würde.

Am 13. August stand ich früh auf und fuhr in Richtung New-haven. Auf halber Strecke hielt ich an, um die Ochsenschwanz-suppe zu probieren. Am Boden der Dose, der eine Tablette mit brennbarem Gel enthielt, gab es ein Element, das man von der Dose lösen und entzünden musste, um die Suppe zu erhitzen. Es funktionierte ziemlich gut, und für die damalige Zeit schmeckte die Suppe sehr lecker. Ich erreichte die Fähre rechtzeitig, und auch wenn die Formalitäten ziemlich gründlich durchgeführt wurden, war das Boarding an sich sehr einfach. Es waren keine Menschenmassen, die dort warteten, nur etwa einhundert Leute und ein paar Autos. Auf beiden Seiten des Kanals kam ich ohne Probleme durch. Ich fand es sehr aufregend. Damals war die Fähre nur ein einfaches Boot, und ich verbrachte die vierstündige Überfahrt glücklich an Deck und drinnen in der Lounge, deren Fenster und rauchgeschwängerte Bar aus poliertem Holz bestanden.

Die Bekannten meiner Mutter in Paris nahmen mich und mein Fahrrad herzlich auf. Es war ein gepflegtes Paar mittleren Alters, das sich höflich um mich kümmerte. Es war offensichtlich, dass sie nichts über meine Mutter wussten; das Ganze musste über Dritte arrangiert worden sein. Aber sie waren sehr freundlich zu mir. Ich verfügte nur über mein Schulfranzösisch, das, wie ich bald feststellte, für französische Ohren unverständlich war. Selbst die einfachsten Wörter musste ich mehrere Male wiederholen, bis die beiden auch nur ahnten, was die barbarischen Laute bedeuteten, die meinen Mund verließen. Sie lebten in einer riesigen Wohnung – zumindest schien es mir, der ich nur kleine Räume kannte, damals so. Sie bewegten sich darin mit großer Vorsicht, als fürchteten sie, etwas Störendes auszulösen. Und auch wenn die Gegenstände in einer Londoner Wohnung einfach gewesen sein mochten, erkannte ich schnell, dass es viele subtile Unterschiede in der Art der Wohnungseinrichtung gab. Die Möbel, sämtlich auf Hochglanz poliert, wirkten antik, die Formen ungewohnt. Die Tapete war auf eine Weise kompliziert und farbenfroh gemustert, die ich noch nie gesehen hatte, und das Apartment hatte einen ganz eigenen Geruch – nicht unangenehm, aber fremd. Vielleicht war es Knoblauch, den ich zu Hause noch nie gegessen hatte, und überhaupt war natürlich auch das Essen anders. Mein Gastgeber trug einen gut geschnittenen braunen Kammgarnanzug mit breiten

Kreidestreifen, über den man, da war ich sicher, in London die Nase gerümpft hätte. Seine Hosen hatten keinen Umschlag – ein schwerer modischer *faux pas*. Die Kleidung seiner Frau wirkte großmütterlich.

Sie begleiteten mich zur Polizeistation, wo ich registriert wurde und gelbe Lebensmittelkarten erhielt, um durch den Monat zu kommen: »30 gelbe Einzeltickets« wurde in meinem Pass vermerkt. Ich blieb einen weiteren Tag bei ihnen, um mich umzuschauen und weil ich hoffte, eine bessere Landkarte zu finden. Nach dem Krieg gab es kaum Karten, und ich sog alle nur verfügbaren Informationen aus der Karte, die ich hatte. Es war eine einfache Straßenkarte von vor dem Krieg; sie reichte für Routen und Entfernungen, gab aber keine Hinweise auf Steigungen und Gefälle, was mir später noch einige Unannehmlichkeiten bereiten sollte.

In der Kühle eines Sonntagmorgens fuhr ich weiter und radelte voller Vorfreude durch die leeren Straßen. So kurz nach ihrer Befreiung wirkte die Stadt sehr ruhig. Es gab kaum Verkehr und das Wetter war angenehm und trocken, als ich die Seine überquerte und ohne größere Probleme die Ausfallstraße nach Süden fand. Die Straße selbst bereitete mir allerdings Probleme. Sie bestand zu großen Teilen aus Kopfsteinpflaster und war schwer zu fahren. Wo sie nicht gepflastert war, befand sie sich in einem erbärmlichen Zustand. Vor mir lagen – das war die Hauptinformation, die ich meinem Exemplar entnehmen konnte – ungefähr 960 Kilometer bis zum Mittelmeer.

Vom Land selbst wusste ich so gut wie nichts. Wo hätte ich auch etwas lernen können? Die meisten meiner Geografiekenntnisse stammten aus Kriegszeiten: Ich wusste ein wenig über die Wälder der Ardennen, über die Flüsse, Ebene und Berge zwischen Moskau und Berlin, über den Kaukasus und die Wüsten Nordafrikas. Südlich von Paris hatte sich jedoch nichts

Berichtenswertes ereignet, und da es keinen Tourismus gab, gab es auch keine Bilder. Ich fuhr buchstäblich ins Unbekannte, aber ich wusste auch, dass ich in einem zivilisierten Land war. Ich spürte die fröhliche Zuversicht, dass man mir wohlwollend begegnen würde, schließlich waren *les Anglais* nach dem Krieg in Frankreich sehr beliebt.

Ich hatte nicht genügend Geld, um in Hotels zu übernachten. Im Notfall hätte ich es getan, doch waren zu diesem Zeitpunkt ohnehin nur wenige Hotels wiedereröffnet worden. Es wäre naheliegend gewesen, in Jugendherbergen Unterschlupf zu suchen, aber diese Einrichtungen begannen gerade erst, sich vom Krieg zu erholen. Ich wusste nur von einer einzigen Jugendherberge, und die war noch etwa 320 Kilometer entfernt. Ich hatte keine Ahnung, wo ich an diesem ersten Abend ankommen oder übernachten würde, aber die Vorstellung, auf der Erde zu schlafen, war nicht abwegig. Ich hatte keine großen Ansprüche. Das Comedy-Duo *Flanagan & Allen*, das in einem Lied darüber gesungen hatten, auf Pflastersteinen »unter den Brückenbögen« zu schlafen, war zu Hause noch allgegenwärtig und eine Erinnerung daran, dass Obdachlosigkeit keineswegs ungewöhnlich war.

Ich kann mich nicht an die Einzelheiten dieser Fahrt durch das Frankreich der Nachkriegszeit erinnern. Vage im Gedächtnis blieben mir eine mütterliche Frau in Orléans, die mir eine Unterkunft anbot, und meine Dankbarkeit für die Brunnen, die in allen Orten, durch die ich fuhr, köstlich kaltes Wasser hervorsprudeln ließen. Die Städtchen selbst gefielen mir immer mehr. Die Geschäfte hatten nichts zu verkaufen – und selbst wenn sie etwas gehabt hätten, hätte ich es mir nicht leisten können –, und doch strahlten die Gebäude Zufriedenheit aus. Ab und zu stieß ich auf ein kleines Restaurant, in dem ich mir ein Essen leisten konnte, doch meistens kaufte ich von meinen

Lebensmittelmarken Wurst und das schwere schwarze Brot, das in den Kriegsjahren alles gewesen war, was es gab. Wenn ich mal Kaffee trank, war er aus Chicorée oder Gerste geröstet.

Nur wenige Geschehnisse der Reise sind mir lebhaft im Gedächtnis geblieben. Einmal hatte ich auf meiner Matte auf einer großen Wiese geschlafen. Am Morgen nahm ich zwei Eier, die ich am Tag zuvor gekauft hatte, und ging damit zu einem Café, das gerade öffnete. Der Besitzer erlaubte mir, mein Gesicht in einem Waschbecken zu waschen, und fragte, wo ich die Nacht verbracht hätte.

»Auf der Wiese«, sagte ich mit einer Geste nach draußen.

»Na, da hast du Glück, noch am Leben zu sein«, antwortete er mir. »Diese Wiese ist bekannt dafür, dass es vor Vipern nur so wimmelt.«

Als er die Eier in meiner Hand sah, bot er an, mir ein Omelett zu machen. Mit größtem Erstaunen beobachtete ich, wie er die Eier zerschlug, sie ohne Fett in einer Kupferpfanne ausließ und mit einem Holzlöffel über der Hitze verrührte und dann das Omelett aus der Pfanne auf einen Teller gleiten ließ, *ohne dass etwas an der Pfanne klebte.* Ich hatte immer geglaubt, dass das unmöglich sei. Belastet mit einer Vergangenheit voller Bratpfannen, die durch endverkohlte Reste ruiniert waren, erlernte ich bei ihm voller Staunen die Kunst, eine Pfanne entsprechend vorzubereiten. Noch heute bin ich ihm dafür dankbar.

Einige Tage später erreichte ich die Jugendherberge, die sich als ehemaliges Schloss irgendwo in der Nähe der Loire erwies. Die Unterkunft war äußerst primitiv: Auf dem Boden lagen Strohballen, und die Toilette am Ende des Gartens war eine umgedrehte Holzkiste über einem Loch im Boden. Gerade waren einige französische Studenten in der Herberge, die kein Englisch sprachen, und mein Französisch, das ich für kommunikationstauglich gehalten hatte, stellte sich einmal mehr als beklagenswert heraus. In der Schule war ich beim Spiel »Wo ist der *Accent*?« immer weit vorn gewesen, weil ich Deutsch konnte – viele der seltsamen Laute, an denen englischsprachige Menschen verzweifeln, waren für mich kein Problem. Es war ein Schock, die Studenten nun angesichts der einfachsten Worte in völliger Verwirrung zu sehen.

Irgendwo unterwegs brauchte ich einmal dringend Öl, um meine Kette zu fetten. Ich fuhr durch ein Dorf und bemerkte einen Mann, der vor einem Fahrradladen stand. Wir führten eine dieser schmerzvollen Unterhaltungen, in denen ich meinte, nach *Huile* zu fragen, während er offensichtlich ein angelsächsisches *Wheel* verstand, das ihm nichts sagte. Je öfter ich mein Wort wiederholte, umso ungeduldiger zuckte er die Achseln in völligem Unverständnis, bis schließlich die Zeichensprache das Problem löste.

Überall waren Radfahrer unterwegs, und es gab noch zu wenig Verkehr, als dass er mir hätte Probleme bereiten können. Nie hatte ich das Empfinden, etwas Ungewöhnliches zu tun, aber ich fühlte mich großartig dabei, es zu tun. Und nie hatte ich wirklich Angst auf dieser Reise. Sicher, bei einigen kleinen Vorfällen war ich unsicher, doch zu keinem Zeitpunkt fühlte ich mich bedroht. In den wenigen Situationen, in denen ich Hilfe brauchte, bekam ich sie immer, jedoch so selbstverständlich, dass nicht einmal Interesse an mir oder meiner Tour gezeigt wurde. Ich hatte auch keine Schwierigkeiten damit, an Essen zu kommen. In den Städten wurde streng rationiert, aber Frankreich war zum größten Teil ländlich – und Landmenschen sorgen für sich. Ich konnte unterwegs also immer wieder Eier und ein paar andere Dinge kaufen.

Obwohl mein Rad schwer und für eine solche Reise denkbar ungeeignet war, erwies es sich als stabil und robust. Und ich hatte Zeit. Die ersten paar Tage fuhr es sich verhältnismäßig

leicht: Die Straßen waren gerade und führten nur wenig berg-
auf. Dann, etwa am sechsten Tag, begann der Anstieg des
Massif Central. Gegen Abend erblickte ich Clermont-Ferrand,
eine große Stadt in Zentralfrankreich. Durch den Nebel, der
sich unter schweren Wolken sammelte, sah ich auf eine bedrohlich wirkende Ansammlung von Gebäuden herunter, die von
den Türmen einer schwarzen Kathedrale dominiert wurden.
Kein Ort bisher war weniger einladend gewesen, ich verspürte
kein Verlangen, in die Stadt hineinzufahren.

Als meine Karte mir sagte, es sei Zeit, nach Osten zu fahren,
um zum Rhônetal zu gelangen, begann ich, den Preis für meine
Unaufmerksamkeit im Geografieunterricht zu bezahlen. In dieser gebirgigen Gegend wechselten sich bergan- und bergab-
führende Straßen in monotoner Regelmäßigkeit Kilometer um
Kilometer ab. Und auch wenn ich kräftige Beine hatte, waren
meine armselige Dreigangschaltung und das schwere Gestell
nicht für diese Landschaft gemacht, sodass ich das Rad zwei
Tage lang die meisten Berge hinaufschieben musste. Natürlich
fluchte ich angesichts der Anstrengung, aber letztlich war es
eine Sache von Zeit und Anstrengung. Der Gedanke, dass mich
all dies zur großen Straße in Richtung Süden führen würde, war
mein Licht am Ende des Tunnels. Ich war daher in keiner Weise
auf den Schock vorbereitet, mich in der Nähe von Saint-Étienne
in einem ausgedehnten, altmodischen Kohleabbaugebiet mit
Gruben und Abraumhalden wiederzufinden.

Nachdem ich tagelang durch offene Felder mit unzähligen
Schlafmöglichkeiten gefahren war, holperte ich nun einen ganzen Tag lang auf einer schwarzen Pflastersteinstraße durch Reihen düsterer Häuser, um einen – irgendeinen – Platz zu finden,
an dem ich meine Plane ausbreiten könnte. Hinter den Häusern
türmte sich schwarze Schlacke, nirgendwo gab es freien Boden.
Den ganzen Tag rumpelten Lastwagen mit Planenverdecks an

mir vorbei, hüllten mich in Dieseldämpfe und Kohlestaub, und zu allem Übel fing es auch noch an zu nieseln. Ich war mit meinen Nerven fast am Ende, als ich eine Polizeistation entdeckte und den Polizisten mein schmutziges, zerlumptes Ich präsentierte. Mit rauer Großzügigkeit überließen sie mir eine Zelle mit einer Bank, auf der ich schlafen konnte. Sie behielten meinen Pass, was mich nervös machte, aber sie ließen die Zellentür offen und gaben ihn mir am Morgen zurück, begleitet von Hinweisen, wie ich zur Route Nationale 7 käme. Vielleicht haben sie mir sogar Kaffee gegeben.

Als ich endlich aus dem Staub und Schotter der Kohleminen herausfuhr, war es wie ein zweiter Tagesanfang. Nur noch ein paar Meilen, und ich hätte die Straße erreicht, auf der ich unter einem blauen Himmel sanft bergab nach Süden fahren würde. In Sarras fuhr ich auf einer Brücke über die Rhône, den mächtigen Fluss, der mich den ganzen Weg nach Süden begleiten würde. Bald würde ich Valence erreichen, danach waren es meiner Schätzung nach noch knapp 250 Kilometer, bis dieses blaue Meer, das Meer meiner Träume, vor mir auftauchen würde.

Schon sah man die ersten Zeichen dafür, dass Frankreich aufwachte und in eine friedliche Routine zurückfand. Immerhin war es der Monat der *Grandes Vacances*, in dem ganz Frankreich traditionell Urlaub macht. Auf den Straßen fuhren Busse, an den Rändern boten Stände Früchte und Snacks an, hier und da auch ein Bett und eine Mahlzeit, die ich mir leisten konnte. Die Sonne, die zunächst so willkommen war, begann kräftiger zu brennen. Ich hatte bisher nie mitten am Tag angehalten, doch nun, nicht weit entfernt von Montélimar, musste ich mir eingestehen, dass die Hitze zu viel für mich war. Ich stieg vom Fahrrad und fühlte mich so matt, dass ich fast das Gleichgewicht verloren hätte. Aus irgendeiner dunklen Ecke meiner Erinnerung zog ich den Begriff »Sonnenstich« hervor, ein Zustand, der für Bewohner der britischen Inseln so abstrakt war, dass er nur in Erzählungen aus den Kolonien auftauchte. Ich muss mich daran erinnert haben, dass ein Sonnenstich gefährlich sein konnte, denn ich suchte mir ein schattiges Plätzchen, wo ich eine Stunde lang saß, bevor ich mich kräftig genug fühlte, um ein Stück weiterzufahren und einen Ort zum Schlafen zu finden.

Etwas nördlich von Montélimar entdeckte ich ein Café und setzte mich dort in den Schatten. Der Kellner nahm meine Bestellung für einen Café au Lait auf. Er hatte ein schmales, dunkles, kämpferisches Gesicht.

»Du solltest keine Milch trinken«, sagte er. »Du solltest nie Milch trinken. Sie ist sehr schlecht für dich. Ich komme aus Italien – ich weiß das.«

»Woher weißt du das?«, fragte ich. »Ich trinke immer Milch. Jeder trinkt Milch.«

»Menschen waren nie dafür gemacht, Milch zu trinken«, erwiderte er ärgerlich. »Sie ist wie Gift für uns, glaub mir.«

Er fragte mich, wohin ich unterwegs sei, und ich sagte: »Ich weiß es nicht. Einfach ans Meer.«

»Fahr nach La Ciotat«, sagte er, »das ist hübsch. Ich war da schon. Ich glaube, da gibt es auch ein Hostel. Und trink keine eklige Milch mehr.«

Er schaute sich mein Gesicht genauer an.

»Du hast zu viel Sonne abbekommen«, sagte er. »Woher kommst du? Du bist die Sonne nicht gewohnt. Du brauchst Ruhe im Schatten. Oben gibt es ein Zimmer. Da kannst du schlafen. Es kostet dich dreimal Nichts.«

Ich befolgte seine Ratschläge in jeder Hinsicht, abgesehen von der Milch. Ich aß etwas und schlief in dieser Nacht sehr lange. Am Morgen machte ich mich früh auf den Weg in Richtung La Ciotat. Warum nicht, dachte ich, etwas Besseres weiß ich sowieso nicht.

Mit jedem Kilometer wuchs meine Aufregung. Als ich mir erst einmal angewöhnt hatte, morgens und am späten Nachmittag zu fahren und von zwölf bis drei im Schatten auszuruhen, wurde das Ganze einfach und angenehm. Die Veränderungen im Vergleich zum Norden Frankreichs faszinierten mich; ich genoss das Obst, das an Straßenständen verkauft wurde, und die Schönheit der Steinhäuser und ihrer römischen Dachziegel. In einer Weise, die ich nicht greifen konnte, spürte ich immer stärker, dass ich genau dort sein sollte, dass es zu mir passte.

Ich erreichte die Küste nach zwei Tagen, machte einen großen Bogen um Marseille und entdeckte, dass der italienische Kellner mit La Ciotat recht gehabt hatte. Damals war es nur ein Fischerdorf, ein paar Häuser, verstreut an einem schönen Strand, fast menschenleer. Und obwohl ich mich darauf vorbereitet hatte, traf mich der Anblick des blauen, wirklich *blauen* Meeres mit einer Wucht, die ich fast körperlich spürte. Während all der tristen und gemeinen Kriegsjahre, in denen die Farbe aus Erinnerungen und Träumen herausgelaufen war und das Leben so schwarz-weiß schien wie eine Pathé-Wochenschau, war nichts vorstellbar, das diesem Rausch purer Farbe auch nur nahekam. Es war, als hätte ich einen Vorhang beiseitegeschoben und befände mich nun in einer anderen Welt, einer Welt, in der sich meine Sehnsucht nach einem schuldfreien, freien Leben erfüllte. Der goldene Sand – ja, er *war* golden –, das tiefe, satte Aquamarin des Meeres, die klare Pracht des azurblauen Himmels zogen mich für Stunden in ihren Bann.

Es gab tatsächlich eine Jugendherberge in La Ciotat. Sie befand sich in einer kleinen, sehr hübschen und frisch renovierten Villa, die umso interessanter war, da sie noch drei Jahre zuvor das Hauptquartier der Gestapo gewesen war. Von dem jungen Paar, das die Herberge betrieb, erfuhr ich, dass die

Renovierung die Blutspuren verbergen sollte. Ich bin nicht ganz sicher, ob das wirklich ein Scherz war.

Die Tage, die ich an diesem wunderschönen Ort verbrachte, hinterließen einen tiefen Eindruck in mir, der mich immer wieder dorthin zurückgeführt hat, und ich habe mich immer glücklich geschätzt, die Mittelmeerküste kennengelernt zu haben, bevor der Tourismus sie verschlang.

So kompliziert und beschwerlich es aus heutiger Sicht auch scheinen mag: Die Rückfahrt – samt Fahrrad und wahrscheinlich über Nacht – in einem langsamen Zug nach Paris, das Umsteigen in einen Zug nach Dieppe an einem anderen Bahnhof, die Fährpassage zurück nach Newhaven und die Zugfahrt nach London haben in meinem Gedächtnis keine Spuren hinterlassen. All das waren alltägliche Dinge, mit denen sich jeder in diesen Tagen herumschlug, und die Infrastrukturen sorgten im Großen und Ganzen dafür, dass sie für jeden einigermaßen reibungslos funktionierten. Jedenfalls kam ich ohne Zwischenfälle zurück nach London und ging einige Tage später wieder zur Schule.

10. Sex, Politik, *Fish and Chips* und das Kino

Es war im Frühjahr nach meiner Fahrt durch Frankreich, als ich eines Morgens mit furchtbaren Kopfschmerzen und einem steifen Nacken aufwachte. Ich erzählte meiner Mutter davon, und als ihr klar wurde, dass es schlimm war, rief sie einen Arzt. Er kam nicht allein. Gleich drei von ihnen versammelten sich in meinem kleinen Schlafzimmer ganz oben im Haus: der Arzt, irgendein Beamter und eine Frau mit Hut und einer Handtasche aus Krokodilleder. Der Arzt forderte mich auf, mein Kinn zur Brust zu senken, aber es gelang mir nicht. Sie steckten die Köpfe zusammen, dann beugte sich die Frau zu mir herüber und sagte:

»Wir wissen noch nicht, was es ist. Es könnte eine Meningitis sein, aber ganz sicher kein Polio.« Da wusste ich, dass ich Polio hatte.

Jeder in England wusste um die Krankheit und fürchtete sie. Ich wusste nur, dass sie verschiedene Lähmungen verursachen konnte und dass es 1947 einen plötzlichen Ausbruch und eine Epidemie mit zehntausenden Fällen gegeben hatte. Was ich nicht wusste, war, dass fast die Hälfte aller Erkrankten starb. London war besonders stark betroffen. Polio war eine mysteriöse und angsteinflößende Krankheit. Niemand wusste, wie sie übertragen wurde, doch die gängigste Theorie war, dass man sich in den öffentlichen Badeanstalten ansteckte. Wie alle existenziellen Bedrohungen rückte Polio nach einer Weile jedoch in den Hintergrund, und Mitte 1948 hatte ich es vollkommen

vergessen, bis ich das furchtbare Wort aus dem Mund der wohlmeinenden Frau hörte.

Bis zum mittleren Nachmittag hatte ein Krankenwagen mich
schon auf eine Isolierstation irgendwo in Willesden entführt.
Ich bekam ein sehr schönes Zimmer mit großen Fenstern und
jeder Menge Sonnenlicht ganz für mich allein. Ärzte kamen,
ließen mich die Embryonalstellung einnehmen und befahlen
mir auf Schärfste, absolut stillzuliegen, während jemand eine
Nadel in meinen Rücken einführte, um Rückenmarksflüssigkeit
herauszusaugen. Am nächsten Tag kam eine Krankenschwester und teilte mir mit, dass ich tatsächlich Polio hatte. Meine
Fragen konnte sie mir nicht beantworten, sie wusste nur, dass
ich einige Wochen lang hier im Bett bleiben musste und keinen
Besuch bekommen durfte.

Da die unangenehmen Symptome bald verschwunden waren
und nichts darauf hindeutete, dass ich noch irgendwie krank war,
hatte selbst meine lebhafte Fantasie Schwierigkeiten, glaubhafte
Schreckensszenarien länger als einen oder zwei Augenblicke am
Leben zu erhalten. Insgesamt behielten sie mich sechs Wochen
lang in diesem Raum, während wir darauf warteten, dass etwas
Furchtbares passierte. Zum Glück durfte ich nach einiger Zeit
mein Bett verlassen und umherlaufen. Ich konnte nicht viel
mehr tun als lesen, und hier erwies sich mein Schulrektor Guy
Boas, über meine schändlichen politischen Ansichten hinweg-
sehend, als wahrer Freund. Er schickte mir ein Care-Paket mit
Büchern, richtig gute Bücher für Erwachsene, die ich dankbar
verschlang. Durch ihn lernte ich John O'Hara kennen, dessen
Begegnung in Samarra ich jahrzehntelang behielt und das später
meine Bewunderung für die moderne amerikanische Literatur
entfachte.

Mein unfassbares Glück, diese grausame Krankheit zu überleben und unversehrt in die Welt zurückzukehren, hätte mich

vor Dankbarkeit auf die Knie gehen lassen sollen. Da ich aber keinen Gott hatte, zu dem ich beten konnte, machte ich einfach mit meinem Leben weiter. Mein größtes Bestreben galt dem Aufholen des versäumten Schulstoffes, schließlich hing meine Zukunft nun von den »Prüfungen der Höheren Schulen« ab, die mir im Sommer bevorstanden.

Es stand außer Frage, dass ich mit den Naturwissenschaften weitermachen wollte. Chemie, insbesondere organische Chemie, faszinierte mich. Ich war begeistert von der Tatsache, dass man durch das Hinzufügen einiger Atome zu einer einfachen Verbindung wie zum Beispiel Benzol etwas vollkommen anderes herstellen konnte – eine Substanz von anderem Geruch, anderer Farbe und Konsistenz, etwas, das lebensrettend oder tödlich sein konnte oder die Grundlage für eine ganz neue Industrie wie die Anilinfarbstoffindustrie im 19. Jahrhundert oder die Kunststoffindustrie – damals noch in den Kinderschuhen – im 20. Jahrhundert. Chemie war wie ein mikroskopisch kleines Lego-Set, und die Vorstellung, dass man fast zufällig über eine Molekülkombination mit weltbewegenden Konsequenzen stolpern könnte, war unwiderstehlich. Ich las Lehrbücher, die eigentlich staubtrocken waren, wie Romane. Eines jedoch, es kam aus Amerika, war anders als die anderen: Es hatte deutlich größere Seiten und farbige Illustrationen, die all diese komplexen organischen Moleküle zum Leben erweckten. Die Tatsache, dass jemand tatsächlich bestrebt sein könnte, ein Lehrbuch attraktiv und interessant zu gestalten, war neu und inspirierend für mich, und sie trug dazu bei, dass ich mir Amerika als freundlichen und optimistischen Ort vorstellte.

Tatsächlich waren kleine Stückchen Amerikas in unsere Leben gesickert, seit die Vereinigten Staaten in den Krieg eingetreten waren. Zunächst tauchten ab und zu Dosen mit löslichem Kakao auf, der unendlich viel leckerer und praktischer war als Bourneville-Kakao. Natürlich gab es auch Spam, das nur mäßigen Anklang fand, und Dosen mit *Corned Beef* (wobei niemand, den ich kannte, auch nur die leiseste Ahnung hatte, wie Fleisch »gemaist« sein könnte). Dann, als wirklich leibhaftige Amerikaner »hier« auftauchten, trugen sie – im Gegensatz zum rauen, kratzigen Stoff unserer Soldaten – Uniformen aus weichem Kammgarn und brachten Seidenstrümpfe, Zigarettenkartons sowie Gin, Wodka und Whiskey aus ihren berühmten PX-Läden unters Volk.

Es waren jedoch nicht nur die Konsumgüter, die Amerika in meiner Vorstellung erstrahlen ließen. An den Kiosken gab es jetzt Magazine, denen ich nicht widerstehen konnte: *Colliers*, die *Saturday Evening Post* und *Holiday* waren anders als alles, was in England veröffentlicht wurde. Sie enthielten Geschichten von O'Hara, Hemingway und anderen aufregenden Autoren. Der Humor von Menschen wie James Thurber, Robert Benchley und Dorothy Parker war erfrischend und beißend. Die Magazine selbst waren aufwändig gestaltet und auf glattem Glanzpapier reich illustriert. Während ich mich fragte, warum nichts dergleichen in Großbritannien veröffentlicht wurde, säte meine Verzückung einen Samen aus, der fünfzehn Jahre später Früchte tragen sollte.

Auch wenn die Chemie meine Hauptleidenschaft war, so war sie doch nicht meine einzige. Genau wie unzählige andere Jungen jener Zeit faszinierten mich Flugzeuge und das Fliegen selbst. Wann immer ich es mir leisten konnte, kaufte ich mir ein Hochglanzmagazin namens *Flight* und bewunderte die Explosionsdiagramme zum neuesten Merlin-Motor von Rolls Royce, die ich irgendwann fast auswendig beschreiben konnte. Wie jeder andere Junge wollte ich auch fliegen. Die einzige Möglichkeit dazu war der Eintritt in das Fliegerausbildungskorps, eine Art vormilitärischer Kadettenschule. Ich bekam eine Uniform und ging einmal pro Woche in der örtlichen Trainingshalle »auf Parade«. Glücklicherweise machte man ihren Gruß mit allen fünf Fingern, sodass mein eingeschränkt funktionsfähiger kleiner Finger mir nicht in die Quere kam. Ich lernte das Morse-Alphabet und andere Dinge, die mir ebenso wenig nützten, aber ich hatte das Glück, zu denen zu gehören, die einige Tage auf einem Stützpunkt der Royal Air Force verbringen und sich bei richtigen Flugzeugen herumtreiben konnten. Alles an ihnen war magisch – besonders der Duft von hochoktanigem Kraftstoff in den Hangers betörte mich. Wir lernten, wie man Fallschirme zusammenlegte, und stiegen schließlich mit Fallschirmen, die zum Glück nicht wir gefaltet hatten, in einem *Airspeed-Oxford*-Trainingsflugzeug mit einem halben Dutzend Sitze in die Höhe.

Ich hätte meine Gefühle in dem Moment, in dem wir durch die Wolkendecke stießen, unmöglich in Worte fassen können. Die Wolken, die von unten gesehen oft so grau und trostlos schienen, verwandelten sich plötzlich in einen silbernen Teppich in einem weiten und völlig unerwarteten Raum. Es war, als wäre ich in einer neuen, sauberen und absolut leeren Welt wiedergeboren worden. Nichts – nicht die Triebwerksgeräusche, nicht der enge Sitz, nicht das Gewicht des Fallschirms – konnte dieses Hochgefühl mindern. Niemand, den ich kannte, war je mit einem Flugzeug geflogen, ich war auf diese Erfahrung in keiner Weise vorbereitet.

Später schrieb ich mich für Segelflugkurse ein und schaffte es schließlich sogar, auf dem alten Flugplatz in Hendon ein kleines Stück allein zu fliegen. Der Segler war an einer Winde befestigt, die ihn auf ein paar hundert Meter Höhe brachte. Dort zog man einen Hebel, löste das Flugzeug so vom Kabel und glitt allein wieder hinunter. Ein paar Mal ist mir das gelungen. Ich hatte außerdem das Vergnügen, einen meiner Kameraden nach einer Fehllandung umgeben von abgerissenen Flugzeugteilen auf dem Boden vorzufinden. Er schien unverletzt, aber nicht sehr glücklich. Für meine Leistungen erhielt ich ein kleines Büchlein, das mir den Erwerb der C-Lizenz bescheinigte. Ich habe es lange aufbewahrt, weil ich hoffte, irgendwann wieder zu fliegen. Ich tat es nie.

Tatsächlich investierte ich meine freie Zeit und mein Geld in mein kleines Spülküchenlabor, erhitzte Materie bis zum Zerfall und fügte sie wieder zusammen. Ich habe keine Ahnung, wie oft ich die Busfahrt nach Holborn zu meiner »Höhle des Aladdin«, dem Geschäft von Griffin Tatlock, unternommen habe. Jeden Penny, den ich meiner Mutter aus den Rippen leiern konnte, gab ich für schöne gläserne Apparaturen – eine war ein Kondensator mit innenliegendem spiralförmigen Röhrchen, durch das kaltes Wasser floss – für chemische Reagenzien oder manchmal, aus reinem Übermut, für exotische Substanzen wie Phosphor oder reines metallisches Natrium aus. Sie nutzten mir nichts, aber es war aufregend, sie zu besitzen, denn sie mussten in einer braunen Flasche unter Paraffin aufbewahrt werden, weil sie sich beim Kontakt mit Luft entzündeten.

Andere Fächer wie Mathematik und Physik interessierten mich auch, aber eher als Zusatzwissen als um ihrer selbst willen. Es ärgerte mich, dass ich mathematische Konzepte schwerer erfasste, als es mir nötig schien. Algebra oder die Verwendung von Funktionen in einer Gleichung begriff ich zwar irgendwann, aber wenn es endlich so weit war, verstand ich nicht, warum sie sich mir nicht früher erschlossen hatten – der Zugang zu ihrem Verständnis war so eindeutig und offensichtlich geworden. Ich war beunruhigt, weil ich einen Defekt haben könnte, irgendeine eingebaute Störung, die mich für immer daran hindern würde, Sachverhalte klar zu erfassen.

Ich hatte großes Glück, dass Sidney Michaelson, ein Freund meiner Mutter, mir half. Er war sechs Jahre älter als ich und bereits ein herausragender Doktorand am Imperial College. Ich habe ihn als großen, sanften und sehr freundlichen Mann mit sinnlichen Lippen und enormer Geduld in Erinnerung, der mit mir wirklich sein Bestes gab. Er lud mich zu sich nach Hause ein, stellte mich seiner zauberhaften Frau Kitty vor und beschenkte meine Geschmacksnerven mit dem erstmaligen Genuss von in Olivenöl gebratenen Paprika. Auch später half er mir, mit einigen anderen Herausforderungen des Lebens wie z. B. der Wahl eines Verhütungsmittels umzugehen. Er favorisierte eine große, schäumende Spermizid-Tablette von *British Drug Houses*, die ich jedoch nur kurz benutzte, weil ... Nun ja, sie erwies sich als nicht besonders effektiv.

Sidney kam aus einer armen jüdischen Familie im Londoner East End. Damals, als ich ihn kennenlernte, war er Kommunist, aber vielleicht hat er seine Haltung später geändert. Kitty, so erfuhr ich später, starb 1955, obwohl sie noch nicht alt war, und Sidney selbst wurde nur 66 Jahre alt. Er hatte viel aus seinem Leben gemacht, war ein angesehener Professor für Informatik in Edinburgh geworden, nach dem ein öffentlicher Platz benannt wurde.

Die Bekannten meiner Mutter waren ein großes Glück für mich. Es waren starke und einzigartige Persönlichkeiten – zumindest gehe ich davon aus, da sie alle Ansichten vertraten, die verteidigt und erklärt werden mussten. Die meisten von ihnen lebten in unserer unmittelbaren Umgebung, und als Ortsgruppensekretärin der Kommunistischen Partei traf meine Mutter sie häufig. Die Brüder Monaghan, ein großgewachsenes, attraktives und extrovertiertes Duo aus Irland, schlossen ebenfalls Freundschaft mit ihr. Gelegentlich besuchte ich die beiden. Ich sehe sie noch vor mir in offenen Hemden und Hosen mit Hosenträgern, wie sie es sich nach dem Mittagessen lachend auf dem Sofa in ihrem Wohnzimmer bequem machten. Wie die meisten Teenager war ich besessen von Sex (oder eher seiner Abwesenheit), und ich liebte es, wie die Monaghans und ihre Frauen darüber scherzten. Nie werde ich vergessen, wie Franks Frau sich, hinter dem Sofa stehend, lächelnd über ihn beugte und ihre Hand spielerisch sein Shirt hinunter und in seine Hose gleiten ließ. Eine solche Intimität zu erleben wäre für mich der Himmel auf Erden gewesen. Am wohltuendsten war es jedoch, dass sie mich mit Respekt behandelten, nicht wie einen nervenden Störenfried. In einer anderen sehr deutlichen Erinnerung äußerte ich Zweifel in Bezug auf meine Zukunftsgestaltung. Und in einem Tonfall, als müsste es eigentlich gar nicht gesagt werden, antwortete Frank: »Edward, du kannst alles werden, was du möchtest.«

Es war kein dahingeworfener Satz, wie es heute oft der Fall ist. Frank sagte ihn, als ob er ihn meinte. Das war ebenso herausfordernd wie inspirierend, denn die Wahrheit war, dass ich nicht wirklich wusste, was ich werden wollte. Obwohl die Chemie meine Leidenschaft war, sah ich mich nicht als jemand mit akademischen Titeln und einem Job, als eine Säule der Gesellschaft. Diese Vorstellung schien mir vollkommen unrealistisch. Außerdem hatte ich noch andere Leidenschaften. Ich diskutierte gern lautstark über Religion, Politik, Musik und so ziemlich alles, wenn ich ein Gegenüber fand. Ich debattierte über die Existenz Gottes, die jeweiligen Verdienste von Bach und Mozart, die Vorteile von Verstaatlichungen und das Versagen der Regierung, bessere Dienstleistungen anzubieten.

Wenn ich es irgendwie schaffte, dass ein Mädchen mit mir ausging, fiel mir kein anderes Gesprächsthema ein als Politik. Ich verzweifelte selbst an mir, denn eigentlich wollte ich ihm lauter schöne Dinge sagen, wusste aber nicht, wie das ging und woher ich den Mut nehmen sollte, es zu versuchen. Es gab ein reizendes Mädchen namens Bonnie, das ich auf einer Tanzveranstaltung im *Hammersmith Palais* kennengelernt hatte. Ich weiß nicht, wie es sie dorthin verschlagen hatte, denn sie lebte in Balham, was ein ganzes Stück entfernt war. Sie schickte mir mehrseitige Briefe – wunderschön auf mauvefarbenem Papier geschrieben – über nichts Bestimmtes. Einmal nahm ich sie zu einer Veranstaltung auf unserem Schulsportplatz mit. Doch es war Herbst, und obwohl wir uns küssten, habe ich es nicht einmal in ihren Mantel geschafft. Bei anderen Gelegenheiten trafen wir uns unter der Uhr der Victoria Station und schlenderten eine Weile ziellos herum, aber es führte zu nichts. So unmittelbar nach dem Krieg gab es keine Cafés oder andere Orte, an denen junge Leute hätten zusammensitzen können.

Wenn ich in der U-Bahn hübsche Mädchen sah, stieg ich an ihrer Haltestelle aus und hoffte, dass ein Zufall zu einem Kennenlernen führen würde – was natürlich niemals geschah. Einmal stieg ein Mädchen an meiner Haltestelle aus. Ich folgte ihr vorsichtig zu einem Haus, das etwa vier Straßen von unserem entfernt war. Am folgenden Wochenende verbrachte ich Stunden damit, ihre Straße hoch- und runterzufahren, immer in der vergeblichen Hoffnung, sie kurz zu sehen.

Es besteht kein Zweifel daran, dass meine Vorstellung von einem perfekten Mädchen stark von der Werbung und dem Kino beeinflusst war. Zwar gab es noch kein Werbefernsehen und die Zeitungen waren noch schwarz-weiß, aber überall hingen große Farbposter. Weil niemand Geld hatte, wurden vorrangig billige Produkte wie Zahnpasta empfohlen. Es gab *Kolynos*, *Euthymol*, *Pepsodent* (»Du wirst dich wundern, wohin das Gelb verschwunden ist!«) und – der Platzhirsch – *Colgate*. Sie alle zeigten wunderschöne Mädchen, die wiederum Unmengen strahlend weißer Zähne zeigten. Nach dieser Art Mädchen verzehrte ich mich. Weil die Schulen nach Geschlechtern getrennt waren und ich weder Schwestern noch größere Familien mit Töchtern in meinem Umfeld hatte, gab es für mich keine Möglichkeit zu entdecken, dass auch Mädchen, die nicht unbedingt Hollywood-Schönheiten waren, attraktiv und eine angenehme Gesellschaft sein konnten. Ich war ein Opfer von Hollywoods schönem Schein.

Ein besonders peinlicher Moment ergab sich, als meine Mutter und ich gemeinsam ins *Queen's Cinema* am unteren Ende der Ladbroke Grove gingen, um uns ein Musical namens *London Town* mit Sid Field anzusehen. Meine Mutter saß zu meiner Linken, und ich stellte fest, dass das Mädchen zu meiner Rechten ein sehr hübsches Gesicht hatte. Während der Film lief, wurde mir klar, dass sie mich ebenfalls bemerkt hatte, und irgendwie fanden unsere Hände in einer Berührung zueinander. Der Film endete, der Abspann lief bereits, während ich verzweifelt überlegte, was ich nun tun sollte. Als die Lichter angingen, bemerkte ich zu meinem Erstaunen, dass meine Mutter den Saal schon verlassen hatte. Damals verspürte ich pure Erleichterung, doch später wurde mir bewusst, dass sie meine Frustration sehr wohl wahrgenommen hatte.

Das Mädchen stand auf und verließ den Saal. Ich folgte ihr durch das Gewühl, doch erst, als wir auf die Straße traten und uns unterhielten, bemerkte ich ihre Behinderung. Sie hatte ein stark entstelltes Bein und war alles andere als perfekt. Ich war erschrocken über meine Gedanken und konnte doch an nichts anderes denken als an meine tiefe Enttäuschung. Ich begleitete sie ein Stück und gab Banalitäten über den Film von mir, bis wir eine U-Bahn-Station erreichten, wo ich sie mit einem einigermaßen guten Gewissen verlassen konnte. Wieder einmal waren die Widersprüche zwischen meinen intellektuellen Überzeugungen und meinen körperlichen Enttäuschungen offenkundig geworden.

Es war schwierig und oft genug schmerzhaft, in jenen Jahren heranzuwachsen. Am wohlsten fühlte ich mich im Klassenraum, dort war ich ganz ich selbst. Ich war jetzt in der Oberstufe, hatte innerhalb der Schule einige Privilegien und war im Umgang mit meinen Freunden einigermaßen entspannt. Wir waren nur eine kleine Gruppe im naturwissenschaftlichen Zweig, vielleicht sechs oder sieben, und wir hatten einen schönen, hellen Klassenraum in einer der oberen Etagen des nördlichen Gebäudes. Die Lehrer waren freundlich, pragmatisch und behandelten uns mit Respekt. Die älteren waren etwas müde, was kaum verwunderlich war. Einen jüngeren Mathematiklehrer namens Brearly – er war gerade von der Navy zurückgekommen – mochte ich besonders. Er sprühte vor jugendlicher Energie und war außerdem ein gefeierter Cricketspieler.

Obwohl mir einige mathematische Themen zu schaffen machten, hatte ich im Grunde Vertrauen in meine akademischen Fähigkeiten. Es war die tägliche Wiederkehr von Schule und Hausaufgaben, die meinem Leben etwas Stabilität verliehen. Und doch waren wir Jungen, die zu Männern wurden, und noch immer hatte ich keinen Weg gefunden, mit einem Mädchen umzugehen, das zu einer Frau wurde. Ganz sicher kam mir nie der Gedanke, dass das Zeigen von Gefühlen dabei eine Rolle spielen könnte. Unter uns Jungs war die Idee, ein Gefühl jenseits von Wut, Langeweile, Frust oder Vergnügen zuzugeben, unvorstellbar. Die einzige Sprache, in der ich zu einem Mädchen sprechen konnte, war die, die ich mit meinen Freunden sprach – und die brachte mich nicht weiter. Es verblüffte und frustrierte mich, dass einige meiner Freunde offenbar über einen geheimen Code verfügten, mit dem sie die Schranke zwischen den Geschlechtern öffnen konnten. Vielleicht hatten sie diesen von ihren Schwestern oder weiblichen Verwandten gelernt, aber da ich nichts dergleichen hatte, fühlte ich mich ausgeschlossen und unfähig.

Es war nicht so, dass mein Leben gänzlich von Sex und Politik geprägt war. Es gab auch *Fish and Chips* und das Kino. Das *Fish-and-Chips*-Geschäft war neben dem *Classic Cinema* am Notting

Hill Gate, und ich war Stammkunde bei beiden. Geales winziger Fischladen quetschte sich in eine enge Nische. Kaum ein Meter lag zwischen der Auslage zur Linken und der Wand zur Rechten, wo auf einem schmalen Regal Salzstreuer und Essigflasche bereitstanden. Der Fisch – ich mochte Kabeljau immer lieber als Schellfisch – war der reinste Genuss und kostete drei Pence. Chips kosteten einen. Das Zeitungspapier zum Einwickeln war umsonst.

Das Kino *Classic* zeigte Arthouse-Filme. Dort habe ich zum ersten Mal Tatis *Schützenfest* und *Die Ferien des Monsieur Hulot* gesehen und das Kino mit vor Lachen schmerzendem Bauch verlassen – man musste das Französisch nicht einmal verstehen. Das *Coronet*, ein eher klassisches Kino, war gleich um die Ecke, hatte eine Galerie und zeigte die neuesten Filme. Für sechs Pence konnte man oben sitzen. Zwischen diesen beiden Kinos stellte jemand etwas später eine italienische *Gaggia*-Kaffeemaschine auf und eröffnete die erste Coffee Lounge, einen Ort, an dem man sitzen und andere treffen konnte. Es war ein bemerkenswertes Ereignis, das bald an vielen Orten in ganz London nachgeahmt wurde.

Hinter den Kinos lagen einige Straßen mit kleinen Häusern, die abschätzig »Stallungen« genannt wurden und Slums ähnelten. Eines davon, Rillington Place 10, kam Jahre später zu trauriger Berühmtheit. Timothy Evans, ein eher schlichter Bewohner, wurde für den Mord an seiner Frau und seiner Tochter gehängt. Drei Jahre später entdeckte man jedoch, dass John Christie, ein weiterer Bewohner, ein Serienmörder war. Er gestand auch diese beiden Morde und entlastete Evans somit vollständig. Die Geschehnisse erschütterten das britische Justizsystem.

Ein älterer Grieche aus Zypern, dem das Haus neben unserem gehörte, warf ein Auge auf die »Stallungen«. Wenn meine Mutter wollte, sagte er zu mir, könnte er es arrangieren, dass sie eines der Häuser für 50 Pfund kaufen könnte. Wir hatten keine freien 50 Pfund, hätten sie aber wohl ohnehin nicht dafür ausgegeben. Jetzt, 75 Jahre später, sind die »Stallungen« sehr angesagt und jedes einzelne Haus ein bis zwei Millionen wert. Trotzdem war es keine verpasste Gelegenheit. Die Zeit, der Aufwand und die Mittel, die man hätte investieren müssen, um sie in den derzeitigen Zustand zu bringen, wären unberechenbar gewesen. Ich erwähne es hier nur um zu zeigen, wie sehr die Dinge sich verändert haben.

Margot Silbermann, die mit ihrer Mutter in der zweiten Etage unseres Hauses lebte, war sechs Jahre älter als ich. Sie war eine attraktive junge Frau, die an der London *School of Economics* Soziologie studierte – ein beliebtes Fach in jenen Zeiten. In der Verwirrung meiner Pubertät nahm ich an, dass sie mich als unter ihrer Würde betrachtete, denn tatsächlich schenkte sie mir kaum Beachtung. Eines Tages jedoch brachte sie einen Freund mit nach Hause, der mich trotz ihrer Gleichgültigkeit wahrnahm und ein Gespräch mit mir begann. Tahir Khan war ein hochgewachsener, gutaussehender und athletischer Pathan aus Pakistan, und er faszinierte mich: Er war der Sohn eines unverschämt reichen Gutsherrn, und ich brachte ihn dazu, mir ein wenig von seinem Leben in Pakistan zu erzählen. Seine Beschreibungen der wilden, gebirgigen Landschaften und des Lebens, das er dort mit seinen zahlreichen Brüdern geführt hatte, glichen einem Kapitel aus Rider Haggard. So zivilisiert und kultiviert er auch war, diese andere Dimension des Stammeslebens, der Durbars, der Gewehre und des Polospiels auf dem Maidan war feuriger Stoff. Dann brachte er eines Abends einen seiner Brüder mit, der nicht nur größer war – etwas über zwei Meter, glaube ich – sondern sogar noch eleganter. Tahir stellte ihn mir als Masud Khan vor und sagte, er sei Psychoanalytiker. Das schien mir äußerst unwahrscheinlich. Er war ebenso fit und attraktiv wie sein Bruder, obwohl er einen seltsamen körperlichen Defekt hatte: Eines seiner Ohren war derart abgeknickt, dass ich es dauernd anstarren musste. Masud war in seinen beruflichen Kreisen dafür bekannt, mutig unkonventionelle Positionen zu vertreten und in der Gesellschaft für Aufsehen zu sorgen. Seine Frau war Beriosova, der Star der Londoner Ballettszene, und trotzdem fühlte er sich laut Tahir in den Bergen von Waziristan ebenso zu Hause. Nichts davon wollte in die Vorstellung passen, die ich von einem Psychiater hatte.

Auch er machte sich die Mühe, ein wenig mit mir zu reden. Mit meinen fünfzehn Jahren hatte ich meine volle Größe noch nicht erreicht und fühlte mich zwischen den beiden wie ein Pygmäe unter Riesen. Obwohl er etwas herablassender war als Tahir, stellte er interessante Fragen. Schließlich wollte er wissen: »Welche ist deiner Meinung nach die wichtigste Eigenschaft, an der man im Leben festhalten sollte?« oder so ähnlich Ich antwortete: »Aufrichtigkeit.« Er sah mich ein bisschen traurig an und sagte: »Ich denke, das Leben wird dir sehr kompliziert vorkommen.« Er sagte es mit einer gewissen Autorität, und seine Bemerkung blieb mir im Gedächtnis. Später erfuhr ich, dass er sich sein Ohr wenige Monate nach unserer Begegnung hatte anlegen lassen.

11. Leben unter der Oxford Street

1949 brachte ich die »Prüfungen der Höheren Schulen« gut hinter mich. In Chemie bekam ich ein »Ausgezeichnet«, in Mathematik, angewandter Mathematik und Physik ein »Sehr gut«. Meine Ergebnisse verblassten neben den vier »Ausgezeichnet« meines Klassenkameraden Farlie, die er alle in verschiedenen Bereichen der Mathematik erhielt. Sie verschafften ihm ein staatliches Stipendium, die größte Belohnung, und er verschwand in akademischen Sphären. Meine Resultate verhalfen mir zu einem nur wenig kleineren Stipendium. Ich konnte davon ausgehen, an jeder Universität akzeptiert zu werden, doch ich dachte erstaunlich wenig darüber nach, wohin ich gehen und was ich dort tun sollte. Damals gab es im Vereinigten Königreich zwölf Universitäten, aber ich hatte nur Oxford, Cambridge und London vor Augen. Das *Imperial College* in London schien die naheliegende Wahl zu sein. Es war nicht nur eine der renommiertesten Wissenschaftseinrichtungen weltweit, sondern lag auch gleich am Ende der Straße.

Das *Imperial College* war eine Ansammlung verschiedener Einrichtungen, die in der Viktorianischen Ära entstanden waren und sich in dem Teil von South Kensington befanden, der zwischen der *Royal Albert Hall* und den großen Museen liegt. Verglichen mit den großen Erweiterungen späterer Jahre war der Campus damals ziemlich bescheiden. Ich brauchte nur eine kurze Busfahrt von zu Hause bis dorthin. Großartig war, dass mein Mentor Sidney Michaelson als Forscher am *Royal College of Science*, das zum *Imperial* gehört, mit seinen Arbeiten an einem frühen Computer bereits auf akademischen Höhenflügen war. Einmal habe ich ihn dort besucht und fand ihn in einem Raum, der mit unzähligen Regalen voller elektrischer Relais gefüllt war.

Unglücklicherweise hat niemand aus meinem Bekanntenkreis versucht, mich davon zu überzeugen, dass es ein Gewinn sein könnte, zu Hause aus- und in ein College einzuziehen, wo ich unter Leute gekommen wäre, die Sprachen, Philosophie oder andere Bereiche der Geisteswissenschaften studierten. Meine Mutter konnte mir hier mangels eigener Erfahrung keinen Rat geben, und mir war ohnehin nicht danach, Rat von ihr anzunehmen. Obwohl sie es mir gegenüber nie erwähnt hat, war es finanziell natürlich von Vorteil, wenn ich zu Hause lebte. Seltsamerweise kam mir nie der Gedanke, dass es gerade das soziale Leben einer großen Universität wie Cambridge war, das mir fehlte. Nicht zum letzten Mal in meinem Leben traf ich eine übereilte Entscheidung, ohne die Alternativen überhaupt zu prüfen.

Ich fragte auch niemanden um Rat, als es um die Auswahl der Kurse ging. Es ist schwer zu erklären, warum ich statt klassischer Chemie, die immer meine Leidenschaft war, Chemie-Ingenieurwesen wählte. Vielleicht lag es daran, dass das *Imperial College* in diesem Bereich sehr fortschrittlich war. Was auch immer der Grund für diese Entscheidung war: Jemand muss mich davon überzeugt haben, dass dies der Weg in eine strahlende Zukunft war. Wie dem auch sei: Innerhalb von wenigen Wochen waren die Würfel gefallen.

Der Sommer 1949 war wundervoll. Zum einen war da die Aufregung, die mich erfüllte, weil ich im Herbst auf die Universität gehen würde. Es fühlte sich an wie eine Befreiung, wie ein Eintreten in die Welt. Rückblickend glaube ich nicht, dass ich das Universitätsleben je so genossen habe wie die Vorfreude darauf. Obwohl meine Mutter mir alle Entscheidungsfreiheiten für meine Zukunft gab, war ich finanziell weiter auf sie angewiesen. Ich habe diese Unterstützung viel zu selbstverständlich in Anspruch genommen. Was ich in den Sommerferien unternahm, ergab sich entweder zufällig oder hing davon ab, wie viel meine Mutter ausgeben konnte.

Und dann, wie um meine Glückseligkeit noch mehr zu versüßen, fiel eine saftige Pflaume in meinen Schoß. Es stellte sich heraus, dass Hilda Boyard, eine Freundin meiner Mutter, in einem Reiseunternehmen namens *Workers' Travel Association* tätig war. Es organisierte Auslandsaufenthalte für Industriearbeiter, die sich Fernreisen in der Regel nicht leisten konnten. Wegen meiner Frankreichtour und in der Annahme, dass ich die Sprache beherrschte (was immer noch eher zweifelhaft war), bot sie mir eine Stelle als Gästebetreuer in einem Hotel in Südfrankreich an. Natürlich sagte ich sofort zu. Das Hotel *Ker Maria* befand sich in Villefranche-sur-Mer, einer kleinen Stadt am Meer in östlicher Nachbarschaft von Nizza. In dieser Zeit, bevor der Tourismus die Riviera überschwemmte, war die Region kaum entwickelt und Ker Maria, ein bescheidenes Gebäude, wahrscheinlich das einzige Hotel in der Stadt. Es lag nur ein paar Minuten vom Meer entfernt.

Meine Aufgabe war es, die Urlauber in Nizza vom Zug abzuholen, mit ihnen im Bus zum Hotel zu fahren und mich während ihres Aufenthaltes um sie zu kümmern. Es war im Grunde nicht anspruchsvoll. Alle schwierigen Arbeiten, zum Beispiel die Organisation der Busse und Ähnliches, waren bereits erledigt. Im Grunde musste ich nur anwesend, aufmerksam und offen für ihre Beschwerden sein – aber es gab eine wichtige Aufgabe, bei der ich komplett versagte. Da die Gäste vor allem aus dem mittleren und nördlichen Großbritannien kamen, wo die Sonne bestenfalls schwach durch die Wolken scheint, waren sie einheitlich weiß. Ihr Weiß war in diesem Fall ethisch unbedeutend, blendete dafür jedoch umso stärker. Ihre Haut, die bisher nur von zartesten Sonnenstrahlen berührt worden war, war alabastern. Meine Aufgabe war, ihnen nachdrücklich zu vermitteln, dass sie nicht – unter keinen Umständen – am ersten Morgen zum Strand laufen und dort länger als eine halbe Stunde liegenbleiben sollten.

Es war zwecklos. Ich konnte sie nicht aufhalten. Die Sonne hatte eine überwältigende Anziehungskraft. Meine Urlauber hatten so etwas noch nie erlebt – wie Lemminge liefen sie zum Strand und ließen sich gleich am ersten Tag so rot brennen wie gekochte Hummer. Das Ergebnis war, dass sie den Rest ihrer Ferien unter großen Unannehmlichkeiten in abgedunkelten Räumen verbrachten, die sie erst in der Dämmerung verließen, um sich dann bei einer Bustour unter dem Motto »Die Riviera bei Nacht« mit drei Casinos und einem Gratis-Champagner zu trösten.

Ich hatte also tagsüber rein gar nichts zu tun. Während die mir Anvertrauten ihre zarte Haut versorgten, lungerte ich an der Strandbar herum und lernte einige der Lieder, die damals en vogue waren (Charles Trenet sang *La Mer*, Yves Montand sang *Tous les Jours Place de l'Opéra*, das neben *Balalaika* einen Platz auf der inneren Playlist fand, die ich mein Leben lang gehört habe). Nur wenige Menschen hielten sich am Strand auf, aber alle sprachen genau die 80 Prozent Französisch, die ich nicht sprach. Natürlich gab es unter meinen »Gästen« auch eine oder zwei attraktive Frauen, die sich in ihren Zimmern erholen mussten. Eine von ihnen hatte ihren Sonnenbrand schneller geheilt als die anderen und kam im Bikini zum Strand herunter.

Ihre großen Brüste zogen mich vollkommen in ihren Bann, mein Blick fixierte sie wie eine wärmeempfindliche Rakete, und einen Moment lang glaubte ich, ihnen näherkommen zu dürfen – aber sie hatte mich durchschaut. Ohne Vorwarnung zog sie einen ihrer Schneidezähne heraus und lachte hämisch über mein erschrockenes Gesicht. Für mich hatte sich die Sache damit erledigt.

Mein Zimmer befand sich nicht im Hotel, sondern in einem anderen Haus, und endlich lernte ich Leute außerhalb meiner Gruppe kennen. Ein alter Mann mit einem dramatischen Schnurrbart und für damalige Zeiten ungewöhnlich langem Haar bestand darauf, dass ich über eine Filmkarriere nachdenken sollte. Er war davon überzeugt, dass ich ein Leinwandidol werden könnte, was ich einfach lächerlich fand. Ein jüngerer, belgischer Anwalt machte subtile Andeutungen, dass er mir gern näherkommen würde. Weil ich aber in meinem bisherigen Leben in keiner Weise mit Homosexualität in Berührung gekommen war, dauerte es eine ganze Weile, bis mir klar wurde, was er eigentlich wollte. Ich glaube, er hatte aufgegeben, bevor ich richtig verstand, wovon er redete.

Nach drei Wochen muss Hilda schließlich eingesehen haben, dass ich ihre Gäste niemals davon abhalten könnte, sich gleich nach ihrer Ankunft rösten zu lassen. Sie verfrachtete mich nach Deauville, ans normannische Ende Frankreichs, wo die Sonne deutlich schwächer war. Dort verbrachte ich eine Woche und fuhr dann nach Hause. Nur zwei Erinnerungen blieben mir aus dieser Zeit: die überwältigende Größe des Hotels mit Blick auf den Strand und eine Erkenntnis, die ich eines Abends an einer Bar hatte: dass mein Französisch sich dramatisch verbesserte, wenn ich betrunken war.

Ich hätte damals nur schwer erklären können, warum Frankreich mich so faszinierte. Die Anziehungskraft des Mittelmeers war offensichtlich, aber die Sache ging tiefer. Es könnten ganz einfach die Tische der Cafés gewesen sein, an denen man das Leben draußen auf den Straßen genießen konnte. Vielleicht waren es die *Saucissons* (ich liebe den Geschmack von *Saucissons secs*), vielleicht lag es aber nur daran, dass mir das Leben in Frankreich deutlich weniger anstrengend erschien.

Nichtsdestotrotz stürzte ich mich mit den besten Vorsätzen, hart zu arbeiten, in das Universitätsleben. Ich freute mich auf die Stimulierung durch intellektuelle Entdeckungen und tauchte immer tiefer in mein Wahlfach ein.

1949 war das *Imperial College Union* das Zentrum meiner Aktivitäten, soweit ich mich erinnere, ein traditionelles Gebäude aus Backstein und normalen Steinen. Ein Tennisplatz, auf dem ich ein- oder zweimal gespielt habe, lag zwischen ihm und der Straße. Es gab Büros und Klassenräume und Aushänge, die mir mitteilten, wo welche Vorlesungen abgehalten wurden. Außerdem gab es irgendwo rechts vom Eingang eine Bar, in der Rugbyspieler in so mancher Nacht zotige Lieder sangen und Bier aus Zinnbechern tranken. Noch heute klingen die Balladen *Ivan Skavinsky Skavar* und *Dirty Dick* in meinen Ohren.

Meine Begeisterung hielt mehrere Monate lang an, während ich das Gelände kennenlernte und mir Gesellschaften aussuchte, denen ich beitreten könnte. Die meisten waren im sportlichen Bereich und interessierten mich nicht. Von einem Ingenieur, was ich nun auch irgendwie war, erwartete man, dass er ein Schiebelineal und eine Sammlung an Messinstrumenten bei sich trug – und allein der Kauf im Bücherladen des Colleges war ein Transitionsritual. Die Instrumente in ihrer grünen Ledertasche waren teuer und wunderschön, und sie waren greifbarer Beweis meines neuen Status als Studienanfänger an einem berühmten Institut. Alles an meinem neuen Leben war faszinierend und regte meine Fantasie an – mit einer Ausnahme. Die Arbeit selbst war langweilig. Es dauerte nicht lange, bis ich begriff, dass mein ganzer Enthusiasmus dabei war, in der Flut der drögen Details wie Schraubengewinden

und -steigungen sowie Tabellen mit Zugfestigkeiten zu ertrin-
ken, die alle Ingenieure verinnerlichen müssen, obwohl es kein
intrinsisches Interesse dafür gibt. Die Fähigkeit, riesige Mengen
an Daten und Fakten aufzusaugen, war hier entscheidend, doch
sie zählte nie zu meinen Talenten.

Nach und nach begriff ich, dass ich mich mit meiner unrea-
listischen Vorstellung von einem Chemie-Ingenieur mächtig
geirrt hatte. Mir fehlte die Leidenschaft dafür, riesige, glänzende Stahlstrukturen wie Ölraffinerien zu bauen; sie allein
hätte die Grundlagenarbeit am College erträglich gemacht.
Bevor auch nur die Hälfte meines ersten Jahres vergangen war,
wusste ich, dass ich einen Fehler gemacht hatte. Ich kämpfte
mich irgendwie durch, aber im Sommer wusste ich, dass ich vom
Ingenieurwesen zu reiner Chemie wechseln musste, wenn ich
überhaupt eine Chance haben wollte.

Im Laufe des Jahres nahm ich mehr und mehr an kulturellen
Aktivitäten teil. Ich brauchte nicht lange, um zu bemerken, dass
Imperial-Studenten den Ruf hatten, fast alles außer Wissen-
schaftliches zu vergessen, und das passte zu einem großen Teil
von ihnen. Sie waren dort, um ihren Abschluss zu machen und
weiterzuziehen. Erfahrungen, in denen sich die Persönlichkeit
»abrundete«, wie sie wahrscheinlich in den *Oxbridge Colleges*
angeboten wurden, interessierten sie nicht. Ihr einziges Bestreben war, ihre wissenschaftlichen Erkenntnisse umzusetzen und
Ehrungen zu erhalten.

Anders als in Oxford und Cambridge gab es auf dem Gelände
des *Imperial Colleges* keine Wohnmöglichkeiten für Studenten, durch die sicher mehr soziale Aktivitäten stattgefunden
hätten. Meiner Einschätzung nach mieteten sich die *Imperial*-
Studenten in Zimmern und Hostels ein oder lebten wie ich zu
Hause und kamen jeden Tag zur Arbeit. Man nannte sie *Brown
Baggers*, weil sie ihre Verpflegung in braunen Papiertüten

mitbrachten. Man begründete dieses System damit, dass es die Studenten am Boden der Realität hielt und die elitäre Haltung anderer Universitäten verhinderte. Ich hielt das schon damals für grundfalsch.

Ich traf auf andere Studenten, die wie ich der Meinung waren, dass wir dringend mehr Kultur bräuchten. Sie waren ein Jahr über mir und hatten bereits eine literarische Gesellschaft namens *Scriblerus* gegründet. Sie hatten sogar eine eigene Krawatte, und schon bald kaufte auch ich mir eine. Zu meiner Überraschung eröffneten sie mir die Welt der Literaturkritik, von deren Existenz ich nicht einmal etwas geahnt hatte. Ich begann, Lionel Trilling, Clive Bell und mehrere andere aus dem *Bloomsbury*-Kreis zu lesen. Wir trafen uns in einem elegant getäfelten Raum, um die Bedeutung von Virginia Woolfs Symbolismus zu diskutieren, während Klaviermusik aus den Proberäumen der *Royal School of Music* auf der anderen Straßenseite durch den Raum schwebte – der vollkommene Gegensatz zum Chemie-Ingenieurwesen.

Zu meiner Überraschung gab es im College nicht einmal einen Debattierclub. Meine Literaturfreunde und ich gründeten also einen, und ich wurde zum Präsidenten gewählt. Es war nicht leicht für eine so frisch gegründete Gruppe, die Aufmerksamkeit ehrwürdiger Gesellschaften zu erregen, doch es gelang uns, das *Bedford College*, damals eine reine Fraueneinrichtung, davon zu überzeugen, sein Team für eine Debatte zu uns zu schicken.

Das Thema der Debatte ist mir entfallen, aber ich erinnere mich daran, dass ich mein präsidiales Gegenüber sehr attraktiv fand. Und da es mein Vorsatz ist, in diesem Bericht schonungslos ehrlich zu sein, muss ich hinzufügen, dass sie nicht nur ein hübsches Gesicht, sondern auch große Brüste hatte, die unter der violetten Seide ihrer Bluse verführerisch wogten. Diese

Beschäftigung mit Brüsten gehörte zu mir wie das Bedürfnis zu atmen und zu essen, und während ich beständig versuchte, es zu verheimlichen – insbesondere angesichts der sich verändernden Normen – konnte ich doch nicht umhin, immer wieder einen Blick zu riskieren. Tatsächlich habe ich mir eingeredet, dass jede Frau dies weiß, doch ob es mir zur Ehre oder zur Schande gereicht, weiß ich nicht.

Trotz allem war es kaum nötig, mich am *Imperial College* zu zügeln. Ich kann mich nicht daran erinnern, dass es damals Frauen in den Ingenieurkursen gab. Tatsächlich hatte das College eher mönchischen Charakter. Außer Frage steht, dass mein Interesse für Literatur, Musik und Debattieren Zeit und Energie forderten, die ich in die Entwicklung meiner eher mäßigen mathematischen Fähigkeiten hätte investieren können. Meine Leidenschaft für Chemie war ungebrochen, aber ich weigerte mich, mein Leben von Arbeit dominieren zu lassen. Jetzt aus der Distanz ist es deutlich zu erkennen: Ich stellte mich schon auf meine Flucht ein. Nichtsdestotrotz kämpfte ich mich durch das erste Jahr. Mit dem festen Vorsatz, zu Chemie zu wechseln, schnitt ich am Ende des Jahres gut genug ab, sodass das College den Wechsel genehmigen konnte.

Schon vor meiner Zeit am *Imperial College* war ich ein fast fanatischer Fan des traditionellen Jazz, der Musik aus New Orleans aus dem frühen 20. Jahrhundert. In jener trostlosen Nachkriegszeit lasteten die Entbehrungen des Krieges noch schwer auf uns – und sie schienen umso schwerer, da wir den Krieg selbst nicht erlebt hatten. Vielleicht hätte es das leichter gemacht. Die wundervolle, fröhliche und tanzbare Musik war unglaublich erhebend. Sie war ein weiteres perfektes Gegenstück, ein Fenster zu einer helleren, bunteren Welt. Dieses Fenster öffnete sich jeden Samstagabend an einem Ort namens Oxford Street 100.

In einem Keller unter dieser langen Straße mit Geschäften und Kaufhäusern, die von den Kriegsentbehrungen wie kastriert waren, ließ eine Jazzband regelmäßig ihre großartige Musik erklingen. Am auffälligsten war, dass der Bandleader, dessen Trompete die Pflastersteine der darüberliegenden Straße fast in die Höhe hob, in allem anders war als King Oliver, Buddy Bolden und Louis Armstrong, also die Jazzgrößen, denen er nacheiferte. Sein Name war Humphrey Lyttelton. Er war ein Spross des *Eton Colleges* – weiter konnte man von den Bars und Bordellen der Basin Street kaum entfernt sein –, doch die Musik seiner Band war ebenso lyrisch, ebenso authentisch und ebenso bodenständig. Ich wusste das, weil ich all die alten Aufnahmen hatte, die es bewiesen.

Lauri Say, ein Schulfreund, hatte mich eines Samstags dorthin geschleift. Die Musik zog mich schnell in ihren Bann, und schon bald war ich entschlossen, selbst Jazz zu spielen. Obwohl ich bereits mit bescheidenem Erfolg Klavier spielte, sprach mich die Klarinette mehr an. Ich kratzte genug Geld zusammen, um mir eine zu kaufen, und in den folgenden Jahren machten Lauri, der am Klavier saß, und ich durchaus Fortschritte. Ein anderer meiner Freunde, ich hatte ihn beim Flugtraining kennengelernt, spielte Waldhorn auf höherem Niveau und schaffte es ein- oder zweimal, Laute hervorzubringen, die fast authentisch klangen.

Ich habe keine Ahnung, wie viele weitere Jazz-Süchtige sich in diesem großen Raum unter der Oxford Street drängten – vielleicht waren es fünfzig, vielleicht hundert. Dabei war es gar nicht wie bei einem Konzert, ich kann mich zum Beispiel nicht an Stühle erinnern. Die meisten von uns tanzten oder schunkelten zur Musik; ein Mann mit einer Fliege stand immer vor der Bühne und tat so, als dirigiere er die Band. Niemand störte sich daran. Es war eine kleine Band, die noch am Anfang stand:

nur Humph, Wally Fawkes, Pat Hawes, die Christie-Brüder an der Klarinette und der Posaune sowie Johnny Parker am Klavier. Als die Musik vorbei war, folgten ich und andere Fans der Band ins *The Blue Posts*, einen Pub in der Newman Street. Irgendwie gelang es mir, Wallys Aufmerksamkeit zu erregen. Ich kann nur vermuten, dass mein Überschwang meine natürliche Zurückhaltung überwunden hat. Es war unglaublich großzügig von ihm, mir diese Aufmerksamkeit zu schenken. Mit der Zeit entwickelte sich eine Freundschaft – und nie hätte ich vermutet, wie sehr sie mein Leben verändern würde.

Wally war eigentlich Cartoonist. Für die *Daily Mail* zeichnete er eine Comic-Serie namens *Trog*, die im ganzen Land beliebt war. Irgendwann lud er mich zu sich nach Hause ein. Ich lernte seine Frau Sandy kennen, ein Energiebündel sondergleichen. Die beiden führten ein aufregendes Leben in der Fleet Street.

Auch Johnny Parker habe ich kennengelernt, ebenso wie andere Musiker in anderen Bands, und wurde immer wieder zu Partys eingeladen. Ein absolutes Highlight wurde möglich, als meine Mutter eines Abends unterwegs war. Ich lud eine ganze Reihe der Musiker in unser Haus ein, und bis 4 Uhr morgens gab es in unserer Welt nur Getränke und Musik.

12. »Wie geht es Seiner Majestät heute Morgen?«

Als der Krieg zu Ende ging, muss meine Mutter furchtbare Ängste um ihre eigene Mutter, ihre Schwestern und ihren Bruder in Hamburg ausgestanden haben, denn die Stadt war eines der Hauptziele der sogenannten »Tausend-Bomber-Angriffe«. 1946 gelang es ihr endlich, Kontakt zu meiner Tante Hanne aufzunehmen. So erfuhr sie, dass alle überlebt hatten. Mir war die Existenz meiner Verwandten natürlich immer bewusst gewesen – besonders in den letzten Kriegsjahren, in denen die Alliierten sich Deutschland näherten, und später, als die Kämpfe vorbei waren und die furchtbaren Geschehnisse in den Konzentrationslagern offenbar wurden. Meine Gefühle ihnen gegenüber waren jedoch ziemlich abstrakt. Ich konnte sie mir nicht vorstellen, weder wie sie aussahen noch wie sie all das durchgestanden hatten. Die bloße Vorstellung von Familie war mir fremd. Ich hatte keine Ahnung, was es bedeutete, Brüder, Schwestern, Onkel, Tanten, Cousins oder Cousinen zu haben.

Erst 1947 konnte meine Mutter die schwierige Reise zu ihrer Familie antreten, wobei die Schwierigkeiten darin bestanden, dass alles, was mit Deutschland zu tun hatte, in militärischen Kontrollen und Beamtentum ertrank. Ihre Mutter und zwei ihrer Schwestern, Hanne und Emmi, waren ausgebombt worden und lebten in einer provisorisch errichteten Hütte außerhalb Hamburgs. Ihr Bruder Fritz und ihre beiden anderen Schwestern wohnten irgendwo in der Stadt. Tante Hanne, die zweitälteste

Schwester, war die einzige, an die ich mich vage erinnern konnte – zum einen von meinem Besuch als Fünfjähriger, zum anderen, weil sie uns vor dem Krieg in London besucht hatte. Ich habe sie als große, dünne Frau in Erinnerung, die dunkle Schatten unter den Augen hatte und immer müde aussah. Die Tatsache, dass sie ein wenig Englisch sprach, war ein Segen für die Familie, weil sie als Dolmetscherin für die britische Kommission arbeiten und so etwas Geld nach Hause bringen konnte.

Ich wusste nicht recht, was ich von meinen deutschen Verwandten halten sollte. Ich erinnerte mich zwar voller Zuneigung an Hanne, konnte aber die grauenhaften Taten, die vor und während des Kriegs begangen worden waren und an denen meine Verwandten ebenso wie der Rest der Bevölkerung beteiligt waren, nicht verdrängen. Es war eine furchtbare Schuld, die ich den vier älteren Damen aufbürdete, aber ich konnte den Gedanken einfach nicht abschütteln. Wie hatten sie diese Dinge sogar in ihrem persönlichen Umfeld zulassen können? Da war die Apothekerin, die sie seit Jahren kannten, und die gezwungen wurde, ihre kleine Apotheke zum Spottpreis an einen Nazi-Gangster zu verkaufen, um danach nie wieder gesehen zu werden – weil sie Jüdin war? Meine Mutter wusste von diesen Vorgängen und warf sie ihrer Familie unerbittlich vor. Vor dem Krieg machten die Tanten gern lange Spaziergänge durch die wunderschöne Lüneburger Heide, eine weite, offene Region – nicht weit vom berüchtigten Konzentrationslager Bergen-Belsen. Sie wussten, dass dort etwas vor sich ging: Es gab Berichte über den Rauch aus den Krematorien. Als meine Mutter ihnen sagte, was dort geschehen war, weigerten sie sich, ihr zu glauben. Sie musste sie mit der Nase darauf stoßen und ihnen Fotos zeigen.

All das kam wieder hoch, als meine Mutter mir im Winter 1949 vorschlug, die Familie zu besuchen. Ich war nervös. Ich wusste, dass diese Reise ganz anders würde als meine Tour durch Frankreich. Dies hier würde zäh und unbequem werden, geprägt von Kontrollen und Vorschriften. Es war ein wenig wie eine Rückkehr in den Krieg. Deutschland war in vier separate Zonen geteilt worden, die von den vier Alliierten Russland, USA, Frankreich und Großbritannien regiert wurden. Hamburg und ein großer Teil Norddeutschlands wurden von den Briten kontrolliert, was die Sache etwas leichter machte. In jenen Tagen war alles reguliert. Es gab strenge Vorgaben, wie viel Geld man mit ins Ausland nehmen durfte. In meinem Pass von damals ist vermerkt, dass ich Traveller-Cheques im Wert von 6 Pfund kaufen durfte – heute etwa 180 Pfund (210 Euro). Das war genug, um mich am Leben zu halten, während ich zwei lange Zugreisetage und -nächte durch Regionen fuhr, die im Grunde noch immer Kriegsgebiet waren. Für mich war es viel Geld, aber es kam nicht in Frage, etwas davon zu verschwenden. Ein Zug brachte mich an die Küste nach Ramsgate, eine Fähre in vier Stunden nach Ostende. Dann begann der lange Teil der Zugfahrt. Einen Tag und eine Nacht lang fuhren wir langsam und wegen der zerstörten Infrastruktur mit vielen Unterbrechungen zunächst bis Brüssel und dann weiter nach Aachen, wo die *British Control Commission* alle Reisenden und ihre Unterlagen gründlich überprüfte.

Der Zug rührte sich einige Stunden lang nicht vom Fleck, während alle Passagiere eine intensive Kontrolle durch die Zoll- und Einwanderungsbeamten über sich ergehen lassen mussten. Sie waren gründlich und streng. Die meisten Passagiere hatten gehofft, Lebensmittel und kleine Geschenke für ihre deutschen Angehörigen mitbringen zu können, aber die Sieger waren nicht in der Stimmung, ihre Feinde zu verwöhnen. Ich sah eine Nissenhütte, die randvoll mit konfisziertem Kaffee war. Erst spät in der Nacht stieß die Lokomotive wieder Dampf aus und zog ihre düsteren, verrußten Anhänger nach Deutschland hinein. Mein Abteil war nicht voll, und trotzdem war nicht genug Platz, um mich auszustrecken. Zu allem Überfluss waren die Sitze hart. Kurz nach Sonnenaufgang fuhr der Zug in Köln ein und ich erfuhr, dass bis zur letzten Etappe nach Hamburg mindestens zwei Stunden vergehen würden. Ich konnte also aussteigen und mich ein wenig auf dem Bahnhof umsehen. Es war erstaunlich, dass es ihn noch gab. Noch erstaunlicher jedoch war, dass der berühmte Kölner Dom, der mit seinen Zwillingstürmen ganz in der Nähe stand, den Krieg überstanden hatte. Es schien, als seien der Dom und der Bahnhof die einzigen Gebäude, die noch existierten. Soweit das Auge reichte, war um sie herum alles komplett zerstört: ein Meer aus zerklüftetem Beton und Schutt. Dieses Bild hat mich bis heute nicht losgelassen.

Am Abend kam der Zug in Hamburg an. Es gab weitere Kontrollen. Ich erhielt Lebensmittelmarken für meine Zeit in Deutschland und wurde von »Onkel« Willi abgeholt. Er war der Ehemann oder Partner meiner Tante Mimi; ich habe nie erfahren, welches von beidem. Er war ein wundervoll witziger Kerl, der mich in ein überfülltes und rauchgeschwängertes Bahnhofscafé mitnahm. Hier gab er mir ein Glas Schnaps und eine burmesische *Cheroot*-Zigarre aus einer Dose, die ich aus Versehen umstieß, bevor wir schließlich mit dem Bus, der Straßenbahn oder dem Zug (ich kann mich nicht erinnern) zur Familie fuhren.

Alle erwarteten mich: meine Großmutter, die ich unter dem Namen Oma kannte, und die vier Tanten Mimi, Hanne, Emmi und Martha. Nur Onkel Fritz fehlte. Zwar hatte ich alle meine Tanten und Oma mit fünf Jahren vor dem Krieg kennengelernt, aber die einzige, an die ich mich erinnerte, war Hanne – wohl auch wegen ihres Fischgeschäfts, das ich nie vergessen habe.

Die Holzhütte, in die sie gezogen waren, lag am Rand von Hamburg. Der »Tausend-Bomber-Angriff«, vor dem sie aus ihrem Zuhause geflohen waren, hatte in Hamburg eine Feuersbrunst entfacht. Ich konnte mir beim besten Willen nicht vorstellen, wie sie dem zerstörerischen Regen entkommen waren. Die eindrücklichste Geschichte ist wohl, dass Omas gesamtes Silber später in den Ruinen gefunden wurde: Es war zu einem festen Klumpen zusammengeschmolzen.

Zu Weihnachten drehte sich in Deutschland alles um Tannenbäume, Schnaps und Honigkuchen – man konnte kaum glauben, wie viele gute Dinge sie in diesen beschwerlichen Nachkriegstagen zusammenbekamen. Auch das Unterhaltungsprogramm war hausgemacht. Meine Tanten liebten es zu singen, und obwohl es mir anfangs sehr unangenehm war, überwand ich schließlich meine Schüchternheit und fiel ein. Zumindest für eine Weile konnten sie die immensen Härten ihres Lebens als verarmte, ältere Frauen vergessen, für die die Welt wenig Mitgefühl hatte.

Jetzt, wo ich sie kennengelernt hatte, interessierte ich mich natürlich viel mehr für ihre Lebensgeschichten. Hanne, die zweitälteste Schwester, war eine tieftraurige Person, deren Verlobter im Ersten Weltkrieg gefallen war und die seither allein war. Sie hatte sich schon sehr früh entschieden, ebenfalls Verantwortung für die Familie zu übernehmen und ihrer Mutter zur Seite zu stehen. Diese hatte ihren Mann 1908 durch eine Kieferinfektion verloren, als das jüngste ihrer sechs Kinder vier Jahre, das älteste dreizehn Jahre alt gewesen war. Später, als die anderen Geschwister Hanne nicht mehr brauchten, kümmerte sie sich um ihre Schwester Emmi, die (vermutlich durch einen Geburtsfehler) unter Einschränkungen litt. Ich erinnere mich an eine ausgeprägte Delle auf ihrer Stirn. Emmi schien mir ein sonniges Gemüt zu haben, war aber offenbar unfähig, mehr als die einfachsten Herausforderungen im Leben zu meistern.

Die älteste Schwester, Mimi, war eine fröhlich-extrovertierte, kräftige Blondine, die, so glaube ich, das Nest als erste verlassen hatte und ihr Leben in vollen Zügen genoss. Ihre Tochter Hanna kam später nach London, arbeitete eine Weile in unserer Kindertagesstätte und heiratete schließlich meinen Schulfreund Lauri.

In Deutschland: Bill und meine Mutter mit Tante Emmi, Tante Hanne und meiner Großmutter. Vorn in der Mitte sitzt Tante Mimi. Tante Martha hat wahrscheinlich das Foto gemacht. Bill nannte sie alle immer »die fröhlichen Deutschen«.

Martha war die Schönste von allen. Sie hatte einen hochrangigen Nazi geheiratet und tauchte eine Zeit lang in das glamouröse Leben der brutalen Elite ein, wo sie Umgang mit den Schlimmsten von ihnen hatte. Noch während des Krieges ließ ihr Mann sich von ihr scheiden, heiratete im siebenbürgischen Fogarasch ein zweites Mal und wanderte 1950 mit seiner neuen Ehefrau nach Peru aus. Meine Mutter erzählte mir später, er sei ein Spion der Nazis gewesen und habe ihr erzählt, er habe aussteigen wollen, es sei aber nicht möglich gewesen. Martha blieb mit ihrem Sohn Henning in Hamburg, bis sie ihn zu Vater und Stiefmutter nach Peru schickte – nicht ohne ihn auf dem Weg dorthin für vier Wochen bei uns in London Station machen zu lassen.

Meine Mutter war die zweitjüngste der Schwestern, Taufname Auguste, abgekürzt Guschi. Diese ganzen Leben sind nicht wirklich Teil meiner Geschichte, aber ihre Existenz hat mein Leben um eine Dimension, um ein schwer greifbares Gefühl von Familie erweitert.

Die Kommunistin   *Und die Nationalsozialistin*
Meine Mutter   *Tante Martha*

Im Sommer 1951 besuchte ich sie erneut. Hanne fand eine Möglichkeit, mich in ihrem kleinen Zuhause unterzubringen, und so blieb ich einen Monat lang. Den größten Teil der Zeit verbrachte ich bei einer Gruppe junger Freiwilliger, meist Mädchen, die in der Nähe campten und halfen, einfache Häuser für Tausende von Menschen zu errichten, die ihr Zuhause verloren hatten. Es war eine schöne Zeit, gewiss, doch die einzig wirklich deutliche Erinnerung, die ich habe, ist die an den furchtbaren Gestank im Duschraum, nachdem die Frauen ihn benutzt hatten. Sie aßen häufig Zwiebeln, und mir fällt nichts ein, das zuverlässiger Übelkeit hervorruft als der heiße, feuchte Schweiß von Zwiebelessern.

In einer Hinsicht hat mir das *Imperial College* doch noch ein Fenster zur Welt geöffnet. Großbritannien hatte noch sein Empire, und *Imperial* war mehr als nur ein Name. Das College bot ein Programm an, in dem vielversprechende Studenten aus verschiedenen Teilen des Empires nach London geholt wurden. Wann immer möglich, wurden sie bei *Imperial*-Studenten untergebracht, das College zahlte etwas Geld als Anreiz. Ich fragte meine Mutter, ob sie sich das vorstellen könnte, und sie stimmte zu.

Der erste, der bei uns lebte, war ein Ingenieursstudent namens Desmond McClurg aus Ndola, einer Bergbaustadt im damaligen Nordrhodesien. Er zog in das kleine Zimmer ganz oben neben meinem, mit Blick auf den Garten. Er war ein stämmiger, phlegmatischer Zeitgenosse mit einer von schlechtem Geschmack zeugenden Vorliebe für *Fair-Isle*-Pullover, dafür aber mit einem großartigen Sinn für Humor. Wir verstanden uns gut, nicht zuletzt, weil seine Familie ihm häufig Pakete mit Schokolade und runden Dosen mit je 50 *Gold-Leaf*-Zigaretten schickte, an deren Genuss ich teilhaben durfte.

In jedem Paket schickten sie ihm die Lokalzeitung von Ndola und als ich sie las, bekam ich eine Ahnung davon, wie angespannt und isoliert die weiße Community dort lebte. Desmond interessierte sich vor allem für die Heiratsanzeigen. Die steif lächelnden Paare auf den Bildern kannte er alle persönlich, und während er mit seinem stummeligen Zeigefinger von Bild zu Bild glitt, rief er immer wieder aus: »Schwanger!«

Ich glaube, dass seine Familie von Südafrika nach Nordrhodesien gezogen war, denn er sprach auch Afrikaans und brachte mir mehrere Lieder auf Afrikaans bei. Er brachte mir bei, *Sari*

Marais auf dem Klavier zu spielen, und wir lieferten mitrei
ßende Gesangseinlagen. Ich war traurig, als ich ihn am Ende
dieses Jahres ziehen lassen musste. Er ging an ein College in den
Niederlanden, wir blieben nicht lange in Verbindung.

An seine Stelle trat 1951 Zhaverbai Shankarbai Patel, ein
35 Jahre alter Pharmaziestudent aus Kalkutta. Ein größerer
Kontrast zu Desmond war kaum denkbar. Zhaverbai war ein kleiner, adretter Mann mit einer an Selbstverleugnung grenzenden
Bescheidenheit. Er war wohl der erste Nichteuropäer, den ich in
meinem Leben traf. Für mich war es eine ungewöhnliche Beziehung, denn obwohl ich erst zwanzig war, fühlte ich mich ihm
überlegen. Ich versuchte, ein Gefühl dafür zu bekommen, wie
er in Indien lebte, doch ohne nennenswerten Erfolg. Ich erfuhr
von ihm aber den schockierenden Umstand, dass die Lebenserwartung in seiner Region 45 Jahre betrug und dass er sich
vollkommen darauf eingestellt hatte, in zehn Jahren zu sterben.

Seine Loyalität für das britische Empire war vollkommen;
man konnte spüren, dass er sich dem Königshaus persönlich
verbunden fühlte. Es war ebenso überraschend wie berührend
zugleich. George VI., ein unbelehrbarer Raucher, starb 1952
an Lungenkrebs. Damals aber, ein Jahr zuvor, wussten wir nur,
dass es ihm nicht gut ging – nicht aber die Ursache dafür. Man
sprach auch kaum über einen möglichen Zusammenhang zwischen Krebs und Rauchen. Mein Untermieter nahm sich den
Zustand des Königs sehr zu Herzen. Auf dem Weg hinunter zum
Frühstück waren seine ersten Worte zu mir oft: »Wie geht es
Seiner Majestät heute Morgen?«

Ich muss zugeben, dass die Sorge um die Gesundheit des
Königs bei mir nicht an erster Stelle stand, und andere Themen hatten wir kaum. Nie zuvor hatte ich Zeit mit einem Inder
verbracht, unsere Gespräche gingen nicht über einfache Fragen und Antworten hinaus. Sie waren eher Befragungen als

Unterhaltungen, und es gelang mir nicht, eine tiefergehende Neugier in ihm zu wecken.

Nachdem ich mich einmal für die klassische Chemie entschieden hatte, verbrachte ich viel mehr Zeit mit Büchern und Lernen. Ich fand dieses Feld noch immer faszinierend, wurde im zweiten Jahr jedoch mehr und mehr von Mathematik beansprucht, für die ich, so erkannte ich, kein Talent hatte. Die Grundidee faszinierte mich dennoch. Die Maxwell-Gleichungen beispielsweise fand ich äußerst elegant, und es bereitete mir großes Vergnügen, sie bis zu ihrer Lösung durchzuarbeiten. Ich gebe zu, dass ich die Messlatte für mich selbst ziemlich hoch hing, aber ich konnte mir dennoch nicht vorstellen, genügend Kreativität aufzubringen, um solche intellektuellen Kunststücke zu vollbringen.

Außerdem hatte ich keine Ahnung, welche Art von Leben ich mit einem Abschluss in Chemie führen könnte. Ich nahm an, dass ich an Forschungsprojekten beteiligt sein würde, aber es wurde immer deutlicher, dass mir die dafür notwendigen mathematischen Fähigkeiten fehlen würden. Am Ende des zweiten Jahres legte ich die Prüfungen ab, und während wir auf die Ergebnisse warteten, bat mich der für die Laborarbeiten zuständige Dozent, ihn bei einem Forschungsprojekt zu unterstützen. Es ging um die Hydrolyse von Ketonen und machte mir große Freude, doch mittendrin wurden die Prüfungsergebnisse veröffentlicht. Ich erfuhr, dass meine Mathematikfähigkeiten ungenügend seien und das College mich nicht weiter ausbilden könnte.

Ich hätte darauf vorbereitet sein sollen, aber es war ein Schock. Es war das erste Mal in meinem Leben, dass mein Intellekt mich im Stich gelassen hatte. Er hätte mir die Entschlossenheit geben sollen, das Problem anzugehen, doch wenige Tage später bemerkte ich plötzlich, dass ich statt Entschlossenheit nur Gleichgültigkeit empfand. Ich musste mir eingestehen, dass ich mich unendlich erleichtert und befreit fühlte. Zugleich

kamen alle Zweifel an meiner Fähigkeit, mich überhaupt in vor-
gegebene Kategorien einzufügen, wieder an die Oberfläche. Ich
hatte keinerlei Zweifel daran, dass Chemie, so faszinierend sie
auch war, mich nicht befriedigte. Ich wurde das Gefühl nicht
los, dass ich nicht *mein* Leben lebte, sondern das eines anderen
– dass es eine Dimension gab, die ich noch nicht berührt hatte.
Ich hatte unbändigen Hunger auf ein umfassenderes Leben, auf
eine größere Welt.

Natürlich war meine Mutter am Boden zerstört. Sie hatte
mich schon als nächsten Nobelpreisträger gesehen und mich auf
meinem Weg sehr unterstützt. Sie sprach mit Sidney Michaelson
und meinte dann zu mir, ich könnte das College sicher dazu
bewegen, seine Entscheidung zu überdenken, wenn ich mich nur
sehr bemühte. Doch ich war mental und emotional schon weiter.

Es dauerte noch einige Wochen bis zum Ende des Semesters.
Dem Dozenten, einem jungen, blondlockigen Mann namens
Chris, berichtete ich, dass ich hinausgeworfen worden war,
das Projekt aber sehr gern mit ihm weiterführen und beenden würde. Das, was ich bisher dazu beigetragen hatte, beeindruckte ihn genug, um meinem Vorschlag zuzustimmen. Es war
eine großartige Zeit, und als wir die Ergebnisse hatten, publi-
zierte er den Artikel mit meinem Namen darauf. Damit endete
meine wissenschaftliche Karriere.

Chris ließ mich nur ungern gehen, doch er sagte: »Nun,
immerhin hast du jetzt eine anständige allgemeinwissenschaft-
liche Ausbildung.« Und das stimmte. Insgesamt verbrachte ich
drei Jahre am *Imperial College*. Manch einer mag finden, dass
dies eine Verschwendung von Steuergeldern war, aber diese
drei Jahre stärkten in mir ein Gefühl, das mich ein Leben lang
begleiten sollte: dass Probleme immer irgendwie lösbar sind.
Doch ich war noch nicht fertig mit dem *Imperial College*. Der
Sommerball des Colleges war unter Studenten legendär. Es war

allgemein bekannt, dass *Imperial*-Studenten mehr und diszi-
plinierter arbeiten mussten als andere Studenten, und dass
ihr Sommerball ein berauschendes Fest der Freiheit und Aus-
schweifungen war. Ich habe es in vollen Zügen ausgekostet. Ein
paar Freunde, Zoologiestudenten, hatten Zugang zu reinem
Alkohol und außerdem eine Methode entwickelt, durch Zusatz
von ätherischen Orangenölen und Zitronenschalen hochpro-
zentige Liköre herzustellen. Es geschah nach dem exzessiven
Genuss dieser Schnäpse: Eine attraktive Frau zog mich in eine
Art Kellerraum, wo sie sich trotz meiner Bemühungen, mich
zu befreien, mit mir vergnügte. Nie zuvor war mir Derartiges
passiert, und es geschah auch nie wieder. In der heutigen über-
sensiblen Zeit hätte ich ihr wahrscheinlich Vergewaltigung vor-
werfen können, doch auf eine seltsame Weise vervollständigte
der Vorfall meine College-Ausbildung.

13. Von Kippern und *Gauloises*

Im Sommer 1952 – ich hatte das College abgeschlossen und war frei von Mathematik, Studieren und hohen Erwartungen – befand ich mich in einem Zustand leichter Euphorie. Ich fühlte mich keineswegs orientierungslos oder verloren, vielmehr war ich sicher, dass aus mir etwas werden würde, dass etwas auf mich wartete. Ich hatte nicht die Absicht, in eine bedeutungslose Existenz abzugleiten – doch was sollte ich tun?

Eine unmittelbare Bedrohung war der *National Service*. Alle Männer ab 18 Jahren waren verpflichtet, dort einen zweijährigen Militärdienst abzuleisten. Nur weil ich auf dem College war, war ich bisher von dieser abscheulichen Angelegenheit verschont geblieben. Ich konnte darin einfach nichts anderes sehen als zwei Jahre Verdummung, während mein Leben pausierte. Ich *musste* herausfinden, wer ich war und wie ich leben wollte, bevor ich durch Paraden, Schikanen und anderen militärischen Unsinn, den ich beim *National Service* vermutete, erstickt würde.

Wenn es nicht die Wissenschaft war, dann musste es etwas mit Wörtern werden – offenbar der einzige Weg, der mich irgendwohin führen könnte. Ich hatte von Autoren gelesen, die in Tanger lebten, und in Ermangelung einer besseren Idee schmiedete ich den Plan, dorthin zu reisen. Zumindest würde ich so außerhalb von Großbritannien und damit außer Reichweite der Rekrutierungsbeamten Ihrer Majestät sein. Doch zuerst würde ich nach Paris gehen. Obwohl ich damals nur durchgefahren war, war es mir seltsam vertraut. Ich würde also nach Paris fahren und von dort aus weitersehen. Es war ein einfacher Plan, so einfach, dass er an Verrücktheit grenzte. Hinkommen war kein Problem. Aus eigenen Mitteln überleben? Ein sehr großes.

Ich sprach mit jedem, den ich kannte, über meinen Plan und hoffte, dass sich etwas ergeben würde. Es war offensichtlich, dass ich eine Arbeit finden musste. Eine Bekannte, die ich im Jazzclub kennengelernt hatte, stellte mich ihrer Freundin Penelope vor. Penelope kam aus Paris, war blond, wohlgenährt und lebte ein stilvolles Leben im wohlhabenden Viertel St John's Wood. Sie schaute mich mit einem zynischen Blick an und schlug fast gelangweilt vor, ich möge ihren Vater in seinem Modegeschäft in der Rue La Boétie besuchen.

»Wer weiß?« sagte sie. »Er könnte etwas haben, aber um ehrlich zu sein ...«, sie machte eine Pause, die Bände sprach, »Na ja, hier ist die Adresse. Wer weiß.«

Eines Sonntags besuchte ich meinen Freund Wally mit meiner Klarinette. Ich hatte lange an einer einfachen Version des Johnny Dodds-Klassikers *Poor Butterfly* geübt. In der Hoffnung auf ein paar gute Wünsche erzählte ich ihm, dass ich nach Paris gehen würde, und spielte ihm – auf etwas Bestätigung hoffend – mein Stück vor. Mit einem verschmitzten Zucken um den Mund antwortete er: »Ich bin froh, dass ich nicht mehr mit dir konkurrieren muss. Aber warte kurz, ich kenne jemanden in Paris, der dir helfen könnte. Schau mal bei John Moult vorbei.«, und kritzelte eine Notiz für mich.

Mit diesen beiden Namen, einem Mann mit einem Modegeschäft und diesem John Moult, der offenbar bei etwas namens *Continental Daily Mail* arbeitete, packte ich also meine Sachen. Mit erstaunlichem Selbstvertrauen kratzte ich alles verfügbare Geld zusammen – genug, so dachte ich, um ein paar Wochen lang zu überleben. Am Montag, dem 15. September, bestieg ich mit einem Rucksack, einem Koffer und dem verhaltenen Segen meiner Mutter den Schiffszug nach Paris.

Am Abend erreichte er den Bahnhof Gare St Lazare, einen dunklen, verrußten Bahnhof in einer heruntergekommenen Gegend des Stadtzentrums. Ziellos lief ich durch die hereinbrechende Nacht. Ich suchte nach einem Hotel, das ich mir leisten konnte, und fand eine kleine Pension am Ende einer Sackgasse – einer *Impasse* –, wo ich ein günstiges Abendessen und ein Bett bekam. Eine gutaussehende Frau, die etwa so alt war wie ich, bediente mich. Sie hatte eine äußerst sanfte Ausstrahlung. Von irgendwoher kam ein kühler Luftzug, der auf ihrem bloßen Arm eine leichte Gänsehaut entstehen ließ, und in einem dieser seltsamen mentalen Screenshots, die man für immer mit sich trägt, erinnere ich mich daran, wie einer dieser Arme sich meinem Gesicht näherte, als sie etwas servierte. Es fühlte sich überraschend intim an. Ohne jeden Grund fühlte ich, dass ich eine Verbindung zu ihr herstellen könnte. Später fragte ich mich oft, warum ich es nicht getan hatte – schließlich wäre es unter diesen Umständen eine ganz natürliche Sache gewesen. Es schien durchaus denkbar, dass eine junge Frau an mir Gefallen gefunden hätte: ein sensibel wirkender junger Engländer, frisch aus dem Zug gestiegen, allein in der Nacht mit wenig Gepäck und ohne Ziel. Unzählige Romane beginnen mit ähnlich romantischen Szenen. Wie dem auch sei: Ich wusste, dass ich unbedingt ins 5. Arrondissement, das Quartier Latin, wollte, über das ich alles wusste, was es aus Büchern und Filmen darüber zu wissen gab. Am nächsten Morgen stieg ich also in die Métro Richtung Odéon und Boulevard St Germain. Und nachdem ich fast den ganzen Tag gesucht hatte, entdeckte ich an einem Anschlagbrett, dass in der Rue des Feuillantines ein Zimmer zu vermieten war. Es war teurer als ich geplant hatte, aber ich musste schließlich irgendwo bleiben. Vielleicht könnte ich dort erstmal nur für ein paar Tage wohnen? Die einzige Möglichkeit, es herauszufinden, war hinzugehen und zu fragen. Ich wusste, dass Telefonieren mich nicht weiterbringen würde, denn ich hätte kein Wort verstanden. Mit dem Magen voller Bratkartoffeln machte ich mich auf den Weg.

Es war eine recht respektable Straße. Ein wenig südlich der Jardins du Luxembourg ging sie von der Rue St Jacques ab und war gar nicht weit vom Quartier Latin entfernt. Was auch immer ich an Ängsten empfunden haben mochte: Die Aufregung angesichts meiner ungewohnten Situation war größer. Ich war optimistisch und zuversichtlich, und vielleicht wirkten meine Gefühle ansteckend auf die eher strenge Dame, die mir die Tür öffnete. Ich erklärte ihr, dass ich nur wenig Geld hatte, jedoch nächste Woche eine Arbeit beginnen würde (eine meiner Meinung nach vertretbare Übertreibung), und tatsächlich überließ sie mir das Zimmer für eine Woche zu einem etwas reduzierten Preis. Als ich in dieser Nacht schlafen ging, war ich von meinen Erlebnissen aufgewühlt und stolz, obwohl ich bisher im Grunde nichts erreicht hatte. Das muss an Paris liegen, dachte ich. Es scheint einfach der Platz für mich zu sein.

Am nächsten Tag stürzte ich mich ins Geschehen. Ich hatte nur zwei Trümpfe in der Hand, bevor ich mit leeren Händen dastand. Der erste, den ich ausspielen wollte, war das Modegeschäft in der Rue La Boétie, in das die plumpe Penelope mich eher widerwillig geschickt hatte.

Natürlich war ich nervös. Einfach alles war eine Herausforderung. Mein lückenhaftes und unzureichendes Französisch ließ mich nur zögerlich mit anderen reden und ihnen Fragen stellen. Paris war eine seltsame, exotische Stadt. Ich kannte ihre Spielregeln nicht, ich verstand nur die Hälfte von dem, was die Leute sagten, und ahnte noch viel weniger von dem, was sie dachten. Als ich damals mit siebzehn mit dem Fahrrad hier war, hatten die Freunde meiner Mutter ein Auge auf mich gehabt, und ich war nur auf der Durchreise gewesen. Ich hatte keine Zeit im Zentrum verbracht, hatte nur gewusst, wie ich mein Rad auf die Straße nach Süden bekam.

In meiner Erinnerung war das Paris von damals, so kurz nach der Befreiung von den Nazis, eine ziemlich stille, fast betäubte Stadt gewesen. Jetzt war es lebendig, wach, pulsierend, und ich würde meinen Platz darin finden müssen. Die Ängste, die ich noch hatte, wurden von dem puren Glück, dort zu sein, weggewischt, und ich stellte zu meiner Verwunderung fest, dass ich Paris mochte. Ja, ich mochte die Gebäude, die Anordnung der Straßen und ihre Gestaltung, die Kioske und Laternenpfähle, die Plätze und Parks, die zauberhaften Innenhöfe, auf die man einen Blick erhaschen konnte, wenn die schweren Haustüren geöffnet wurden. Ich ahnte eine Harmonie, die, wenn ich darüber nachdachte, London fehlte. Ich las jedes Ladenschild, jedes Plakat, das an diesen dicken, fetten Kiosken an Straßenecken hing. Meine maßlose Neugier sog jeden Fetzen Information auf.

An diesem wunderschönen Herbstmorgen ging ich, den Stadtplan in der Hand, die Straße hinunter – entlang der hohen Zäune des Jardins, vorbei an lila blühenden Sträuchern und Pissoirs – und entdeckte nicht weit von der Rue de l'Odéon entfernt das Café *La Suisse*. Ich bestellte ein Croissant und einen *Grand Crème*, einen großen Milchkaffee in einer achteckigen Schale. Und damit hatte ich, ohne es zu ahnen, meine liebste Frühstücksroutine etabliert, die mich für den Rest meines Lebens begleiten sollte.

Ich suchte auf meiner zerfledderten Pariskarte nach der Rue La Boétie und fand sie irgendwann mitten in einem Teil von Paris, von dem ich annahm, dass er eher teuer war: zwischen den Champs Elysées und der Oper. Nachdem ich also die letzten Croissantkrümel von meinem Schoß gewischt hatte, setzte ich meinen Weg in Richtung Fluss fort, bis ich zur Métro-Station am Odéon kam. Grüne Busse, auf deren offenen Plattformen sich die Menschen drängten, flogen in alle Richtungen, doch ich hatte keine Ahnung, wie ich sie benutzen sollte, zumal keiner ihrer Zielorte mir irgendetwas sagte.

Die Métro war deutlich einladender. Die Karte, die oben an der Treppe in einem wunderschönen Jugendstil-Eisenrahmen gefasst war, hielt brav still, sodass ich alle Zeit der Welt hatte, sie zu studieren. Doch damit nicht genug. Unten in der Station gab es etwas noch Wundervolleres: eine interaktive Karte mit farbigen Lämpchen, die jede Station anzeigten. Man musste nur den Knopf mit seinem Ziel drücken, und eine Kette von Lichtern leuchtete auf und zeigte die Route dorthin an.

Ich kaufte ein Ticket, zwängte mich durch das Drehkreuz, stieg weitere Treppen hinab und nahm die Métro Richtung Porte de Clignancourt bis Strasbourg-St Denis. Ich las alle Stationen mit und sprach die Namen wieder und wieder aus, um mich an sie zu gewöhnen, während ich über die Silben stolperte. Die Métro war ein Abenteuer für sich, ihre Architektur vollkommen anders als die der Londoner Tube. Schwere, hydraulisch betriebene Tore hielten die Fahrgäste davon ab, bei Einfahrt eines Zuges auf den Bahnsteig zu stürmen. Die Zugtüren mussten mit Hilfe von Messinggriffen von Hand geöffnet werden, und die Passagiere waren eine deutlich exotischere Mischung, als man sie in der Londoner Underground vorfand – damals war die Bevölkerung dort noch einheitlich weiß.

Was mich jedoch überwältigte, als ich den Bahnsteig betrat, war der kräftige Geruch, der mit der heißen Luft durch die Tunnel gepresst wurde: eine Mélange aus Rauch, Öl und heißen Bremsbelägen, verfeinert wahrscheinlich mit etwas Knoblauch. Für mich roch es eindeutig nach Kippern – geräuchertem Hering – und den blauen *Gauloises*, und da ich süchtig nach Kippern bin und zudem noch *Gauloises* rauchte, war ich verzückt. Jahrzehntelang konnte ich bei dieser wundervollen Duftmischung nur an Paris denken.

Der Zug fuhr ratternd in die Station und brachte mich nach Strasbourg-St Denis, wo ich in eine andere Linie umstieg, indem ich mit der Menge durch lange, badezimmerweiß gefliese Tunnel marschierte, um mit der Bahn in Richtung Pont de Sèvres weiterzufahren. An einer Haltestelle namens St Philippe du Roule stieg ich, inständig hoffend, dass ich in der Nähe der Adresse war, zu der ich wollte, wieder ins Sonnenlicht empor. Ich ging los.

Ich fand Penelopes Vater in einem Geschäft. Das große Schaufenster war etwas unordentlich, als könnte er sich nicht entscheiden, was er an diesem Tag zeigen wollte. Er war so rundlich und elegant gekleidet wie seine Tochter, offensichtlich etwas genervt, aber seine Ungeduld höflich verbergend, zuvorkommend, aber irritiert. Ich weiß nicht mehr genau, was ich damals anhatte, aber ich besaß einen blauen Nadelstreifenanzug von der Stange. In meiner Erinnerung saß er an den Schultern nicht richtig, und ich bin fast sicher, dass Penelopes Vater dies wahrnahm. Ich fürchte, dass ich ihn nicht übermäßig beeindruckte, womit dann auch die leiseste Hoffnung, ich könnte ein aufstrebender Stern in der Modewelt sein, erlosch. Beide waren wir verlegen. Ich hatte keine Ahnung, was ich für ihn tun könnte, und er hatte eindeutig keine Ahnung, was er mit mir anfangen sollte. Er gewährte mir einige Minuten höflicher Konversation, und schon bald fand ich mich mit einem leeren Versprechen und ohne Hoffnung auf der Straße wieder. Ein Trumpf war verloren, einer noch auf der Hand.

Ich zog die Mitteilung aus der Tasche, die Wally Fawkes für seinen Freund John Moult geschrieben hatte. Dessen Büro lag in der Rue du Sentier, die laut meinem Stadtplan gut zu Fuß erreichbar war. Ich ging die Rue La Boétie bis fast zum Bahnhof St Lazare hinunter, wo ich zwei Tage zuvor angekommen war, und überquerte dann genau jenen Place de l'Opéra, über den ich immer wieder gesungen hatte, seit Yves Montand ihn drei Jahre zuvor in mein Leben gebracht hatte.

Eine Stunde später fand ich mich in einer engen, schmuddeligen Geschäftsstraße wieder, die vom Boulevard Bonne Nouvelle abging. Bürogebäude säumten beide Seiten, in den Erdgeschossen gab es Cafés, Restaurants und Geschäfte.

Voller Sorge, dass dies eine weitere Sackgasse für mich sein könnte, fuhr ich mit einem schäbigen Gitteraufzug in die vierte Etage. Eine gleichgültige Sekretärin nahm meinen Brief und verschwand, tauchte aber schon nach wenigen Minuten wieder auf und führte mich durch eine Tür, an der *Managing Editor* stand.

Im Grunde kannte ich die *Continental Daily Mail* gar nicht. Ich hatte nie eine Ausgabe gesehen, vermutete jedoch, dass es eine englischsprachige Zeitung war, die irgendwie mit der *Daily Mail* in London verbunden war, bei der Wally seine Cartoons veröffentlichte. Ich wusste ebenso wenig, was ich hier tun könnte, wie ich es in der Rue La Boétie gewusst hatte.

Zu meinem großen Glück war John Moult genau die Art Mensch, die man sich auf seiner Jobsuche am meisten wünscht. Er war in mittlerem Alter, zugewandt und hinter seinem leeren Schreibtisch spürbar im Einklang mit sich. Er bot mir einen Stuhl an, erkundigte sich nach Wally und fragte dann, was mich zu ihm geführt hätte. In diesem Moment wurde mir klar, dass ich kaum etwas über mich zu sagen hatte. Der Gedanke, ich sei auf dem Weg nach Marokko, um ein großer Schriftsteller zu werden, war zu absurd. Ich war einfach ein Kerl, der das College abgebrochen hatte. Ich erzählte ihm ein wenig über mich.

»Alles, was ich brauche, ist etwas Zeit, um mich zu sortieren«, sagte ich.

Er hörte mir höflich zu und erwiderte, er werde sehen, was er tun könne. »Ich kann nichts versprechen, aber lass meiner Sekretärin deine Adresse da. Ich melde mich, wenn ich etwas habe.«

Ich wagte nicht zu fragen: »Wann?«

Als ich herauskam, war die Sekretärin deutlich freundlicher. Während sie meinen Namen und meine Adresse notierte, fiel mir auf, wie adrett sie in ihrer navy-blauen Bluse und dem blassblauen Seidentuch um den Hals war. Sie lächelte, als ich mich verabschiedete, und ich verließ das Büro in grundlos optimistischer Stimmung. Ein paar Schritte die Straße hinunter gab es eine Bar, in der ich meine Gefühle mit einem Wurstsandwich feierte: einem knusprigen Minibaguette, das erst halbiert, dann mit Butter beschmiert und schließlich mit dünnen Wurstscheiben belegt wurde. Absolut köstlich. Ich dachte an das erbärmliche Äquivalent, das ich in einem Londoner Teashop erhalten hätte, und ein aufregender Schauer durchfuhr mich. Hier, dachte ich, wollte ich leben.

Um das Geld für das Métro-Ticket zu sparen und um mehr von dieser unbekannten Stadt zu sehen, entschied ich, den Weg ins Quartier zu Fuß zurückzulegen. Ich kam an einem riesigen Markt vorbei, überquerte zwei Brücken, von denen ich ganz in der Nähe Notre Dame sehen konnte, und in weniger als einer Stunde war ich wieder im Odéon. In Paris, so wurde mir klar, ist fast alles fußläufig erreichbar.

Das größte und vollste Café im Odéon war das *Danton* direkt gegenüber der Métro. Es schien ein wenig zu teuer für mich. Direkt um die Ecke, hinter einem Zeitschriftenladen am Beginn einer Straße namens *Monsieur le Prince*, gab es eine kleinere Bar, das *Monaco*. Draußen auf dem Bürgersteig war gerade genug Platz für eine Reihe kleiner Tische und einige Bugholzstühle. Ich nahm mir einen davon, bestellte ein Glas Wein (den billigsten auf der Karte) und lehnte mich zurück, um die

Passanten zu beobachten und über mein Schicksal nachzudenken. Noch immer war ich leicht optimistisch, dass sich aus dem letzten Treffen etwas entwickeln würde, aber es kam nicht in Frage, schon jetzt mit dem Nachdenken aufzuhören. Wenn ich tatsächlich etwas anderes finden wollte, musste ich Menschen kennenlernen. Doch wie sollte ich das anstellen? Mein Französisch war einfach nicht gut genug, um eine normale Arbeit annehmen zu können. Wenn ich also weiter nach Arbeit suchte, war es wahrscheinlicher, durch englischsprachige Freunde von entsprechenden Möglichkeiten zu erfahren.

Das Café lag an einer Seite eines offenen Platzes, an dem mehrere Straßen zusammenliefen. Gegenüber war ein Restaurant mit einer breiten Front, das *Méditerranée*. Ich starrte es an, als plötzlich eine Stimme sagte: »Das ist Orson Welles' Lieblingsrestaurant.« Ich nehme an, dass es meine Aussprache von »*Un vin rouge, s'il vous plaît.*« war, die seine Aufmerksamkeit geweckt hatte, denn er versicherte mir später, dass ich nicht wie ein Tourist aussah.

Er saß weniger auf seinem Stuhl, als dass er über ihn drapiert war, und doch gelang es ihm irgendwie, elegant zu wirken, während er die Welt mit amüsierter Miene beobachtete. Er war ein gut aussehender Mann mit feinen Gesichtszügen.

»Ich habe dich hier noch nie gesehen«, sagte er. Sein Englisch hatte einen leichten Akzent. Ich brauchte keine Einladung zum Reden (ich hätte ihm auch meine Lebensgeschichte erzählt), erklärte aber nur, dass ich in Paris war, um der Einberufung zu entgehen. Er schien das zu billigen und antwortete, da sei ich nicht der einzige.

»Nein, nicht ich«, fügte er hinzu. »Ich bin nur hier, um aus Australien rauszukommen.«

Sein Name war Jeffrey Craig, und während wir uns unterhielten, kam ein Freund von ihm und setzte sich zu uns. Der kräftige

Mann hieß Bill Redding, eindeutig Amerikaner, und sagte, er sei Dichter. Noch nie hatte ich jemanden getroffen, der sich als Dichter bezeichnete. Nach meinem Verständnis war Dichten etwas, das Leute in ihrer Freizeit taten. Wir unterhielten uns oberflächlich. Mir wurde klar, dass ich als Neuankömmling eine Quelle für unterhaltsame Neuigkeiten war, und ich versuchte, nicht zu viele Fragen zu stellen. Immerhin fand ich heraus, dass die meisten Menschen, die hier im Quartier Englisch sprachen, wohl Amerikaner waren, die dank der *GI Bill* in Europa studierten, und dass es oben in der Rue de Tournon ein weiteres Café gab, das viele oft besuchten.

»Kann man hier irgendwo gut essen?«, fragte ich und bemerkte im selben Moment, wie absurd die Frage war. Wo man auch hinschaute, waren Restaurants. »Ich meine natürlich günstig ...«

»Es gibt das *La Petite Source*«, sagte Craig. »Es ist gleich hier um die Ecke, gegenüber vom *Danton*. Einfacher als das – Eier, Pommes Frites und Würstchen, solche Sachen – wirst du nichts finden.«

Wir sprachen noch eine Weile über die Menschen, die versuchten, hier zu überleben, und darüber, wie schwer es war, Arbeit zu finden. Nach einer Weile überquerte ich den Boulevard und ging zum *La Petite Source*. Es war ein kleines, wie *Geale's Fish Shop* in London zwischen zwei Gebäude gequetschtes Restaurant, in dem man für wenig Geld Fritten und Spiegeleier auf einem kleinen Emaille-Teller bekam.

Als ich am nächsten Morgen mein Zimmer verließ, erwartete mich ein Brief von der *Continental Daily Mail*. Zu sagen, ich sei überrascht gewesen, wäre maßlos untertrieben.

19. September 1952

Sehr geehrter Mr Simon,
ich denke, ich kann Ihnen helfen. Könnten Sie nächsten Montag
gegen 15.30 Uhr zu mir ins Büro kommen?
Mit freundlichen Grüßen,
John Moult

Dies war der Brief, der mehr als jeder andere, den ich je erhalten habe, den Verlauf meines Lebens veränderte.

14. Mein Sackgassen-Job

John Moults Brief in meiner Hand schickte eine Welle der Erleichterung durch meinen Körper. Ich hatte einen Job. Ich war überwältigt, konnte meine Freude kaum im Zaum halten. Bis zu jenem Moment hatte ich keine Ahnung gehabt, wie ich in dieser Stadt Fuß fassen könnte. Es war so offensichtlich, selbst anhand der wenigen Eindrücke, die ich gewonnen hatte, dass die meisten Menschen arm waren und jeden Tag kämpften. Es gab viele Bettler, Kriegsversehrte, die Streichhölzer und Lotterielose verkauften, Menschen, die aussahen, als würde ihnen jeder kleine Job das Leben retten.

Natürlich würde ich auch stupide Arbeit verrichten müssen – schließlich hatte ich keinerlei Qualifikation –, aber stumpfsinnige Jobs waren mir nicht fremd. Wie die meisten Universitätsstudenten hatte ich mir damals Sommerjobs gesucht, um meiner Mutter zu helfen und um für meine kleinen Annehmlichkeiten zu bezahlen. Diese Jobs waren meist hirnlos. In einem Sommer sammelte ich im *Regent's Park Zoo* die Hinterlassenschaften der Löwen ein – natürlich nur, wenn diese sicher weggeschlossen waren. Außen am Zaun des Geheges warnte ein Schild die Besucher, dass es 10 Pfund Strafe kostete, über den Zaun zu klettern. Ich glaube nicht, dass die Löwen davon wussten.

Auch Joe Lyons gab mir einen Job. *The Lyons Teashops and Corner Houses*, wie sie sich nannten, spielten im Londoner

Leben eine bedeutende Rolle. Schon einige Jahre zuvor, als ich meine Mutter ausführte, war ich in den Genuss der luxuriösen Annehmlichkeiten dieses Restaurants gekommen. In den schmuddeligen Küchenräumen des prachtvollen *Marble Arch Corner House* goss ich Tee aus großen, hässlichen Kannen in kleine silberne Kännchen. Die *Nippies*, wie die Kellnerinnen genannt wurden, brachten die Silberkännchen in den großen Saal. Es waren hübsche Mädchen in süßen Uniformen mit Perlmuttknöpfen vorn und Spitzenhäubchen auf dem Kopf, aber sie interessierten sich nicht für mich. Die Gäste im Restaurant waren lohnendere Ziele: Ich erfuhr später, dass überraschend viele dort draußen ihren Ehemann kennenlernten.

In meinen ersten Collegeferien arbeitete ich für *Catterson Smith at the Wembley Trading Estate*, einen Hersteller von elektrischen Heizkesseln, wo ich morgens um 8 Uhr beginnen musste. Wenn man gleichzeitig mit hunderten Menschen zur Fabrik fährt, bekommt man einen unverfälschten Einblick in das Leben von Arbeitern. Am frühen Morgen fuhr ich mit Bus und Trolleybus, und wenn es dort freie Plätze gab, saßen die meisten von ihnen auf dem oberen Deck, denn dort durfte man rauchen. Der Mief von all den *Woodbines* und *Player's Weights* war beeindruckend. Es war klar, dass viele der Männer und einige Frauen ihre erste Zigarette des Tages genossen – wenn das Wort denn passt. Die rasselnde Kakophonie, wenn sie sich die Lunge aus dem Leib husteten, war furchteinflößend.

Zigaretten waren omnipräsent, im Leben und im Tod. Rückblickend ist klar, dass sie ebenso wichtig waren wie Essen, eine Unterkunft, Alkohol und der Glaube. Wer nicht rauchte, wirkte ein wenig seltsam, ebenso wie Atheisten. Sterbende, ob in ihrem Bett oder vor einem Erschießungskommando, lechzten nach einer letzten Zigarette. Ich begann mit siebzehn mit dem Rauchen, es war in der Schule und ein Ritual des Erwachsenwerdens.

Niemand hat jemals versucht, es mir auszureden. Ich habe die gesamte Markenpalette durchprobiert, von *Player's Navy Cut* bis zu den schwarzen orientalischen mit der goldenen Spitze. In der Zeit, in der ich nach Wembley pendelte, wechselte ich gerade von *Lambert & Butlers' Straight Cut* zu den schicken ovalen *Passing Clouds*. Ich versuchte zu berechnen, ob sie wegen ihrer ovalen Form weniger Tabak enthielten. Zigaretten und Raucherzubehör boten sich neben Taschentüchern, Krawatten und Tagebüchern perfekt als Geburtstags- und Weihnachtsgeschenke an. Sie waren unser kleiner Luxus in Zeiten der Entbehrung.

Meine Arbeit in der Fabrik war ausgesprochen schlicht: Sie bestand darin, Lehm in Formen zu pressen. Auf der einen Seite eines breiten Tisches stand ich, mir gegenüber stand Albert, ein älterer Mann, und tat dasselbe. Sein eigentliches Spezialgebiet, so erzählte er mir, war die Stuckgestaltung an den Dächern herrschaftlicher Häuser und in Ausstellungshallen. Er konnte all diese floralen Ornamente, Ananas und Cherubim auf hohen Blöcken stehend frei Hand formen, bevor der Gips fest wurde – doch all das war vor dem Krieg. Nun gab es keine Nachfrage mehr dafür, und es tat mir sehr leid für ihn, dass solch ein bemerkenswertes Talent sich nicht verwirklichen konnte.

Diese Ferienjobs boten mir immer genug Neues, um mein Interesse für die wenigen Wochen ihrer Dauer wachzuhalten, aber was auch immer dieser neue Job sein mochte: Ich hoffte, er würde für länger sein. Es war mir egal, was genau es sein würde. Ich würde alles tun, um in Paris bleiben zu können. Der Job würde so öde oder so interessant sein, wie ich es wollte – ich entschied mich, ihn immer interessant zu finden.

Auf einmal lag ein ganzes Wochenende ohne Sorgen vor mir – Zeit, den Ort zu erkunden, der mein Zuhause werden sollte. Ich holte mir meinen Kaffee und mein Croissant im Café *Suisse* und ging dieses Mal hinunter zum Fluss. Ich schlenderte das linke Ufer entlang, an dem in kleinen Läden gebrauchte Bücher verkauft wurden, und staunte noch immer über mein Glück. Irgendwie schaffte ich es, nur wenig von meinem knappen Budget auszugeben, auch wenn die Versuchung riesig war. Stattdessen ging ich zurück ins *Petite Source*, aß eine Portion Eier mit Fritten und wagte mich dann ins *Café Danton*.

Die Pariser Cafés faszinierten mich. Daheim in London hatte erst knapp ein Jahr zuvor in Notting Hill das erste Coffee House eröffnet – der Vorbote der großen sozialen Revolution, die noch über ein Jahrzehnt auf sich warten lassen sollte. Meine ganze Jugend hindurch hatte es kein öffentliches soziales Leben gegeben, keinen Ort, an den man ein Mädchen ausführen konnte. Ganz Britannien fühlte sich wegen der Rationierungen und Knappheiten noch immer wie in einem elenden Ausnahmezustand. Die Straßen waren graue, seelenlose Bereiche, die nur dazu dienten, von einem Ort zum anderen zu gelangen. Tatsächlich war die europäische Café-Tradition mit Tischen drinnen und draußen den Engländern unbekannt. Im London der Vorkriegszeit konnte es sich nur eine wohlhabende Minderheit leisten, die wenigen Lokale zu besuchen, die auch nur annähernd das Ambiente eines Pariser Cafés boten.

Ich erinnerte mich daran, dass meine Mutter erzählte, wie kalt und unfreundlich sie London bei ihrer ersten Ankunft 1928 empfunden hatte. Es war eine geschäftige Stadt, grau, regnerisch und abweisend. Nur in den Pubs hätte es eine Art sozialer Wärme gegeben, aber die kamen damals für eine alleinstehende Frau nicht in Frage.

Für mich und für viele andere wäre das Paris von 1952 ohne Cafés ebenso düster gewesen. Mit ihnen war es ein günstiges Paradies. Man konnte selbst mit einem bloßen Kaffee oder einem Glas Wein so lange dort sitzen, wie man wollte. Die Kellner waren meist freundlich und durften noch *Garçon* gerufen werden.

Das *Danton* war fast immer voll, weil verschiedene Universitäts-
fakultäten in der Nähe untergebracht waren, aber durch das
Gewirr hörte ich englische Worte und sah Jeffrey an einem Tisch
in der hinteren Ecke. Er saß dort mit einigen anderen offenbar
geflüchteten Seelen. Ich war so aufgekratzt, dass sich meine
normale Zurückhaltung in Luft auflöste und ich einfach in die
Runde platzte. Ich lernte Heather, ein großgewachsenes, blasses
Mädchen aus Kanada, und Walter, einen farbigen Amerikaner
kennen. Als ich ihnen meine Neuigkeiten erzählte, merkte man,
dass sie genau wussten, wie siegreich ich mich fühlte und wie
viel es bedeutete, die Schlüssel zu dieser Stadt in den Händen zu
halten. Von da an weitete sich mein Universum Wochenende für
Wochenende über die vielen Cafés aus, in denen die Bewohner
meiner neuen Welt ihre Zeit verbrachten.

Die meisten englischsprachigen Ausländer im Quartier
Latin waren Amerikaner, die im Krieg gekämpft hatten. Einige
waren berühmt (wie James Jones, der *Verdammt in alle Ewigkeit*
geschrieben hatte, und Irwin Shaw mit seinem Buch *Die jungen
Löwen*), andere profitierten von der *GI Bill*. Sie alle waren älter
als ich, und das nicht nur in Jahren. Sie sprachen über Menschen
und Orte, die ich nicht kannte, doch es reichte mir, alles aufzusaugen, was ich konnte. Es war ein Anfang. Es gab Schriftsteller, Maler, Dichter – tatsächliche und Möchtegerns – und Paris
umarmte alle. Von diesem Tag an lernte ich schnell eine ganze
Reihe von Leuten kennen. Die meisten waren um die zwanzig,
Männer wie Frauen, schwarz wie weiß, Briten wie Amerikaner
und einige aus den Gebieten, die vom britischen Empire übrig
waren.

Am Ende dieses Wochenendes hatte ich eine ziemlich gute
Vorstellung davon, wie der größte Teil der englischsprachigen
Menschen im Viertel lebte und überlebte. Die meisten hatten
irgendein kleines, festes Einkommen. Walter Coleman, ein

ehemaliger Soldat, war Maler, der die *GI Bill* zumindest vorläufig für seine Weiterbildung nutzte. Heather Chait bekam Geld von zuhause, Jeffrey Craig hatte eine Art Fonds und so weiter. Zwei Autoren hatten Stipendien. Ein oder zwei andere hatten eine freiberufliche Anstellung beim französischen Radio gefunden, wo sie fremdsprachige Sendungen machten oder als Übersetzer arbeiteten. Die meisten wohnten in Hotelzimmern, von denen viele bemerkenswert billig waren. Ich ging davon aus, mir mein Zimmer in Feuillantines nicht mehr lange leisten zu können, und nahm jede Information gierig auf – vielleicht würde sie eine Lösung bringen.

Dann, am Montagmorgen, mein Gespräch mit Moult rückte näher, begann ich zu frösteln, als ich mir seinen Brief genauer ansah: »Vielleicht kann ich Ihnen helfen...«, stand da. Warum nicht »Ich kann...«? Was, wenn er es *nicht* konnte? Was, wenn ich das Wochenende im Wolkenkuckucksland verbracht hatte? Ich entschied, zu Fuß zu seinem Büro in der Rue du Sentier zu gehen, und als ich dort ankam, war ich fast sicher, dass ich mich gerade zum Narren machte.

Ich hätte mir keine Sorgen machen müssen: Moult empfing mich wohlwollend. Er sagte, er könnte mir eine Stelle als *Copy Boy* und Laufbursche anbieten, und entschuldigte sich fast dafür, dass es so eine unbedeutende Arbeit war. Ich würde vierzehntäglich bezahlt und etwa 5.000 Francs pro Woche (minus Abzüge) bekommen.

Bei einem Kurs von 1.000 Francs pro Pfund war das ein miserabler Lohn, aber für mich war es ein Glücksfall. Irgendwie würde ich davon überleben. Moult wollte, dass ich unmittelbar, noch am selben Tag anfinge, meine Arbeitszeiten wären von vier Uhr nachmittags bis elf Uhr nachts. Schließlich sagte er, ich müsste noch einige bürokratische Angelegenheiten erledigen. So bräuchte ich zum Beispiel eine Arbeitserlaubnis und eine *Carte de Séjour*, die offizielle Aufenthaltserlaubnis. Er sagte, seine Sekretärin würde mir damit helfen. Er muss geahnt haben, welch großen Einfluss er auf mein Leben nahm, aber er verhielt sich, als sei alles völlig normal.

An diesem Septembernachmittag betrat ich zum ersten Mal die Redaktion. Man sagte mir, dass ich von nun an als Erstes nach meiner Ankunft die Zeitung an mich nehmen sollte, die durch den Fernschreiber kam. Dann sollte ich sie auseinanderschneiden und sinnvoll auf dem Schreibtisch des *Copy Tasters* arrangieren.

Natürlich hatte ich keine Ahnung, was ein *Copy Taster* war, aber ich musste auch nur wissen, an welchem Schreibtisch er saß. Die Zeitung kam aus einer Maschine im Nebenraum und wurde mir durch eine Öffnung in der Wand serviert. Ich fand heraus, dass der Job des *Copy Tasters* darin bestand, alles durchzulesen und zu entscheiden, welche Artikel behalten und welche rausgeworfen wurden – in meinen Augen ein ziemlich wichtiger Job.

1952 war Dougal, ein Mann mittleren Alters, *Copy Taster*. Er kam um fünf Uhr zur Arbeit und begann, die Papierstapel durchzugehen, die ich auf seinen Tisch gelegt hatte, damit er Material für den Nachtredakteur und die Bereichsredakteure hatte, die gegen sechs Uhr kamen. Er war im Krieg verwundet worden und saß in einem Rollstuhl in der Nähe der Luke. Ich habe nie erfahren, wie es passiert war, und kann mich kaum an sein Gesicht erinnern, da ich nur seinen Hinterkopf und die schlabbrige, graue Strickjacke sah, die er immer trug.

Ebenfalls um fünf Uhr kam mein Kollege André, sodass ich nicht mehr allein in meiner Ecke war. Ich glaube, André hatte schon immer dort gearbeitet. Möglicherweise war er ein französischer Alibi-Angestellter, um die Behörden einzulullen. Er war klein und dünn und um die vierzig, sah jedoch deutlich älter aus.

Über seinen eingefallenen Wangen schauten seine Augen trübe und skeptisch in die Welt, und sein kecker kleiner Schnurrbart wirkte in seinem melancholischen Gesicht wie ein Irrtum. Immer hing eine *Gauloise mégot* zwischen seinen Lippen, und immer ahnte man süßen Likörduft in seinem Atem, den ich, ich gebe es zu, dem häufiger zu riechenden Knoblauch vorzog. Er trug eine Baskenmütze, einen alten, dunkelbraunen Anzug mit Glanzstellen an den Kanten und darunter einen Strickpullover.

Unsere Jobs waren sehr einfach. Wir hatten Dougal mit Papier zu füttern, wir mussten in der Ecke stehen, bis uns jemand etwas anderes auftrug, wie etwa ein Blatt Papier durch den Raum zu tragen oder jemandem Sandwiches und Zigaretten zu besorgen. André konnte die Bürosprache Englisch nicht, musste aber auch nur die Namen der Papierblattempfänger verstehen und das Wort »Sandwich«, das bekanntlich universell ist. Seit Jahren hatte er dort gestanden und hätte nichts dagegen gehabt, bis zu seiner Rente dort zu stehen. Dann wollte er so lange an einer Bar stehen, bis er gar nicht mehr stehen konnte.

Alles blieb ruhig, bis um sechs Uhr die Leute kamen, die die Zeitung eigentlich machten: der Nachtredakteur und die Bereichsredakteure. Es war das erste Mal, dass ich mich bei einer Zeitung wiederfand, und ich war tief beeindruckt. Die kleine Runde Männer, die jede Nacht zusammenkam und den Raum mit spontaner Respektlosigkeit erfüllte, war so vollkommen frei von all den formalen Zwängen und dem Schubladendenken, die so bezeichnend waren für das englische Leben jener Zeit. Auf mich jungen Kerl wirkten sie eher wie eine Flugzeugbesatzung, die sich auf einen Flug über Deutschland vorbereitete. Gänzlich abwegig war der Gedanke nicht, schließlich waren zwei von ihnen noch kurz zuvor als Piloten der Royal Air Force geflogen.

Ted Hodgson war eindeutig der Boss, auch wenn er seine Autorität auf völlig andere Weise ausübte, als ich es kannte. Die

Arbeit floss vollkommen mühelos, jeder wusste, was er zu tun hatte, Diskussionen waren kurz, und wenn Hodgson Entscheidungen traf, musste er sie kaum aussprechen. Die Energie im Raum war deutlich zu spüren, aber es gab keine Ausbrüche oder Streitereien. Für mich war es aufregend – nein, mehr als aufregend, es war eine Offenbarung –, eine Gruppe von Menschen zu sehen, die alle sehr gut in dem waren, was sie taten, und die zusammen unter Druck daran arbeiteten, bis zu einem festen Zeitpunkt eine Zeitung zu produzieren.

Hodgson saß rechts von mir am mittleren in einer Reihe von braunen Holztischen. Ich schätzte ihn auf Anfang dreißig, aber er kann auch jünger gewesen sein. Er war flink, athletisch, hatte ein jungenhaftes Gesicht, zerzaustes Haar und einen schmalen Schnurrbart. Sein Wesen war ruhig, aber lebhaft, und sein durch auffällige Schneidezähne betontes Lächeln war gewinnend. Er war einer der beiden ehemaligen Piloten der Royal Air Force, und man konnte ihn sich mühelos in einem Kampfjet vorstellen. Weil er Ted genannt wurde (in diesem Raum nannten wir uns alle nur beim Vornamen), musste ich Eddie gerufen werden, um Verwirrung zu vermeiden.

Zu seiner Rechten saß Rosen, ein älterer Mann, den ich nie kennenlernte und der von der allgemeinen Kameradschaft ausgeschlossen schien. Er vermittelte zwischen Hodgson und dem Rest, und bald erfuhr ich, dass er der leitende Redakteur war. Alles, was in die Zeitung kam, ging zunächst durch seine Hände. An einer zweiten Tischreihe, die die erste fast berührte, saßen Danny Halperin, Max Marquis und Frank. Danny war ein schlanker, gebräunter Kanadier, den ich später sehr gut kennenlernen sollte. Sein Nachbar Max war der andere Ex-Pilot und auf seine Art ebenso ein Stereotyp wie Ted: Er hatte ein schlankes, elegantes Profil und eine Vorliebe für weiße Seidentücher. Frank, an dessen Nachnamen ich mich nicht erinnere, war ein ehemaliger Soldat und anders als die anderen. Man sagte mir, dass er von der *Agence France Presse* gekommen sei, einer französischen Nachrichtenagentur wie *Reuters* und *Associated Press*. Er war stur, kantig und sachlich, sprach mit einem provinziellen Akzent, den ich nicht zuordnen konnte, und beteiligte sich nicht am Geplänkel der anderen. Erst als im Frühjahr die schrecklichen Fluten Nordeuropa trafen, erkannte ich seine enorme Bedeutung für die Zeitung.

Hinter diesem Quintett saß im rückwärtigen Teil des Raumes ein stylischer Typ namens Bigelow, der Hosenträger und Krawatte trug. Ich fragte ihn einmal, was er dort tat, und er antwortete, er schreibe ein gesellschaftliches Tagebuch. Tatsächlich verfasste er den einzigen Originaltext der ganzen Zeitung. Er tippte ihn früh am Morgen und übergab ihn direkt an Ted Hodgson, weshalb ich nie direkt mit ihm zu tun hatte. Alle anderen Artikel für die Zeitung kamen vorverdaut aus London. Sie wurden via Fernschreiber über den Kanal geschickt, und ich wurde zum Hüter dieser Maschine.

Ab dem frühen Nachmittag ratterte es unaufhörlich im Nebenraum, und die endlosen Papierrollen strömten bis Mitternacht durch die Öffnung in der Wand. Es war der gesamte Inhalt der Londoner Zeitung sowie alles, was von *Associated Press*, *Agence France Presse* und *Reuters* kam. Aus diesem Meer gemischter Berichte wurde die *Continental Daily Mail* zusammengesetzt – es gab kein Reporterteam oder lokale Berichterstatter außer Bigelow.

Mit der Zeit begann ich, alles zu lesen, worauf mein Blick fiel, während ich mich im Büro durch die Unmengen an Blättern schnippelte. Es gab fortlaufende Berichte, zum Beispiel über Charlie Chaplin, der lieber aus den USA auswanderte, als sich Joseph McCarthys Befragung auszusetzen, über ein furchtbares Zugunglück, bei dem 108 Menschen starben, über die britische

Atombombe, das Ende der Tee-Rationierung und Klatsch über die Royal Family. Nach einigen Monaten wusste ich ziemlich gut Bescheid über das, was in der Welt vor sich ging. Und was noch wichtiger war: Nach ein paar Wochen erkannte ich, dass ich mit Danny Halperin und Ted Hodgson reden und ihnen vertrauen konnte. Obwohl mein Job von absurder Trivialität war, begann ich, mich als Teil dieses glühbirnenerleuchteten Mikrokosmos zu fühlen, dessen Wirken universell war. Es war schlicht unmöglich, täglich die aus dem Fernschreiber fließenden Texte hunderter Reporter zu lesen und sich nicht bewusst zu sein, dass dieses kleine Büro Teil eines großartigen Berufes war.

Und doch lief nicht alles ohne Probleme. Wie mir schon angekündigt worden war, bekam ich es mit der französischen Bürokratie zu tun. Man sagte mir, die Firma dürfe mich nicht beschäftigen, solange ich in Frankreich nicht rechtmäßig ansässig sei – und dafür bräuchte ich die *Carte de Séjour*. Ich ging zur Präfektur, der Behörde, in der diese Dinge ausgestellt werden, und erfuhr von einer bemerkenswert unsympathischen Dame, dass ich die Karte nicht bekommen würde, wenn ich keinen Job hätte.

»Aber, aber, aber ...«, stammelte ich, »ich habe einen Job. Hier ist die Bescheinigung.«

»Sie können keinen Job haben, weil Sie keine Arbeitserlaubnis haben, mein Herr. Auf Wiedersehen.«

Ohne ihre Hilfe fand ich die Stelle, die mir eine Arbeitserlaubnis erteilen konnte, und erfuhr von einer (wenn überhaupt möglich) noch unsympathischeren Dame, dass ich ohne *Carte de Séjour* ganz sicher keine Arbeitserlaubnis bekommen würde. Es ist fast unmöglich, die Wolke aus Frustration und Resignation zu beschreiben, die in jenen Tagen alles Offizielle einhüllte. Ob in Behörden, bei der Post oder an Ticketschaltern: Die Angestellten waren trotzig und arrogant, die Wartezeiten unsäglich.

Ein Ja bekam man nur aus einer Laune heraus oder wenn alle Wege zu einem Nein blockiert waren.

Mehrfach reiste ich zwischen diesen Damen hin und her, bis eine von ihnen schließlich einknickte. Das war eine wertvolle Erfahrung, die mir später im Leben oft genutzt hat. Etwa zur gleichen Zeit schrieb Joseph Heller *Catch-22*, und als ich es las, erkannte ich die Falle sofort. Zum Glück war meine Variante nicht lebensbedrohlich gewesen.

15. Auf der Karriereleiter nach oben

Abgesehen vom Geld war der Job als *Copy Boy* bei der *Continental Daily Mail* perfekt für mich. Bevor ich zur Arbeit ging (und im Grunde konnte ich es kaum Arbeit nennen), verbrachte ich meine Zeit damit, Menschen und Paris kennenzulernen. Und wenn ich am Abend kurz nach elf zurück zum Odéon kam, waren die Clubs noch voller Leben.

Am Ende der Rue Monsieur le Prince, nur ein paar Meter vom *Monaco* entfernt, gab es zwei kleine Nachtclubs. Der eine war eine Bar, die mit einem Tresen, Sitzboxen und der Musik von Sinatra und Ellington Hollywoodglamour ausstrahlen wollte. Sie hieß *À la Romance* und wurde von Yvette geführt, einer verlebten Blondine, die gerade so nett war, wie sie es sich leisten konnte (Ich erinnere mich daran, dass eines Nachts Schläger hereinkamen und alle Gläser im Tresenbereich kaputtmachten). Seemänner der 6. US-Flotte kamen gern in diese Bar, wenn sie von den Mittelmeerhäfen nach Paris kamen. Im hinteren Bereich stand ein Flügel, auf dem ich gelegentlich das Elfenbein kitzelte, aber nicht gut genug, um regelmäßig spielen zu dürfen. Der Club diente mir hauptsächlich als Zuflucht vor dem *L'Escale*, einem lärmenden lateinamerikanischen Club zwei Eingänge weiter. Er war mit Fischernetzen sowie grünen und roten Laternen extravagant dekoriert und spielte laute, fröhliche karibische Musik – mal live, mal aus der Konserve. Es gab auch eine Tanzfläche. Junge Frauen kamen gern hierher, es war also ein guter Ort, um jemanden kennenzulernen. Weil ich es mir erlauben konnte auszuschlafen, verbrachte ich viel Zeit in beiden Clubs, nachdem ich von der Arbeit gekommen war und eine Kleinigkeit gegessen hatte.

Weiter die Straße hinauf, hinter dem *L'Escale*, gab es nichts, das mich sonderlich interessierte – bis ich das *Polidor* entdeckte, ein feines, altes Restaurant weit jenseits meiner Möglichkeiten. Die Gedeckgebühr betrug 30 Centimes, dafür bekam man Brot und Olivenöl. Das hätte mir sogar gereicht, aber ich hatte nicht den Mut, es auszuprobieren. Also strapazierte ich ab und zu mein Budget, um ein Hors d'œuvre aus hartgekochten Eiern und einer überaus köstlichen hausgemachten Mayonnaise (50 Centimes) bestellen zu können. Die Kellnerin war eine auffällige Frau, an deren Gesicht ich mich selbst nach 65 Jahren erinnern kann. Ihre Stirn und ihre Nase bildeten eine gerade Linie, ohne auch nur den Ansatz einer Kuhle dazwischen – ein zum Leben erwachtes Picassogemälde. Angeblich ist dieser Gesichtszug im Norden Frankreichs häufiger zu finden.

Ich war erst seit einer Woche in Paris, als mir jemand von einem deutlich günstigeren Zimmer ganz oben in einem Gebäude direkt gegenüber vom *Monaco* erzählte. Es lag an der Spitze zwischen zwei zusammenlaufenden Straßen. Das sechsstöckige Gebäude war beeindruckend. Es hatte drei Seiten, und seine Fassaden waren, wie alle Fassaden von Paris, vom Rauch der Kohlefeuer geschwärzt, die über einhundert Jahre lang in der Stadt brannten. Das Herzstück im Inneren bildete ein riesiger, kreisförmiger, offener Brunnen, dessen Fontäne bis an eine Glaskuppel reichte. Das Glas war so schmutzig, dass nur fahle Lichtstrahlen ihren Weg hindurchdrangen und den Raum in eine geheimnisvolle, düstere Atmosphäre tauchten. Eine Wendeltreppe führte um den Brunnen herum nach oben. Alles war staubig und spinnwebenverhangen.

Das Monsieur le Prince *im Quartier de l'Odéon im Jahr 1951. Das Café* Monaco *befindet sich links hinter dem Lastwagen. Ich wohnte in einem der Dienstbotenzimmer im 6. Stock des rechten Gebäudes – man sieht es gerade noch. Das* À la Romance *und das* L'Escale *lagen nur ein Stück weit die linke Straße hinauf.*

Das Zimmer, in das ich einzog, war eines von mehreren *Chambres de Bonne*; vor dem Krieg hatten hier die Dienstmädchen gewohnt. Es war etwa doppelt so groß wie ein Einzelbett. Der Boden bestand aus unregelmäßigen kleinen roten Fliesen, und auf dem Treppenabsatz gab es ein WC sowie ein Gemeinschaftswaschbecken mit kaltem Wasser. Nun blieb mir genug Geld, um in den Cafés ab und zu gut zu essen und zu trinken. Zwischen diesen wenigen guten Mahlzeiten nahm ich mir manchmal mit einem oder zwei Freunden Lebensmittel mit aufs Zimmer, stellte einen Spirituskocher auf den Boden und kochte etwas. Dazu tranken wir Rotwein von Nicolas, die Literflaschen mit dem roten Verschluss über dem Korken.

Irgendwann wurde das Café *Tournon* zu meinem Stammlokal. Am Café selbst war nichts Besonderes, die Möblierung war wie überall und die Toiletten gruselig. Die Gäste jedoch waren eine spannende Mischung aus Jung und Alt, Schwarz und Weiß, Männlich und Weiblich, die es sehr lebendig machte. Einige von ihnen waren schon berühmt, wir anderen hofften, es zu werden. Das Quartier Latin hatte schon immer Schriftsteller und Künstler angezogen, aber dies waren besondere Jahre. Weil die allgemeinen Lebensbedingungen so schwierig waren, gab es viele Orte, wie zum Beispiel das Café *Petite Source*, die sich auf arme Menschen einstellten. Ich erinnere mich vor allem an ein nahegelegenes Restaurant in der Rue des Quatre Vents. Es hatte nur vier Tische und war eigentlich bloß das Hobby eines pensionierten Nobelkochs. Seine Preise waren lächerlich niedrig, das Essen selbstverständlich köstlich, und es war fast unmöglich, einen Platz zu bekommen.

Austryn Wainhouse, den man oft im *Tournon* antraf, war einer der vielen Autoren, die versuchten, in Paris über die Runden zu kommen. Er wohnte mit seiner Frau im Hotel *Scandinavie* auf der anderen Straßenseite und finanzierte sein Schriftstellerdasein mit der Übersetzung erotischer Literatur, unter anderem von *Die Geschichte der O*. Er war damit nicht allein. Alex Trocchi, der ein literarisches Magazin namens *Merlin* verantwortete, gab daneben anspruchsvolle pornografische Texte heraus. Viele Autoren steuerten Texte bei, einige von ihnen unter ihrem Pseudonym. Christopher Logue, ein Dichter, den ich auch kennenlernte, war einer von ihnen, ebenso Henry Miller und Samuel Beckett. Doch jeder, der auch nur die kleinste Ambition hatte, ein Schriftsteller zu sein, lebte im Schatten seiner Vorgänger: Männern wie James Joyce und Hemingway.

Ein Großteil derer, die aus den USA nach Paris kamen, war farbig. Richard Wright und James Baldwin machten hier Halt, doch ich wusste damals nicht, wer sie waren. Ollie Harrington habe ich sehr gut kennengelernt. Er war ein gefeierter farbiger

Cartoonist, der in Amerika vehement gegen den zerstörerischen Rassismus gekämpft hatte. Schließlich hatte er aufgegeben und war nach Paris gekommen, wo derartige Vorurteile ziemlich selten waren. Er war um die vierzig und hatte sich eine liebenswert unkomplizierte Persönlichkeit bewahrt. Er teilte sein schickes Apartment mit Pamela, einer angenehmen Frau aus England, die vielleicht auch seine Frau war (ich wusste es nie und es war mir egal). Seine Cartoons gingen jede Woche mit der Post nach Chicago, und er lebte gut davon. Ollie und Pamela waren großzügige Freunde und luden mich oft ein. Es tat mir ungemein gut, Zeit in einer wohnlich-gemütlichen Umgebung zu verbringen statt in meiner schäbigen Bude.

Walter Coleman war ein weiterer farbiger Mann, der mir bald viel bedeutete. Oft trafen wir uns im *L'Escale*, manchmal aßen wir gemeinsam. Er war Künstler, schätzungsweise Ende dreißig, extravagant und etwas wild – eine Quelle ständiger Verlegenheit für seinen Bruder Emmet, einen verklemmten Buchhalter. Aber er war freundlich und vor allem interessant. Wenn auch nur die Hälfte seiner Geschichten stimmte, hatte er ein bemerkenswertes Leben geführt. Er erzählte, dass er 1942 beim Autodiebstahl erwischt und vor die Wahl gestellt worden war, ins Gefängnis oder zur Armee zu gehen. Er erzählte auch, dass er einige Zeit mit italienischen Partisanen hinter deutschen Linien in den Alpen verbracht hatte, und gab schaurige Geschichten davon zum Besten, wie er auf gefrorenen Felsvorsprüngen festgesessen hatte. Und er erzählte, dass er vor dem Krieg kurz mit Billie Holiday gelebt hatte. Ich bin geneigt, es ihm zu glauben, denn als ich Paris schließlich verließ, schenkte er mir eine impressionistische Zeichnung, die er von ihr angefertigt hatte. Ich fand sie sehr treffend. Auf der Zeichnung war ein Tränenfleck, der Walter zufolge von einem Wutausbruch herrührte. Ich ließ die Zeichnung rahmen und war untröstlich, als sie mir viele Jahre später bei einem Einbruch gestohlen wurde.

Zu dieser Zeit waren farbige Männer und Frauen in London eine Seltenheit, und natürlich waren auch in Paris die meisten meiner Freunde und Bekannten weiß, aber ich schätzte die Freundschaft zu den wenigen farbigen Menschen, die ich kannte. Ich fühlte mich geehrt durch ihr Vertrauen zu mir, denn ich fand den Rassenhass, den sie in den USA hatten ertragen müssen, abscheulich und widerwärtig. Es schien wie ein Wunder, dass sie nach Paris kommen und frei davon leben konnten. Ich fühlte mich ihnen sehr nahe, wir konnten sogar das N-Wort benutzen und darüber lachen.

Auf eine vollkommen andere und weit weniger dramatische Art bewirkte Paris für mich dasselbe wie für sie. Damals war mir das nicht bewusst, und es war auch nicht Paris selbst, das mein Leben veränderte, sondern die Freiheit, die Abwesenheit von Erwartungen. Ich war von der Leiter gestiegen. Es gab niemanden, der beurteilte, ob ich mich gut oder schlecht anstellte, niemanden, der mir Punkte zwischen eins und zehn gab, keinen vorgezeichneten Weg, dem ich folgen musste. Auf meinen Schultern lag keine Last.

Auch andere kamen nach Paris, um Beurteilungen zu entgehen, aber sie brachten ihre Lasten mit sich. Ellie zum Beispiel, eine junge, kleine Frau aus Boston mit kastanienbraunem Haar, war hübsch, aber traurig. Sie lebte gegenüber vom *Monsieur le Prince* in ziemlichem Wohlstand, den sie Gerüchten zufolge einer großzügigen Unterstützung verdankte. Oft sah man sie in den frühen Abendstunden beträchtliche Mengen trinken und dann verschwinden, bis der Alkohol sie schließlich nicht mehr hergab.

Oder die intelligente blonde junge Frau aus Neuseeland mit hübschem Gesicht und schönem Körper, die, so vermute ich zumindest, meine Nähe suchte, weil sie hoffte, die Lebenskraft,

die sie in mir sah, könnte ihr zerstörerisches Gefühl von Sinn-
losigkeit, von existenzieller Verlorenheit auflösen – aber ich
konnte ihr nicht helfen. Ich fühlte eine natürliche Anziehung
und hätte ihr liebend gern meinen Körper gegeben, aber sie
wollte meine Seele. Bei unserer letzten Begegnung lag sie in
der Badewanne ihrer Wohnung und verwickelte mich in ein
destruktives Gespräch über den Sinn des Lebens.

Im *Tournon* traf ich auch einige, die etwa in meinem Alter
waren; wir traten am Flipperautomaten gegeneinander an oder
spielten Schach. Ich liebte Schach. Ich war nur ein mittelmäßi-
ger Spieler, und die meisten anderen waren auf meinem Level.
Es gab jedoch auch einen anerkannten Schachmeister. Louis de
Witt war ein blasser, herber Südafrikaner, und angeblich war
er brillant. Es wäre mir nicht im Traum eingefallen, ihn her-
auszufordern, aber irgendwie ergab es sich eines Tages, dass
ich gegen ihn spielte. Vielleicht war er an diesem Tag gelangweilt und brauchte einen schnellen Sieg, um seine Stimmung zu
heben – jedenfalls setzte ich mich mit ihm in den hinteren Teil
des Cafés. Ich war sicher, ich würde schnell vernichtet sein.

Er begann mit einem Standardzug, ich antwortete mit einem
Standardzug. Sein zweiter Zug jedoch schien mir merkwürdig.
Ich hatte keine Ahnung, was ich tun sollte, und zog willkürlich
einen Bauern. So ging es weiter. Ich hatte absolut keinen Schim-
mer, was er vorhatte, und reagierte fünf Züge lang in völliger
Ahnungslosigkeit. Dann lehnte er sich zurück und sagte zu meiner Verwunderung: »Brillant. Ich gebe auf.«

Wie vom Donner gerührt saß ich da. Ich brachte es nicht über
mich zuzugeben, dass ich nicht erkannte, was er dort auf dem Brett
sah. Es ist wohl unnötig zu erwähnen, dass ich nie wieder anbot,
gegen ihn zu spielen – vielmehr spielte ich danach kaum noch. Es
sprach sich herum, dass ich de Witt geschlagen hatte, und es wäre
zu demütigend gewesen, meine tatsächliche Mittelmäßigkeit zu

offenbaren. Hatte er unsere Partie möglicherweise so langweilig gefunden, dass er sie auf diesem einfachen Weg beendet hatte? Wenn ja, hat er es meines Wissens nie jemandem erzählt.

Es war jedoch nicht das Schachspiel, das mich ins *Tournon* zog, es waren die aufregenden Gespräche. Mein Plan, nach Tanger zu gehen, hatte sich in eine abstrakte Idee verwandelt, aber der Traum, in irgendeiner Form zu schreiben, blieb lebendig. Es gab viele mit ähnlichen Ambitionen. Wir führten unzählige spannende Streitgespräche, die bis tief in die Nacht andauerten und für gewöhnlich in irgendeinem Hotelzimmer endeten. Aber wenn es darum ging, tatsächlich etwas zu tun, wenn ich versuchte, eine Idee für etwas zu entwickeln, an dem ich arbeiten konnte, lief ich gegen eine Wand. Noch immer hatte ich allen Ernstes nur meinen Glauben an den Kommunismus, durch den ich auf die Welt schauen konnte. Aber welchen Sinn hatten meine Ideen, wenn der Kommunismus doch alles ohne meine Hilfe erklären konnte? Gleichzeitig – ich las und hörte immer mehr über die Rolle der Sowjetunion im Nachkriegseuropa und vor dem Spanischen Bürgerkrieg – begann ich eine Diskrepanz zwischen Theorie und Praxis zu spüren.

Irgendjemand, ich weiß nicht mehr, wer es war, riet mir, Arthur Koestlers Roman *Sonnenfinsternis* zu lesen – in der *American Library* fand ich ein Exemplar. Es traf mich wie ein Fausthieb. Die Beschreibung seiner Desillusionierung vom Kommunismus war so überzeugend, dass ich den Glauben an Stalin und die Sowjetunion vollkommen verlor. Nun steckte ich im klassischen Dilemma, das, nur weil es weit verbreitet, nicht weniger ernst war: Einige Elemente meiner früheren Überzeugungen überstanden den Schock. Ich glaubte weiterhin an die Realität des Klassenkampfes und die Notwendigkeit einer sozialistischen Revolution, aber es gab keinen Rahmen, in den meine Überzeugungen passten. Ich konnte nicht mehr für den Kommunismus sein, hatte aber nichts, das an seine Stelle treten konnte. Ich trieb ohne Halt und ohne Orientierung am Rand politischer Diskussionen, verzweifelt auf der Suche nach einem System, das auch menschliche Schwächen und die Versuchungen, die zu Korruption führen, erklären könnte. Ich hatte bereits erlebt, dass einige diese Ziellosigkeit und den Verlust ihres Glaubenssystems nicht ausgehalten und sich mal in die Arme des Papstes, mal in die der Konservativen Partei geflüchtet hatten. Doch so verzweifelt war ich nicht. Ich wandte mich eher praktischen Dingen zu, und es war etwa zu dieser Zeit, dass ich von einem frei werdenden Apartment mit fließendem Warmwasser erfuhr.

Der Eingang lag zwischen dem *À La Romance* und dem *L'Escale*. Das Zimmer war im dritten Stock und kostete nur 6.000 Francs im Monat, also zog ich um. Bald wurde klar, weshalb es so günstig war. Beide Clubs führten in den gleichen gemauerten Innenhof, und die Musik von beiden dröhnte bis zwei Uhr nachts durch mein Fenster. Niemand mit einem normalen Job hätte das toleriert, aber ich musste ja nicht früh aufstehen. Es war eher ein Grund mehr für mich, die Nächte im einen oder anderen Club zu verbringen. Die Getränke waren billig, und ich trank ohnehin nicht viel. Die Musik im *L'Escale* sorgte für gute Laune, und es war ein guter Ort, um Leute aus anderen Teilen von Paris kennenzulernen.

Mein Leben entwickelte sich sehr angenehm. Um drei Uhr nachmittags zur Arbeit zu gehen, war wunderbar. Tagsüber hatte ich Zeit, die Stadt zu erkunden. Manchmal lief ich zur Arbeit oder stieg, wenn ich die Métro nahm, an der Station Strasbourg – Saint-Denis aus und ging das letzte Stück den Boulevard Bonne Nouvelle hinunter, der wie ein Trödelmarkt unter freiem Himmel war. Hier wurden die unglaublichsten Dinge verkauft. Besonders fasziniert war ich von einer kleinen

Pyramide, die nach Aussage des Verkäufers über Nacht Rasierklingen schärfen konnte.

In Paris fand man zwar keine Bombenkrater wie in London, aber die langen Kriegsjahre und die fünf darauffolgenden Jahre voller Armut und Vernachlässigung hatten fast denselben Verfall erzeugt. Die rauchgeschwärzten Häuser wirkten so trist und trostlos, als wären sie in Trauer. Der Chic, für den Paris einst berühmt war, hatte sich bei den wenigen Menschen versteckt, die es geschafft hatten, ihr Geld zu behalten. Die meisten Menschen trugen die eintönige und oft abgenutzte Kleidung, die das zurückliegende Jahrzehnt überstanden hatte, doch nichts davon konnte meine Begeisterung mindern. Paris war immer noch schön, und schließlich hatte ich es nie anders gekannt.

Dass alle arm waren und im selben leckgeschlagenen Kahn saßen, machte es mir sehr viel leichter, meinen Platz zu finden. In den Straßen, die voller Fußgänger waren (kaum jemand konnte sich ein Auto leisten), war eine unglaubliche Energie zu spüren. In Cafés, Bussen, Taxis und der Métro konnte man die Vitalität der Menschen ebenso mit Händen greifen wie ihre Verzweiflung, irgendwie durchzukommen. Alles schien so organisiert, dass wir, die kämpfende Mehrheit, uns gerade irgendwie über Wasser halten konnten.

Im Laufe der Monate adoptierte mich ein kleiner Kreis von Bekannten, während meine Zeit im Büro – von den fahlen Tagesstunden bis hin zu einer hell erleuchteten Arena, die vor Energie fast platzte – sich mehr und mehr wie eine nächtliche Theatervorstellung anfühlte. Wie lange diese tägliche Dosis noch ausgereicht hätte, mich als unbeteiligten Beobachter zu faszinieren, werde ich nie erfahren, denn nach drei Monaten geschah etwas Außergewöhnliches. Eines Nachmittags kam Dougal nicht zur Arbeit.

Gegen halb sechs war das Papier auf seinem Schreibtisch zu einem Berg angewachsen, es gab keinen Platz für mehr.

Natürlich hatte ich ihm monatelang über die Schulter geschaut, also atmete ich tief ein, setzte mich an seinen Tisch und erledigte unter Andrés erstauntem Blick Dougals Job für ihn. Als Ted Hodgson etwas verspätet den Raum betrat, warf er einen Blick über die Ausgabe, die ich ihm zeigte, und sagte: »Nun, Eddie, du scheinst zu wissen, was du da tust. Du kannst also ebenso gut damit weitermachen.« Dougal kam nie zurück ins Büro.

Niemand schien zu wissen, was aus ihm geworden war. Ich machte weiterhin seine Arbeit, und dank Menschen, die Leistung über Status, Routinen und Erscheinung stellten, wurde ich *Copy Taster* der *Continental Daily Mail*. Einige Tage später wurde ich zum Redaktionsassistenten ernannt und mein Gehalt verdoppelt. Zumindest in meiner Vorstellung war damit das Problem, wer ich sein würde, gelöst.

Offenbar war ich Journalist geworden.

Die Redaktion der *Continental Daily Mail*. André und ich standen in der hinteren Ecke, bis ich auf den Stuhl im Vordergrund befördert wurde.

Natürlich war ich so weit davon entfernt, ein echter Journalist zu sein, wie jeder einigermaßen helle Kopf, der lesen konnte. Aber ich hatte meinen Fuß in der Tür, und – was mir noch wichtiger war – ich war kein Beobachter mehr, sondern fühlte mich tatsächlich als Teil des Teams, das an sechs von sieben Tagen eine Zeitung produzierte. Hätte jemand anders meinen Job machen können? Wer weiß. Hauptsache war, dass ich ihn machte. Von nichts zu etwas in drei Monaten – nicht schlecht.

Ich feierte mein Glück, indem ich mich mit einem Abendessen im *Polidor* belohnte. Wie der Zufall es wollte, war niemand da, den ich einladen konnte. Also ging ich allein. Schon immer habe ich es genossen, in Gesellschaft zu essen, aber das Fehlen von Gesellschaft hat mich nie davon abgehalten, ein gutes Essen zu genießen. Und dieses hätte besser nicht sein können. Ich war gerade beim zweiten Gang, als eine Gruppe von sechs großen, teuer gekleideten Männern hereinkam und den Tisch in der Mitte des Restaurants besetzte. Sie setzten sich zu dritt an beide Seiten des Tisches, zogen ihre Jacketts aus, krempelten ihre Hemdsärmel nach oben und dann stopfte jeder die Ecke seiner riesigen Serviette in den Kragen. Sie stürzten sich mit einer Attitüde und einer Energie auf das Essen, als wären sie allein bei einem Bankett und das übrige Restaurant in Dunkelheit versunken. Ich fragte die Bedienung nach den Männern, und sie antwortete sehr leise, dass sie aus Lyon kämen – als wäre damit alles erklärt.

An diesem Abend belohnte ich mich zum Dessert mit einem Stück Napoléon. Seit Wochen hatte ich die riesige Torte auf dem Tresen sehnsüchtig angeschaut. Sie war rund und gewölbt wie Napoleons Hut, bestand aus unzähligen cremigen Lagen und war mit noch mehr Sahne und Mandeln bestrichen. Dazu nahm ich ein Glas Grand Marnier.

Wenig später zog ich von meinem Clubsandwich um in ein 9.000-Francs-Zimmer im *Hôtel Luxembourg*. Das kleine Hotel lag, wie der Name andeutet, bei den Jardins du Luxembourg und fast Tür an Tür mit dem *Café Suisse*. Ich hatte ein Fenster zur Straße, einen polierten Holzfußboden und jemanden, der für mich sauber machte. Ich war noch keine vier Monate in Paris, aber ich fühlte mich schon verwurzelt. Bald wäre der Frühling da, das Leben war wundervoll, und ich schien einen Weg für mich gefunden zu haben, auf dem ich die kommenden Jahre weitergehen konnte.

Obwohl ich sicher war, irgendwann nach England zurückkehren zu müssen, hatte ich es damit nicht eilig. Ich konnte noch immer eingezogen werden, und zwar bis zur gesetzlichen Altersgrenze von 25 Jahren. Danach konnte mich niemand mehr einberufen. Und vier weitere Jahre in Paris hörten sich für mich sehr gut an.

16. Nächstes Mal mache ich es besser

Ich habe das noch nie mit jemandem meines Alters diskutiert, aber ich würde sagen: Wer in Kriegszeiten aufwächst, muss geradezu süchtig nach Nachrichten werden. Mir ist gerade erst klar geworden, dass es eine Sucht ist, denn ich merke, dass ich einen unstillbaren Hunger auf Nachrichten habe. Heutzutage ist das ein Fluch, denn die Neuigkeiten, die mich erreichen, sind zum einen schlecht und zum anderen vorhersagbar – also in keiner Weise neu.

Natürlich gab es während des Krieges jede Menge schlechter Nachrichten, aber als ich 1943 mit zwölf Jahren alt genug war, sie zu begreifen, hatte man das zwar leise, aber verbreitete Gefühl, dass die Dinge besser wurden. Und meist wurden sie das auch. Wir gewannen den Krieg und wir überstanden die Entbehrungen, die ihm folgten. Im Großen und Ganzen wurde die Welt zu einem besseren Ort, zumindest, was mich betraf. Unter dem Strich waren die wesentlichen Nachrichten gut.

Und dann gab es eine weitere Sorte Nachrichten. Sie betrafen mich in keiner Weise, waren aber trotzdem interessant: Die Zeitungen waren voll von diesen kleinen Geschichten, die man heute nicht mehr liest, von seltsamen Dingen, die irgendwo passiert waren. Damals war eine gute Zeitung ein Spiegel des Lebens: Sie zeigte alles von entflohenen Löwen über geniale Juwelendiebstähle, wundersame Rettungsaktionen und spektakuläre Scheidungen bis hin zu kleinen Erdbeben in Chile mit nur wenigen Toten.

Vielleicht sollte ich präziser sein: Ebenso süchtig wie nach Nachrichten war ich süchtig nach den Zeitungen, in denen diese standen. Ich mochte einfach Zeitungen an sich. Egal, ob man hinausging und sie kaufte oder ob sie geliefert wurden: Sie waren auf die Hälfte gefaltet, und es war echter Nervenkitzel, sie zu öffnen und zu sehen, was die große Nachricht des Tages war – es gab ja keinen anderen Weg, davon zu erfahren. Nachdem man die *Big News* aufgenommen hatte, gab es Kurztexte über die Hauptakteure, vielleicht eine Karte, Fotos oder Hintergrundinformationen, und danach ein wahres Sammelsurium an Geschichten aus aller Welt. Und all das waren Neuigkeiten, schließlich gab es kein Fernsehen und im Radio wurde nicht über diese Dinge berichtet. Alles war neu, alles war in der täglich erscheinenden Zeitung, und weil sie gedruckt war, konnte man sie jederzeit noch einmal lesen oder für später aufheben oder über die Meldung nachdenken, während man las. Und danach konnte man darin *Fish and Chips* einwickeln oder sie zum Feuermachen benutzen.

Ich wage zu behaupten, dass mein Interesse an Nachrichten deutlich größer war als das der meisten Menschen in meinem Alter, was sicher an meiner gemischten Herkunftsfamilie und an den politischen Ansichten meiner Mutter lag, die fast ein Jahrzehnt lang auch meine waren. Damals hatten wir täglich den *News Chronicle* und an Wochenenden die inzwischen fast vergessene Sonntagszeitung *Reynold's News*. Beide hatten einen linken Einschlag. Außerdem brachte meine Mutter abends oft den *Daily Worker*, die Zeitung der Kommunistischen Partei, mit nach Hause. Doch selbst mit meinem Appetit auf Zeitungen kam ich nie auf den Gedanken, für eine von ihnen zu arbeiten, solange ich mich ganz der Wissenschaft verschrieben hatte. Und selbst später, als ich meine Flucht aus England plante, wäre mir ein solcher Gedanke absurd vorgekommen. Wie hätte ich mit meinem miserablen Französisch auch darauf hoffen können, bei einer französischen Zeitung zu arbeiten? Trotzdem (und aus einem völlig anderen Grund) besuchte ich damals Harold Goldman, einen Freund meiner Mutter, der bei einer Zeitung in der Fleet Street arbeitete. Er hielt nicht viel von seinem Berufsstand und riet mir von ihm ab, obwohl ich nicht darüber nachgedacht hatte, Teil der Zeitungswelt zu werden.

»Jeder Sitz hat einen Haken«, pflegte er zu sagen, »und egal, welchen Job du hast, es ist dein letzter, bevor die Zeitung sich in einer anderen auflöst und dich auf die Straße setzt.« Als Konsequenz seiner düsteren Sicht auf die Fleet Street ging er bald darauf zu einem Wochenblatt irgendwo weit entfernt, wo die Bezahlung lausig, die Arbeit aber, so verkündete er, ehrenhaft war. Es ist seltsam, wie manche Ereignisse uns auf unvorhersehbare und widersprüchliche Wege führen. Hier war ich nun in Paris als kleiner Teil einer englischen Zeitung, von deren Existenz ich nicht einmal gewusst hatte. Mehr noch: Es fühlte sich vollkommen natürlich an, und ich fühlte mich bald so wohl wie der sprichwörtliche Fisch im Wasser.

Die *Continental Daily Mail* war in jeder Hinsicht ein konservatives Blatt: keine reißerischen Schlagzeilen, kein extravagantes Layout. Es gab ein einziges Konkurrenzblatt, die *New York Herald Tribune*, die zugegebenermaßen unterhaltsamer war. Ihre Geschichten hatten das gewisse transatlantische Etwas, und sogar die Anzeigen waren interessant. Eine davon war so außergewöhnlich, dass sie sich mir für immer eingeprägt hat: Sie zeigte eine junge Frau, die in einer stürmischen Nacht aus einem großen Glasfenster schaut. Der Text dazu lautete:

Wellen des Trostes fließen in dein trauerndes Herz, wenn es gewiss sein kann, dass deine Liebsten vor Regen und schmelzendem Schnee geschützt sind – in einem wasserdichten Sarg von Clarks.

Darunter war ein Querschnittsbild von einer Kiste – darin eine trockene Leiche.

In der *Continental Daily Mail* gab es nichts dergleichen. Unsere Innenseiten wurden direkt aus der Londoner Ausgabe übernommen. Nur die Titelseite machten wir selbst – es sei denn, etwas war so bedeutsam, dass es auch noch innen Platz beanspruchte. Die Hauptnachricht hatte damals fast immer mit den Franzosen in Indochina zu tun. Jetzt, wo die Japaner vertrieben worden waren, versuchte Frankreich verzweifelt, seine Kolonien Vietnam und Kambodscha zu halten.

Gerade hatte die französische Armee bei Na Sàn einen wichtigen Sieg gegen den Vietkong errungen, doch es sollte ihr letzter Triumph sein. Abgesehen davon kamen die aufregendsten Nachrichten von Pierre Mendès-France, einem brillanten, cleveren Politiker, der Premierminister geworden war. Alkoholismus war in Frankreich – wie eigentlich überall – ein großes Problem, und Mendès-France setzte seine politische Karriere aufs Spiel, indem er den Franzosen riet, Milch statt Wein zu trinken. Zu jedermanns Verwunderung wurde seine Empfehlung angenommen.

Ich verschlang die Nachrichten, sobald sie mir in die Hände fielen. Und obwohl ich rein gar nichts mit dem Ergebnis zu tun hatte, war ich fasziniert von dem, was in der Zeitung aus ihnen wurde. Ab und zu luden Ted oder Max oder Danny mich auf einen Drink in der Bar gleich nebenan ein, aus der ich ihnen sonst Sandwiches und *Pall Mall*-Zigaretten holte. Insbesondere Danny Halperin interessierte sich für mich, und eines Abends unterhielten wir uns eine Weile in der Bar. Ich erzählte ihm von meiner Leidenschaft für Dixieland-Jazz, er hingegen begeisterte sich mehr für modernen Jazz. Er war ziemlich hip und kannte sich extrem gut aus. Ich war noch nicht auf dem neuesten Stand, kannte weder Dizzy Gillespie noch Charlie Parker, weder Ornette

Coleman, Miles Davis oder all die anderen. Also lud er mich zu sich ein, um gemeinsam ein paar Platten anzuhören.

Er hatte ein kleines, aber sehr gemütliches Apartment in der Nähe des Büros. Es gab Drucke und Bilder, poliertes Holz und Hi-Fi-Lautsprecher. Ich lernte auch seine Frau kennen, eine blasse, sanftmütige und großzügige Frau namens Paula.

Ich fragte Danny, ob er mir einen Eindruck von dem geben könnte, was Lektoren eigentlich machten:

»Weißt du, ich würde gern sehen, ob ich mich in diesem Geschäft weiterentwickeln kann.«

Worauf er, hip wie immer, wortreich antwortete:

»Eddie, mein Lieber, es wäre fahrlässig von mir, dich nicht vor dem Zeitungsgewerbe zu warnen. Die Jahre vergehen wie im Flug, und du wirst feststellen, dass die Welt der Nachrichten nicht die Muse ist, die zu sein sie vorgibt. Doch wenn dein junges Herz sich danach sehnt, soll es wohl so sein.«

Ich fragte mich, warum all die Zeitungsmenschen sich so bemühten, mich abzuschrecken. Nichtsdestotrotz erklärte er mir in groben Zügen, was Lektoren taten, wenn sie die Kopien für die Druckerei bearbeiteten. Es schien nicht sonderlich schwierig zu sein: Man musste nur mit Typographie, Wortzahlen und Ähnlichem vertraut sein. Der technische Kram schien mir leicht erlernbar, zumal Typographie mich interessierte, also lieh Danny mir ein Buch. Der schwierige Teil des Jobs bestand natürlich darin, die Texte zurechtzuschneiden und Fehler auszumerzen – dafür wäre Erfahrung nötig. Wie konnte ich diese Erfahrung sammeln? Das war die alles entscheidende Frage.

Wie auch immer: Solange ich meinen Job hatte, wäre es dumm gewesen, dort nicht so viel wie möglich über das Geschäft zu lernen.

Mit meinem neugewonnenen Reichtum (zehn Pfund die Woche!) konnte ich mir etwas mehr leisten, aber ich verbrachte weiterhin einen Großteil meiner Zeit entweder im *Tournon* oder in den Clubs. Eines Nachts fand mich im *L'Escale* das Glück. Ich kam mit einem absolut umwerfenden Mädchen ins Gespräch. Schon früher hatte ich sie dort gesehen. Sie hatte mit ein paar Leuten Französisch gesprochen. Sie war sehr lebhaft und lachte viel, während ihre dunklen Augen funkelten und ihr glänzendes schwarzes Haar das präraffaelitische Gesicht umschmeichelte. Sie trug ein schlichtes, aber offensichtlich teures Kleid. An diesem Abend war sie allein – und lächelte mir zu.

Ich sprach sie auf Französisch an, aber sie schnitt mir mit ein paar Sätzen – »Ich hab dich hier schon mal gesehen«, und »Die Musik ist super!« – in gutem Englisch das Wort ab. Ich erzählte ihr, dass ich in der Nähe wohnte und meist bis in den späten Abend bei der Zeitung arbeitete. So ging es eine Weile, bis ich vorschlug, wir könnten uns an meinem freien Tag etwas früher treffen und gemeinsam essen, und überhaupt sei mein Name Ted. Sie hieß Natascha, war Studentin und ja, wir könnten uns am Sonntag hier treffen.

Natascha kam tatsächlich, und wir gingen ins *Polidor*. Sie war sehr warmherzig und wertschätzend. Ich erfuhr, dass sie mich entdeckt hatte, als ich sie bei ihrem ersten Besuch sah, und dass sie in der Hoffnung wiedergekommen war, mich zu finden. Sie sagte, dass sie ihrem Vater von mir erzählt hatte und dass er mich am folgenden Samstag kennenlernen wollte. Natascha gab mir eine Karte mit einer Adresse und Apartmentnummer und bat mich, gegen fünf Uhr dort zu sein. Sie würde die ganze Woche im Land unterwegs sein, mich dann aber dort treffen. Mein Eindruck war, der Name auf der Karte könnte Polnisch sein.

Da die Adresse im 8. Arrondissement lag, hatte ich zwar schon eine wohlhabende Gegend erwartet, doch als ich dort ankam, fand ich mich mitten in der französischen Oberschicht wieder. Das Apartment war in einem großen Häuserblock in der Nähe der Champs Élysées. Ein Dienstmädchen öffnete mir die Tür – schon das war eine neue Erfahrung für mich. Dann stellte Nataschas Mutter sich vor und teilte mir mit, dass Natascha noch nicht zurück sei, ich aber hineinkommen und mit ihr und ihren Freunden eine Tasse Tee trinken sollte. Ich wurde in einen großen Salon geschoben, in dem mehrere Damen im Halbkreis auf antiken Stühlen saßen. Alle Frauen waren makellos gekleidet und geschminkt, außerdem trugen sie ausnahmslos unterschiedlich komplizierte Hüte.

Mir fiel nicht eine einzige Sache ein, über die ich auf Englisch mit ihnen hätte sprechen können, von Französisch ganz zu schweigen. Es folgten einige gemurmelte »*Bonjour*«, dann setzten sie ihre Unterhaltung fort. Irgendwann schob ein Hausmädchen in passender Uniform (Spitzenhäubchen, Schürze usw.) ein Tischchen mit Gebäck herein. Was als Nächstes geschah, verstörte mich zutiefst. Jede dieser Frauen nahm sich eine Tasse Tee und ließ sich ein Gebäckstückchen auf einen kleinen Teller legen – und das, ohne die Angestellte ein einziges Mal anzusehen oder auch nur ihre Existenz wahrzunehmen. Sie gehörte einfach zum Tischchen.

Jedes meiner verinnerlichten Prinzipien, wie Menschen miteinander umgehen sollten, war verletzt. Natürlich tat ich mein Bestes und lächelte das Mädchen an, um das Verhalten der anderen wiedergutzumachen, doch es beachtete mich kaum. Da wusste ich, dass ich in Gesellschaft einer fremden Art war.

Irgendwann tauchte Natascha auf, jedoch nur, um Teil ihrer Art zu werden – sie verhielt sich unangenehm formell. Dann kam ihr Vater, ein großer, leicht übergewichtiger und ganz offensichtlich eingebildeter Mensch, natürlich bestens gekleidet. Wir tranken einen Aperitif. Er sprach nur Französisch. Die Unterhaltung war unangenehm und oberflächlich, Natascha beteiligte sich nicht daran. Es dauerte nicht lange, bis mein Abschied spürbar in der Luft lag. Natascha und ihr Vater begleiteten mich ins Foyer, wo er mich fragte, was ich bei der Zeitung machte. So gut ich es auf Französisch konnte, erklärte ich ihm, was ein *Copy Taster* tat. Während ich mich so abmühte, breitete sich Unglaube auf seinem Gesicht aus, bis er schließlich in unfassbar herablassender Weise und mit einem kleinen, gemeinen Lächeln andeutete, ich würde ihn gerade zum Narren halten. Er wünschte mir eine gute Nacht. An der Tür gab Natascha mir formvollendet ihre Hand. Ich sah sie nie wieder.

Dies war meine erste Begegnung mit der französischen Großbourgeoisie, und natürlich war ich ebenso ärgerlich wie frustriert. Ich hatte meine Aufgaben bei der Zeitung in keiner Weise falsch dargestellt, aber mir wurde klar, dass die Vorstellung, ein schäbig gekleideter, ungebildeter junger Mann könnte eine verantwortungsvolle Position bei einer Zeitung innehaben, für diesen Mann und in seiner Welt unbegreiflich war. Doch was hatte Natascha gesehen, dass sie sich so von mir zurückzog? Sie war mir nicht wie die Sorte Mädchen vorgekommen, das sich nur nach Papi richtete. Ich war wütend auf mich, weil ich eine so lahme Vorstellung abgeliefert hatte, und schwor mir, es das nächste Mal besser zu machen.

Mir fiel auf, dass es das einzige Mal während meiner vier Monate in Paris gewesen war, dass ich zu Gast in einer französischen Wohnung war. Gut, keiner meiner engeren Freunde war Franzose, doch ab und zu unternahmen wir etwas mit Studenten der Sorbonne und anderen. Es schien, als sei das der Nachteil einer Café-Gemeinschaft. Die Wohnung der Franzosen war der Familie und engen Freunden vorbehalten. Wenn sie andere Menschen treffen wollten, gab es dafür das Café.

Die Arbeit bei der Zeitung wurde immer interessanter. Den Höhepunkt erreichte sie für mich Ende Januar, als eine

unvorstellbare Katastrophe die Niederlande und die Nordsee-
küste heimsuchte. Eine gewaltige Sturmflut hob den Meeres-
spiegel um mehr als viereinhalb Meter und schob das Wasser
über Holland, Belgien und die Ostküste Großbritanniens hinweg. Es begann an einem Samstagabend und dauerte den ganzen Sonntag. Tausende Menschen ertranken.

Die Sonntagnacht in der Redaktion war überwältigend. Zum
ersten Mal, seit ich dort arbeitete, gab es ein großes britisches
Thema, das die gesamte Leserschaft unmittelbar betraf. Es
nahm fast die gesamte Titelseite ein. Es war auch das erste Mal,
dass ich etwas in Aktion sah, das, wie ich später erfuhr, *Splash
Sub* genannt wurde. Frank, der mir gegenüber saß, hatte diesen
Job. Als die Meldungen über die Katastrophe mit Berichten aus
zahllosen Orten von allen betroffenen Küsten hereinströmten,
mussten sie zu einer großen Geschichte, dem *Splash*, gebündelt
werden. Frank hatte Meldungen aus Schottland, Lincolnshire,
Norfolk, Suffolk und Essex ausgebreitet vor sich liegen, außerdem
Berichte aus Holland und Belgien. In der Irischen See war eine
Fähre gesunken, 133 Menschen waren ertrunken, Küstenschiffe
und Fischkutter untergegangen. Ich beobachtete Frank, wie er
mit zwischen den Lippen hängender Zigarette auf seine *Under-
wood*-Schreibmaschine einhämmerte und all diese Geschichten
zu einer einzigen großen Titelstory zusammenfügte.

Normalerweise arbeiteten die Lektoren, also Danny, Max und
Frank, mit Bleistiften. Sie bearbeiteten und formulierten den
Text, der über mich von Ted Hodgson kam, lediglich um. Doch
dieses Mal erlebte ich, was Nacht für Nacht bei einer richtigen
Zeitung passierte. Ich war tief beeindruckt. Frank schrieb die
ganze Nacht an den Texten, während andauernd neue Meldungen hereinkamen. Mehr als 2.500 Menschen waren an jenem
Tag gestorben, und obwohl wir nur darüber berichteten, fühlte
es sich an, als wären wir Teil dieser unfassbaren Tragödie.

Auch in anderer Hinsicht wurde die Arbeit bei der Zeitung interessanter. In den folgenden Monaten fiel mir auf, dass Ted sich mehr Freiheiten beim Layout und der Typographie erlaubte. Die Fotografien waren jetzt manchmal freigestellt, sodass der Text um sie herum floss. Neue Schriftarten entstanden und wurden auf innovative Weise eingesetzt. Niemand sprach darüber, und jeder Kommentar, den ich diesbezüglich fallen ließ, wurde ohne Erklärung beiseite gewischt. Ich dachte nicht allzu viel darüber nach. Ich genoss mein Leben mehr als je zuvor, nahm mehr und mehr von dem wahr, was Paris zu bieten hatte: die Musik, die unglaublichen Museen, die Flohmärkte unter freiem Himmel wie den in der Rue Mouffetard. Der Frühling nahte, und es schien, als könnte das Leben kaum besser sein, bis ich eines Tages Ende Februar die Bedeutung der spannenden Veränderungen verstand, die Ted Hodgson an der Zeitung vornahm. Sie sollte mehr und mehr wie die *Daily Mail* in London aussehen, denn sie war es, die die Abonnenten der *Continental Daily Mail* bald bekommen sollten.

Am 27. Februar (zufällig der Geburtstag meiner Mutter) übergab man mir einen Brief: Die Zeitung wurde eingestellt, und zwar noch am selben Tag. Mein Traum von einem leichten Leben in Paris war vorbei.

17. Ein unmoralisches Angebot

Das Ende der Zeitung war ein harter Schlag für mich. Ich hatte gerade begonnen, mich ins Zeitungsgeschäft einzufinden – nun wurde es vor meiner Nase eingestellt. Vielleicht hatten meine warnenden Freunde doch Recht gehabt. Es blieb mir jedoch nicht viel Zeit, meine Wunden zu lecken, denn ich erfuhr voller Verwunderung, dass mir drei Monatsgehälter Abfindung zustanden. Insgesamt war das mehr Geld, als ich je zuvor gesehen hatte – etwas über 120.000 Francs. Meine Verzweiflung schlug in Jubel um.

Eines der ersten Dinge, die mir in den Sinn kamen, war, etwas für meine Mutter zu tun. Sie hatte mich mit Lebensmittelpaketen unterstützt, und sie hatte mir durch Hilda Boyard, die zwischen Nizza und London pendelte, immer wieder Geld zukommen lassen. Ich wusste um ihre Sorge, ich könnte vom Weg abkommen, meine Zeit verschwenden und meine Jugend vergeuden. Irgendwo hatte ich gehört, dass Spanien sehr günstig und interessant sei, auch Zugfahrten kosteten nicht viel. Ich schrieb meiner Mutter von meinem Glück und lud sie zu einem Urlaub in Spanien ein. Wir schrieben uns recht häufig, meist via Luftpost. Es ist erstaunlich, wie schnell und verlässlich die damalige Post im Vergleich zu unserer digitalen Zeit war. Postlieferungen waren heilig. Unser Briefwechsel zwischen Frankreich und England funktionierte damals, im Jahr 1953, so zuverlässig wie E-Mails heute – nur mit 48 Stunden Verspätung.

Wie dem auch sei. Es gab da ein Mädchen, Jean, das als Sekretärin für die frisch gegründete NATO in Paris arbeitete. Sie war eine unglaublich angenehme, blauäugige Blondine aus England, und ich war ganz vernarrt in sie. Ich war sicher, bei ihr keine Chance zu haben, doch plötzlich erzählte sie mir:

»Ich habe bald ein paar Tage frei, aber keine Ahnung, wohin ich fahren könnte.«

Und ich antwortete: »Ich fahre nach Spanien, warum kommst du nicht mit?«

Und sie sagte: »Ja.«

Ich platzte fast vor Glück und muss gestehen: Ich erzählte Jean nicht, dass meine Mutter mitkommen würde. Im Gegenteil. Ich schrieb meiner Mutter, dass ich Paris unverzüglich verlassen müsste. Ich nannte keinen Grund, doch leider könnten wir nicht gemeinsam verreisen. Es war zwar das erste, aber nicht das letzte Mal, dass ich meiner Mutter etwas vorgemacht habe.

Jean und ich vereinbarten, dass ich ein paar Tage vor ihr nach Spanien reisen und einen schönen Ort finden sollte. Dann würde sie nachkommen. Ich packte also ein paar Koffer und kaufte eine Schreibmaschine, denn ich plante, nach Jeans Abreise einen Monat dort zu bleiben und zu schreiben. Ich nahm den Nachtzug nach Barcelona und schaute mir dann – ich wusste nichts über Spanien und kannte niemanden – auf einer Karte die Costa Brava an. Dann stieg ich in einen Nahverkehrszug, der mich zu dem Ort brachte, dessen Name mir gefiel: Er hieß Lloret de Mar.

Als ich aus dem Zug stieg, war es fast dunkel. Ein Mann in zerschlissener Kleidung kam zu mir und griff nach meinen Koffern.

»Hotel?«, fragte er.

Weil ich dachte, ich müsste ihn bezahlen, wollte ich seine Hilfe nicht annehmen. Er jedoch ließ nicht locker, und ich sprach außer *si* und *no* kein Wort Spanisch. Also sagte ich schließlich »*Si*«, und er begann, den zu beiden Enden offenen

Bahnsteig entlangzulaufen. Ich sagte »*No!*« und zeigte in die andere Richtung. Ich würde mich nicht veralbern lassen – ich nicht! Schließlich kam ich aus Paris und wusste das eine oder andere über Bettler und Leute, die irgendwelche Absprachen getroffen hatten.

Ohne zu murren, kehrte er um, und wir gingen in die andere Richtung. Ich konnte sehen, dass Lloret nur ein kleines Fischerdorf war. Meine Begleitung führte mich direkt zu einem kleinen, zweistöckigen Hotel mit gefliester Fassade und stellte mein Gepäck in einer Halle mit sehr einladender Atmosphäre ab. Zu meiner Linken führte ein gewölbter Eingang in den Essensraum, wo die Gäste etwas aßen, das wie Cassoulet-Eintopf aus weißen Bohnen aussah. Alles wirkte sauber. Für Anfang März war es warm. Das Essen duftete verführerisch, und ich war sehr hungrig.

Eine mütterlich wirkende Frau kam durch die Halle zu mir, und irgendwie einigten wir uns auf einen lächerlich niedrigen Zimmerpreis. Dann drehte ich mich um, weil ich dem Mann etwas geben wollte, aber er war verschwunden. In Paris musste man für alles ein Trinkgeld geben, also war ich verwundert. Wie wurde er bezahlt? Ich beschloss, sein Geheimnis irgendwie aufzudecken.

Ich bekam also ein Zimmer mit einem großen Bett, welches verheißungsvolle Anspielungen machte. Am nächsten Tag fand ich eine Poststation, von der aus ich Jean ein Telegramm mit meinem Aufenthaltsort schickte. Es stellte sich heraus, dass ich gar nicht in Lloret selbst, sondern in Blanes war, der nächsten Station und dem primitivsten aller Fischerdörfer. Das einzige Angebot am ganzen Strand war eine Holzhütte, in der ich später *Café con Leche* trank und versuchte, ein bisschen Spanisch aufzuschnappen, während ich auf Jeans Zug wartete. Irgendwann kam sie tatsächlich und hieß das Bett gut. Das Einzige, was ich an dieser Stelle erzählen will, ist, dass sie eine neue Form der Empfängnisverhütung ausprobierte, das *Dutch Cap*. Es bestand aus einem gummiartigen Material, das über einen Ring gezogen war. Es flog aus ihren unerfahrenen Händen quer durch das Zimmer und löste unbändige Lachanfälle aus.

Wir hatten eine wunderbare Zeit. Als Jean wieder nach Paris abgereist war, entdeckte ich eine leere Villa mit zehn Zimmern, Heizung und Hausangestellten, die ich für zehn Shilling die Woche mieten konnte. Also zog ich um. In der Gegend gab es nur wenige Fremde, sodass die Menschen neugierig auf mich waren. So lernte ich zum Beispiel einen Mann kennen, der mir unbedingt anvertrauen wollte, er wäre tot. Noch immer ist es mir ein Rätsel, wie wir uns verständigt haben, aber er erzählte, dass er sich in eine italienische Touristin verliebt hatte. Sie versprach, ihn zu heiraten, wenn er nach Italien käme. Weil es unter Franco aber unmöglich war, das Land zu verlassen, heckte er mit einem Verwandten, der bei der Regierung arbeitete, einen Plan aus: Er ließ sich offiziell für tot erklären. Dann überquerte er heimlich die Pyrenäen und erreichte Italien, nur um dort festzustellen, dass das Objekt seiner Begierde bereits jemand anderen geheiratet hatte.

So viel verstand ich immerhin von der Geschichte. Irgendwie hatte er es zurück nach Spanien geschafft, wo er nun außerhalb der Gesellschaft lebte. Als wäre das nicht genug, war er zudem in eine Fehde mit einem Priester verwickelt, der ihn umbringen wollte. Einmal hätte er den Priester auf dem Kirchendach gesehen, der offenbar einen schweren Blumentopf auf seinen Kopf fallen lassen wollte. Als der Mann schließlich einen vernickelten Revolver aus seiner Tasche zog, fühlte ich mich endgültig wie in einem Film.

Obwohl ich nie in einem Polizeistaat gelebt hatte, wusste ich sehr wohl, mit welch tödlicher Gewalt Franco das Land im Griff hielt. Anfangs spürte ich nichts davon, doch allmählich merkte ich, dass etwas fehlte. Die Menschen gingen ihrem Tagewerk nach, wirkten aber sehr verschlossen. Nie sah man Menschengruppen, die einfach miteinander sprachen. In den Straßen gab es weder Lachen noch Leben, und schon früh am Abend wurde alles sehr still.

In der Hoffnung, irgendetwas Sinnvolles schreiben zu können, hatte ich meine Schreibmaschine, eine tragbare *Smith Corona*, mitgebracht, doch es gelang mir einfach nicht. Während ich mich nach einer Beschäftigung umschaute, erfuhr ich, dass die Provinzhauptstadt Gerona einen Besuch wert sei, und fuhr mit dem Bus hin. Weil es damals noch so wenige Ausländer in Spanien gab, nahmen wir uns gegenseitig durchaus wahr: Wir erkannten einander sofort. In Gerona wurde ein englisches Paar auf mich aufmerksam und grüßte mich. So lernte ich den Schriftsteller Elleston Trevor und seine Frau Jonquil kennen. Sie luden mich ein, ein oder zwei Tage in der zauberhaften Hacienda zu bleiben, die sie gemietet hatten. Eine jahrelange Freundschaft entstand, doch es dauerte einige Zeit, bis mir klar wurde, was für ein außergewöhnlich erfolgreicher Schriftsteller Elleston Trevor war. Er schrieb unter sechs oder sieben Pseudonymen, doch sein Rolls-Royce hätte mir zu denken geben können.

Dann erhielt ich einen interessanten Brief von Jean, die zurück in Paris war und wieder bei der NATO arbeitete.

»Wann kommst du wieder?«, fragte sie. »Jeden Tag hasse ich meinen Job ein bisschen mehr. Habe ich dir erzählt, dass ein Zollbeamter mir auf meiner Rückreise aus Spanien in Port Bou ein widerliches Angebot gemacht hat? Er hat sich mit mir in ein Büro eingeschlossen, tätschelte mir immer wieder das Knie und meinte, es sei eine Schande, dass ein hübsches Mädchen wie ich für seinen Lebensunterhalt arbeiten müsse. Wenn ich für ein paar Monate in Port Bou bleiben wolle, wäre er bereit und in der Lage, mich zu finanzieren. Ich hätte fast zugesagt, aber ich glaube, so viel hat er gar nicht verdient. Außerdem war er kleiner als ich. Abgesehen davon und von der Tatsache, dass ich in einem Schlafwagen meine Ehre verteidigen musste, war die Reise ereignislos. Ein amerikanischer Fernsehmogul interessiert sich für mich. Er hat meinen Namen von der Information hier bekommen – er sucht jemanden für eine Propaganda-Show und hat mich zum Mittagessen eingeladen. Er ist wirklich nett, und das Essen war fantastisch. Leider fiel kein einziges Wort zum Thema Fernsehen. Ich hatte das Gefühl, seinen Vorstellungen überhaupt nicht zu entsprechen, aber wenigstens konnte ich Austern und Jakobsmuscheln schlürfen. Als ich dann zurück ins Hotel kam, traute ich meinen Augen nicht: Auf dem Frisiertisch stand ein Blumenstrauß. Seitdem haben wir in verschiedenen russischen Restaurants gegessen, heute gehen wir ins Ballett, morgen zu einer Cocktailparty beim australischen Botschafter und am Samstag in die Oper. Ich hoffe noch immer auf eine Art Vertrag, aber ich fürchte, er entwickelt die falsche Art Interesse für mich. Mein Gott, diese Zeilen mit all den Angriffen auf meine Tugend müssen sich lesen, als hätte ich sie aus *Pamela's Journal* abgeschrieben … Der einzige Unterschied ist freilich, dass mein kostbares Juwel« – sie nannte es wirklich so! – »mit einem deutlich niedrigeren Preis versehen ist, sodass ich den stattlichen Prinzen nicht zwingen kann, mich zu heiraten. Wie dem auch sei. Wir sehen uns bald. Entschuldige bitte all den Unsinn, aber schreib du mal stückchenweise einen Brief, während du eigentlich eine Liste mit Napalm-Lieferanten korrigierst. In Liebe, Jean.«

Ich hatte den Eindruck, dass Jean, die den Brief nur so hingeworfen hatte, besser schreiben konnte als ich mit all meinen quälenden Versuchen und einem Papierkorb voller zerknüllter Entwürfe – weshalb ich den Rest meiner Zeit in der Hütte am Strand herumhing und versuchte, mit Einheimischen ins Gespräch zu kommen. Irgendwann stellte ich wider Erwarten fest, dass der Mann, der meine Koffer zum Hotel getragen hatte, dies aus reiner Freundlichkeit getan hatte. Er wollte einfach nur einem Fremden helfen. Für mich bleibt das eine Art Wendepunkt in der kulturellen Evolution. Und ganz bestimmt war es nicht der Service, den ich bei meinem nächsten Spanienbesuch vierzehn Jahre später erwartete.

Ich kehrte nach Paris zurück; den Großteil meines Geldes hatte ich nicht angerührt. Ich ging bei der *Daily Mail* vorbei, um zu sehen, ob Post für mich angekommen war. Das Erste, womit ich mich auseinandersetzen musste, war eine Bombe in Form des blauen Luftpost-Papiers. Sie kam von jenseits des Kanals, und offenbar war meine Mutter wütend darüber, dass ich sie derart abgekanzelt hatte.

»Ich bin doch etwas überrascht«, begann sie mit bedrohlichem Unterton. »Du hattest mir einen Urlaub in Spanien angeboten, und ich hatte das als echtes Angebot verstanden«, schrieb sie. Sie war auch »enttäuscht zu sehen, mit welchem Eifer du dein Geld ausgibst.« Sie hätte gedacht, dass das »Arbeiten für deinen Lebensunterhalt dir ein Gefühl für Werte gegeben hätte, welches du – das war mir immer klar – nicht entwickeln konntest, solange du dich in deinen Studienzeiten um nichts kümmern musstest. Ich arbeite und sorge mich hier und gebe viel Geld, das ich eigentlich nicht habe, an dich weiter, damit du mit deinem kleinen Gehalt klarkommst. Du hingegen versuchst mit aller Macht, den ersten anständigen Geldbetrag, den du je hattest und so bald wahrscheinlich nicht wieder bekommen wirst, aus dem Fenster zu werfen. Also, Edward, so wie die Dinge gelaufen sind, solltest du, wenn du mal herkommst, nicht zu Hause wohnen.«

Es ist nicht so, dass mich das nicht verletzte. Es verdarb mir definitiv den Abend, und ich schämte mich, weil ich sie belogen hatte – doch ich will hier die Wahrheit schreiben. Welcher junge Mann würde seine Mutter einer hübschen, blauäugigen Blondine vorziehen?

Die fragliche Blondine war weiterhin sehr freundlich zu mir, aber es stand außer Frage, dass die für sie bestimmte Zukunft mindestens einen kleinen Topf Gold für sie bereithalten würde – und bisher war davon am Ende meines Regenbogens nicht viel zu erkennen. Bevor ich auf der Bildfläche erschienen war, hatte sie viel Zeit mit einem jungen Philosophen namens Peter Newnham verbracht. Offensichtlich wollte er nun einige Tage in Paris verbringen, bevor er nach England ging.

»Seltsamerweise bin ich gar nicht mehr so verrückt nach ihm«, sagte sie. »Es ist schwierig, mit ihm zu leben.«

Leider war es auch unmöglich, mit mir zu leben, weil ich kein Zimmer mehr hatte. Und selbst wenn ich eines fände und dazu noch einen neuen Job, würde es wohl trotzdem nicht für Blumen reichen. Trotzdem war es schön, daran erinnert zu werden, dass ich eine kleine Gruppe interessanter Menschen hatte, zu denen ich zurückkehren konnte.

Da war zunächst Newnham selbst, ein Bär von einem Mann. Dann gab es Paul Johnson: einige Jahre älter als ich, mit schmalem Gesicht, rötlichen Haaren, Hakennase und einer spürbaren Arroganz. Während ich dies schreibe, ist er sogar noch am Leben: ein Historiker, der von rechtsgerichteten Konservativen mit Preisen und Anerkennung überhäuft wurde. In Paris jedoch war er ein linker Hitzkopf und wurde irgendwann Herausgeber des *New Statesman*, bevor er ins rechte Lager wechselte. Er hatte eine gute Stelle als Redaktionsassistent beim Magazin *Réalités*, was sehr nützlich war, denn er vermittelte uns manchmal kleine Jobs, zum Beispiel im Lektorat.

Damals war er mit Effie van Rensselaer Halsey, einer reichen New Yorkerin, liiert. Ich erinnere mich an eine Party in seinem (oder ihrem) Apartment, bei der neben vielen anderen auch Newnham, Johnson, Heather Chait und Jean waren. Aus irgendeinem Grund (mir ist absolut schleierhaft, warum) hatte ich meine Klarinette mitgebracht. Sie lag unter dem Stuhl, auf dem Heather saß. Etwas später, als wir alle schon einiges getrunken hatten, sah ich, wie Peter sich mit seinem beachtlichen Gewicht quer durch den Raum auf Heather werfen wollte. Ich bekam Angst, dass er auf meiner Klarinette zusammenbrechen würde. Mein »Nein, Peter, NEIN!« stoppte ihn, doch Heather dachte, ich wollte sie vor ihm schützen. Sie hat mir nie verziehen.

Es gab einen weiteren Brief, der auf mich wartete, und zu meiner Freude erkannte ich, dass Danny Halperin mich gerettet hatte. Vor meinem Aufbruch nach Spanien hatte er mir geraten, einen Lebenslauf zu schreiben, und offenbar hatte er ihn für mich in Umlauf gebracht. Er kannte überall jemanden, unter anderem Bob Yoakum, einen Amerikaner, der Kontakte zu einer Organisation namens *World Veterans Federation* hatte. Danny gab ihm meinen Lebenslauf, und Bob brachte den Boss dieser *Federation* dazu, mir einen Brief an die *Daily Mail* zu schreiben. Hier war nun dieser Brief. Er hatte auf mich gewartet und forderte mich auf, Kontakt aufzunehmen.

Yoakum lud mich in ein russisches Restaurant ein – durch Jean hatte ich begriffen, dass das ein Zeichen des Respekts, wenn nicht gar der Verführung war. An diesem Abend lernte ich Blinis und andere interessante kulinarische Überraschungen kennen. Überhaupt förderte Yoakum meine Bildung beträchtlich. Er war der erste amerikanische Mandarin, den ich kennenlernte, ein paar Zentimeter größer als ich, etwa zehn Jahre älter. Sein Stil war entspannt-geschmackvoll. Er sah sehr gut aus und schien über ein unerschütterliches Selbstvertrauen zu verfügen.

Er erklärte mir, dass die Idee für die *Federation* schon 1946, also direkt nach dem Krieg, in Brüssel entstanden war, als eine Handvoll Ex-Militärs aus Belgien und Frankreich sich an einem runden Tisch einfanden. Ihr Ziel war es, alle Veteranenorganisationen zusammenzubringen, damit sie sich für den Frieden einsetzten. Sie fanden große Unterstützung, sodass das Anliegen 1948 offiziell gemacht wurde. Bis 1951 hatten sie eine voll funktionsfähige Organisation mit Mitgliedern aus sechs Ländern aufgebaut.

»Sie ist seitdem stark gewachsen«, sagte er, »aber wir haben noch nicht alle Veteranenorganisationen in Frankreich überzeugt. Einige von ihnen sind extrem pro-kommunistisch, und im Moment kommt das meiste Geld aus den USA. Es ist also nur logisch, dass sie misstrauisch sind. Wir müssen sie davon überzeugen, dass wir keine politischen Absichten haben. Natürlich hilft es da nicht, dass unser Präsident Amerikaner ist. Aber er ist ein feiner Kerl, du wirst ihn kennenlernen.«

Es überraschte mich nicht, dass die Franzosen misstrauisch waren, denn natürlich würde die CIA jede Organisation unterstützen, die die Kommunisten schwächen könnte. Dennoch war ich in den praktischen Dingen unerfahren. Ich war politisch nicht naiv, hatte aber keine Ahnung, wie es sich auf diesem unsicheren Terrain anfühlte und wie man dort agierte. Was auch immer Danny diesem Yoakum erzählt hatte: Ich wusste, dass ich hier weder Kenntnisse noch Erfahrungen hatte. Ich konnte mir nicht vorstellen, wie ich dort hineinpassen könnte – aber das war kein Grund für mich, den Job abzulehnen.

Nichts davon schien Yoakum zu stören. Seiner Meinung nach konnte ich die Presseabteilung leiten, und wir vereinbarten, wann ich anfangen sollte. Ich habe ihn nicht auf das Gehalt angesprochen, doch es zeigte sich, dass es mehr war, als die *Continental Daily Mail* mir gezahlt hatte. Es war eine Ironie des

Schicksals, dass ich nun für Veteranen arbeiten würde, wo ich doch alles tat, um selbst nicht zur Armee zu gehen.

Mein Vertrag für ein Leben in Paris war also wieder einmal verlängert worden. Ich hatte eine Stelle in einer Organisation, über die ich nichts wusste und in der ich was-auch-immer tun sollte. Mein Glück schien unendlich.

18. Die Kündigung – und eine Ahnung vom Landleben

Vier Monate arbeitete ich bei der *World Veterans Federation*. Ich war überrascht, dass es so lange ging, denn ich wusste nie, was ich eigentlich tun sollte. Ich versuchte, die öffentlichen Erwähnungen der WVF nachzuverfolgen, und klebte die Zeitungsausschnitte in Loseblattordner. Soweit ich sie lesen konnte, waren die Berichte unerträglich langweilig, vor allem Reden von Gewerkschaftsvertretern, die die WVF beschuldigten, der CIA als Fassade zu dienen. Nach allem, was ich wusste, war das keinesfalls abwegig.

Ich hatte angenommen, Bob Yoakum würde in meiner Nähe sein, um mir eine Art Orientierung zu geben, aber ich sah ihn nie wieder. Sollten meine Arbeitgeber damit gerechnet haben, dass ich das WVF-Anliegen in die Öffentlichkeit brachte, so haben sie es nie erwähnt. Angesichts meiner miserablen Französischkenntnisse wäre ich dazu aber ohnehin nicht in der Lage gewesen.

Neben den üblichen Büroarbeiten schrieb ich Zusammenfassungen, ging ans Telefon und führte einige seltsame Aufträge aus. Einmal sollte ich eine Schriftrolle in Auftrag geben, die bei einer Preisverleihung überreicht werden sollte. Dafür mussten ein oder zwei Absätze in einer pseudo-altertümlichen Handschrift auf ein großes und teures Stück Pergament geschrieben werden – eines dieser lächerlich teuren Dinge, die Menschen oder Firmen gern tun, wenn sie kultiviert wirken wollen. Ein Fehler bei diesem Auftrag hätte mich sicher meinen Job gekostet. Natürlich gab es Experten, die solche Aufträge ausführten, und gewiss nahm man an, ich würde einen von ihnen aufsuchen. Ich wusste jedoch, dass Walter Coleman gerade in einer schwierigen Phase war, also riskierte ich es, ihm die Sache anzuvertrauen. Die Bezahlung war sehr gut. Walter sagte, er könnte das Pergament erstellen, und er hielt Wort. Es war ein großartiges Gefühl, damit auch dem Quartier etwas Gutes zu tun. Außerdem festigte die Aktion unsere Beziehung, worüber ich später noch sehr froh sein sollte.

Schließlich jedoch musste Walter sein Leben in Paris aufgeben – es war zu teuer. Er kannte einen Ort in der Nähe von Antibes in Südfrankreich, wo er leben wollte. Bevor er ging, kaufte ich ihm für 40.000 Francs eine Vikunja-Jacke ab. Ich hatte keine Ahnung, wie viel sie wirklich wert war. Sie sollte in meinem späteren Leben eine amüsante Rolle spielen. Walter schenkte mir ein Gemälde von Billie Holiday. Zunächst wollte er es mir gar nicht geben, weil er es in einem Moment der Verzweiflung mit einem Messer aufgeschlitzt hatte. Ich liebte es jedoch auf den ersten Blick. Das Gesicht von Lady Day zeigte sich als Kaleidoskop geometrischer Formen in brillanten Farben. Es begleitete mich vierzehn Jahre lang, dann wurde es mir gestohlen.

Mein Büro teilte ich mit Melanie Mehlmann, einem netten amerikanischen Mädchen, das ein College im Mittleren Westen besucht hatte und schon eine Weile bei der WVF war. Sie wohnte in der Rue Mouffetard, einer beliebten Marktstraße. Durch sie erfuhr ich vieles über die anderen Teile von Paris. Es war schön, mit ihr zusammen zu sein, aber ich konnte sie nie dazu bringen, mich auf eine andere Art ernst zu nehmen. Sie ließ sich nicht in Diskussionen darüber verstricken, wozu mein Job gut sein sollte, und mit Blick auf die WVF-Politik tat sie ziemlich geheimnisvoll. Ich fragte mich, ob sie mich für einen Spitzel hielt. Die Hexenjagd von McCarthy und seinem »Komitee für unamerikanische Umtriebe« war in vollem Gange. Amerikaner beäugten einander voller Misstrauen, aber zum Glück war ich nahezu immun dagegen.

Im Juni musste der Präsident der *Federation*, ein relativ junger ehemaliger Kampfpilot namens Elliot Newcomb, nach Washington fliegen. Das war eine große Sache, und am Tag seines Abflugs herrschte Chaos im Büro. Jeder musste mit hinaus zum Flughafen Orly fahren, um ihn zu verabschieden. Wir konnten alle direkt auf das Rollfeld und bis zum Flieger gehen: eine v-förmige Prozession mit unserem geliebten Anführer an der Spitze. Es war das erste Mal, dass ich diese seltsame Gewohnheit amerikanischer Politiker erlebte: Solange sie nicht eine kleine Armee Speichellecker – am besten Fahnen schwenkend – hinter sich wissen, befürchten sie, dass niemand sie beachtet.

Elliot sagte ein paar Worte, bevor er im Flugzeug verschwand, um die 24-stündige Reise nach New York anzutreten. Sicher hätte ich mir Notizen machen müssen, aber ich war durch die Betrachtung eines der schönsten Flugzeuge, die je gebaut wurden, vollkommen abgelenkt: Von ihrer elegant gerundeten Nase bis zur Ausrichtung der drei Schwanzflossen war die *Lockheed Super Constellation* ein wahres Meisterwerk.

Abgesehen von meinem Job genoss ich ein großartiges Leben: Ich hörte mehr Musik, besuchte Galerien und schloss im *Tournon* neue Freundschaften. Einer dieser neuen Freunde war Hal Goldberg, ein junger Medizinstudent aus Amerika mit ansteckendem Humor. Er war klein und stämmig, hatte ein fröhliches, quadratisches Gesicht und rotes Haar. Er versuchte verzweifelt, einen Studienplatz an der Sorbonne zu bekommen. Im Juli fragte er mich, ob ich meinen Urlaub mit ihm im Süden verbringen wollte. Ihre Ferien sind den Franzosen bekanntlich heilig, und schon damals nach dem Krieg nahmen sich die meisten den ganzen August frei. Hal kannte jemanden, der ein Auto und eine Unterkunft im Rhônetal hatte, in der wir im August wohnen könnten. Selbstverständlich sagte ich zu.

Bald danach, noch im Juli, suchten mich gleich zwei Katastrophen heim. Zuerst erklärten mir die Buchhalter im Büro, dass man mich entlassen müsste – immerhin mit einer kleinen Abfindung, die mich durch den August bringen sollte. Dann las ich eine Nachricht aus England: Die Regierung hatte das Höchstalter für die Verpflichtung zum Militärdienst von 25 auf 35 Jahre erhöht. Das war's dann also: Meine Zeit in Paris würde früher oder später unvermeidlich zu Ende gehen. Von nun an ergab es keinen Sinn mehr, mir Sorgen um meinen Lebensunterhalt zu machen. Sollte ich Arbeit finden, würde ich bleiben und es genießen. Wenn nicht, würde ich nach Hause fahren und der Sache ins Gesicht sehen.

Der Sommerurlaub oberhalb des Rhônetals (ich glaube, es war in der Drôme-Region) war wunderbar. Hal, seine Freunde und ich wohnten in einem einfachen Steinhaus in der Nähe eines kleinen Dorfes. Ein riesiges Weizenfeld grenzte an das Haus; die Sonne brannte unerbittlich vom strahlend blauen Himmel. Es war Erntezeit, und ich wurde nicht müde, die Bauern zu beobachten, die sich mit ihren Sensen in fast militärischer Präzision in einer Linie durch den hohen Weizen arbeiteten. Es war eine Szene aus einer anderen Zeit, die ich nie wiedersehen würde. Der gute Rat aus Mendès-France, bei Hitze viel Milch zu trinken, hatte diesen Ort noch nicht erreicht. Ich erfuhr, dass die Erntehelfer ihren Schweiß mit bis zu vier Litern Wein am Tag ausglichen – und die kamen zum Gläschen Schnaps, das es zum Frühstück gab, noch dazu. Von dem, was sie abends an der verzinkten Theke der lokalen Bar tranken, will ich gar nicht reden.

Wir waren zu viert: drei Männer und eine Frau. Mabel kam aus England und war ungebunden. Eine Weile überlegte ich, ob ich mich um sie bemühen sollte. Ich hatte jedoch zu lange nachgedacht, denn eines Morgens war es Hal, der in einem Bett mit ihr aufwachte. Das gab mir Zeit zum Nachdenken.

Der ganze Aufenthalt eröffnete faszinierende Einblicke in das Dorfleben der damaligen Zeit. Wir nahmen an den Erntefesten teil und sahen den Dorfbewohnern bei einem Tanz zu, den sie *Paso Doble* nannten. Die stolz aufgerichteten Paare hielten einander auf Armeslänge fest und bewegten ihre Füße in eckigen Folgen, als tanzten sie auf einem Schachbrett.

Bevor wir abfuhren, zeigte mir einer meiner Freunde aus dem Dorf ein Anwesen, das zum Verkauf stand. Es war ein kleines, aber gut aufgeteiltes Steinhaus mit zwei Etagen und einem großen Garten, umgeben von einer kunstvollen Steinmauer, an der Apfelbäume wunderschön im Spalier wuchsen. Am Ende des Gartens stand ein Wunschbrunnen. Der Preis lag beim Gegenwert von 50 Pfund, was für mich ebenso utopisch war wie 5.000 Pfund. Ich trage die Erinnerung an diesen Ort in mir – es ist das perfekte Bild eines alternativen, ländlichen Lebens, das ich geführt haben könnte.

Wenn man mich fragen würde, wo ich erwachsen geworden bin, wäre meine Antwort: in Paris. Im Verlauf von ungefähr fünf Monaten lernte ich eine größere Vielfalt von Menschen mit noch vielfältigeren Lebensentwürfen kennen als in all den Jahren zuvor. Ich entdeckte Fähigkeiten in mir, von denen ich nicht wusste, dass sie in mir schlummerten. Ich stellte fest, dass ich mit sehr wenig Geld auskommen kann. Ich erlebte, dass es Menschen gab, die ich mochte, und die alles daran setzten, mir zu helfen. Ich erkannte, dass ich einen Wert hatte, der unabhängig von meinen Examensnoten war. Und erstaunlicherweise schien ich einen Berufsweg für mich entdeckt zu haben. Auch wenn ich bisher gerade mal ansatzweise in das Zeitungsgeschäft hineingeschnuppert hatte, sah ich, dass es – natürlich mit ein bisschen Glück – funktionieren könnte.

Die einzig fehlende Zutat zu meinem Glück war eine feste Freundin – mit 22 Jahren in Paris zu leben und nicht verliebt zu sein, war ein Skandal. Es war nicht so, dass ich abstoßend war; Jean hatte mich davon überzeugt, weilte inzwischen aber auf grüneren Wiesen. Es herrschte auch kein Mangel an Mädchen, aber sie waren entweder zu neurotisch, zu betrunken, zu verletzt durch frühere Erfahrungen oder zu misstrauisch (wie Melanie). Damit sind noch gar nicht die erwähnt, die sich nicht für mich interessierten. Eines Tages fand ich mich an einem Tisch mit Florence wieder. Dies ist nicht ihr richtiger Name, und soweit ich weiß, ist sie noch am Leben. Ich habe die – wenn auch unbegründete – Vorstellung, dass schwarze Frauen entweder jung sterben oder ewig leben. Ich kann nur wertschätzend und bewundernd über sie sprechen und es wäre mir äußerst unangenehm, sie jetzt aufzuwühlen. Außerdem könnte es noch Verwandte geben. Florence heiratete später einen meiner Freunde, einen extrem großen, cleveren und sehr weißen (weißer als ich) britischen Statistiker. Mir fällt gerade ein, dass ich ihm wohl noch 10 Pfund schulde.

Eine Zeit lang erfreuten Florence und ich uns aneinander. Sie war witzig, schön und sehr, sehr schlau. Hal seinerseits hatte sich in ein kleines und unfassbar blondes Mädchen aus Finnland verliebt. Wir unternahmen viel zusammen, bis er irgendwann seine Versuche, an der Sorbonne aufgenommen zu werden, aufgab und stattdessen nach Genf ging.

Es war einmalig, zur damaligen Zeit in Paris zu leben. Selbst mit meinen fast nicht vorhandenen Mitteln konnte ich es mir leisten, nur einen kurzen Fußmarsch von den schönsten Gebäuden und den bedeutendsten historischen Denkmälern zu leben.

Notre Dame war nur wenige Minuten entfernt, ebenso die elegantesten Brücken über einen Fluss, der den Parisern viel mehr am Herzen liegt als den Londonern die Themse.

Viele großartige Jazz-Musiker traten im *Blue Note*-Club auf: Blossom Dearie, Oscar Peterson sowie Ella und Sarah, und wir diskutierten stundenlang, wer von ihnen der Unsterblichkeit am nächsten war. Ich hatte nie das Glück, Django Reinhardt und Stephane Grappelli zu sehen, aber eines Abends sang Georges Brassens in einem kleinen Restaurant in der Nähe des Odéon. Ich war wie verzaubert, und zumindest für die Franzosen ist er ja eindeutig unsterblich.

Noch hatte ich etwas Geld. Ich wohnte sehr günstig in einem Zimmer, das Jacques Capdeville gehörte, einem französischen Journalisten, der ebenfalls für die WVF arbeitete. Ich erhielt einige Aufträge von der Fremdsprachenabteilung des französischen Radios und einige von Paul Johnson beim Magazin *Realités*. Auf diese Weise hielt ich mich über Wasser, bis das Jahr zu Ende ging. Einer der letzten Briefe, die ich aus dieser Zeit noch habe, ist ein Luftpostbrief von Hal. Genf, so schrieb er, sei der sterilste, sexloseste und langweiligste Ort der Erde. Er war so frustriert, dass ihm ein äußerst reizender Freud'scher Fehler unterlief: Aus Versehen tippte er den Namen der Stadt als »Vegena«.

Aus irgendeinem Grund schien dieser Winter die kleine Gemeinschaft von Expatriates, die sich im Quartier Latin herumtrieben, besonders hart zu treffen. Es können kaum mehr als ein paar Hundert gewesen sein, und zumindest vom Sehen kannte ich wahrscheinlich die meisten. Doch es schienen immer weniger zu werden – es war schwer, Arbeit zu finden.

Da war zum Beispiel Ex-GI Matt, ein sanfter Mann, den ich sehr mochte. Er hatte nur noch eine Handvoll Dollar und ging das Risiko ein, alles für ein Telefonat auszugeben: Er wollte seine Familienangehörigen zuhause um Geld bitten. Die waren jedoch so aus dem Häuschen, von ihm zu hören, dass sie ohne Pause redeten. Und bevor er ihnen überhaupt sagen konnte, weshalb er anrief, war sein Geld verbraucht und die Leitung tot. Einer der ergreifendsten Momente, an die ich mich erinnere, ist der Anblick von Matt, der – nun mittellos – etwa eine Woche später die Rue Monsieur-le-Prince entlanggeht, dabei wie in träumerischer Entrücktheit vor sich hin summt und in seinen Armen einen kleinen Weihnachtsbaum wiegt, den seine Eltern ihm trotz der hohen Kosten geschickt hatten.

Schließlich gab es überhaupt keine Arbeit mehr, und ich wusste, dass ich aufgeben musste. Natürlich hätte ich mich irgendwie durchschlagen können, wenn ich es gewollt hätte, aber zum Glück war ich nie so verzweifelt wie Zev. Ich habe oft an ihn gedacht, um mich daran zu erinnern, wie viel Glück ich hatte. Zev war zum Teil Native American – ich glaube, er sagte Navajo –, der für abends einen Spüljob in einem großen Hotel angenommen hatte. Bevor er nachts Feierabend machte, musste er einen riesigen Fettbehälter in eine auf Schienen laufende Wanne entleeren und diese durch einen langen, von nur wenigen Glühbirnen erleuchteten Tunnel fahren. Eines Nachts hatte er bereits die halbe Strecke hinter sich, als das Ganze umkippte. Er brauchte Stunden, um alles sauberzumachen.

Ich hasste es, Paris zu verlassen, doch ich wusste, ich würde wiederkommen. Die Stadt hatte sich unauslöschlich in meine Seele gebrannt, und ich hatte das Gefühl, meinen Weg gefunden zu haben. Vier Tage vor Weihnachten und fünfzehn Monate nach meiner Ankunft in Paris stieg ich im Bahnhof Gare du Nord, wo alles begonnen hatte, in den Fährzug und kehrte nach London zurück. Ich tat dies keineswegs mit eingezogenem Schwanz – im Gegenteil: Ich war überzeugt davon, dass ich mit allem umgehen könnte, was mir begegnen würde.

19. Ein Wikinger im *Troubadour*

Im Dezember von Paris nach London zu kommen, war wie ein Sprung unter die eisige Dusche. Es fühlte sich nicht nur kälter und nasser an, auch das öffentliche Leben war ohne Cafés verkümmert und unfreundlich. Zum Glück hatte ich den tödlichen Smog nicht erleben müssen, der im Jahr zuvor tausende Londoner getötet hatte, doch selbst jetzt noch legte sich diese Erbsensuppe immer wieder für kürzere Zeiträume wie eine Decke auf die Stadt.

Glücklicherweise hatte meine Mutter ihre Enttäuschung über mich verwunden. Der gemeinsame Urlaub in Spanien, den ich ihr erst versprochen und dann einfach so versagt hatte, war vergessen, auch wenn ich ihr nie erzählt habe, warum wir ihn nicht zusammen verbracht hatten. Sie schien sich außerdem mit dem Umstand versöhnt zu haben, dass ich kein berühmter Wissenschaftler werden würde. Ganz offensichtlich hatten ihr mehrere Leute gesagt, wie sehr sie meinen Mut und meine Initiative bewunderten. Vielleicht sagte sie sich nun, dass es auch in anderen Bereichen Nobelpreise zu gewinnen gab.

Ich ging davon aus, dass das Verteidigungsministerium es kaum erwarten konnte, mich zu sehen und in die militärischen Reihen zu stellen. Ich meldete mich dort erst Anfang des neuen Jahres, doch man schien es nicht eilig zu haben. Man ließ mich wissen, dass ich demnächst zu einer medizinischen Untersuchung geladen würde. Ein Termin wurde nicht genannt.

Ich begann zu ahnen, wie unangenehm das Ganze werden könnte. Natürlich musste ich Geld verdienen, während ich wartete, doch mit dem Damoklesschwert des Militärdienstes über meinem Kopf würde ich kaum einen anständigen Job bekommen – von einem guten ganz zu schweigen. Ich wollte eine Stelle in einer Zeitungsredaktion finden, war mir jedoch darüber im Klaren, dass ich eine Menge Fantasie brauchen würde, um meine Erfahrungen bei der *Continental Daily Mail* als substanziell zu verkaufen. In einem Journal, das Anzeigen für Zeitungsstellen veröffentlichte, fand ich ein Inserat der lokalen Wochenzeitung *West London Press*. Der Herausgeber, ein J. G. Barnard, antwortete mir. Dem Briefkopf entnahm ich, dass die Zeitung 1857 als *Chelsea News* gegründet worden war. Er schrieb, dass er einige frühere Bewerber prüfen müsste, bevor ich an der Reihe wäre. Fünf Tage später schrieb er erneut und bat mich, ihn wegen eines Vorstellungsgesprächs anzurufen.

Nun, da ein Treffen in Aussicht stand, begann ich mich zu fragen, was ich über mich sagen könnte. Ein kalter Schauer lief mir den Rücken hinunter. John Moult von der *Continental Daily Mail* hatte mir ein begeistertes Empfehlungsschreiben ausgestellt, doch die eine Sache, die ganz offensichtlich fehlte, war ein Hinweis darauf, dass ich tatsächlich echte, zeitungsrelevante Aufgaben erfüllt hatte. Ich würde also nach Strich und Faden lügen und zudem noch verheimlichen müssen, dass die Armee mich jederzeit einkassieren könnte. Dafür hatte ich einfach nicht die Nerven – ich antwortete ihm nicht und verfluchte mich dann dafür, solch ein Feigling zu sein.

Ich brauchte einen Job, und in diesen prä-digitalen Zeiten gab es viele befristete Bürojobs, bei denen man Papierkram erledigte. Ein Freund vermittelte mich an eine Agentur, die Umfragen durchführte und Erhebungen erstellte. Dort brachte ich viele Tage mit Sortieren, Stapeln und Zählen zu. Das Gehalt war dürftig; es war unmöglich, seinen Lebensunterhalt samt Miete davon zu bestreiten. Besonders Australier und Neuseeländer, die eine Weile in London lebten, verdienten sich bei der Agentur gern etwas dazu. Einige von ihnen schienen recht interessant zu sein, aber wir hatten kaum Zeit für Gespräche. Die Agentur lag in der Tottenham Court Road im Zentrum von London, und auch wenn einige der Australier in der Umgebung von Earl's Court lebten, waren die meisten doch über ganz London verteilt.

Natürlich war meine Sehnsucht nach einer Freundin ungebrochen. Es gab ein Mädchen aus Neuseeland, das auch in der Agentur arbeitete und das in meinen Augen unglaublich hübsch war. Doch selbst nach fünfzehn Monaten in Paris wusste ich nicht, was Frauen anziehend fanden. Und ich redete mir ein, dass ich es (was auch immer *es* war) wahrscheinlich nicht hatte. Trotzdem schaffte ich es eines Abends, mit ihr gemeinsam das Büro zu verlassen. Ich war fast sicher, dass sie an der Haltestelle in die entgegengesetzte U-Bahn steigen würde, doch das Glück blieb mir treu: Sie nahm denselben Zug wie ich. Zu meinem Erstaunen stiegen wir sogar an derselben Haltestelle aus. Inzwischen waren wir tatsächlich miteinander ins Gespräch gekommen, und ich fand heraus, dass sie in einer Wohnung gleich um die Ecke wohnte. Ich konnte mein Glück kaum fassen – offensichtlich gab das Schicksal mir einen Wink. Sie schien mich sogar zu mögen. Sie war intelligent und sensibel, und es dauerte nur wenige Tage, bis wir uns tatsächlich küssten und ich mich hoffnungslos verliebt hatte. Dann erfuhr ich, dass sie ihr Rückflugticket nach Neuseeland schon in der Tasche hatte und London eine Woche später verlassen würde.

Ich drehte durch. Ich flehte sie an, zu bleiben und mich zu heiraten. Ich sagte, wir würden das mit dem Armeedienst spielend hinbekommen (auch wenn ich keine Ahnung hatte, wie).

Und obwohl wir im gleichen Alter waren, war sie davon überzeugt, dass ich zu jung sei, dass ich es bereuen würde, dass mein
ganzes Leben auf dem Spiel stünde. Ich hörte ihr überhaupt
nicht zu, redete wie verrückt auf sie ein. Schließlich überredete
ich sie, mit mir ins Bett zu gehen – und versagte. Der Apparat, der (ob ich es mochte oder nicht) beim geringsten Anlass
in Bewegung geriet, streikte. Völlig verzweifelt blickte ich auf
ihren wundervollen, geschmeidigen, weißen Körper hinab,
während sie süße, beschwichtigende Worte flüsterte. Doch wir
beide wussten, dass es keinen Weg zurück gab, und mein Wille,
einen zu finden, schwand.

Nicht lange, nachdem sie fortgegangen war, wurde ich zur
medizinischen Untersuchung einberufen. Ich hatte viel darüber
gehört, was man alles tun konnte, um als untauglich ausgemus-
tert zu werden. Am besten gefiel mir der Trick, sich die Fußnägel
in grellem Pink zu lackieren, doch ich traute mich nicht. Und ich
glaubte nicht wirklich daran, dass es klappen könnte – stattdessen hätte es unangenehme Konsequenzen haben können.

Es gab viele Witze über den medizinischen Dienst der Armee.
Mein liebster war der von einem Arzt, der allen befahl, sich in
einer Reihe aufzustellen und ihr rechtes Bein zu heben. Dann
blickte er die Reihe entlang und brüllte: »Wer ist dieser Idiot
dort hinten, der beide Beine angehoben hat?«

Es war wohl unvermeidlich, dass ich den Test mit besten
Ergebnissen bestand und mich dann für einen militärischen
Bereich entscheiden musste. Ich hatte viel darüber nachgedacht. Lauri Say, der Ehemann meiner Cousine, hatte seinen
Dienst in der Royal Air Force schon abgeleistet und empfahl
sie sehr. Sie hatten ihn zum Sergeanten des Ausbildungscorps
ernannt, und er sagte, es wäre nicht allzu schlimm gewesen.
Tatsächlich gab es einige Dinge, die den Militärdienst weniger
als Zeitverschwendung erscheinen ließen: Fliegen lernen war

eines davon. Weil ich schon früher zum Trainingscorps gehört und bereits eine Gleitflugerlaubnis für Anfänger hatte, schien mir dieser Bereich machbar. Ich entschied mich also für die Royal Air Force.

In der Überzeugung, dass ich bald einberufen würde, verließ ich die Untersuchungskommission. Ich gab die Suche nach einem Job in der Zeitungsbranche auf und verdiente etwas Geld mit sinnfreien, einschläfernden Aushilfstätigkeiten. Doch die Einberufung kam nicht, die Zeit verging. Im März bewarb ich mich auf den Rat eines Freundes hin bei der Werbeagentur Pritchard Wood, aber daraus wurde nichts. Im April reagierte ich auf eine Anzeige der *Eastern Evening News* und hatte ein Gespräch mit dem Herausgeber, doch was auch immer ich ihm zu sagen hatte, überzeugte ihn nicht.

Im Mai versuchte ich es erneut, dieses Mal beim *Express and Star* in Wolverhampton. Gesucht wurde ein Lokalredakteur als Ferienvertretung. Ich durfte für das Gespräch auf Firmenkosten in das Büro in den Midlands reisen, doch der Herausgeber B. D. Whiteaker sah sich gezwungen, mir mitzuteilen, dass meine »Bewerbung nicht erfolgreich war«.

Trotzdem hatte ich so langsam verstanden, wie diese Gespräche funktionierten, und versuchte es später im Mai sogar noch etwas weiter nördlich beim *Northern Echo*. Dieses Mal wurde ich etwas ernster genommen.

»Die Stelle ist schon besetzt«, sagten sie, aber »da wir mehrere Lokalredakteure haben, behalten wir Ihre Bewerbung im System.«

Währenddessen ging das Leben weiter. Der Krieg war inzwischen seit zehn Jahren vorbei, doch London war noch immer nicht wieder zum Leben erwacht. Damals habe ich es nicht gespürt, aber rückblickend ist deutlich, wie viel ruhiger es damals war. Selbst nach Feierabend und sogar in den geschäftigsten Stunden konnte man ohne Probleme die Autos zählen, die die Bayswater Road entlangfuhren.

Und dennoch bemerkte man in London die Anfänge einer Kultur, die den Cafés in Paris entsprach: Überall in der Stadt schossen Kaffeehäuser wie Pilze aus dem Boden. Eines der besten war das *Troubadour* in Earl's Court, das in jenem Jahr eröffnet worden war.

Ich lernte den Polen Benny kennen, als er eines Nachts mit einem umgedrehten Hutständer auf dem Kopf in das *Troubadour* kam: »Schaut mal, liebe Leute«, rief er, »ich bin ein Wikinger!« Obwohl er in Wirklichkeit keineswegs wie ein Wikinger aussah, begriffen die »lieben Leute«, was gemeint war, und applaudierten johlend. Er suchte sich einen Platz in meiner Nähe – und so lernte ich ihn kennen.

Viele Jahre zuvor, als ich gerade sechzehn war, wohnte ein polnischer Mann in unserem Haus in Notting Hill Gate. Unter General Anders hatte er als Offizier in der polnischen Armee gedient. Dann war er ins Exil gegangen – erst wegen der Nazis, danach wegen des kommunistischen Regimes, weil Anders' Armee vorrangig aus polnischen Aristokraten bestanden hatte. Die Silbermanns hatten ihm ein Zimmer auf ihrer Etage zur Verfügung gestellt. Seinen richtigen Namen konnte ich nie aussprechen, wir nannten ihn Bob. Er war ein ruhiger, bescheidener Mann, immer sorgfältig gekämmt und immer freundlich zu mir. Als Erinnerung an ihn habe ich nur ein Bücherregal, das er aus vier Brettern liebevoll und kunstfertig gezimmert hat. Ich nutze es noch heute.

Benny glich Bob in keiner Weise. Man könnte fast sagen, er war sein Gegenteil, das genaue Gegenstück. Die Haare, die er hatte, waren ein einziges Chaos und wuchsen an völlig falschen Stellen. Er war unrasiert, und keiner seiner tabakfleckigen Zähne stand gerade im Mund. Seine Fingernägel waren schmutzig, und seine Kleidung hätte Bob eine Schande genannt. Außerdem trank er Unmengen an Whisky. Doch seine Lust aufs Leben und das Blitzen in seinen Augen waren unwiderstehlich, seine Persönlichkeit war überwältigend. Wie sonst war es zu erklären, dass diese abgerissene Person die Mitglieder eines ehrenwerten Vorort-Golfclubs dazu hatte bringen können, ihn zu ihrem Manager zu machen und ihn ihren Whisky trinken zu lassen?

Ich muss ihm erzählt haben, dass ich Arbeit suchte, denn ehe ich's mich versah, wollte er mich schon für ein Unternehmen anwerben, das er gerade gegründet hatte. Lange bevor die modernen Sandwich-Lieferanten in den Straßen Londons auftauchten, wollte er Büroarbeitern schon Sandwiches als Mittagssnack liefern. Es war eine brillante Idee, und vielleicht hätte ich sogar mitgemacht. Er lud mich in seine Wohnung am anderen Ende der Westbourne Grove ein, wo er die Sandwiches vorbereiten wollte – und plötzlich verstand ich, warum Regierungen Gesundheitsprüfungen durchführen ließen. Mir fehlten schon die Worte, ihn zu bitten, seine Fingernägel sauberzumachen, also kehrte ich ihm und seiner schmutzigen Karriere den Rücken.

Ich hatte eine sehr attraktive Freundin namens Monica, aber alles, woran ich mich bei ihr erinnere, ist, dass sie wie so viele andere Mädchen Model werden wollte und das Gehen in High Heels übte. Ich hatte gerade etwas Geld zusammengekratzt und lud sie zu einem Abendessen in Soho ein.

Wir fanden ein hübsches chinesisches Restaurant in der Gerrard Street in der Nähe des *Windmill Theatre*, das nicht nur für sein schlüpfriges Programm berühmt war, sondern auch dafür, dass es den ganzen Krieg hindurch gespielt hatte. Es war die Zeit, bevor Paul Raymond seine *Revue Bar* eröffnete, in der man nackte Frauen anschauen konnte, solange sie sich nicht bewegten – dann galten sie als Kunst. Nie hätte ich geahnt, welchen Einfluss er später auf mein Leben haben sollte.

Das Restaurant, das wir aussuchten, muss davor ein Ladengeschäft gewesen sein, denn der Essbereich befand sich unmittelbar hinter einer riesigen Fensterfront. Auf der linken Seite des Raums standen Tische und Stühle, auf der rechten gab es Sitzecken mit Bänken aus rotem Kunstleder. Wir nahmen in einer der Sitzecken Platz und genossen unser Chop Suey, als plötzlich zwei Männer mit seltsam leeren Gesichtern durch die Tür kamen und damit begannen, Dinge zu zerschlagen. Sie fingen mit dem Mobiliar am Fenster an und zerlegten es fachgerecht. Die Gäste kauerten derweil an der Wand, wurden von den Rabauken allerdings keines Blickes gewürdigt. Nachdem sie einen Stuhl durch die Fensterfront geworfen und aus der ersten Tischreihe Kleinholz gemacht hatten, arbeiteten sie sich den Gang entlang. In geduckter Haltung kamen nun die chinesischen Mitarbeiter aus der Küche hinter uns. Sie hielten Eisenspieße und andere Metallwaren, derer sie hatten habhaft werden können, wie Lanzen in den Händen.

Ich entschied, dass dies ein guter Moment für unseren Abgang wäre, aber Monica war auf die Bank geklettert und hockte dort in einer Pose, die Frauen offenbar seit Urzeiten im Angesicht von Gefahren – seien es Mäuse oder Mörder – einnehmen. Unglücklicherweise hatten sich ihre High Heels in das Kunstleder gebohrt: Wir brauchten eine Weile, um sie zu befreien. Kurz bevor die Angreifer Bekanntschaft mit der Chinesischen Mauer machten, gelang es mir, Monica zu befreien, und wir schlüpften unbemerkt aus dem Restaurant. Zu unserem größten Bedauern konnten wir die Rechnung dadurch nicht bezahlen.

Es war eine schöne, laue Sommernacht. Weil wir von unserem Abenteuer noch ganz aufgekratzt waren, entschieden wir, zu Fuß zurück nach Kensington zu gehen. Irgendwo in Belgravia liefen wir über einen weiten Platz. Die Stuckvillen, die ihn säumten, zeugten vom Wohlstand der schlafenden Bewohner. Nur in einem Anwesen mit einer Reihe teurer Sportwagen davor wurde auf dem Balkon des ersten Stockwerks eine laute Party gefeiert. Alle trugen feine Abendgarderobe, und wir erkannten eine Menge Schnösel aus der Oberschicht. Einer von ihnen dachte offenbar, es wäre lustig, ein Paar aus dem Volk einzuladen, lehnte sich über die Brüstung und brüllte: »Hey, wollt ihr nicht hochkommen?« Und weil dies unser Abend war, taten wir genau das. Ich kann mich nicht daran erinnern, dass einer der Anwesenden mich besonders beeindruckt hätte, aber alle waren sehr nett. Außerdem war es eine Gelegenheit, ein paar Gläser sehr guten Alkohols zu trinken. Wie der Zufall es wollte, trug ich die Vikunja-Jacke, die ich Walter Coleman damals in Paris für 40.000 Francs abgekauft hatte. Einer der grölfreudigen Schnösel setzte sich neben mich, schaute mich bedeutungsvoll an und sagte: »Ich muss schon sagen, ich finde es äußerst bemerkenswert, dass du wahrscheinlich das teuerste Kleidungsstück im ganzen Raum trägst.« Er bestätigte damit, was ich schon geahnt hatte: Alles drehte sich um Geld.

Ende Mai informierte der *Express & Independent* aus Leytonstone mich darüber, dass die Stelle »anderweitig besetzt« worden war. Ebenso verhielt es sich mit der *Yorkshire Gazette*, mit der *Baker's Review* (ja, tatsächlich) und sogar mit dem *Royal Sanitary Institute* (spürt man ein wenig meine Verzweiflung?), bis ein Herausgeber aus Barrow-in-Furness im entlegenen Lancashire, dessen Verzweiflung offenbar der meinen gleichkam, Folgendes schrieb: »Würden Sie angesichts der Tatsache, dass ich eigentlich einen erfahreneren Lokalredakteur als Sie suche, auch für einen Probemonat hierherkommen?« Er hieß Fred Wilson, war Herausgeber der *North-Western Evening Mail*, und ich werde ihn ewig lieben.

»Sollten Sie unsere Erwartungen erfüllen, würden wir uns sehr über Ihr Bleiben freuen. Das Gehalt hier beträgt sieben Pfund und elf Shilling die Woche. Hinzu kommen ein Pfund und sechs Shilling für Lebenshaltungskosten. Wir arbeiten an fünf Tagen pro Woche.«

Ich akzeptierte diese Bedingungen mit Freuden und schrieb, dass ich am Sonntag, dem 28. Juni ankommen würde. Er antwortete, ich möge die Nacht im Hotel *Duke of Edinburgh* verbringen, einem Backsteinhaufen, der noch heute in verblasstem, aber renoviertem Glanz in der Nähe des Bahnhofs steht. Er würde in der Zwischenzeit »ein Inserat für eine Bude aufgeben«.

Alles, was mir nun zu tun blieb, war, den Job zu erlernen, bevor sie merkten, dass ich keine Ahnung hatte. Ich war nervös, gleichzeitig aber beruhigt durch den Umstand, dass Fred Wilsons Briefe schlecht geschrieben waren – auf einem ausgeblichenen Farbband und mit mehreren Korrekturen.

Ich muss zugeben, dass ich keine Ahnung hatte, wie ich mich dort anstellte – ich muss damals viel cleverer gewesen sein als heute. Das Büro war in einem unscheinbaren Gebäude untergebracht, es hatte nichts vom Glanz der großen Zeitungen in der Fleet Street. Trotzdem wurde ich freundlich empfangen und etwa einem halben Dutzend Lokalredakteuren vorgestellt, die an verschiedenen Tischen vor Schreibmaschinen und Zettelspießern saßen.

Ich arbeitete mich gründlich in die Zeitung ein, muss aber bei Schrifttypen, Punktgrößen und Zeichenzählungen Unterstützung bekommen haben. Von Donny Halperin hatte ich schon einiges über Kopfzeilen, Zusammenfassungen und Textüberarbeitungen gelernt, und irgendwie schaffte ich es, mich nützlich zu machen, bevor es zu spät war. Der einzige größere Fehler, an den ich mich erinnere, war meine Überschrift zu einem Artikel über einen Jungen, der mit Streichhölzern gespielt hatte:

HE KEPT HIS ARSON
FOR WEEKENDS

Am Ende des Monats verkündete Fred Wilson, dass ich von nun an festes Mitglied des Teams sei. Die Leute im Büro waren freundlich und umgänglich. Wie mein Umfeld in Paris waren auch sie aus einem Krieg zurückgekehrt und schienen nun sehr zufrieden in ihrer unaufgeregten Häuslichkeit. Ich versuchte, nicht zu viel Aufmerksamkeit auf mich zu lenken, und niemand bemühte sich, mich bei geselligen Anlässen einzubeziehen. Der Einzige, der bei mir einen Eindruck hinterließ, war ein ehemaliger Major. Der schelmische, gutmütige Kerl war mit seinem Fallschirm über Jugoslawien aus dem Flugzeug geworfen worden, um mit Widerstandskämpfern in Kontakt zu treten. Auf die Frage, wie das ohne Sprachkenntnisse funktionieren konnte, antwortete er: »Wenn man sie lange genug auf Englisch anbrüllt, verstehen sie einen.« Es war das erste, aber nicht das letzte Mal, dass ich von dieser speziellen Theorie hörte.

Ich glaube nicht, dass es heutzutage einen Ort gibt – schon gar nicht in Europa oder den USA –, an dem man die Atmosphäre vorfindet, die damals, in prä-digitalen Zeiten, in einer Zeitungsredaktion herrschte. Die Zustände waren ein Angriff auf alle Vorgaben für akzeptable Arbeitsumgebungen. Wir arbeiteten in dichten Wolken von Zigarettenrauch, im Geklapper von Schreibmaschinen und Fetzen von Unterhaltungen. Sollte es irgendwo eine Redakteurin gegeben haben, so habe ich sie nie gesehen. Redaktion war Männersache und in der Regel gesellig – wie ein Club ohne Dekoration. Alle arbeiteten hoch konzentriert, effizient und dennoch lässig, meist mit hochgekrempelten Hemdsärmeln. Immer lagen ein Hauch von Spannung und eine leise Energie in der Luft, die mit der letzten Ausgabe ihren Höhepunkt erreichten, gefolgt von einer greifbaren Erleichterung und einem dringenden Bedürfnis, in den Pub zu gehen. Es war großartig, Teil davon zu sein.

Die »Bude«, die Fred Wilson für mich organisiert hatte, war für eine Weile völlig ausreichend. Ich wohnte in einem freien Zimmer eines Gemeindehauses, bekam Frühstück und »Tee« und konnte zur Arbeit laufen. Alles war in Ordnung, bis die frustrierte Ehefrau eines halbkomatösen Mannes begann, mir nachzustellen. Da sie nicht mein Typ war, schien mir ein Umzug die beste Lösung. Bob, ein Reporter in meinem Alter, suchte einen Mitbewohner. Also zog ich bei ihm ein und begann, mehr über das Leben in Barrow-in-Furness zu erfahren.

Ich war seit ein paar Monaten bei der Zeitung, als ein freiberuflicher Journalist im Büro aufkreuzte. Der Amerikaner brauchte Hilfe. Er war vielleicht Mitte dreißig, pummelig, und trug einen hellen Karoanzug, der für den konservativen Norden etwas schrill war. Der Mann hatte etwas von Raymond Chandlers Privatdetektiven (»Nennen Sie mich Phil!«) und er kam nicht einfach ins Büro, er fegte herein. Er brauchte jemanden, der ihm den Ort zeigte, und weil die anderen das nicht übernehmen konnten, bot ich ihm meine Hilfe an. Natürlich wusste ich selbst kaum etwas über die Gegend, aber ich setzte darauf, dass mein Mitbewohner Bob die Lücken füllen würde.

Als ich mit der Arbeit fertig war, gingen wir in einen Pub. Phil erzählte mir, er habe den Tipp bekommen, dass Oppenheimer seit Neuestem in St Bees wohnte, und dass es eine großartige Story gäbe, wenn er ihn finden und interviewen könnte. Ich hatte ein Problem. Ich hatte keine Ahnung, wer Oppenheimer war, ich hatte noch nie von St Bees gehört – und ich würde nichts davon zugeben.

»Kannst du mir mehr erzählen?«, fragte ich kryptisch.

»Nun, es scheint, dass er nach einem Unterschlupf sucht, seit das McCarthy-Tribunal ihn fallengelassen hat. Ich glaube, der *Express* würde darauf anspringen. Kennst du da jemanden?«

Ich antwortete, dass das nicht der Fall wäre, man aber sicher ohne große Schwierigkeiten einen Kontakt herstellen könnte.

»Ich hab' am Sonntag frei«, sagte ich. »Wir könnten uns treffen.« Wir verabschiedeten uns, und ich fragte mich, wie ich bis Sonntag herausfinden sollte, wer dieser Oppenheimer war.

Es war gar nicht so schwer. Ich war praktisch der Einzige, der nicht wusste, dass Robert J. Oppenheimer im Grunde die Atombombe erfunden hatte. Wegen der Verbindungen, die er vor dem Krieg zur Kommunistischen Partei in Kalifornien aufgebaut hatte, war es zum Zerwürfnis mit McCarthy gekommen. Ich hatte auch noch nichts von dem riesigen Nuklearkomplex Sellafield gehört, der nur zwanzig Minuten von St Bees entfernt lag. Meine gähnende Unwissenheit ärgerte mich sehr. Offensichtlich musste ich schleunigst einiges nachholen, wenn ich bei einer Zeitung arbeiten wollte, für die die wichtigsten Informationen nicht die hohen Aktienkurse waren.

St Bees erwies sich als entzückendes kleines Dorf an der Küste Cumbrias, das jeder kannte außer mir. Es lag etwa eine Autostunde nördlich von uns und hatte seit jeher Künstler, Intellektuelle und Wissenschaftler angezogen. Es wäre wenig überraschend, wenn auch ein Nuklearphysiker dort wäre – an Phils Geschichte konnte also durchaus etwas dran sein.

Phil hatte ein Auto, was zur damaligen Zeit noch ein echter Luxus und keineswegs selbstverständlich war. Zum Glück schlug er vor, dass wir damit fuhren, was mir die Schande ersparte, eingestehen zu müssen, dass ich keines hatte. Ich versuchte, Bob zum Mitkommen zu überreden, aber er antwortete, am Sonntag sei er mit seinem »Boot« beschäftigt – ein seltsames lokales Wort für »Freundin«. Es käme ihm tatsächlich sehr gelegen, dass ich den ganzen Sonntag nicht in der Wohnung sein würde, und ich möge doch bitte anrufen, sollte ich unerwartet früher nach Hause kommen.

Phil und ich starteten also zu einer netten Fahrt und sprachen vor Ort mit ein paar Leuten wie Immobilienmaklern, einem Bibliothekar und einem Kioskbesitzer. Am Ende des Tages waren wir ziemlich sicher, dass Oppenheimer nicht dort war – und wenn doch, dann sehr gut versteckt.

Ich lernte trotzdem viel von Phil, der noch eine Weile bei uns in der Gegend blieb. Auf den Werften passierten immer Dinge, die für eine Nachricht gut waren. Ich baute Verbindungen zu Verteidigungskorrespondenten in London auf, und Hugh Pond vom *Daily Express* kam aus London hoch, um uns zu treffen. Die venezolanische Kriegsmarine war vor Ort, um den letzten einer Flotte von Zerstörern zu übernehmen, die in Barrows gebaut worden waren. Es gelang mir, ein Interview mit dem verantwortlichen Kapitän aufzunehmen.

Einmal begleitete ich einen Gemeinderat auf der wahnwitzigen Mission, Lebensmittel aus Australien zu angeblich verhungernden Mietern in einer Wohnsiedlung zu bringen, die wir dann aber bei einem üppigen Sonntagsbraten überraschten. Ich habe in *Rolling Through the Isles* ausführlich darüber geschrieben. An dieser Stelle genügt es zu sagen, dass ich fünf sehr lehrreiche Monate in Barrow-in-Furness verbrachte, bevor ich einberufen wurde.

Die Papiere kamen Anfang November bei meiner Mutter an. Ich war traurig, die *Evening Mail* verlassen zu müssen – es waren anständige Menschen, und sie waren gut zu mir gewesen. Ich denke, ich kann sagen, dass ich dank ihnen tatsächlich ein Zeitungsmensch geworden war, als ich in die Royal Air Force eintrat. Ob ich auch ein Journalist war, war allerdings noch fraglich. Der Militärdienst erschien mir immer noch wie eine Zeitverschwendung. Ich hatte keine Vorstellung, welch großen Einfluss er auf mein Leben haben würde. All das lag noch vor mir.

20. Der Gruppenführer und ich

Der Militärdienst war Fluch und Segen zugleich. Vieles wurde schon darüber geschrieben, was eine Wehrpflicht in Friedenszeiten mit 18-Jährigen machte, die gerade erst die Rockzipfel ihrer Mütter losgelassen hatten. Zum ersten Mal in ihrem Leben mussten sie ihre Sachen selbst aufräumen, ihre Betten machen und Ordnung halten – ganz zu schweigen vom Aufstehen vor Sonnenaufgang und dem Marsch zum Frühstück. Und zumindest für eine Weile mussten sie ohne Diskussion einfach tun, was ihnen gesagt wurde. Und all das hatte sein Gutes.

Für einen 23-jährigen Mann, der bereits allein in Paris gelebt und Erfahrungen in ein oder zwei Jobs gesammelt hatte, waren diese Lektionen etwas weniger sinnvoll, aber vor allem angesichts der kurzen Dauer nicht allzu schlimm. Die Lektionen wurden uns während einer zweimonatigen Drillphase vermittelt. Diejenigen, die sie hinter sich hatten, genossen es, den Jüngeren, die sie noch vor sich hatten, schreckliche Geschichten von Folter und Demütigung zu erzählen. Ich habe nur die Royal Air Force erlebt, bin aber froh, sagen zu können, dass diese Geschichten maßlos übertrieben waren. Weil ich das jedoch damals nicht wusste, war ich ziemlich nervös.

Vor dem Sturm herrschte eine trügerische Stille. Man hatte mir gesagt, ich sollte mich bei der Royal Air Force in Cardington einfinden, einem Stützpunkt bei Bedford. Dort wurde ich durchaus zivilisiert empfangen und einem Quartier mit etwa zwanzig

Betten in einer Nissenhütte zugewiesen. Dann wurden mir eine Uniform, ein geheimnisvolles Gebilde, das aus kleinen Taschen, Gurten und einem Patronengürtel (auch *Chest Rig* genannt) bestand, und ein Paar Stiefel mit einer seltsam pickligen Oberfläche ausgehändigt. Mir war noch nicht klar, dass all das Folterinstrumente waren. Einige meiner jüngeren Kameraden wussten jedoch bereits von ihren älteren Brüdern, was uns blühte, und hatten sich mit Löffeln, Streichhölzern, Kerzen und Spezialpolituren ausgerüstet.

Während wir der Dinge harrten, die da kommen würden, sollte ich meinen *Chest Rig* einschmieren und meine Stiefel zum Glänzen bringen. Die Schmierarbeit war nicht schwer, aber quälend langweilig. Die Schmiere war eine blau-graue Paste, die in die Schulterriemen, den Gürtel, den Rucksack und zwei Munitionstaschen aus Segeltuch hineingearbeitet werden musste. Die Stiefel waren da schon ein viel größeres Problem. Um ihnen Glanz zu verleihen, mussten die Pickelchen geglättet werden, und genau dafür waren die Löffel perfekt geeignet. Es funktionierte noch besser, wenn die Löffel heiß waren. Nun kamen Streichhölzer und Kerzen ins Spiel. Ich weiß nicht, wie viele Stunden ich daran gesessen habe, aber selbst mit einem Löffel dauerte es ewig, und ich habe den Lacklederglanz nie ganz hinbekommen.

Eines Tages wurden wir ohne Ankündigung in Busse verfrachtet und nach Norden zu einem Ort namens Padgate gefahren. Ich stieg als Letzter in den Bus und als Erster wieder aus. Ich fiel fast in zwei riesige Kerle, die mir wie wütende Löwen ins Gesicht brüllten:

»LOS« – »IM LAUFSCHRITT« –
»LOS, LOS, LOS« –
»IM LAUFSCHRITT« – »UND RUNTER«

Die Lautstärke traf mich wie ein Donnerschlag – noch nie hatte mich jemand derart angeschrien. Ich war verängstigt, desorientiert, wie vor den Kopf geschlagen, verzweifelt, überwältigt – und bereit, alles zu tun, um diesen Monstern zu gefallen. Das Brüllen hörte nicht auf. Mit den röhrenden Giganten an unserer Seite marschierten, nein, rannten wir fast in einer eilig zusammengestellten Gruppe zu unserer Unterkunft.

Nie in meinem Leben hatte ich etwas auch nur annähernd Ähnliches erlebt, und es war eine Lektion, die ich nie vergessen habe. Jede zivilisierte Person, die diese Erfahrung noch nicht gemacht hat, kann – egal, welche Statur sie hat oder welche Dinge sie auch erreicht haben möge – zu unterwürfigem Gelee reduziert werden. Mehrere Stunden lang wurden wir unter dem Druck dieser bedrohlichen Stimmen ordentlich auf Trab gehalten, und ich brauchte danach einige Zeit, um mich von diesem Trauma zu erholen.

Als ich nach einer Weile feststellte, dass die beiden »Giganten« nur zwei angenehme, normalgroße und auch noch fünf Jahre jüngere Unteroffiziere waren, fühlte ich mich gedemütigt und ärgerte mich über mich selbst. Wahrscheinlich war das zum Teil der Grund dafür, dass ich mich später so unbeliebt machte.

Anfangs waren die Drillübungen äußerst unangenehm. Es war Winter, wir mussten im Dunkeln aufstehen und überall hin im Laufschritt durch den Schnee marschieren. Nach etwa einer Woche aber stellte ich zu meiner freudigen Überraschung fest, dass ich mich besser, stärker und lebendiger fühlte. Ich begann, die Übungen zu genießen. Ein paar Tage lang machte mir mein Gewehr, eine *Lee Enfield .303* zu schaffen. Ich hatte vorher noch nie ein Gewehr in der Hand gehalten, und ich bin froh, sagen zu können, dass ich mir nicht die Schulter ausgekugelt, dafür aber das Ziel irgendwie getroffen habe.

An Weihnachten hatte ich das Vergnügen, mein abendliches Festessen gemäß einer alten Tradition von den Offizieren des Stützpunktes serviert zu bekommen: Truthahnbraten, Yorkshire-Pudding und Sprossen, Bratkartoffeln mit Sauce und schließlich Suet-Pudding mit Vanillesauce.

Ich glitt ohne Probleme durch die letzten Wochen, während meine Ungeduld wuchs. Ich wollte zurück nach Cardington, denn dort würde die Entscheidung über die beiden kommenden Jahre fallen. Ich hatte mich schon für die Flugzeugbesatzung beworben und würde dafür eine Prüfung ablegen müssen. Bis dorthin würde es ein weiter Weg sein, aber zu diesem Zeitpunkt hatte ich bereits herausgefunden, dass es noch andere interessante Optionen gab. So unterhielten die Streitkräfte eine Sprachschule in Bodmin im Südwesten Englands, wo auch Russisch unterrichtet wurde – wohl für den unwahrscheinlichen Fall, dass man hinter den feindlichen Linien landete (auch wenn man die Sowjetunion offiziell noch als Verbündete sah). Die Schule hatte einen sehr guten Ruf, und ich fand, dass ich qualifiziert genug war, dort meinen Militärdienst abzuleisten – schließlich sprach ich ja bereits zwei Fremdsprachen (jedenfalls einigermaßen). Und selbst wenn die nicht ausreichen sollten, könnte ich mit meinem wissenschaftlichen Hintergrund doch sicher davon ausgehen, zum Funker oder Radarmonteur ausgebildet zu werden.

Schon innerhalb einer Woche nach der Prüfung erfuhr ich, dass ich in allen drei Bereichen versagt hatte und stattdessen zum Gutachter für die Personalauswahl ernannt worden war. Klingt wichtig? Weit gefehlt. Mein Job war es, die Unterlagen für genau die Prüfung zu verteilen, die mich zu dieser blöden Aufgabe verdammt hatte, alle Kandidaten eine Stunde lang ruhig zu halten, die Unterlagen einzusammeln und jemandem zur Durchsicht zu geben, der intelligenter war.

Zwischen den Tests blieb genug Zeit, einen Becher Char zu trinken, starken braunen Tee, der nur durch die Zugabe von Unmengen an Zucker trinkbar wurde und über den das Gerücht umging, ihm wäre Bromid zugefügt worden, um unsere Hormonstürme zu beruhigen.

Zwei weitere Jahre lang war ich also *Copy Boy*, allerdings ohne Zeitung. Ich war, gelinde gesagt, stinksauer. Es erschien mir lächerlich, dass jemand mit meinen überragenden Talenten auf dem Abstellgleis stehen sollte, und ich beschloss, diejenigen zu frustrieren, die mich so frustrierten. Als Erstes wurde ich Mitglied einer Band, sodass ich zumindest auf einige Paraden gehen konnte. Ich konnte noch immer nicht wirklich gut Klarinette spielen, aber es reichte, um ein paar Töne zu produzieren und Zuhörer anzuziehen.

Während ich noch in Selbstmitleid badete, kam mir eine Idee, wie ich gegen mein Schicksal angehen könnte. Es war ausgerechnet unser Seelsorger, der mir dabei helfen sollte. Ich erzählte ihm, dass ich irgendwo ein falsches Spiel vermutete: Die Behörden hätten meine früheren kommunistischen Verbindungen entdeckt und würden mir deshalb jedwede sinnvolle Aufgabe vorenthalten. Er antwortete, dass an den Vorwürfen durchaus etwas dran sein könnte. Ohne überhaupt nach meiner Religion oder meinem Glauben zu fragen (was gut war, denn ich hatte keines von beidem) half er mir, ein Petitionsschreiben an das Luftfahrtministerium aufzusetzen. Es war ein wahres Kunstwerk, gespickt mit nummerierten Passagen und vielen »wohingegens« und »hierfürs«. Es legte nahe, dass Ihre Majestät angesichts dieses Misstrauens gut beraten sei, mich aus der Air Force zu werfen und mit mir abzuschließen. Daraufhin hielt ich meine Füße einige Wochen lang still, bis die Antwort vom Ministerium kam und ich erfuhr, dass man mich vorerst gern beließ, wo ich war.

Ich gebe zu, dass ich nicht sehr überrascht war. Ich hatte nie geglaubt, tatsächlich eine Chance auf Erfolg zu haben, aber ich war dennoch in düsterer Stimmung und wurde ziemlich rebellisch. Als ich zurück in London war, suchte ich Hugh Pond vom *Daily Express* auf, einen der Verteidigungskorrespondenten, die ich kennengelernt hatte. Er sagte, er würde mit Freuden für jede noch so kleine Story bezahlen, die ich ausgraben würde. Er schlug vor, dass ich, sobald ich etwas hätte, in die Stadt ginge und ihn von einem öffentlichen Telefon aus anriefe. Aber er betonte auch, dass ich, wenn ich ertappt würde, natürlich wegen Geheimnisverrats angeklagt und ins Gefängnis kommen könnte. Irgendwie überzeugte ich mich davon, dass die Gefahr diesbezüglich äußerst gering war.

Mehrere Monate lang stieß ich immer wieder auf Geschichten, die es wert waren, erzählt zu werden. Heute habe ich nicht mehr die leiseste Ahnung, welche es waren. Sie stellten mit Sicherheit keine Bedrohung für das Vereinigte Königreich dar und sie brachten mir ein paar Pfund ein. Dann sollte sich die Band eines Tages für ein besonderes Ereignis vorbereiten: In einem nahegelegenen Herrenhaus würde ein großer Empfang stattfinden. Unter den Gästen befanden sich hochrangige Offiziere wie Vize-Marschälle der Luftwaffe und andere. Man dachte, es könnte der Veranstaltung eine besondere Note geben, wenn unsere Band sich auf dem Rasen vor dem Ballsaal aufbauen und die Vorgänge mit bezaubernden Melodien untermalen würde.

Es war ein eher kalter Frühlingsabend. Wir standen auf einem grasbewachsenen Hügel und sahen durch die großen französischen Fenster der Crème de la Crème beim Champagnerschlürfen zu. Das Bild eines ältlichen Offiziers in seiner Ausgehuniform werde ich nie vergessen: Seine kurze Weste umschloss nicht einmal ansatzweise seinen enormen Bauch, und auf seinen streichholzdünnen Beinchen wirkte er so lächerlich, dass ich mich beinahe an meinem Mundstück verschluckte. Ich denke, es war vor allem diese Situation, die mich bei nächster Gelegenheit nach Bedford fahren und die *Sunday Pictorial* anrufen ließ. Auf beiden Mittelseiten breiteten sie den Skandal aus, dass junge Militärdienstleistende ausgenutzt wurden, um die Oberschicht zu unterhalten. Ich war sehr zufrieden und wurde gut entlohnt, doch an meiner Langeweile änderte sich dadurch nichts. Dann hatte ich eine Idee.

Cardington, wo ich stationiert war, war der Ort, an dem die Formalitäten für alle Wehrdienstleistenden erledigt wurden, die zur Royal Air Force wollten. Sie wurden zu Tausenden hier durchgeschleust – genau wie ich damals. Ich fand, es wäre eine gute Idee, ein Magazin zu produzieren, das sie zum einen unterhalten und zum anderen darüber informieren würde, was man von ihnen erwartete. Je mehr ich darüber nachdachte, umso besser fand ich die Idee. In meinem Quartier hatte ich zwei ziemlich belesene Kameraden, Tony Holland und Pat Rossborough, die ganz meiner Meinung waren. Also fertigte ich einen ersten Entwurf des Magazins an. Die Ideen flogen mir nur so zu, als hätte das Magazin nur darauf gewartet, in die Welt zu kommen.

Sein Name – oft eines der schwierigsten Dinge – war wie durch ein Wunder gleich klar:

SCRAMBLE

Dieses bewegende Wort stammte aus den Glanzzeiten der Royal Air Force, als Piloten sich und ihre Flugzeuge in Höchstgeschwindigkeit bereit machten, um der Luftwaffe Widerstand zu leisten. Wie oft hatten wir alle dieses Wort in Filmen über die *Battle of Britain* gehört? Ich fand, es war der perfekte Name. Und welches Format würde *Scramble* haben? Ich war großer Fan des kleinen Magazins *Lilliput* und es schien mir sinnvoll, dass die Rekruten *Scramble* in ihren Taschen unterbringen konnten.

Was sollte drin sein? Pin-ups, Rätsel, Geschichten, Cartoons, Informationen – ich war sicher, dass wir jede Menge Ideen haben würden. Noch aber war all das ein schönes Luftschloss, denn ich wusste nicht, ob es sich überhaupt realisieren lassen würde.

Der Offizier, der in letzter Instanz für mich und meine Aktivitäten zuständig war, war ein gewisser Geschwaderführer Hurlock. Bisher hatte ich fast nichts mit ihm zu tun gehabt. Er war jung, wahrscheinlich um die dreißig, und schien ein grundanständiger Mensch zu sein: Ich habe nie bemerkt, dass er etwas Unangenehmes getan oder gesagt hätte. Mit seiner kleinen Familie lebte er in einem der Backsteinhäuser auf dem Gelände.

Da mein Dienstgrad der unterste der unteren war, musste ich mich durch die gesamte Befehlskette zu ihm durcharbeiten. Schließlich wurde mir gesagt, ich sollte ihn in seinem Haus treffen. Ich war äußerst positiv überrascht. Nachdem ich die ganze Salutiererei hinter mich gebracht hatte, bat er mich in sein Wohnzimmer und wir setzten uns. Seine Frau brachte uns richtigen Tee mit Keksen, und ich stellte ihm meine Idee vor. Verständlicherweise wollte er sicher sein, dass ich dafür auch qualifiziert genug wäre. Also walzte ich meine Erfahrungen im Zeitungsbusiness gehörig aus. Von Anfang an hatte ich das Gefühl, dass er wollte, dass aus der Sache etwas würde. Er erhob kaum Einwände.

Natürlich hatte ich keinerlei Vorstellung davon, wie ein derartiges Projekt finanziert werden könnte, aber er hatte sofort eine Idee. Offensichtlich gab es eine Art Institut für das Wohlergehen der Luftwaffenmitglieder, das unabhängig vom Stützpunkt war und über Geld verfügte. Er fand, dass das Magazin eine gute Verwendung dafür war.

Ich staunte, wie schnell die Sache Gestalt annahm. Er fragte, wie und wo das Magazin gedruckt werden sollte, und ich antwortete ihm, dass sich in Bedford sicher eine Druckerei finden ließe, die das übernehmen könnte. Ich sagte ihm, dass ich natürlich einige Freiheiten bräuchte: recherchieren, Aussagen aufnehmen, Budgets erstellen und solcherlei Dinge. Er antwortete, dass sich das sicher arrangieren ließe.

Es gab eine Sache, vor der ich wirklich Angst gehabt hatte: dass meine Petition, aus der Royal Air Force entlassen zu werden, mir diesen Vorstoß hier verderben würde. Warum sollten sie mir, einem so undankbaren Kerl mit roter Vergangenheit, überhaupt vertrauen? Doch es schien, als hätte niemand diese Vorgänge miteinander in Verbindung gebracht. Es war offensichtlich, dass Hurlock nichts von meinem verräterischen Verhalten wusste. Er bat mich um etwas Zeit, damit er die Sache durchdenken und besprechen konnte – aber er war begeistert.

Schwebend verließ ich sein Haus, und nein, er lieferte mich nicht ans Messer. Stattdessen lud mich Gruppenführer Kapitän »Jack« Satchell, Kommandant der Royal Air Force Cardington, zum Tee ein. Damals wusste ich noch nicht, dass er im Zweiten Weltkrieg ein Flieger-Ass gewesen war, viele Feinde getötet hatte und mit den entsprechenden Orden ausgezeichnet worden war. Es ging das Gerücht, er habe seine Hurricane sogar unter der Tower Bridge hindurchgeflogen, was ihm beim Establishment ebenso viel Wut wie Bewunderung eingebracht hatte. Jetzt war er kurz vor dem Ruhestand. Er wohnte in einem Bungalow, einem kleinen, aber geschmackvoll eingerichteten Haus, das nicht weit entfernt etwas unterhalb des Stützpunktes lag. Wieder war ich von der Liebenswürdigkeit überwältigt, mit der mein Gegenüber den gähnenden Abgrund zwischen seinem und meinem Dienstgrad vollkommen ignorierte. Satchell hatte dunkles Haar und einen Schnurrbart in einem offenen, ehrlichen Gesicht. Ich mochte ihn sofort. Er saß an einem Schreibtisch und bot mir einen Sessel an. Seine Frau brachte Tee.

»Ihr Magazin ist eine gute Idee«, sagte er. »Sie gefällt mir, und ich habe Hurlock gebeten, die Sache in seinen Verantwortungsbereich zu nehmen. Sie werden an ihn berichten.«

Wir sprachen noch ein wenig über die Informationen, die das Magazin beinhalten sollte, und darüber, was er für angemessen hielt. Dann sagte er etwas, bei dem mir die Kinnlade heruntergefallen wäre, hätte ich sie nicht mit aller Kraft festgehalten:

»Sie wissen ja, dass die Presse uns in letzter Zeit einige unwillkommene Aufmerksamkeit geschenkt hat«, sagte er. »Ich vermute, dass Sie Kontakte in die Fleet Street haben – denken Sie, Sie könnten mit denen sprechen, damit sie uns in Ruhe lassen?«

Ich versprach, mein Bestes zu versuchen.

Die ganze Zeit hatte er gewusst, dass ich es gewesen war. Mir wird noch immer schlecht bei der Vorstellung, was geschehen wäre, wenn er die Regeln befolgt hätte.

21. *Tosca* im Badezimmer

Scramble krempelte mein Leben ein weiteres Mal um. Ich bekam ein Einzelzimmer am Ende des Blocks, das eigentlich für Unteroffiziere reserviert war und mich vom Fußvolk trennte. Ich musste an keiner Parade mehr teilnehmen. Ich hatte mein eigenes kleines Büro im Hauptquartier des Stützpunktes und – das Beste von allem – die Erlaubnis, zu kommen und zu gehen, wie es mir gefiel. Anders gesagt: Ich war im Grunde ein Zivilist, der gelegentlich eine Uniform anzog. Ich konnte über diese schnelle und tiefgreifende Veränderung meiner Lebensumstände nur staunen – das plötzliche Gefühl von Freiheit war unbeschreiblich.

Vor allem aber war ich unendlich dankbar. Alles, was ich immer gewollt hatte, war die Chance zu zeigen, was ich konnte, und diese beiden Männer, Hurlock und Satchell, hatten meinen Blick auf die Royal Air Force komplett verändert. Ich würde nicht sagen, dass ich mich wegen meiner früheren, heimlichen Aktionen schämte. Tatsächlich war ich der Meinung, dass es unangemessen gewesen war, uns zur Unterhaltung der Gockel von Bedford da draußen in der Kälte spielen zu lassen, aber diese beiden Männer hatten großes Vertrauen in mich gesetzt. Ich war entschlossen, dem gerecht zu werden.

Man hätte glauben können, die Welt hätte nur auf das Magazin gewartet. Alles fügte sich mit erstaunlicher Leichtigkeit. Mit Stanley Emson von der lokalen *Bedford Weekly* hatte ich bereits einen Freund gefunden; er half mir, in der Stadt eine gute Druckerei zu finden. Schnell einigten wir uns auf die Eckdaten: *Scramble* würde 13,97×21,59 cm groß sein, 24 Seiten in Schwarz-Weiß und ein farbiges Titelbild haben, mit Sattelheftung gefertigt und in einer Auflage von 1.000 Exemplaren gedruckt werden. Die Kosten lagen deutlich unterhalb der Budgetgrenze, die ich bekommen hatte. Es schien, als wollte der Drucker uns nur allzu gern helfen – und zwar nicht nur der Royal Air Force, sondern auch den Jungs, die noch durch den Fleischwolf des Stützpunktes gedreht werden würden.

So viel also zu den Rohdaten. Nun ging es an den Inhalt. Ich hatte Tony Holland, der ein richtig guter Cartoonist war, aber höchstens ein paar Seiten füllen konnte. Ich brauchte eindeutig jede Menge Hilfe und begann, eine Liste der Leute zu erstellen, die ich kannte und die Ideen oder Kontakte für mich haben könnten. Jetzt, wo ich jederzeit nach London fahren konnte – eine erstaunliche Freiheit, die mir noch immer ganz unglaublich erschien –, erinnerte ich mich an Lesley-Ann. Sie war eine reizende, temperamentvolle Freundin, die ein Händchen fürs Netzwerken hatte. Wir hatten miteinander viel Zeit im Bett und außerhalb verbracht, bevor ich nach Barrow-in-Furness ging, doch danach hatten wir uns vor meiner Einberufung nur einmal kurz getroffen. Ihre Mutter war Literaturagentin, und ihr Onkel war als Feuilletonredakteur bei der *Daily Mail* gewesen. Lesley-Ann war also ein guter Ausgangspunkt, und das gleich aus mehreren Gründen.

Da ich nicht wusste, wo sie wohnte, rief ich ihre Mutter an. Sie erzählte ohne große Begeisterung, dass Lesley-Ann vor Kurzem einen Schauspieler geheiratet hatte und sie eine Wohnung in Holland Park hätten. Ich wählte ihre Nummer und erreichte sie sofort. Sie schien sich sehr über meinen Vorschlag für ein Treffen zu freuen, und so vereinbarten wir, wann ich sie besuchen könnte.

Es gab verschiedene Möglichkeiten, nach London zu fahren, aber das beliebteste Transportmittel war die Austin-Limousine von Harry, dem Baron. Harry war der Sohn eines Buchhalters, der in seinen Büchern wahre Wunder vollbracht haben musste, um in Zeiten, in denen Titel noch vom Vater auf den Sohn vererbt wurden, zum Lord ernannt zu werden. Obwohl er ein Baron war, hatte Harry es nie geschafft, die Royal Air Force derart zu beeindrucken, dass sie ihm besondere Verantwortung übertragen hätte. Er blieb also, genau wie ich, ein einfacher Fliegersoldat. Er hatte sein Bett in meinem Block. Tony konnte nur mit Mühe davon abgehalten werden, Harrys Adelszugehörigkeit und die damit verbundene Noblesse durch das Anbringen des royalen Wappens über der Tür kundzutun.

Wenn er nicht gerade auf einer Parade war, lebte Sir Harry in Golders Green. Sein schickes Auto wartete einsatzbereit in einer nahegelegenen Werkstatt. Wenn er an freien Wochenenden in die Stadt fuhr, war auf dem Rücksitz genügend Platz für uns. Dieses Mal aber stand der Limousinen-Service nicht zur Verfügung. Ich nahm den Greenline-Bus und die U-Bahn zum Notting Hill Gate, eine Reise von zwei Stunden. Am nächsten Morgen traf ich Lesley-Ann allein in ihrer Wohnung an. Ihr Mann, so erzählte sie, sei bei einem Vorsprechen und würde erst spät zurückkommen. Dann hörte ich die ganze traurige Geschichte. Sie war eine junge und ungestüme Frau, die Model werden wollte. Er war ein attraktiver, junger Schauspieler, von dem sie gehofft hatte, er könnte ihre Karriere voranbringen. Sie hatte auch geglaubt, er würde im Bett etwas hermachen, doch schon innerhalb der kurzen Zeit ihrer Ehe hatte er zu seiner eigenen Überraschung festgestellt, dass er schwul war.

Es war eine Tragödie – darin waren wir uns einig. Und nachdem ich ihr alles Neue von mir erzählt und ihr mein Magazinkonzept vorgestellt hatte, wandten wir uns dem zu, was offensichtlich ganz oben auf der Agenda stand. Wissend, dass es keine überraschenden Störungen geben konnte, entschieden wir, uns der Sache anzunehmen.

Mein Leben hat mich inzwischen eines gelehrt: Wenn eine Störung unmöglich ist, wird es eine geben. Es gibt sie in Filmen, es gibt sie im wahren Leben. Und es gab sie bei uns. Wir hörten Schritte auf der Treppe, wir hörten jemanden vor der Tür und dann hörten wir, wie ein Schlüssel die Tür öffnete. Ich sprang auf, sprintete mit meiner Hose unterm Arm ins Badezimmer und konnte die Tür gerade noch rechtzeitig hinter mir schließen. Doch der Überraschungsgast war nicht der Ehemann.

Lesley-Ann hatte vergessen, dass eine ihrer Freundinnen, eine Opernsängerin, einen Schlüssel zur Wohnung hatte. Und diese Opernsängerin war so glücklich über eine Rolle, die sie gerade bekommen hatte, dass sie einfach zu ihrer Freundin kommen und ihr daraus vorsingen musste. Ich stand also eine gefühlte Ewigkeit lang nackt und zitternd hinter der Badezimmertür und versuchte, meine Hose ohne jedes Geräusch anzuziehen, während die Sopranistin jenseits der Tür inbrünstig eine Partie aus *Tosca* zum Besten gab. Zwar hätte ich durch das Fenster verschwinden können, aber zum einen waren wir im zweiten Stock, zum anderen stand ich ohne Schuhe da. Mir blieb also keine Wahl, als die Musik bis zur letzten Achtelnote zu genießen.

Nach dieser Vorstellung und nach dem Abgang der Diva kamen wir tatsächlich auch noch mit dem Magazin voran. Wir grübelten, wie ich an Bilder und Geschichten kommen könnte, zumal ich kein Geld für Honorare hatte. Ein Gedanke war, uns nach sympathischen Prominenten umzuschauen. Ein Gespräch mit Lesley-Anns Mutter Victoria war ein echter Durchbruch: Sie erzählte mir, dass Peter Sellers in der Royal Air Force gedient hatte.

Peter Sellers war Teil der *Goon Show*, deren Beliebtheit zu dieser Zeit kaum zu überschätzen war: Die verrückte, surrealistische Radiosendung hatte ganz Großbritannien in seinen Bann geschlagen. Menschen im ganzen Land imitierten markante Sätze und Geräusche der Figuren, die zumeist von Spike Milligan erfunden worden waren und von Peter Sellers, Harry Secombe und Michael Bentine verkörpert wurden. Jahrelang waren sie Teil des allgemeinen Sprachschatzes. Die Show war zu ihrer Zeit so populär wie später die Beatles. Ich schrieb also an Peter Sellers beim BBC, stellte ihm mein Projekt vor und bat ihn, mir etwas zu schicken, das ich verwenden konnte.

Dann nahmen wir uns Pin-ups vor. Auch wenn ich insgeheim dachte, dass Lesley-Ann wahrscheinlich zu klein und zu kurvig war, um als Model groß rauszukommen, blieb sie hartnäckig. Sie hatte es geschafft, Modeljobs für Kataloge zu bekommen, und dabei Roy Round, einen etablierten Fotografen, kennengelernt. Ich traf ihn am folgenden Montag, und wieder einmal waren die Götter auf meiner Seite: Es stellte sich heraus, dass er ebenfalls bei der Royal Air Force gedient hatte und gern an sie zurückdachte.

Roy war nur zwei Jahre älter als ich, hatte die Welt der Modefotografie aber bereits im Sturm erobert. Er hatte ein Studio in Kensington, reiste auf alle bedeutenden Schauen in Paris und New York und fotografierte für die besten Modemagazine wie *Vogue* und *Harper's Bazaar*. Umso verrückter war mein Anliegen, er möge Pin-ups für *Scramble* fotografieren – doch er fand den Gedanken spannend und versprach, sich etwas zu überlegen.

Natürlich hätte ich die öffentlich verfügbaren Werbefotos von Diana Dors und weiteren Sexsymbolen der damaligen Zeit verwenden können, aber ich wollte etwas anderes. Roy hielt Wort. Er hatte ein junges Starlet gefunden, das überglücklich war, mit ihm zu arbeiten. Er machte einige wunderschöne Bilder, und ich druckte eines davon ab. Später wurden wir enge Freunde, doch ich habe ihm nie erzählt, dass meine Leser die schlichten Studiofotos von Diana Dors seinen kunstvollen Bildern eindeutig vorzogen.

Noch immer war jede Menge zu tun. Ich war zurück auf dem Stützpunkt und traf mich mehrfach zum Brainstormen mit Tony und Pat Rossborough. Wir entwickelten die Idee einer mehrteiligen Spionagegeschichte: Unser Held *The Spook* sollte geheime Machenschaften von Bösewichten aufdecken, welche sich um die riesigen Flugzeughangars auf dem Stützpunkt drehten. Schon die Geschichte der Hangars war faszinierend, und nur wenige Menschen wussten, wie unfassbar groß sie waren. Einer allein war so gewaltig, dass die *Titanic* darin Platz gefunden hätte. Sie stehen noch heute. Über *The Spook* vermittelten wir also auf unterhaltsame Weise die Geschichte der Hangars, von Flugzeugen im Allgemeinen und vom katastrophalen letzten Flug der R101.

Daneben war es mir sehr wichtig, Geld über Anzeigen einzuwerben, und tatsächlich zeigten sich die Geschäftsleute von Bedford recht großzügig. Ob Fleischer, Bäcker oder Kerzenmacher: Sie alle buchten viertel Seiten. In London sprach ich alle Unternehmen an, die eine Verbindung zur Royal Air Force oder zum Fliegen im Allgemeinen hätten haben können, aber sie reagierten nur sehr langsam. Mein wichtigster Erfolg war die ganzseitige Anzeige eines Lieferanten von Zubehör für militärisches Personal. Auf der Seite gab es kleine Produktzeichnungen, doch der Blickfang war ein besonders geformter und mit einem Schlauch versehener Flachmann aus Glas, den ältere Offiziere sich für lange und mühselige Paraden an den Oberschenkel binden konnten. Die außergewöhnliche Erfindung trug den Namen *Y-B-Wet*.

Mein größter und freudigster Triumph aber war ein Päckchen, das mich aus dem Hauptbüro der *Goon Show* erreichte. Spike Milligan hatte eine unbezahlbare Geschichte voller Quatsch geschrieben und ein paar verrückte Zeichnungen hinzugefügt. Das war mein Jackpot.

Die vielleicht größte Herausforderung war das Titelbild – über Wochen grübelte ich darüber nach. Ich hatte kein Foto, das ich nicht zu kitschig oder zu langweilig fand. Dann berichtete Lesley-Ann, sie habe einem Freund, der als Illustrator bei einer Werbeagentur arbeitete, vom Magazin erzählt. Sein Name war Andrew Christiansen und er akzeptierte den Auftrag *pro bono*. Kurz danach lieferte er uns eine großartige Zeichnung, und plötzlich schien alles zu passen.

Das Magazin wurde ein Erfolg – in Cardington und Padgate war es ausverkauft. Es kostete einen Sixpence pro Heft, und ich will nicht leugnen, dass darin etwas psychologischer Druck auf die ohnehin schon nervösen Rekruten ausgeübt wurde. Ich denke aber, dass das durchaus einen Tanner wert war – mein Gewissen ist also rein. Ich gab noch zwei *Scramble*-Ausgaben heraus, bevor meine Dienstzeit zu Ende war.

Meine Freundschaft zu Stanley Emson vertiefte sich, und nach einer Weile bot er mir an, ein freies Zimmer in seiner Wohnung zu nutzen. Von nun an übernachtete ich meist bei ihm in Bedford, wenn ich nicht in London war. Er war mit einer Krankenschwester verheiratet, die ich sehr hübsch fand und die ihn ganz offensichtlich vergötterte. Aber er behandelte sie schlecht. Stanley hatte das gute Aussehen eines missverstandenen Poeten, und junge Frauen fühlten sich zu ihm hingezogen wie Motten zum Licht. Er wiederum tat nicht viel, um sie abzuwehren. Er brachte sich in einige sehr komplizierte Situationen – mit urkomischen Konsequenzen. Wie dem auch sei: Mein Leben verlief so unmilitärisch wie nur möglich, aber das war es nicht, was mich antrieb. Mir war klar, dass die Royal Air Force mir eine unglaubliche Möglichkeit eröffnet hatte, die im zivilen Leben niemals auch nur denkbar gewesen wäre. Ich war zutiefst dankbar und bemühte mich in jedem einzelnen Moment, das Magazin so gut wie irgend möglich zu machen.

Tony Holland entwickelte eine wirklich besondere Technik für seine Cartoons und begann bald, Geld damit zu verdienen. Pat Rossborough und ich führten die *Spook*-Story noch drei Folgen lang weiter, und tatsächlich wurde sie nicht so schlimm, wie sie hätte werden können. Natürlich haben wir die Geschichte nie zu Ende gebracht – *The Spook* streift also noch immer durch die Nacht. Seit Jahrzehnten habe ich nicht an ihn gedacht.

Andrew gestaltete alle Titelbilder, und sie waren perfekt. Er und ich haben uns nur ein paar Mal kurz getroffen, das letzte Lebenszeichen von ihm war eine Postkarte aus Trinidad. Gleich nach der zweiten Ausgabe erzählte er mir, dass er beide auch an seinen Vater geschickt hatte, dem sie sehr gefielen.

»Ach ja?«, antwortete ich, meinte aber eigentlich: »Danke, und warum erzählst du mir das?«

Dann fand ich heraus, wer sein Vater war: Arthur Christiansen, eine Legende der Fleet Street. Er war der Herausgeber von Lord Beaverbrooks Zeitung, dem *Daily Express*, der damals einflussreichsten Zeitung in Großbritannien. Sie verkaufte täglich vier Millionen Exemplare, mehr als jede andere Zeitung weltweit.

»Er würde dich gern kennenlernen, wenn du hier raus bist. Du solltest ihm schreiben.«

Wunder gibt es immer wieder. Wirklich.

22. Wie ich London vor der Atombombe bewahrte

Nur jemand, der einmal ein Magazin gegründet hat, kann den Schmerz verstehen, den man bei seinem Eingehen verspürt. *Scramble* war mein Baby und in meinen Augen eine sinnvolle und gute Sache, die so lange hätte weiterbestehen können, wie es den Militärdienst in Großbritannien gab. Die neuen Rekruten, die Monat für Monat nach Cardington strömten, waren garantierte Abnehmer. Inoffizielle Befragungen bestätigten mir, dass das Magazin geschätzt wurde und seine Sixpence zur Unkostendeckung wert war. Geschwaderführer Hurlock, formal mein Boss, hielt es für ein hilfreiches Kommunikationsmittel zwischen der Royal Air Force und den Rekruten.

Das Magazin arbeitete kostendeckend, aber natürlich trug die Royal Air Force einige Posten wie meine Arbeitszeit, Spesen sowie mein kleines Büro. Auf der anderen Seite waren die Anzeigeneinnahmen noch immer sehr gering. Ich war sicher, dass wir auf diesem Wege größere Summen generieren könnten, wenn der Fortbestand des Magazins garantiert und es vor allem auf weiteren Stützpunkten der Royal Air Force verkauft werden würde. So hätten wir alle Kosten problemlos decken und Texter, Fotografen oder Cartoonisten bezahlen können. Mit anderen Worten: *Scramble* war ein lebender, atmender Organismus, und es war furchtbar für mich, es loszulassen.

Ich befolgte Andrews Vorschlag und schrieb seinem Vater, dem Herausgeber des *Daily Express*. Ich erklärte ihm meine

Sorge, dass das Magazin nach meiner Zeit bei der Royal Air Force eingehen würde, doch ehrlich gesagt, konnte ich mir nicht vorstellen, dass *Express Newspapers* sich für *Scramble* interessieren würde. Für mich war es einfach der Aufhänger, um Kontakt aufzunehmen.

Christiansens Antwort gab mir enormen Auftrieb:

»Das Magazin ist sehr ansprechend gestaltet, und wenn der redaktionelle Inhalt sich noch auf das Niveau der Illustrationen und Pin-up-Fotos entwickelt, wird es unglaublichen Erfolg haben.«

Eine Entscheidung über seine Zukunft läge nicht in seiner Hand. Er würde mein Anliegen weiterleiten, aber:»Lassen Sie uns währenddessen in Verbindung bleiben.«

Was natürlich genau das war, was ich eigentlich hören wollte. Eine Anstellung beim *Daily Express* nach meinem Wehrdienst wäre der Hauptgewinn.

Viele Jahre später fand ich heraus, warum Christiansen solches Interesse an meinem Magazin gehabt haben könnte. 1930, als er noch ein junger Redaktionsassistent beim *Sunday Express* war, produzierte er eine Sonderausgabe für den späten Vormittag, um über den katastrophalen Unfall des Luftschiffs R101 zu berichten, bei dem 48 Menschen ums Leben kamen. Diese Veröffentlichung legte die Grundlage für seinen guten Ruf – und natürlich war die R101 in Cardington gebaut worden.

Von nun an hielt ich, während ich neue Ausgaben produzierte, nach Herausgebern Ausschau, die *Scramble* übernehmen und auf kommerzieller Basis veröffentlichen könnten. Doch lediglich *Hulton Press* zeigte Interesse. *Hulton* veröffentlichte die *Picture Post*, das letzte und – wenn ich mich nicht täusche – einzige wirklich erfolgreiche landesweite Magazin Englands. Es kam 1938 zum ersten Mal heraus und zeigte während des gesamten Krieges eindrückliche Fotostrecken von allen Fronten. In seinen Blütezeiten wurden fast zwei Millionen Exemplare pro Woche verkauft. Der Gedanke, auch nur die entfernteste Verbindung zu diesem Magazin zu haben, war betörend. Ich konnte nicht ahnen, dass die *Picture Post* in weniger als einem Jahr Geschichte sein würde.

Damals, im Jahr 1956, war Reverend Marcus Morris der wichtigste und extravaganteste Herausgeber bei *Hulton*. Es gab Gerüchte, der Geistliche trüge ein Korsett, und laut Max Hastings war er »ein unglaubwürdiger Pastor, der mit seiner Frau, einer Schauspielerin, vier Kinder hatte und nebenbei ein intensives und exotisches Liebesleben genoss.«

Morris selbst hatte *Eagle* erschaffen, einen unfassbar erfolgreichen Comic für Jungs. Man stellte ihm *Scramble* vor. Er mochte es und beauftragte seinen Assistenten Clifford Makins damit zu prüfen, ob eine Übernahme in Frage käme. Ich fuhr nach London, wo ich nach einem kurzen Treffen mit Morris einige Zeit mit Clifford zusammensaß, um das Projekt zu besprechen. Er war freundlich, begeisterungsfähig und erfrischend informell – später wurde er mir ein guter Freund. Die Zukunft von *Scramble* hing jedoch davon ab, dass das Luftfahrtministerium Hulton Zugang zu den Stützpunkten gewährte, damit das Magazin dort verkauft werden konnte. Das Ministerium verweigerte den Zugang.

In diesen Monaten genoss ich die Freiheit, nach Belieben kommen und gehen zu können, in vollen Zügen. Meine Freundschaft mit Roy Round wurde tiefer, und wir verbrachten immer mehr Zeit miteinander. Seine Freundin, die er später auch heiraten würde, war die Primaballerina Georgina Parkinson. Dadurch beschäftigte sich Roy neben der Modefotografie immer starker mit dem Fotografieren von Tanz und Tänzern, was ihm häufig zu Tickets für Covent Garden verhalf. Wir hatten wunderbare

Abende dort, an denen er großzügigerweise bezahlte. Ich hatte lediglich meinen Sold von der Royal Air Force, der kaum für die Garderobenmarken reichte.

Die beiden gingen besonders gern ins Restaurant *The French Club* am Haymarket, wo ich die erste Avocado meines Lebens aß. Oft trafen wir dort berühmte Tänzer. Eines Abends lud uns Anton Dolin, der in den 30er Jahren ebenso gefeiert wurde wie Nureyev, in seine Wohnung ein. Als wir dort ankamen, war er nackt. Er trug nur ein Nichts von Unterhose, sodass wir seinen Körper bewundern konnten, der für einen Mann in den Fünfzigern zweifellos attraktiv war. Unglücklicherweise musste er in einem fort niesen. Wir drängten ihn, sich etwas anzuziehen, aber er unterbrach uns: »Es ist nichts. Ich muss immer – hatschi – vierzig Mal niesen.« Ich hörte bei zwanzig auf zu zählen.

Auf diese Weise vergingen meine letzten Monate bei der Royal Air Force. Ich brachte die letzte Ausgabe von *Scramble* heraus und schrieb wie verabredet erneut an Christiansen, um ihm mitzuteilen, dass meine Tage hier gezählt waren. Dann lehnte ich mich in der Hoffnung und Erwartung zurück, meine beiden letzten Wochen ruhig und bequem zu verleben.

Es sollte nicht sein. Plötzlich wurde ich wieder in meine Uniform gesteckt, zum Exerzieren geschickt und darüber informiert, dass ich ins weit entfernte Lancashire verfrachtet würde, um dort Feuerwehrmann zu werden. Es blieb kaum Zeit für Selbstmitleid, alles geschah sehr schnell. Noch an diesem Abend kam unser Bus in Chorley in Lancashire an. Am nächsten Morgen marschierten wir unmittelbar nach dem Frühstück in die Unterrichtsräume und erfuhren, worum es bei dem Ganzen ging.

Die Regierung war zu der Annahme gelangt, es gäbe eine realistische Möglichkeit, dass die Russen eine Atombombe auf London werfen könnten (allein der Gedanke ist unerträglich). Sollte ihnen dieses Vorhaben gelingen, hätte es natürlich schlimmstes Chaos zur Folge und es gäbe viele Brände. Danach zeigte man uns über einen Projektor Diagramme, die aus konzentrischen Kreisen bestanden. Sie zeigten – ausgehend von Charing Cross oder was auch immer das Ziel der Bombe sein würde – die verschiedenen Grade der Verwüstung an.

Wir hier in Chorley waren die Auserwählten, die als Reservisten unmittelbar danach zum Einsatz kommen und die Feuer löschen sollten. Aber wie, so mag man sich fragen und so fragten auch wir, sollte das funktionieren? Nun, die Regierung war zuversichtlich, dass sie von der Ankunft der Bombe informiert würde, und dies sogar mit einem Tag Vorlauf. Wie sie an diese äußerst wertvolle Information kommen wollte, wurde nicht erläutert. Wir Glücklichen würden eine geheime Nachricht bekommen, dass die Atombombe auf dem Weg nach London sei, damit wir schnellstmöglich verschwinden könnten, bevor sie abgeworfen wurde. Nach dem Abwurf und wenn die Feuer gelöscht waren, sollten wir uns nach Moreton-in-Marsh durchschlagen, wo wir in die sogenannte H-Kolonne eingeteilt würden. Nun ist Moreton-in-Marsh, eingeschmiegt in die Cotswolds, einer der bezauberndsten Orte im ganzen Königreich. Wenn man also schon irgendwo Zuflucht suchen müsste, während der Rest der Welt auseinanderfliegt, warum nicht dort? Es gab einen weiteren reizvollen Grund: Wenige Jahre zuvor hatten Radios im ganzen Land eine urkomische Comedy-Sendung über einen fiktionalen Stützpunkt der Royal Air Force gesendet – ihr Name: *Much-Binding-in-the-Marsh*.

Was das ganze Unterfangen aber so absurd und im Grunde zu einer Farce machte, war die strikte Anweisung, dass wir uns nach Erhalt der geheimen Nachricht wie Schlangen im Gras aus London herauswinden sollten. Dabei dürften wir unter Androhung der Todesstrafe keiner Seele etwas von dem erzählen, was geschehen würde.

Ich betrachtete die etwa fünfzig Jungs, die mit mir im Raum waren. Die Vorstellung, sie würden ihre Mütter, Frauen und Kinder verlassen, um auf ihrem Rückzug aus London irgendwo in den Bergen oder im sumpfigen Marschland zu verdampfen, war einfach lächerlich. Und natürlich würden all die Mütter, Frauen und Kinder anderen davon erzählen, was dazu führen würde, dass alle Transportmittel und -wege aus London heraus innerhalb einer Stunde zusammenbrechen würden. Wer auch immer sich diese Aktion ausgedacht hatte, konnte seinen Arsch nicht von seinem Ellbogen unterscheiden.

Es war also wirklich gut, dass die Bombe nie ankam.

Andererseits erwies sich die Feuerlöscherei als großer Spaß. Wir lernten, blitzschnell Leitern hoch- und herunterzuklettern und wie man Menschen richtig trägt. Nie hätte ich gedacht, dass ich stark genug wäre, einen Körper über meine Schultern zu legen und ihn aus dem vierten Stock nach unten zu bringen. Es war ungeheuer aufregend und hat mein körperliches Selbstvertrauen enorm gestärkt.

Auch mit den Schläuchen hatten wir viel Spaß.

In jeder Gruppe junger Männer gibt es in der Regel einen, der scheinbar nichts richtig machen kann – insbesondere, wenn er eine Uniform trägt. Seine Arme schwingen seltsam, seine Kleidung sitzt komisch (wahrscheinlich hat er sein Hemd falsch zugeknöpft) und im Takt marschieren kann er auch nicht. Wir jedenfalls hatten so jemanden. Ich hatte ihn schon am Tag zuvor wahrgenommen, als er aus seinem Block kam. Zwei Stufen führten heraus; er stolperte über den Fußabtreter auf der oberen. Er fiel nicht, wie unsereins gefallen wäre – nein, er fiel wie Charlie Chaplin: absolut steif, bis er auf dem Boden aufkam. Man wusste, dass es höllisch wehgetan haben musste, doch man musste einfach lachen. Eigentlich musste man schon darüber lachen, wie er seine Feldmütze trug.

Jedenfalls standen wir alle in einem großen Kreis, während ein Ausbilder uns zeigte, wie man eine Verlängerung in einen Feuerwehrschlauch einsetzte und wieder herausnahm. Damals hatten wir schwere Leinenschläuche, die flach am Boden lagen, wenn sie leer waren. Die einzelnen Abschnitte wurden durch massive und wunderschöne Messingverschraubungen miteinander verbunden. Wir schauten zu, wie man sie löste und wieder verschloss – es war wirklich nicht schwer zu verstehen. Zwei von uns waren abgestellt worden, um die weiter entfernte Pumpe zu bedienen, die Wasser aus einem Tank zog. Man hatte uns schon gesagt, dass dem Wasser ein Schaumbildner zugesetzt worden war – ein ekliges Zeug, das die Abteilung offenbar aus Schlachthäusern bezog.

Auf dem Boden lag, beide Enden neben einer Verschraubung, ein neues Stück Schlauch. Jemand musste sich nun über eine Verschraubung stellen und »Wasser halt!« rufen. Die Pumpe würde gestoppt, der Schlauch würde flach werden, die Person würde die Verschraubungen lösen, das neue Schlauchstück einfügen und dann: »Wasser marsch!« rufen.

Ich glaube nicht, dass unser Ausbilder den Mann mit der komischen Mütze in böser Absicht auswählte. Der stand nun also in der Mitte und rief: »Wasser halt!« Der Schlauch wurde schlaff. Er löste die Verschraubungen korrekt und hatte bereits eine der neuen festgezogen, als wir bemerkten, dass das Wasser – ob aus Versehen oder nicht – schon wieder lief. Durch den langen Schlauch sah man es schon von Weitem kommen. Er hätte noch genügend Zeit gehabt, auch die zweite Verschraubung anzulegen, aber er merkte, dass etwas in der Luft lag. Er drehte sich um, sah das Wasser auf sich zukommen – und erstarrte. Er hätte »Wasser halt!« rufen können, aber er war wie gelähmt. Vielleicht sieben Sekunden lang erfreuten wir uns an dem Wissen um das Unausweichliche: Eine Fontäne aus Wasser und Schlachthofsäften verschluckte ihn.

Ich bin sicher, dass er unversehrt blieb, und es war einer der Höhepunkte meiner Zeit dort. Doch Chorley bleibt mir auch in Erinnerung, weil ich dort zum ersten Mal Bill Haley and the Comets mit ihrem *Rock Around the Clock* gehört habe. Es war, wie könnte ich es leugnen, ein Auftritt voller Lebensfreude, und doch ist es für mich der Abend, an dem meine Musik starb. Als der Rock'n'Roll erblühte, begann mein geliebter Jazz von New Orleans bis zur Oxford Street zu verschwinden.

Bevor es sich auf den Friedhof zu all den anderen großen und kleinen eingegangenen Magazinen begab, hatte *Scramble* seine Verheißung für mich wahrgemacht: Arthur Christiansen war auf mich aufmerksam geworden. Traurigerweise hatte er kurz vor meiner Entlassung aus dem Militärdienst einen Herzanfall, von dem er sich nie ganz erholte. Doch er hatte mich nicht vergessen. Als ich im Oktober zurück ins Haus meiner Mutter in der Kensington Park Road kam, fand ich einen Brief von seiner Sekretärin. Sie schrieb, dass er krank sei, bat mich aber, bei Gelegenheit in sein Büro zu kommen und mit dem Chefredakteur über eine Anstellung zu sprechen.

Da war es also schwarz auf weiß – ich platzte fast vor Freude.

Es gab eine Sache, die ich noch tun wollte, bevor ich mit der Royal Air Force abschloss. Ich wollte zurück nach Cardington fahren und mich von Hurlock und all den anderen verabschieden, die mich unterstützt hatten. Zufällig erwähnte ich das im Beisein von Roy Round, und zu meiner Überraschung fragte er: »Warum nimmst du nicht mein Auto?«

Sein Auto war ein riesiger, schwerer Jaguar Mark V in Grün. Zumindest erschien er mir riesig und schwer, schließlich hatte ich gerade erst meinen Führerschein gemacht. Die Vorstellung, mit diesem teuren Monster nach Cardington zu fahren, gefiel mir sehr. Mein Start vor dem Wachhäuschen, das von einem makellos weißen Lattenzaun umgeben war, auf den penibel gepflegten Parkbereich klappte richtig gut. Dann, bei knapp 8 km/h, rutschte mein Fuß von der Bremse. Bevor ich das Auto anhalten konnte, schoss der Kotflügel die Bestandteile des Lattenzauns in alle Himmelsrichtungen.

Die Wache stolperte aus ihrem Häuschen, Stöcke und Handschellen griffbereit – doch sie trafen nur auf einen niedergeschlagenen Zivilisten. Sie hätten mir eine Rechnung schicken können, taten es aber nie.

Der Jaguar hatte nicht den kleinsten Kratzer.

23. Pferde im ersten Stock

Es war Anfang Oktober, als ich das Gebäude des *Daily Express* zum ersten Mal betrat. Es war eine neue Welt, und alle meine Sinne vibrierten vor Aufregung. Ich ging durch die weitläufige, mindestens zwei Etagen hohe Eingangshalle auf die links gelegene Rezeption zu und dann, nachdem ich mich angemeldet hatte, in Richtung der breiten, geschwungenen Treppe im hinteren Teil. Doch es war der Boden, der meine Aufmerksamkeit fesselte. Intarsien-Linoleum bedeckte die gesamte Fläche, und sein Zentrum zeigte – gleich einem großen Mandala – das Wappen, das auch die Titelseite der Zeitung zierte: Beaverbrooks Kreuzritter in voller Rüstung, eine Lanze tragend und einen Schild haltend, der das Kreuz des Heiligen Georg zeigte.

Die Legenden der Fleet Street waren ungemein kraftvoll. Ich war schon tief in die Geschichte des britischen Journalismus eingetaucht und hatte von den Heldentaten der Kriegsberichterstatter über das gesamte politische Spektrum hinweg gelesen: Sefton Delmer vom *Express*, dem es vor dem Krieg jahrelang gelungen war, die Nazis in Berlin zu täuschen; Noel Barber von der *Mail*, der während des ungarischen Volksaufstands eine russische Kugel in den Kopf bekam und nur knapp überlebte; Timm Wintringham vom *Daily Worker* und der *Picture Post*, der im Spanischen Bürgerkrieg gleich zweimal verwundet worden war und dessen unglaubliche Karriere zur Gründung der britischen Nationalgarde beitrug. Ich ging die

Stufen hinauf (es gab keine Fahrstühle) und fühlte mich wie jemand, der eine Kathedrale betritt.

Es war der Chefredakteur Edward Pickering, der das Gespräch mit mir führte und mir den Job gab. Pickering war ein großer, etwas patriarchalisch wirkender Mann, sorgfältig gekleidet, höflich und angenehm – er hatte rein gar nichts von den fiktionalen, abgebrühten Redakteuren. Er bestätigte, dass ich im Dezember anfangen könnte. Es betrübte mich, Christiansen nicht persönlich treffen zu können. Es gab noch keine neuen Informationen über seinen Zustand, aber man rechnete in absehbarer Zeit nicht mit seiner Rückkehr. Ich wusste nicht, warum, aber ich wurde das Gefühl nicht los, dass wir einen Draht zueinander gehabt hätten. Ich konnte nur hoffen, dass er sich bald erholen würde und wir uns irgendwann begegnen könnten.

Am nächsten Tag erhielt ich einen Brief, in dem ich zum Unterredakteur beim *Daily Express* ernannt wurde. Dienstbeginn war der 9. Dezember, mein Gehalt betrug 20 Pfund pro Woche. Für mich mit meinen fünfundzwanzig Jahren war das eine stolze Summe.

1.000 Pfund pro Jahr.

Ich erinnerte mich daran, wie Mr Jeavons, unser Physiklehrer, eines Tages genug von unserer Unaufmerksamkeit hatte – schließlich waren wir angeblich die schlauesten Jungs der ganzen Schule. Er erzählte, einer seiner früheren Schüler sei ein bedeutender CEO geworden.

»Aus einigen von euch«, fuhr er fort, »könnten ebenfalls Männer mit 1.000 Pfund pro Jahr werden.«

Nun, ich hatte dies sehr viel früher erreicht, als er vermutet hatte.

Die beiden Monate Freiheit, die dem Ende meiner Laufbahn bei der Air Force im Herbst 1956 folgten, läuteten auch das Ende des

British Empire und den Rückgang des britischen Einflusses in der Welt ein – auch wenn ich mir dafür nicht die Schuld geben würde.

Das Problem war vor allem ein widerspenstiger ägyptischer Oberst namens Gamal Abdel Nasser. Der ägyptische König Farouk, eine Marionette Großbritanniens, hatte bereits die Kontrolle über das Land an ihn verloren. In diesem Sommer nun brachte Nasser den Suezkanal unter nationale Kontrolle und warf Briten und Franzosen aus dem Land.

In Großbritannien hatte Anthony Eden, nach vielen Jahren als Nummer Zwei unter Churchill, gerade das Amt als Premierminister übernommen und wollte um jeden Preis seine Bedeutung klarmachen. Er hatte einen fast fanatischen Hass auf Nasser entwickelt und sah nun seine Chance, sich als *Great Englishman* mit Churchill auf eine Stufe zu stellen. Zusammen mit den Franzosen und den Israelis heckte er einen hinterhältigen Plan aus, mit dem er Nasser bekriegen und den Kanal wieder unter die eigene Kontrolle bringen wollte.

Der Krieg begann am 29. Oktober 1956 mit jeder Menge chauvinistischem »*Bash the Gyppos*«-Gegröle, doch nach zwei Tagen entschieden die Vereinigten Staaten und die Sowjetunion, dass es genug sei. In einem bemerkenswert partnerschaftlichen Vorstoß forderten sie Eden auf, sich zu trollen. Es war das Ende von Edens Karriere; Harold Macmillan nahm seinen Platz ein.

Weil der größte Teil des Öls für Europa durch den Suezkanal kam, führte der Konflikt in Großbritannien zu einer dramatischen Ölknappheit. Aus Gründen, die ich noch immer nicht durchschaut habe, wurden einige Gesetze vorübergehend gelockert. So konnte nun jeder, der Autofahren lernen wollte, dies auch ohne einen ausgebildeten Fahrlehrer tun. Ich wollte unbedingt ein Auto haben. In meinen Augen brauchte ein Zeitungsmensch ein Auto, selbst wenn ich als Unterredakteur wahrscheinlich nie irgendwohin geschickt würde.

Ich verbrachte einige Tage mit der Suche nach etwas, das ich mir leisten konnte. Bill und meine Mutter hatten sich bereits einen Ford Popular, das günstigste Auto auf dem Markt, gekauft. Ich fand, es war ein kleines, hässliches Ding. Die Sitze waren so dicht aneinander, dass die Gangschaltung – eine lange, dünne Stange, die sich bei Gebrauch verbog – kaum Platz hatte. Ich war entschlossen, etwas mit mehr Klasse zu finden. Es dauerte nicht lange, bis sich mir eine scheinbar einzigartige Gelegenheit bot: ein italienischer Wagen von Lancia, der berühmt war, weil er das erste Auto überhaupt war, das eine selbsttragende Monocoque-Karosserie hatte.

Überhaupt verfügte es über viele beeindruckende Merkmale: Seine wunderschönen aerodynamischen Linien waren von Pininfarina entworfen worden, die kastanienbraune Karosserie hatte eine Aluminiumverkleidung, um Korrosion zu verhindern; die Innenpolsterung war aus feinstem, hellbraunem Leder und – am aufregendsten von allem – die beiden Türen jeder Seite öffneten sich voneinander weg wie die Doppeltüren zu einem Salon. Eine B-Säule gab es nicht, sodass man sich fühlte, als beträte man einen kleinen, aber luxuriösen Innenraum. Es war ein Aprilia, Baujahr 1937. Ich verliebte mich in jeden Zentimeter dieses Autos – vom prächtig geschwungenen, verchromten Frontgrill bis zu den frechen kleinen, orangenen Blinkern, die hinten herauslugten. Es schenkte mir all den Herzschmerz, der wahre Liebe ausmacht. Meist schnurrte es perfekt vor sich hin, bis völlig unerwartet ein oder zwei Zylinder ausfielen. Oft geschah das, wenn ich an schönen Nachmittagen auf dem Land unterwegs war. Irgendwie, wenn auch zähneknirschend, habe ich es immer geschafft, ihm noch genügend Leistung für den Heimweg abzuringen – und nach einer langen Pause war alles wieder in Ordnung. Auf der Suche nach dem Fehler habe ich unzählige Stunden am Straßenrand vor unserem Haus verbracht. Selbst Bill war ratlos.

Zu dieser Zeit versuchte Großbritannien noch immer, die 30er Jahre hinter sich zu lassen. In den Straßen sah man noch Pferde, selbst *Express Dairies* lieferte seine Milch noch mit Pferdewagen aus. Eines der seltsamsten Dinge, an die ich mich erinnere, sah ich, als ich eines Abends an einer Molkerei vorbeiging: Die Schatten von Pferdeköpfen bewegten sich hinter den Rollos – in den Fenstern im ersten Stock. Es schien, als hätten sie ihre Pferde dort oben untergebracht; ich hätte fragen sollen, wie sie sie dorthin bekommen hatten.

Ganz in der Nähe von der Stelle, an der ich in den Innereien meines Lancia wühlte, befand sich in der Straßenmitte ein Taxistand, der über ein grüngestrichenes Büro verfügte. Und obwohl es längst keine Pferdetaxis mehr gab, stand dort noch ein von der Stadt aufgestellter Pferdetrog aus Granit. Menschen, die sich Taxifahrten leisten konnten, gingen an mir vorbei, während ich unter der Motorhaube schwitzte und fluchte – es war ein sehr heißer Oktober. Ältere Männer, die an mir vorbeigingen, wurden oft nostalgisch und gratulierten mir zu meiner wunderschönen Anschaffung.

»Mein guter Junge«, sagten sie, »du bist ein Glückspilz! Was für ein großartiges Auto! Ich erinnere mich noch an den Tag, an dem mein alter Herr uns auf eine Tour in seinem Aprilia mitnahm – einfach einmalig.«

Es dauerte Monate, bis ich das Problem erkannte. Die Zündkerzen dieses Motors waren tief im Zylinderkopf versteckt, und der Saft gelangte durch Bakelit-Verlängerungsstangen zu ihnen. An diesen entdeckte ich fast unsichtbare Haarrisse, die sich bei zu großer Hitze ausdehnten und Zündaussetzer verursachten. Es war natürlich kaum möglich, sie zu ersetzen – Mussolini hatte vergessen, sich vor seiner Hinrichtung um Ersatzteile für den Aprilia zu kümmern. Ich konnte einige gebrauchte Ersatzteile auftreiben, aber bald hatten alle dasselbe Problem.

Nichtsdestotrotz waren diese zwei Monate eine sehr glückliche Zeit. Mit der Aussicht auf einen großartigen Job ließ ich mich einfach gehen. Noch immer lebte ich im Haus meiner Mutter. In ihrer Tagesstätte waren unter der Woche mehrere reizvolle junge Frauen angestellt. Hinzu kam, dass es im ersten Stock einen großen, leeren Raum gab, der an Wochenenden zur Verfügung stand – die Versuchung, Partys zu schmeißen, war einfach unwiderstehlich. Die Musik kam aus einem Grammophon, aber die Musikfirmen hatten gerade etwas Neues auf den Markt gebracht: die 12-Inch-Langspielplatte, die zwanzig Minuten Tanzmusik oder – wenn man beide Seiten abspielte – ganze Symphonien erklingen ließ. Ich lud alle meine Freunde ein und wir veranstalteten einen veritablen Ball. Wir spielten hauptsächlich Jazz, aber ich erinnere mich auch noch daran, zu Tschaikowskys *Blumenwalzer* durch den Raum gewirbelt zu sein.

Die beiden Schulfreunde, mit denen ich noch in Verbindung stand, kamen zur Party: Donald Wheal und Lauri Say, der mit meiner Cousine Hannah kam. Tony Holland, der die Cartoons für *Scramble* gezeichnet hatte, kam mit Freunden. Lesley-Ann, die damit begonnen hatte, sich von ihrem schwulen Ehemann zu trennen, brachte ebenfalls Freunde mit – und es gab reichlich algerischen Rotwein für alle. Unter Lesley-Anns Freunden war Andrew Christiansen, der die Titelblätter für *Scramble* designt hatte. Er erzählte mir, sein Vater hätte einen Herzinfarkt erlitten und werde sich nur langsam erholen – aber er sei am Leben und auf einer Kreuzfahrt durch die Westindischen Inseln.

Die Suez-Krise war nicht die einzige Krise im Weltgeschehen, die mich und die Meinen direkt berührte. Während alle nach Ägypten schauten, bahnte sich in Osteuropa eine ähnlich dramatische Situation an. Die Ungarn, die sich zunächst fest zum sowjetischen Staatenverbund bekannt hatten, erhoben sich gegen die stalinistische Unterdrückung. Eine Zeit lang schien die Revolution vielversprechend zu verlaufen: Wir sahen Bilder mit glücklichen, fahnenschwenkenden Ungarn. Dann aber, zur gleichen Zeit, als britische und israelische Panzer durch die ägyptische Wüste fuhren, rollten russische Panzer in Ungarn ein und schlugen den Aufstand mit unvorstellbarer Gewalt nieder. Sie zerstörten damit auch die letzte Hoffnung meiner Mutter, dass die Sowjetunion die Veränderungen initiieren würde, auf die sie gehofft und für die sie ihr ganzes erwachsenes Leben gekämpft hatte.

Damals haben wir nicht darüber gesprochen; ich habe erst viel später erfahren, dass dies der Moment war, in dem sie resignierte. Es muss ihr das Herz gebrochen haben, dass all der Eifer und all die Hingabe, die sie in die Sache investiert hatte, verraten worden waren – und doch äußerte sie mir gegenüber nie etwas anderes als Resignation. Ich hoffe und denke, dass sie ihre Bemühungen rückblickend trotz allem für sinnvoll hielt – schließlich war es ihr Hauptanliegen gewesen, Menschen zum Denken zu bewegen. Natürlich wollte sie auch, dass sie ihr zustimmten, aber allein, ihr Denken für einen politischen Gedanken zu öffnen, war ein Triumph in sich. Vielleicht sagte sie damals auch deshalb nichts zu mir, weil Bill weiterhin hinter Stalin stand und seine Brutalität für gerechtfertigt hielt – eine seltsame Haltung für einen solch sanftmütigen Mann.

Ich selbst hatte den Glauben längst begraben, dass der Kommunismus, so vielversprechend er in der Theorie sein mochte, jemals einer Gesellschaft auferlegt werden könnte. Arthur Koestlers *Sonnenfinsternis* hatte, als ich es in Paris las, den letzten Nagel in den Sarg getrieben. Weil ich nichts hatte, das an seine Stelle treten konnte, verlor ich meine Stimme. Ich war viel zu sehr daran gewöhnt gewesen, alles unter der Prämisse des Klassenkampfes und des unvermeidlichen Triumphs des Proletariats zu erklären. Nun, wo ich auf meinen eigenen Verstand zurückgeworfen war, wurde mir unangenehm bewusst, dass ich nichts zu sagen hatte. Ich verstand, warum sich viele Abtrünnige in die Arme der Konservativen und in die der Kirche flüchteten. Ohne einen intellektuellen Überbau fühlte ich mich entblößt, bewahrte mir aber dennoch ein grundlegendes Vertrauen an das Gute im Menschen sowie einen starken Glauben daran, dass Wohlstand und Entwicklungsmöglichkeiten gerecht verteilt sein sollten. Vor diesem Hintergrund war es durchaus beschämend, dass ich bei der Aussicht, für Lord Beaverbrook zu arbeiten, vor Freude ganz aus dem Häuschen war. Er war der ultimative Kapitalist und ein militanter Konservativer, der stolz verkündete, dass sein *Daily Express* eine Propagandawaffe zur Verteidigung des British Empire war.

Ich muss gestehen, dass ich nicht ein einziges Mal darüber nachgedacht habe.

Der *Daily Express* hatte ganz unbestritten Charisma. Das Papier, auf dem er gedruckt war, schien weißer als das der anderen Zeitungen, und der Druck war schwärzer und schärfer. Auf seinen Seiten und bei den Bildern spürte man die Hand eines Designers, und an besonders guten Tagen hatten die Schlagzeilen einen gewissen unverschämten Touch, der seinen Lesern schmeichelte. Das Hauptquartier des *Express* wirkte zwischen den traditionellen Portlandstein-Gebäuden der Fleet Street wie ein kühner Eindringling. Beaverbrook hatte es 1932 bauen lassen, im selben Jahr, in dem Christiansen Herausgeber wurde. Es war ein Juwel moderner Baukunst: ein Art Déco-Bau mit einer Fassade aus schwarzem Glas, die das gesamte Gebäude ohne Ecken und Kanten umfloss. Es ist heute noch genauso beeindruckend wie damals.

Als ich bei der Zeitung anfing, war sie kurz vor ihrer absoluten Blütezeit. Einzige Konkurrenz war der *Daily Mirror*. Beide hätten kaum unterschiedlicher sein können. Der *Mirror* war eine Boulevardzeitung, die sich mal mehr, mal weniger deutlich zur Labour-Partei bekannte, welche wiederum vom allgemeinen Linksruck nach dem Krieg profitiert hatte. Beide Blätter verkauften mehr als vier Millionen Exemplare pro Tag, wobei der *Mirror* gerade mit ein paar hunderttausend Stück vorn lag. Dass der *Express* aber überhaupt so nah an die Zahlen eines Boulevardblattes herankam, das überdies auch noch von einer Koryphäe wie Hugh Cudlipp geleitet wurde, war eine erstaunliche Leistung. Der Mann, der dies geschafft hatte, war mein Mentor – der Herausgeber Arthur Christiansen.

24. »Kauf einen Panzer, wenn es sein muss!«

Natürlich war ich aufgeregt und nervös, als ich an meinem ersten Tag, einem Sonntag im Dezember, um 17.30 Uhr ins Büro kam. Harold Keeble, an diesem Tag der diensthabende Redakteur, begrüßte mich freundlich und zeigte mir meinen Arbeitsplatz. Ich versuchte mit aller Macht, den Eindruck zu vermitteln, dass ich alles leicht schaffen würde. Ich wusste jedoch nur zu gut, dass es hunderte erfahrene Journalisten im ganzen Land gab, die qualifizierter für meine Stelle waren und sie mit Handkuss genommen hätten. Wieder einmal musste ich beweisen, dass ich den Job beherrschte, bevor man merkte, dass ich es nicht tat.

In meiner Erinnerung an diesen Tag war der Redaktionsraum des *Daily Express* riesig, er schien sich über die gesamte erste Etage des beeindruckenden Gebäudes auszudehnen. Die Schreibtische der Unterredakteure füllten eine Hälfte des Raumes, die der Reporter die andere. Nur die Säulen, die die Decke trugen, störten den weiten Blick. Das alte Büro der *Barrow Evening Mail* hätte in einer der Ecken verloren gewirkt, das noch ältere Büro der *Continental Daily Mail* wäre in einer anderen verschwunden.

Im rückwärtigen Teil standen – hinter einer Tischreihe und mit Blick auf die Unterredakteure – die Stühle der Führungskräfte: Chefredakteur, Redakteur vom Dienst, Redaktionsassistent, Nachtredakteur, leitender Unterredakteur und vielleicht noch ein paar mehr. Überall standen Telefone. Das Telefon war die Lebensader der Zeitung – fast alle Informationen gelangten darüber zu uns. Selbst Reporter, die ihre Geschichten in der Tasche mitbrachten, überprüften, erweiterten und bestätigten sie telefonisch. Im Verlauf der Nacht schwollen die Geräusche von Schreibmaschinen und Telefonen zu einem wahren Getöse an, und wäre der Raum nicht so hoch gewesen, hätte der Zigarettenqualm uns erstickt.

Es war Sonntag, und sonntags blieb der Chefredakteur in der Regel zu Hause. Harold Keeble, der diensthabende Redakteur, widmete sich inzwischen in einem anderen Büro seinem Steckenpferd: den Layouts. Die meisten Stühle waren jetzt, kurz nach halb sechs nachmittags, noch leer. Ich saß an meinem Tisch weit weg von den wichtigen Jungs vorn, holte meinen schwarzen, 2B-weichen Bleistift heraus und wartete darauf, dass ich etwas zu tun bekam. Schließlich kam ein junger Mann mit rotem Schnurrbart und einer Handvoll Blätter zu mir herübergeschlendert. Er stellte sich als Peter vor, er war der leitende Nachtredakteur.

»Mach daraus bitte eine Meldung für Seite 2 in 18 Punkt.«, sagte er und verschwand wieder. Die Story kam aus Singapur und ging über zwei Seiten: Ein paar malaysische Terroristen hatten sich ergeben und arbeiteten nun mit den britischen Behörden zusammen. Sie hatten ihrem früheren Anführer mit Hilfe von dessen Freundin eine Falle gestellt; als er sie treffen wollte, wurde er festgenommen. Ich formulierte es folgendermaßen:

Die Liebesfalle
SINGAPUR, Sonntag — Vier
ehemalige Terroristen, die inzwischen
mit den malaysischen Sicherheitskräften
zusammenarbeiten, lockten ihren
früheren Bandenführer
gestern in einem Café in eine Falle,
als er dort seine Liebste treffen wollte.

Und genau dort, an meinem ersten Tag, unterwarf ich mich Lord Beaverbrook, denn meine Sympathien galten in Wahrheit eher den malaysischen »Terroristen« (aka »Freiheitskämpfer«) als der britischen Kolonialverwaltung.

Als ich fertig war – und ich brauchte ganz bestimmt viel zu lange dafür – war die Atmosphäre im Raum deutlich erhitzter. Die Führungskräfte strömten von allen Seiten herein. Die Tische der Unterredakteure waren übervoll, und langsam verstand ich, warum. Dick Killian hatte telefonisch einen Bericht aus Wien durchgegeben: Die Ungarn begehrten erneut auf. Nach Monaten relativer Ruhe im Land ging die von Chruschtschow eingesetzte Marionettenregierung unter Kádár brutal wie eh und je gegen Rebellengruppen in den Provinzstädten vor. Zum ersten Mal erlebte ich das berühmte Redaktionssystem des *Express* in Aktion. Ein großgewachsener, junger Australier mit Fliege (ich hörte den australischen Akzent in seinen Anordnungen) war von irgendwoher aufgetaucht und schien plötzlich verantwortlich zu sein. Er verlangte nach Reaktionen von allen Seiten, von unserer Regierung, von anderen Regierungen, von Journalisten in Ungarn, von der UN, von Militärkorrespondenten – von allen.

»Wo ist George Gale?«, brüllte er ins Telefon. »Haben wir niemanden in Budapest? Kannst du hingehen?« Dann: »Es ist mir egal, was es kostet. Kauf einen Panzer, wenn es sein muss! – Ja, natürlich war das ein Witz! Aber tu, was du tun musst! – Wo ist Harold? Kann bitte jemand Harold finden?!«

Ich war wie gebannt. Sein Name, fand ich heraus, war Tim Hewat, und er war geschäftsführender Redakteur. Doch es war klar, dass seine Position hier keine Rolle spielte. Noch nie hatte ich erlebt, dass ein Mensch eine Situation so natürlich, so vollständig, so angstfrei übernahm. Er hatte nichts Schamloses oder Angeberisches an sich – es war, als wäre er für diese Momente geschaffen worden. Ich fragte mich, ob Killian glaubte, dass Hewat den Panzer wirklich als Witz gemeint hatte.

Im Laufe der folgenden Monate erlebte ich Tim Hewat immer wieder in Aktion, und mir wurde klar, dass ich es mit einem Superstar zu tun hatte. Obwohl ich nicht viel von Heldenanbetung halte, war ich hier doch ganz nah dran. Als ich ihn einige Monate später näher kennenlernte, erfuhr ich, dass er eine furchtbare Tragödie verbarg, die sein Leben vergiftete.

Was mich anging, so blieb ich an meinem Tisch ganz hinten und schrieb kurze Texte. Niemand schien ein sonderliches Interesse daran zu haben, mich zu pushen. Also begann ich darüber nachzudenken, wie man die Textschnipsel interessanter gestalten könnte. Man könnte sie in einem größeren Kontext darstellen oder mit einer Illustration oder einem Cartoon lebendiger wirken lassen.

Nicht lange, nachdem ich meinen neuen Job angefangen hatte, zog ich aus dem Haus meiner Mutter aus. Ich hatte eine Wohnung in Arundel Gardens gefunden, nur eine Straße entfernt von dem Ort, an dem wir während des Krieges gewohnt hatten. Die Wohnung war zu groß für mich allein, also fragte ich Tony Holland, ob er sie mit mir teilen wollte. Tony schlug sich als Cartoonist durch, und da er direkt vor meiner Nase saß, überzeugte ich ihn von dem Versuch, mit mir eine Idee zu verwirklichen.

In den Straßen von London tat sich etwas. Seit Kriegsende hatten gähnende Bombenkrater das Gesicht der Stadt entstellt, doch erst jetzt machte man sich an den Wiederaufbau. Bedeutende Firmen wie *McAlpine* räumten die großen Flächen leer und versteckten sie vor der Öffentlichkeit. Die Menschen versuchten einiges, um einen Blick auf das zu erhaschen, was hinter den Absperrungen passierte. Dann hatte jemand aus einem dieser Unternehmen einen Geistesblitz: Warum versuchen wir, alles zu verstecken? Menschen lieben es, Baustellen zu beobachten. Warum sollte man ihnen das nicht erlauben? Sie hätten etwas davon – und wir auch, weil wir uns nicht mehr um Neugierige sorgen müssen, die sich auf die Baustelle mogeln.

Die erste Aussichtsfläche auf eine Großbaustelle entstand irgendwo in Knightsbridge. Ich schrieb einen Text darüber und bat Tony um ein paar Zeichnungen. Irgendwie hat ein kleines Fitzelchen davon die zweiundvierzig Jahre von damals bis jetzt überlebt:

Mir gefiel die Vorstellung, dass Bauarbeiter um Autogramme gebeten werden.

Irgendwann im Januar, meinem zweiten Monat beim *Express*, kam Arthur Christiansen zu einem Besuch in die Redaktion. Eine Rückkehr als Redakteur kam für ihn nicht mehr in Frage. Er machte sich die Mühe, zu mir herüberzukommen und mit mir zu reden. Ich erzählte ihm, ich hätte einige Ideen, was man mit den Kurznachrichten anstellen könnte, und er bat mich, sie für ihn aufzuschreiben. Einige Tage später schrieb er mir nach Hause:

»Am Samstagabend habe ich eine Stunde damit verbracht, Ihre faszinierenden Gedanken zum *Daily Express* zu lesen. In vielerlei Hinsicht arbeitet Ihr Gehirn wie meines, wenn es um die Zukunft des Journalismus geht – aber ob Sie oder ich unsere Ideen je werden umsetzen können, steht auf einem anderen Blatt. Ich möchte Ihr Memorandum noch zwei-, vielleicht sogar dreimal durchlesen. Ich verspreche Ihnen, in nicht allzu ferner Zukunft wieder auf Sie zuzukommen.«

Leider habe ich nie wieder von ihm gehört. Sein Sohn Andrew war auf die Westindischen Inseln gezogen, und ich verlor den Kontakt zur Familie. Es kam mir nie in den Sinn, dass eine Verbindung zum früheren Herausgeber dem aktuellen missfallen könnte, und ich glaube auch nicht, dass es irgendwelche Auswirkungen hatte. Meine Ideen landeten schließlich auf Pickerings Tisch. Auch er sagte, er hätte sich mit ihnen beschäftigt, aber sie waren nie wieder ein Thema.

Der *Daily Express* schien nicht zu wissen, was er mit mir anfangen sollte. Einerseits schaffte ich es, drei Monate lang mit den Unterredakteuren zu arbeiten, ohne etwas Dummes oder Peinliches abzuliefern. Andererseits, so nehme ich an, habe ich nichts getan, was sie hätte veranlassen können, mir größere und herausfordernde Themen anzuvertrauen. Eigentlich hätte mich das nicht wundern dürfen. Mir fehlten die grundlegenden Fertigkeiten eines Unterredakteurs, wie zum Beispiel anständiges Wissen über das Rechtssystem (vor allem über Verleumdungsklagen), von einem grundlegenden Verständnis davon, wie Großbritannien funktionierte, ganz abgesehen. Ich versuchte, diese Defizite zu beseitigen, indem ich viel las, doch im Rückblick ist mir klar, dass dies nicht meine einzigen Nachteile waren. Ich war einfach zu langsam. Meine zwei, drei Absätze langen Geschichten bearbeitete ich, als wären sie Rohdiamanten, die geschliffen und poliert werden mussten – und das ist nicht das Material, aus dem Tageszeitungen gemacht werden.

Anfang April erklärte man mich ohne große Erklärungen zum Reporter, und wieder fühlte ich mich, als hätte man mich ins kalte Wasser geworfen. Damals gab es noch Reporter, die Steno konnten – natürlich gehörte ich nicht dazu. Es gab auch keine anständigen Aufnahmegeräte – zumindest fiel mir keines in die Hände. Doch es waren nicht fehlende Stenografiekenntnisse oder mangelnde Technik, die mich ausbremsten. Jetzt, beim Blick zurück, erkenne ich, dass mir der Instinkt für das Nachrichtenmachen fehlte – und damit meine ich nicht das Erfinden von Nachrichten. Ich wusste einfach nicht, wie ich so über einen einigermaßen gewöhnlichen Vorfall schreiben sollte, dass die Menschen es gern lesen würden.

Ich erinnere mich daran, dass ich einmal losgeschickt wurde, um über einen Auftritt von R. A. Butler bei einer örtlichen Versammlung zu berichten. Viele glaubten, der bekannte Tory-Politiker, im Allgemeinen schlicht Rab genannt, würde einen besseren Premierminister abgeben als Macmillan. Ich war nicht geneigt, Tory-Politiker zu bewundern, für mich waren sie noch immer der Feind. Als ich nun einen großen, ruhigen, besonnenen und freundlichen Mann antraf, der meine Fragen ernst nahm und sich mit mir unterhielt, war ich vollkommen entwaffnet. Ich war auf diesen Glücksfall nicht vorbereitet und machte nichts daraus.

Ich war am besten, wenn ich mir mit einer Story Zeit lassen konnte. So arbeitete ich einmal einen ganzen Nachmittag lang an einem Beitrag über Schwerter – irgendein bürokratischer Unsinn über das Verteidigungsministerium, Schwerter und ihren möglichen Einsatz in der modernen Kriegsführung. Mit diesem Beitrag bekam ich meine erste Verfasserzeile. Den eigenen Namen über dem selbst geschriebenen Bericht zu haben, war in jenen Tagen eine Auszeichnung für jeden Reporter. Von Morley Richards, dem hochangesehenen Nachrichtenredakteur, erhielt ich einen Brief mit sehr freundlichen Glückwünschen. Ich hoffte, mir damit eine Art Nische für skurrile Geschichten schaffen zu können, aber ich hatte nicht viel davon: Kurz danach wurde Richards von Beaverbrook gefeuert (angeblich, weil er zu fett war).

Etwa zu dieser Zeit, also Anfang April, begann Tim Hewat, Interesse an mir zu zeigen. Er plante, ins Fernsehen zu expandieren, das damals noch in den Kinderschuhen steckte und vor allem Nachrichten verbreitete. Ich sagte ihm, dass mich dieser Bereich interessieren würde, und er lud mich nach Kensington zu sich nach Hause ein. Dort erzählte er mir die unfassbar traurige Geschichte vom Zustand seiner Frau. Sie lag in einem Raum über uns im Bett, ich würde sie nicht kennenlernen. Sie litt an einer degenerativen Krankheit, die ihr Bewusstsein immer weiter zurück in die Kindheit versetzte. Schon jetzt erkannte sie ihn nicht mehr. Diese schreckliche Entwicklung hatte sich schnell vollzogen – ich glaube, er sprach von einem Jahr – und beide litten unbeschreiblich darunter. Der Begriff Alzheimer war damals noch nicht bekannt, doch rückblickend ist es eindeutig, dass sie unter dieser Krankheit litt. Man merkte, dass es ihm half, darüber zu sprechen, und ich fühlte mich geehrt, dass er mich ins Vertrauen gezogen hatte. Ich glaube, seine Frau starb bald danach.

Eine Weile dachte ich, das Fernsehen könnte ein spannender Weg für mich sein – ich schrieb sogar die Pilotfolge für eine Büro-Sitcom namens *Suzie*. Ich hielt sie jedoch nicht für gut genug, und Hewats Fokus lag auf den Nachrichten. Er sagte mir, er werde nach Norden gehen, um mit dem TV-Sender *Granada* zu arbeiten. Dort gründete er *World in Action*, eine Sendung über das aktuelle Zeitgeschehen, welche die Vorläuferin der BBC-Sendung *Panorama* war. *World in Action* lief fünfundzwanzig Jahre lang und hatte immensen Einfluss auf das britische Fernsehen.

In ihrer Selbstgefälligkeit hatten die Zeitungen noch nicht begriffen, dass das Fernsehen ihre Existenz über kurz oder lang in Frage stellen würde. Beim *Daily Express* erkannte man die Faszination des neuen Mediums zähneknirschend an. In einem schmalen Büro neben dem Nachrichtenredakteur saß ein kleiner junger Mann mit dunklen Locken. Er verfolgte die winzigen schwarz-weißen Bilder auf dem gewölbten Glas und schrieb unter dem Namen Felix Battle Besprechungen von TV-Shows. Sein echter Name war Bernhard Levin; Jahre später bezeichnete man ihn als einen der Giganten des britischen Journalismus im 20. Jahrhundert.

Im Großen und Ganzen hatte ich beim *Express* eine gute Zeit und fand viele Freunde. Mit Tom Stacey kam ich besonders gut zurecht. Er war nur ein Jahr älter als ich, aber schon ein Star. Er war viel gereist, vor allem in Afrika, und schwärmte geradezu von den überwältigenden Landschaften und den faszinierenden Menschen in der Gegend von Ruanda und Uganda. Natürlich hielt Beaverbrook große Stücke auf ihn, und weil Geschichten über Beaverbrook zu dem gehörten, was beim *Express* am meisten Spaß machte, hörte ich aufmerksam zu.

Tom erzählte mir, dass er Anfang des Jahres, als es in London noch kalt und regnerisch war, per Eilmeldung zum Flughafen Heathrow bestellt wurde. Er sollte dort ein Päckchen in Empfang nehmen, das gerade mit einem Flugzeug angekommen war. Mit diesem Päckchen sollte er umgehend nach Nizza fliegen, wo ein Auto ihn erwarten und zu Beaverbrooks Residenz auf der Halbinsel Cap Ferrat bringen würde. Er trug noch seinen schweren Übermantel aus London, als er im warmen Sonnenschein ankam und umgehend zu Beaverbrook gefahren wurde. Dieser hatte sich in einer Art Sessellift niedergelassen, der neben einer langen Treppe vom Haus hinunter zum Strand führte. Sobald er das geheimnisvolle braune Paket in seiner

Hand hielt, startete er den Lift und forderte den inzwischen heftig schwitzenden Stacey auf, neben ihm die Stufen hinunterzurennen.

Als sie unten ankamen, sagte Beaverbrook in seiner ruppigen Stakkato-Stimme: »Tom, du fragst dich wahrscheinlich, was in dem Päckchen ist. Nun, ich werde es dir sagen. Es sind Limonen. Limonen für unsere Drinks.« Offensichtlich hatte er sie direkt von seiner Plantage auf den Westindischen Inseln einfliegen lassen.

Laut Tom hatte Beaverbrook für jenen Abend eine Party im Strandhaus geplant. Sie fand in einem großen Raum mit einem ebenso großen Teppich statt. Nachdem die Gäste eingetroffen waren, ließ sich Beaverbrook, der im Rollstuhl saß, in die Mitte des Teppichs fahren, der daraufhin in seine Richtung zusammengerollt wurde. Die Musik begann, und Beaverbrook forderte seine Gäste auf, im Kreis um ihn herum zu tanzen.

»Tanzt!«, rief er, »Tanzt!«

25. Die Rettung des British Empire

Weil ich direkt aus der Royal Air Force zum *Express* gekommen war, teilten sie mich schließlich – vielleicht mit dem Hintergedanken, ich könnte ihm nachfolgen – Ronnie Walker zu, einem altehrwürdigen Luftfahrtkorrespondenten. Er war ein ruhiger, eher melancholischer Mann mittleren Alters mit, so glaube ich, australischen Wurzeln, der sich während des Krieges mit seinen Reportagen einen Namen gemacht hatte. Wir verbrachten viele Abende im *King & Keys*, einem Pub um die Ecke, der bei den Leuten vom *Express* sehr beliebt war. Das Lokal war schmal und langgezogen, es hatte einen passenden, polierten Holztresen, an dem Ronnie viel Whisky trank und ich mein Bier.

Ronnie hatte den Tipp bekommen, dass das »Fliegende Bettgestell« zu einem erneuten Testflug starten sollte. Seit 1954 hatte die Royal Air Force unter strenger Geheimhaltung an dieser bemerkenswerten Maschine gebaut. Sie bestand aus kaum mehr als zwei starken Triebwerken von Rolls-Royce, die Rücken an Rücken auf einem rechteckigen Rahmen mit vier Beinen angebracht waren. Die Schubkraft der Triebwerke wurde nach unten geleitet, wodurch das Ganze naturgemäß zu einem instabilen Senkrechtstarter wurde. Der Pilot saß oben auf diesem ebenso kraft- wie unheilvollen Gebilde. Wenn es je einen heißen Stuhl gegeben hat, so war es dieser. Einige Jahre zuvor hatte die *Pathé News* ein Bild veröffentlicht, auf dem die Maschine vom Boden abhob. Seither war sie nicht mehr gesichtet worden. Nun wollten wir ein Bild von ihr.

So kam es, dass ich eines Morgens mit Ken Denyer, einem der besten *Express*-Fotografen, in einem Auto auf dem Weg zum *Royal Aircraft Establishment* in Farnborough im Süden Englands unterwegs war. Das Gelände war schwer bewacht, und wir suchten die Umgebung nach einem Punkt ab, von dem aus wir die Maschine erspähen könnten. Wir wussten nicht, wann (wenn überhaupt) sie abheben würde. Wir hatten also jede Menge Zeit, um bei Sandwiches und Kaffee zu plaudern. Ich sprach Ken auf ein Bild an, das am Tag zuvor drei Spalten der Titelseite gefüllt hatte. Es zeigte eine Frau, die mit Vierlingen schwanger war, und ich sagte ihm, dass ich nicht verstehen könnte, warum dieses Bild so besonders war, dass es derart viel Platz auf der Titelseite eingenommen hatte. Er lachte und erzählte mir die Geschichte dazu.

Entscheidend war das Erscheinungsdatum des Bildes. Es war der 24. Mai, Empire Day. Jedes Jahr versuchten Lord Beaverbrooks Redakteure, seiner Besessenheit vom British Empire auf neue Art Tribut zu zollen. Ich wusste bereits, dass Tom Stacey in den Norden Englands geschickt worden war, um Weber in Rochdale den größten Union Jack der Welt anfertigen zu lassen. Offiziell wurde er zu Ehren des Empire gewebt, in Wirklichkeit aber sollte er Beaverbrook erfreuen.

Die gigantische Flagge war jedoch nur der erste Gang des Festmahls für Seine Lordschaft. Tausende kleiner Union Jacks waren für die Knopflöcher all jener gedruckt worden, die Willens waren, einen solchen zu tragen. Doch selbst das war nicht genug.

Die Krönung des Ganzen war Premierminister Harold Macmillan, der sich bereit erklärt hatte, am Ende seines langen Arbeitstages höchstpersönlich eine dieser Flaggen zu tragen und sich damit am Abend vor der Tür von Downing Street No. 10 fotografieren zu lassen. Er würde seinen Arm heben und dem Empire die Treue schwören. Das Bild sollte am Mittwoch, dem

23. April, auf der Titelseite erscheinen. Für den *Express* war das ein Coup, denn Macmillan war fest entschlossen, Großbritanniens Verbindungen zu Europa zu stärken – eine Vorstellung, die Beaverbrook zuwider war.

Am Montag vor dem Empire Day ging in der Londoner Oxford Street ein Geschäft in Flammen auf. Schnell erfassten sie das gesamte Erdgeschoss und versperrten den Menschen in den oberen Etagen den Ausweg. Ein junger asiatischer Student, vermutlich aus Hongkong, saß gerade vor einem Café auf der gegenüberliegenden Straßenseite. Er war ein leidenschaftlicher Fotograf und begann auf der Stelle, die Vorgänge festzuhalten. Sein dramatischstes Foto war das einer Frau, die aus einem Fenster im dritten Stock in eine aufgespannte Decke unter ihr sprang.

Der junge Mann wusste, dass sein Bild Nachrichtenwert hatte, also rief er den *Daily Express* an. Man sagte ihm, er solle ein Taxi in die Fleet Street nehmen und die Kamera vorbeibringen. Verständlicherweise war er sehr aufgeregt, Teil einer solchen Nachrichtenkampagne zu sein. Sobald er in der Redaktion angekommen war, eilte man mit ihm in die fotografische Abteilung und entwickelte den Film. Das Foto war hervorragend, und man bot ihm 50 Pfund dafür. Es war sicher deutlich mehr wert, aber man bot ihm außerdem einen Rundgang durch die Abteilung, die Dunkelkammern und den Raum, in dem die Kameras lagerten. Jede einzelne nahm er liebevoll in die Hand – es bedeutete ihm mehr als Geld.

Am Abend vor dem Empire Day war alles bereit. Die Titelseite war gesetzt, das große Loch in ihrer Mitte wartete nur noch auf das Foto von Macmillan. Alle hohen Tiere des *Express* begaben sich in zwei Austin Sheerlines, nach dem Rolls-Royce das beste Auto auf dem Markt, in die Downing Street. Mit dabei waren Ken Denyer, der beauftragte Fotograf, und seine *Hasselblad*-Kamera. Derek Marks, der politische Korrespondent, gab dem Polizisten an der Tür das Signal, dass alles bereit sei. Kurz darauf trat Macmillan heraus, um Beaverbrooks Bitte nachzukommen. Erst jetzt fiel auf, dass niemand daran gedacht hatte, eine Flagge für des Premierministers Knopfloch mitzubringen. Mit hochrotem Kopf kehrte das Team in die Fleet Street zurück, während Macmillan wieder ins Haus ging und sich bettfertig machte.

Der Redakteur jedoch war wild entschlossen, das Bild zu bekommen – und wohl auch in Sorge darum, was geschehen würde, wenn er es nicht bekam.

»Fahrt zurück«, brüllte er, »und wagt es nicht, ohne das Bild wiederzukommen!«

Denyer und Marks stopften sich die Taschen mit Flaggen voll, hetzten zurück in die Downing Street und beschworen den Polizisten, Macmillan noch einmal herauszuholen. Der war schon im Schlafanzug. Doch als Ehrenmann, der er war, zog er erneut seinen Anzug an, kam wieder vor die Tür und erfüllte sein Versprechen. Denyer bekam sein Foto, Marks bekam sein Statement, und beide stürmten zurück, um den Film rechtzeitig vor dem Druck zu entwickeln.

Doch der Film war leer.

Als er wieder einigermaßen atmen konnte, begriff Ken Denyer, was passiert war. Der Student hatte während des Rundgangs mit der Kamera gespielt. Sie hatte zwei Verschlüsse: die Blende und die Brennebene. Letztere hatte er in der falschen Position zurückgelassen. Natürlich hätte Ken das prüfen müssen, aber es war allen so peinlich, dass nie mehr darüber gesprochen wurde. Das also war der Grund dafür, dass das Bild der mit Vierlingen schwangeren Frau, welches als einziges sofort verfügbar war, im ganzen Land berühmt wurde.

Als ich in den Fünfzigern begann, in der Fleet Street zu arbeiten, war eines der vielen Vorurteile gegenüber Journalisten, sie wären allesamt Trunkenbolde. Um der Wahrheit die Ehre zu geben:

Dieses Stereotyp entsprach fast der Wahrheit. Es war ziemlich schwierig, *nicht* zu trinken, vor allem, wenn man im Zeitungsgeschäft in der Fleet Street tätig war: Die Dynamik des täglichen News-Kreislaufs machte das Nichttrinken fast unmöglich. Gegen Mittag ging es ganz gemächlich los und steigerte sich dann Stunde um Stunde – bis die ersten Ausgaben in den Druck gingen und das ganze Gebäude im Rhythmus der Druckerpressen vibrierte, bis die Reporter wussten, ob ihre Geschichte drin war oder nicht, bis die Redakteure die Konkurrenzblätter lasen und erfuhren, ob sie etwas verpasst hatten oder triumphieren konnten. Mit so viel Adrenalin in den Adern war das Bedürfnis, die Ereignisse des Tages bei einem Drink zu verarbeiten, unwiderstehlich.

Obwohl ich für eine kurze Zeit viele Abende im *King & Keys* verbrachte, war es nicht mein Stammlokal. Das war eher *El Vino's* quer über die Straße, der wohl beliebteste Pub von allen. Er war schon immer dagewesen und er ist es noch heute, ein armseliger Schatten seines früheren Selbst. Damals war der Tresen verbotenes Gebiet für Frauen. Sie mussten sich damit abfinden, an den Tischen zu rauchen und zu grummeln, während sich ihre männlichen Begleitungen an der Bar schlüpfrige Geschichten erzählten. Erst eine kühne Aktion zweier Frauen fünfundzwanzig Jahre später erzwang hier eine Veränderung, doch da waren die guten Zeiten schon fast vorbei.

Im hinteren Teil des tiefen Pubs gab es unmittelbar hinter der Tür zum Keller und den Toiletten ein Podest mit ein paar Sitzplätzen aus Holz. Eines späten Nachmittags saß ich genau dort mit Clifford Makins, der gerade als Sportredakteur beim *Observer* angefangen hatte, als uns vom Eingang her laute Geräusche unterbrachen: Eine Einheit Feuerwehrmänner in voller Montur, also Helmen, Stiefeln und langen Jacken, zog einen Schlauch an den Gästen vorbei und verschwand im Keller. Ich habe nie herausgefunden, was dort unten vor sich ging, alles war abgesichert. Man munkelte, dass dort unten seit über fünfzig Jahren unbeschreibliche Reichtümer in Form von Wein lagerten. Es waren wunderbare Jahre für Weinliebhaber. Clifford und ich tranken jeden Abend Château Margaux zu Spottpreisen – Weine, von denen ich heute nur träumen kann.

Irgendwann war das Problem in den Kellergewölben, was auch immer es gewesen sein mochte, behoben. Die Feuerwehrleute rollten ihren Schlauch auf und Frank Bower, der blumige und selbstherrliche Besitzer des *El Vino's*, gab ihnen auf ihrem Weg nach draußen in seiner üppig bestickten Weste ein Trinkgeld.

Zu unserer Linken stemmte sich Henry Fairlie auf seine wankenden Beine. Fairlie war ein gefeierter politischer Kolumnist mit rechtem Einschlag, der damals gerade für die *Daily Mail* schrieb. Zudem trank er bekanntermaßen viel. Er bewegte sich – offenbar mit einem dringenden Bedürfnis – in Richtung Kellertür, als Bower ihn erblickte, herüberstürmte, ihm den Weg versperrte und ihn zurück zu seinem Platz manövrierte.

»Oh nein, das wirst du nicht!«, bellte er, offensichtlich davon überzeugt, dass Fairlie den Keller plündern wollte.

Soweit ich weiß, wurde diese hübsche Anekdote nie gedruckt, dabei wäre sie perfekt für die Abendausgabe oder für die Klatschkolumne am Morgen gewesen. Das Ganze zeigt außerdem deutlich, was für ein bedauernswerter, ahnungsloser Pressefuzzi ich war, denn ich selbst hätte die Geschichte verkaufen können. Stattdessen frage ich mich noch immer, ob Fairlie es rechtzeitig zum Klo geschafft hat.

Es ist wohl einfach so, dass mir dieser gierige, fast lüsterne Appetit auf anderer Leute Missgeschicke oder dunkle Geheimnisse fehlte. Je höher sie waren, umso tiefer fielen sie, umso mehr Zeitungen verkauften wir. Ich machte meinen Job so, wie ich ihn verstand. Ich trieb mich auf der Suche nach Geschichten herum, manchmal auch mit einem älteren, erfahreneren

Reporter, der mich dann die Story schreiben ließ. Mit Don Seaman fuhr ich wegen eines dramatischen Konflikts zwischen Fischern zu einem Hafen an der Ostküste. Mein Trip mit Ken Denyer mündete in einem Bild und einer Story, obwohl beiden eine gewisse Belanglosigkeit anhaftete.

Einmal schrieb ich eine erniedrigende Story über eine junge Mutter, die versuchte, mit ihrem Kind von ihrem gewalttätigen Mann wegzulaufen – erniedrigend deshalb, weil ich, um ihre Geschichte exklusiv zu bekommen, mit ihren Gefühlen spielen musste. Doch das bei Weitem Beschämendste, das ich getan habe, war, eine Story zu erfinden. Es war während einer Nachtschicht gegen elf, als der Nachtredakteur Ben Voss mich losschickte, um ein Zitat eines berühmt-berüchtigten britischen Stierkämpfers zu beschaffen, der gerade mitten in einer bitteren Scheidung steckte. Als ich endlich vor seinem Vororthaus ankam, waren die Straßenlaternen bereits erloschen. Im Haus und darum herum lag alles im Dunkeln.

Ich stand zitternd vor der Tür und dachte: »Ich werde mir hier keinen Schlag auf die Nase einfangen!« Also erfand ich ein unsinniges Zitat darüber, dass er es kaum erwarten könne, all das hinter sich zu lassen und zurück zu seinen Bullen in die Arena zu steigen, während das Sägemehl ... Ja, ich schrieb tatsächlich »Sägemehl«. Ich gab diesen Quatsch telefonisch an Ben Voss durch, der ein sehr freundlicher Mensch war und besonnen nachfragte: »Hat er wirklich *Sägemehl* gesagt?«

»Ja«, antwortete ich, wobei ich in meiner Angst vollkommen vergaß, dass es in den sandigen Arenen Spaniens kein Sägemehl gab. Ich hätte auf der Stelle gefeuert werden müssen, doch Ben war, wie gesagt, ein sehr freundlicher Mensch. Er tat mir einen größeren Gefallen, als er selbst ahnte. Seitdem habe ich nur ein einziges Wort geschrieben, von dem ich wusste, dass es unwahr war – und das auch nur aus Spaß und in aller Offenheit.

Ich muss sagen, dass die *Express*-Redakteure ihr Bestes gaben, mich sinnvoll einzusetzen. In einem letzten, verzweifelten Versuch teilten sie mich William Hickey zu, dem zwielichtigen Klatschkolumnisten des *Daily Express*. Damals war Donald Edgar Redakteur, ein großer, schlanker, teuer gekleideter und hochgebildeter Mann. Gleiches galt für Edward Pickering, der inzwischen auch Redakteur war. Sie waren ein perfektes Team und verließen das Gebäude oft Seite an Seite. Einmal lehnte ich mich über das Geländer und schaute auf sie herab, als mir auffiel, dass sie auf dem Weg zum Ausgang über das wilde Gesicht des schwertschwingenden St. Georg gehen mussten: Beaverbrooks in Linoleum eingelassener Kreuzritter.

Würden sie tatsächlich drauftreten? In wohliger Aufregung schloss ich mit mir selbst Wetten ab und sah dann mit süffisanter Zufriedenheit, wie die beiden eleganten Wesen vor dem finsteren Ritter auseinanderwichen – Pickering nach links, Edgar nach rechts – und vor der Tür wieder zusammenkamen. Warum sollte man auch den Zorn des unberechenbaren »Beaver« heraufbeschwören?

Wieder einmal kann ich im Rückblick nur staunend auf meine Naivität schauen. Ich als Klatschkolumnist hätte es einfach besser wissen müssen. Zu dieser Zeit kam der Film *Sweet Smell of Success* mit Burt Lancaster und Tony Curtis heraus. Er beschreibt auf brutale Weise, wie weit Menschen gehen, um öffentlich erwähnt zu werden. Ich hingegen war umgeben von Freunden, die von ein wenig Bekanntheit profitiert hätten, doch es kam mir nie in den Sinn, dass wir einander hätten unterstützen könnten.

Das beste Beispiel dafür ist wohl Christopher Logue. Er war fünf Jahre älter als ich und ein hochgelobter Dichter, jedoch lange nicht so bekannt, wie er es verdient hätte. Wir hatten in Paris einige Zeit miteinander verbracht, und ich erfuhr, dass er in ein Pförtnerhäuschen in der Nähe meiner Wohnung gezogen war. Ich habe ihn dort einige Male besucht. Chris hatte eine bemerkenswerte Ausstrahlung. Er war klein, schlank und zäh, hatte ein schmales, hartes Gesicht mit markanten Zügen und die für Engländer typischen schlechten Zähne. Einer oder zwei fehlten sogar. All das wurde durch sprühenden Charme, eloquenten Witz und scharfe Aufmerksamkeit wettgemacht. Chris arbeitete damals am *Royal Court Theatre* am Sloane Square und hatte gerade die Zeilen für ein Lied geschrieben, das mich über Jahrzehnte begleitete. Er war kein Mann der schönen Worte, seine Bilder waren oft wild und mutig. Doch es gab in ihm auch eine große Zartheit. Am besten ist mir ein Moment an einem sonnigen Sommertag in Erinnerung, als wir uns begeistert über Peggy Lees Interpretation des Lieds *When the World was Young* austauschten:

> Ah, the apple trees,
> And the hive of bees,
> Where we once got stung...

»Hör dir nur diese Kadenzen an«, rief er aus, »wie wunderbar sie fallen!«

Chris hätte Publicity über den *Daily Express* gebrauchen können. Meistens ging er morgens auf dem Serpentine rudern – wir hätten uns also durchaus etwas einfallen lassen können. Inzwischen bin ich fast sicher, dass er entsprechende Andeutungen gemacht hat, doch ich dämlicher Idiot war zu unbedarft.

Dreimal drohten sie mir beim *Express* die Kündigung an, zweimal konnte ich sie überreden, mich zu behalten. Sie gaben mir jede erdenkliche Chance – bis auf die eine, die ich mit meinen Fähigkeiten perfekt genutzt hätte. Doch diese war, wie man heutzutage zu sagen pflegt, über meiner Gehaltsstufe. Es war der Job, den Harold Keeble hatte – und sehr gut machte.

Es war der Job, den ich fünf Jahre später beim *Daily Sketch* machen würde.

Was mir am meisten lag, ob beim Zeitungsmachen oder im Allgemeinen, waren Layout und Erläuterungen. Ich wollte, dass die Zeitung gut aussah, und ich wollte erklären, was sich hinter den Schlagzeilen verbarg. Ich verbrachte viel Zeit damit, neue Möglichkeiten für die Gestaltung der Titelseite auszuprobieren. Tatsächlich erinnere ich mich sogar daran, wie ich eines Morgens mit der genauen Vorstellung einer Seite aufwachte. Ich hatte sie im Traum gestaltet und gedacht: »Natürlich, so muss sie aussehen.«

Es war Kekulé, ein deutscher Chemiker, dem 1865 einer der bedeutendsten Durchbrüche der Chemie gelungen war, als ihm klar geworden war, dass die chemische Struktur des Benzolringes mit der Annahme von sechs kreisförmig angeordneten Kohlenstoffatomen erklärt werden konnte. Er sagte, die Erkenntnis sei ihm während eines Tagtraums gekommen, in dem er sechs Schlangen sah, die einander beim Schwanz hielten (auch wenn eine spätere englische Version sechs Affen in dieser Konstellation beschrieb). In jedem Fall war es eine revolutionäre Entdeckung, auf der die gesamte organische Chemie, die ja schon immer meinen Forschergeist beflügelt hatte, beruhte. Es besteht kein Zweifel daran, dass ich auf eine ähnlich bahnbrechende Entdeckung hoffte.

Tatsächlich aber hatte ich keine Gelegenheit, meine Ideen in die Praxis umzusetzen. Christiansen hatte offenbar Recht gehabt mit seiner Einschätzung, dass der Druck auf täglich erscheinende Zeitungen zu groß war, als dass sie die Nachrichten in ansprechender Form erklären könnten. Heute, sechzig Jahre später, ist es genau das, was die seriösen Blätter tun, während der Rest auf Bestechlichkeit und Verschleierung reduziert ist – Beaverbrooks Propaganda, jedoch ohne ihre Substanz.

Im Januar 1958 erfuhr ich, dass ich gehen musste. Was ich dringend bräuchte, sagten sie, wären mehr handfeste Erfahrungen in der Provinz, und boten mir einen Job in der Redaktion in Manchester an. Ich hatte bereits haarsträubende Geschichten über den unberechenbaren Nachrichtenredakteur in Manchester gehört – es klang wenig verlockend. Also verließ ich die Zeitung.

26. Beim Klabautermann!

Während ich beim *Daily Express* tätig war, verbrachte ich nur wenig Zeit in der Wohnung in Arundel Gardens, und ich war erstaunt zu erfahren, dass mein Mitbewohner Tony Holland und meine Bekannte Lesley-Ann sich ziemlich häufig getroffen hatten und nun heiraten wollten. Ich bin nicht sicher, was sie in den Stand der Ehe trieb, aber ich vermute, es lag daran, dass Beziehungen damals noch deutlich formaler gelebt wurden. Jedenfalls wollten sie sich etwas Eigenes suchen, und weil unsere bisherige Wohnung für mich allein zu groß war, zog ich in eine kleinere im Osten Londons.

Sie war Teil eines großen Hauses, das zum Krongut in Hackney gehörte, und wenn man es nicht ganz so genau nahm, konnte man also sagen, dass die Queen meine Vermieterin war. Ich muss sagen, dass sie bei der Sanierung gute Arbeit geleistet hatte. Ich habe mich dort sehr wohl gefühlt, aber in Ermangelung an Freundinnen auch recht einsam. Es gab einige attraktive Reporterinnen bei der Zeitung. Rosalie McCrae war eine von ihnen, aber zwischen uns funkte es einfach nicht. Doch auch June Baker, Harold Keebles Sekretärin, war großartig und gut ausgestattet. Ich überzeugte sie davon, bei mir vorbeizukommen und einen Abend mit mir zu verbringen.

Nun, ich dachte zumindest, dass ich sie überzeugt hätte – doch es stellte sich heraus, dass sie schon länger ein Auge auf mich geworfen hatte. Sie wollte mich und hatte dementsprechend die Fäden gezogen. Wir hatten uns noch nicht einmal richtig kennengelernt, als sie sich plötzlich die Bluse vom Leib riss, mir einen prall gefüllten, grellroten BH präsentierte und mich aufforderte, ich solle sie mir holen. Ich erstarrte. Ich war so sehr daran gewöhnt, der Verführer zu sein, dass ich total versagte. Die Erinnerung daran ist noch immer klar und deutlich, weil die Situation so bedeutsam wie unangenehm war. Wir blieben Freunde, aber es dauerte noch eine ganze Weile, bis ich aus dem Ganzen etwas lernte.

Die Queen hatte mir nicht nur eine angenehme Unterkunft zur Verfügung gestellt, sondern mich auch in einen Teil Londons gebracht, den ich bis dahin nicht kannte. Insbesondere das Geffrye Museum in der nahegelegenen Kingsland Road war eine Entdeckung: Eine Reihe von Armenhäusern aus dem 18. Jahrhundert war 1914 in ein Museum umgewandelt worden. In den Wänden, die die Häuser miteinander verbanden, gab es Türen, sodass man von einem Ende der Häuserreihe zum anderen gelangen konnte, indem man durch die Wohnzimmer ging. Jeder Wohnraum war einer bestimmten geschichtlichen Periode entsprechend möbliert und dekoriert – es begann im Mittelalter mit offener Feuerstelle und Feuereisen und reichte bis zum frühen 20. Jahrhundert. Ich war fasziniert. Nur wenige Menschen besuchten das Museum, und es fühlte sich an, als sei man tatsächlich zufällig in eine andere Zeit geschlendert, wo einen nichts daran erinnerte, dass man im 20. Jahrhundert war. Man konnte ganz allein in einem dieser Räume stehen und sich in dessen Zeit wähnen, mit den Werkzeugen zum Feuermachen herumspielen, von den alten Tellern essen, in der Zeit leben.

Ich habe das Museum seitdem viele Male besucht, und es ist immer schlechter geworden. Ich vermute, es geschah in der verzweifelten Hoffnung, ihre Spur in der Geschichte zu hinterlassen, dass diverse aufeinanderfolgende Museumsdirektoren mehr und mehr Beschilderungen und anderen erklärenden Quatsch hinzugefügt haben, sodass es jetzt schlicht unmöglich ist, seine Fantasie frei zu entfalten. Gerade wurden 18 Millionen Pfund in eine weitere Neugestaltung investiert, und ich vermute, dass die letzten Reste der Erfahrung, die ich einst genießen durfte, verschwunden sein werden. Trotzdem werde ich wohl, wenn es mir möglich ist, hinfahren und es mir noch einmal ansehen.

Londons East End war schon in sich eine Schatzkiste der Geschichte – Teile stammen fast aus den Zeiten von Charles Dickens. Ich hatte noch das Glück, die Columbia Dwellings, die von der Bankenerbin Angela Burdett-Coutts auf Anregung von Dickens gebaut wurden, zu sehen, bevor sie abgerissen wurden. Es war ein U-förmiger Wohnblock aus Backstein, vier oder fünf Stockwerke hoch. Die Fassade des Mittelteils war zurückgesetzt, um Raum für einen riesigen gotischen Bogen zu schaffen, der wie ein religiöses Omen über dem winzigen Eingang hing. Durch ihn huschten die Bewohner, klein wie Ameisen, in feuchte und schlecht beleuchtete Gänge, in denen überall Unrat aller Art lag. Die Fenster waren meist zersplittert oder fehlten ganz, obwohl es auch einige gab, in denen noch zerschlissene Vorhänge zu sehen waren. Das Gebäude war durch den rußschweren Smog eines ganzen Jahrhunderts tiefschwarz. Es war schwer zu glauben, dass diese einem Albtraum entstammende Konstruktion einmal eine dramatische Verbesserung zu den Elendsgassen gewesen sein sollte, in denen die Menschen vorher gelebt hatten. In den Sechzigern, wenige Jahre, nachdem ich sie gesehen hatte, wurden die Columbia Dwellings abgerissen.

Als ich den *Daily Express* verließ (und ich muss gestehen, dass ich immer fand, die Entlassung vom *Daily Express* war in meiner Fleet Street-Karriere ein wichtiger Schritt nach vorn), hatte ich bereits drei Monate Zeit gehabt, um mich nach einem anderen

Job umzusehen. Das attraktivste Angebot erhielt ich von Ronnie Collier, Lesley-Anns Onkel. Er und seine Mutter Victoria Vernon hatten in der Curzon Street eine Etage mit Büros angemietet. Sie war Literaturagentin, er hatte als Feuilletonredakteur bei der *Daily Mail* gearbeitet. Er war ein lebensfroher Mann mittlerer Größe mit silbergrauen Haaren und einem verschmitzten Blick. Ich mochte beide sehr und glaube, dass sie mich ebenfalls sehr gern hatten.

Ronnie verdiente einen Teil seines Geldes als freiberuflicher Autor für Zeitungen und Magazine, und gerade war er an einer Geschichte dran, von der er sich viel versprach. Zwei Amerikaner aus seinem Bekanntenkreis, einer von ihnen ein Anwalt aus Washington D.C., hatten ein Unternehmen gegründet, mit dem sie Schätze finden und heben wollten. Aktuell ging es um einen versunkenen Schatz, der ihrer festen Überzeugung nach auf dem Grund der Bucht von Vigo an der Nordwestküste Spaniens lag. Sie hatten Nachforschungen angestellt und glaubten, dass eine zur spanischen Silberflotte gehörige Galeere in der berühmten Schlacht bei Vigo im Jahr 1702 versenkt worden war. Die »Silberflotte« war auf dem Rückweg aus Südamerika gewesen – alle Schiffe waren randvoll mit Gold und Silber beladen.

Ronnie war sicher, dass man aus dem Stoff einen großartigen Fernsehfilm machen könnte, und bot mir an, mich für die Realisierung anzustellen. Sein Angebot beinhaltete die Nutzung eines seiner Büros sowie die Finanzierung einer Reise nach Spanien. Wie hätte ich da widerstehen können?

Es gab unendlich viel Material zu sichten. Einige der historischen Aufzeichnungen lagen sogar in irgendeinem Marinearchiv im südspanischen Sevilla, einer wunderschönen Stadt am Guadalquivir. Selbstverständlich musste ich dorthin reisen, und mit Ronnies Erlaubnis verband ich dies mit einem Urlaub. Ich reiste mit der Bahn, was zu diesen Zeiten wieder angenehmer wurde und deutlich interessanter war als zu fliegen. Ich fuhr selbstredend über Paris und traf einige alte Freunde wieder. In Sevilla angekommen, richtete ich mich in einem sehr preiswerten kleinen Hotel ein und genoss das fantastische Essen.

Der Guadalquivir ist ein breiter Fluss und die ganze Strecke von Cadiz, einem bedeutenden Hafen bei Gibraltar, schiffbar. Er hat sogar Strände, ähnlich denen am Mittelmeer, die ich so liebte. Ich hatte mir gerade den Wälzer *The Lord of the Rings* gekauft und lag lesend am Strand, als ein Amerikaner mich zu einer Yachtparty einlud. Da ich immer für eine Party zu haben war, fand ich mich kurz darauf in der Gesellschaft von Männern und Frauen des nahegelegenen US-Luftwaffenstützpunkts wieder. Ich hatte keine Ahnung, wem die Yacht gehörte, aber der Schnaps war gut und ich hielt bis fast zum Ende durch. Irgendwann ging ich nach unten, um meinen Rausch in einer Koje auszuschlafen. Plötzlich hörte ich zwei Männer, die noch an Deck waren und sich laut unterhielten. Ich erkannte die Stimmen. Der eine war ein sturzbetrunkener und sehr ungestümer Unteroffizier, der versuchte, seinen Kameraden mit seinen Seefahrtkenntnissen zu beeindrucken.

»Spleißt die Back!", brüllte er, und »Besanschot an!«, bis sein nautischer Unsinn mich in seligen Schlummer gleiten ließ.

Am nächsten Tag hörte ich, dass Onassis Yacht den Fluss herauf aus Cadiz gekommen war und nun hier in Sevilla vor Anker lag. Ich ging los, um sie mir anzusehen. Es gab Gerüchte, dass auch Churchill an Bord war, vielleicht sogar Maria Callas. Noch nie hatte ich solch ein Schiff gesehen: zahllose Kabinen, uniformierte Stewards, und vorn sogar ein Helikopterlandeplatz. Eine Leiter, eine elegante Version mit Formica-Trittflächen, verband Schiff und Kai, und als jemand (ich weiß nicht, wer es war) auf ihr herunterkletterte, eilte ein Steward mit Eimer und Schwamm herbei und wischte hinter ihm jede einzelne Stufe wieder sauber.

Weder Churchill noch die Callas waren irgendwo zu sehen, aber einige Tage später hatte ich die Gelegenheit, den ähnlich berühmten klassischen Gitarrenspieler Andrés Segovia in einer wunderschönen, alten Open-Air-Galerie zu sehen und zu hören. Leider war die Galerie lang und schmal, sodass die Gäste auf den billigen Plätzen im hinteren Teil nichts hörten. Viele der teuren Sitze im vorderen Teil waren leer, und so begannen die Menschen, sich zwischen den Stücken immer wieder nach vorn zu setzen, wodurch jedes einzelne mit einer Verzögerung begann. Angesichts dieser Störungen wurde Segovia wütend, und ich fand es recht aufschlussreich, dass er trotz seines Ruhms und seiner Genialität mehr auf seine Würde bedacht war als auf sein Publikum.

In den Archiven kam ich gut voran und entschied schließlich, mit einer Fähre ab Lissabon zurück nach Großbritannien zu fahren, sodass ich vorher Portugal besuchen konnte. Spanien war noch immer in Francos eiserner Hand, während Portugal gleichermaßen tyrannisch von Salazar regiert wurde. Das wollte ich mir ansehen. Ein Zug brachte mich über die Grenze, und sobald wir auf portugiesischem Boden waren, kam ein Mann in schwarzer Lederjacke und dunkler Sonnenbrille in mein Abteil und setzte sich auf den Platz mir gegenüber. Ich glaube nicht, dass er mich überwachen sollte, aber ich erinnere mich noch an meinen Schrecken, als seine Jacke sich öffnete und an seinem Gürtel eine Pistole sichtbar wurde – etwas, das ich noch nie gesehen hatte.

Zu dieser Zeit kämpfte ganz Lissabon gegen die Tuberkulose – man versuchte verzweifelt, die Menschen zu behandeln. Ich erinnere mich an den eklatanten Gegensatz zwischen der florierenden Hauptstraße im Zentrum der Stadt und den Favelas, die sich auf den Hügeln zu beiden Seiten der Stadt ausbreiteten. So, wie es während der Corona-Pandemie Testzelte gab, errichtete das Rote Kreuz damals Zelte, um Menschen auf Tuberkulose zu testen.

Ich brachte meine Erkenntnisse und Ergebnisse zurück nach London und setzte meine Arbeit am Projekt in Ronnies Büro fort. Ich genoss diese Zeit sehr, das Leben war gut. Abends hatte ich frei, die Wochenenden genoss ich mit Freunden an den Ufern der Themse, auf Gartenpartys und indem wir Jazz hörten oder dazu tanzten. Die Mittagspausen im Pub des Shepherd Market waren ein Gedicht – man bekam tatsächlich noch Jakobsmuscheln in der Schale, die nach Meer schmeckten.

Obwohl es keinen Zeitdruck gab, arbeitete ich hart daran, die Puzzlestücke der romantischen Geschichte um den versunkenen Schatz zusammenzusetzen. Ich war fasziniert von der außergewöhnlichen Schlacht, die 250 Jahre zuvor stattgefunden hatte, als die schwerbeladene spanische Silberflotte mit mindestens zwanzig Kaufleuten an der nordwestlichen Spitze Spaniens in die Bucht von Vigo einfuhr. Zu ihrem Schutz wurden sie von französischen und spanischen Kriegsschiffgeschwadern flankiert. Dennoch wurde sie von einer ebenbürtigen englisch-niederländischen Flotte unter einem Admiral mit dem wundervollen Namen Sir Cloudesley Shovell und dem eher prosaisch klingenden Admiral George Rooke angegriffen. Zu diesem Zeitpunkt war bereits ein großer Teil des spanischen Schatzes von Bord gebracht worden. Alle spanischen Schiffe waren verbrannt und gesunken, aber man munkelte, dass eines von ihnen bei seinem Untergang noch reich mit Gold und Silber beladen war. Die Geschichte dieser Schlacht war ungemein fesselnd, voll von Mut und Verrat, Brandern und Kanonen.

Doch das war nicht meine einzige Beschäftigung. Ronnie hatte das Büro neben meinem an einen liberalen Politiker namens Peter Bessel vermietet, einen finsteren, dünnen Mann, der immer angespannt und in Eile war. Durch die Wand konnte ich seine Telefongespräche überdeutlich mithören. Er erstaunte mich mit seiner Fähigkeit, stundenlang ohne Pause zu reden – und dies von freundlich bis wütend, von Bitten bis hin zu Drohungen und Denunziation. Es war wie in einer Oper. Bald darauf wurde er als Zeuge in einem *very British Scandal* des Meineids überführt. Im Prozess ging es um Jeremy Thorpe, den Führer der Liberalen, und eine angebliche Verschwörung, bei der sein Liebhaber umgebracht werden sollte.

Leider gaben die Amerikaner auf, die Suche nach dem versunkenen Schatz fand nie statt. Meine Tage bei Ronnie Collier waren gezählt, doch ich hatte mich in der Zwischenzeit schon umgeschaut. Bei der *Sunday Dispatch*, einer der vielen Zeitungen, die seither verschwunden sind, hatte ich eine Anstellung als Ferienvertretung für einen Unterredakteur gefunden. Die Zeitung gehörte zu einer Gruppe namens *Associated Newspapers*, Beaverbrooks bedeutendster Konkurrenz, die auch die *Daily Mail* und den *Daily Sketch* besaß. Die Arbeit dort fiel mir leicht, und im London der sechziger Jahre, in dem das Leben wieder leichter wurde, war es mir wichtiger, meines zu genießen, als mir eine Karriere aufzubauen. Auch die Arbeitszeiten kamen mir sehr gelegen – ich fühlte mich der arbeitenden Masse, die früh am Morgen in ihre Büros strömte, angenehm überlegen, wenn ich gegen elf in meines kam.

Irgendwann in dieser Zeit zog ich erneut um, den Grund weiß ich nicht mehr. Mein neues Zuhause war eine Wohnung über zwei Stockwerke. Sie befand sich in der Upper Street in Islington über einem Schuster. Vielleicht war es mir auf den *Crown Estates* zu ruhig gewesen, während die Upper Street eine belebte Durchgangsstraße mit Autos, Bussen und einer Trolleybuslinie von The Angel bis Highbury war. Mit den Eigentümern, die im Geschäft unter mir arbeiteten, kam ich gut zurecht, und ich liebte den Lederduft, der an mir vorbeizog, wenn ich kam oder ging. Obwohl die Wohnung ziemlich einfach war – im Grunde nur zwei Räume auf jeder Etage – hatte sie elegante georgianische Fenster, und ich gab mir redlich Mühe bei der Einrichtung. Damals waren Tapeten mit großen farbigen Mustern der letzte Schrei, von den in Flechtwerk eingewickelten Chianti-Flaschen ganz zu schweigen.

Ich verdiente ordentlich, ohne davon für jemanden sorgen zu müssen, und ich genoss London, das sich für die Musik, die Kunst, die Mode und die neuen Freiheiten öffnete, die schließlich in die Swinging Sixties mündeten. Mein Ferienjob beim *Dispatch* ging zu Ende, doch ich fand problemlos eine feste Anstellung bei der Schwesterzeitung *Sketch*. Und ich trennte mich von meinem Lancia Aprilia. Die italienische Diva zickte einmal zu viel herum, und ich war das Leben unter der Motorhaube leid. Ich frage mich, wo sie heute ist – wenn sie noch lebt, muss sie ein Vermögen wert sein. Stattdessen kaufte ich für 500 Pfund einen brandneuen Austin-Healey Sprite, die sportliche Variante des Mini, und liebte den kleinen roten Flitzer bald ebenso wie den Lancia. Drei Sommer hintereinander nahm ich all meine Urlaubstage auf einmal, meldete mich für einen Monat ab und fuhr in meinem Sprite durch Frankreich und Deutschland nach Italien – jedes Mal mit einem anderen Mädchen. Es ist unmöglich, die Aufregung und den Spaß dieser Reisen zu überschätzen. Alles schien zwischen Calais und Cannes, zwischen der Riviera und Venedig immer besser zu werden: das Essen, die kleinen Hotels, die Zufallsbekanntschaften, die wunderschönen Kirchen, Museen und Kunstgalerien, die Strände, die Bars und die Musik. Alles war nur zu meinem persönlichen Vergnügen da.

Doch der Sommer, der alle anderen übertraf, war der im Jahr 1961, als ich den ganzen Weg nach Neapel und Salerno mit einem Mädchen namens Doris Birt fuhr. Wir überquerten die Alpen, kamen nach Bologna, Florenz und Rom. Als es immer heißer wurde, kauften wir kiloweise Zitronen, füllten unsere Flaschen mit gezuckertem Zitronensaft und tranken uns nach Süden bis in den Mezzogiorno.

Am letzten Tag der Fahrt entschieden wir, der Hitze ein Schnippchen zu schlagen, indem wir vor Sonnenaufgang aufbrachen. Kurz vor Neapel stießen wir auf einige Männer, die uns in Pferdewagen entgegenkamen. Der durchdringende Geruch war unverkennbar: Sie brachten Nachterde aus der Stadt heraus und verkauften sie an die Gemüsebauern in der Umgebung. Wir fuhren an Neapel vorbei und folgten der Küste bis Salerno, wo wir zu unserer Freude entdeckten, dass es unter der Promenade Höhlen gab, die direkt auf den Strand hinausgingen. Sie waren spartanisch eingerichtet, man konnte sie als günstige Ferienwohnung mieten. Für uns waren sie perfekt, denn alles, was wir wollten, war, aus dem Bett auf- und direkt im Meer abzutauchen.

Die Bucht von Salerno war ein Paradies für Sardinenfischer: Jede Nacht waren sie in ihren kleinen Booten draußen und versuchten, mit ihren Lichtern Fische anzulocken. Ich sprach zwei alte Männer mit Boot an und fragte, ob ich eine Nacht mit ihnen hinausfahren dürfte – vielleicht könnte ich sogar eine Hilfe sein. Sie fanden die Vorstellung lächerlich, stimmten aber bald widerwillig zu. Es war ein wunderbares, beglückendes Erlebnis, ein Fest für die Augen. Es stellte sich heraus, dass ich mich in den langen Nachtstunden ziemlich gut mit ihnen unterhalten konnte – bis sie fanden, dass die Netze voll genug waren. Doch als wir begannen, sie hereinzuziehen, war ich schockiert darüber, wie schwer sie waren. Neben mir standen zwei alte, sehnige Männer, die bestimmt weit über siebzig waren, aber keine Probleme mit dieser Arbeit zu haben schienen.

»Das ist eine Arbeit für junge Männer«, wagte ich einen Vorstoß. »*Porca vacca*«, antwortete einer von ihnen und spuckte aufs Deck. »Die jungen Männer sind zu schwach für diese Arbeit.« »*Perché?*«, fragte ich. »Wegen ihres Essens. Es ist nicht auf Scheiße gewachsen.«

Ich blicke auf diesen Sommer zurück wie andere auf ihre Jugend zurückblicken, dabei war ich damals schon über dreißig. Ich glaube, der Krieg hatte uns ein bisschen zurückgeworfen. Es waren wundervolle, leuchtende Zeiten. Doch eine Sache macht mir jetzt zu schaffen. Ich muss gestehen, dass ich mich kaum an die Frauen erinnern kann, die ich durch Europa geschleift habe. Ich habe keine Ahnung, was sie von mir gedacht haben mögen, aber ich glaube, ich will es auch gar nicht wissen.

27. »Dein Vater war ein guter Mann.«

Als ich begann, für den *Daily Sketch* zu arbeiten, war der Herausgeber noch immer Bert Gunn, der die Verkaufszahlen innerhalb von sechs Jahren verdoppelt hatte. Für ein Boulevardblatt war der *Daily Sketch* relativ anständig, doch als Gunn – vermutlich in der Hoffnung, dort den gleichen Erfolg zu erzielen – zum *Sunday Dispatch* wechselte, folgte ihm ein Herausgeber ganz anderen Kalibers nach. Colin Valdar war ein zupackender, energiegeladener Mann, der für seine vierundvierzig Jahre erstaunlich jung aussah. Er kam vom *Sunday Pictorial*, der Sonntagsausgabe des *Daily Mirror*, und er war ein überzeugter Anhänger von Schnickschnack und Firlefanz. Was ich meine, ist, dass er das Erscheinungsbild der Zeitung mit Sternchenrahmen, weniger Text, unterschiedlichsten altmodisch wirkenden Schriftarten und anderen Layouttricks herausputzte, um sie für uninteressierte Leser leichter verdaulich oder attraktiver zu machen.

Als Redaktionsassistent brachte er Pat Brangwyn mit, der mein Boss wurde. Einige fanden den Umgang mit ihm schwierig, aber wir beide kamen sehr gut miteinander klar. Er war der Grund dafür, dass ich mich immer mehr für die Abläufe bei der Zeitung interessierte, und wir verbrachten so manchen Abend im *Auntie's*, der Stammkneipe der *Sketch*-Leute. Pat hatte eine schöne, gastfreundliche Frau – ich besuchte die beiden mehrere Male in seinem Zuhause, das nicht weit vom Haus meiner Mutter entfernt war. Pat war sehr belesen und liebte Gedichte, was in spannendem Widerspruch mit seiner Faszination für reißerische Schlagzeilen stand. Über Harry Proctors berühmte Überschrift *GO UNFROCK YOURSELF FATHER INGRAM* in der *Sunday Pictorial* konnte er noch immer kichern.

Der *Daily Sketch* hatte seinen Sitz in einem Gebäude auf halber Strecke zwischen der Fleet Street und der Themse. Die Feuilletonabteilung bestand aus sieben oder acht Tischen mit eindrucksvollen Gebrauchsspuren, die in der südwestlichen Ecke eines Flurs gestrandet zu sein schienen, der sich über die gesamte Breite des Gebäudes erstreckte. Als Unterredakteur saß ich mit dem Rücken zu einer Fensterfront und hatte den Flur im Blick.

Zu meiner Linken neben der Tür gab es weitere Tische für Reporter und Fotografen. Auf der anderen Seite des Raums stand eine größere Ansammlung von Tischen, an denen Unterredakteure für die Nachrichten und der Nachtredakteur in einer ewigen Rauchwolke saßen. Der Nachtredakteur (ich weiß seinen Namen nicht mehr) hatte immer eine Zigarette zwischen den Lippen und war berühmt dafür, das längste Stück Asche an ihrem Ende halten zu können. Wir schlossen sogar Wetten darauf ab.

Ich kann mich nicht daran erinnern, dass irgendjemand Nichtraucher gewesen wäre. Meist kam ich mit einer 20er Packung hin; wenn am Abend etwas los war, war es mehr. Meine Lieblingssorte war *Senior Service*. Ich mochte das Design der Packung und erfreute mich an dem kühnen Spruch, der klein, aber in Großbuchstaben im unteren Bereich stand: *A PRODUCT OF THE MASTER MIND*. Für eine halbe Krone konnte man sie im Zigarettenautomaten im Eingangsbereich kaufen.

Die einzige Konkurrenz auf dem Markt war die *Player's Navy Cut*. Sie hatte ein altmodisches Design mit einem Matrosenkopf, um den wie ein Rahmen ein Rettungsring dargestellt war. *Player's* musste gemerkt haben, dass sie damit nicht mehr punkten konnten, denn eines Tages hatten sie ein vollkommen neues Design.

Der Automat selbst war ein primitives, hölzernes Ding mit einem Bild der Packung über jeder Reihe. Das neue *Player's*-Design war ein Hit. Es gefiel mir so sehr, dass ich hier meine halbe Krone einwarf. Doch als ich die Packung in der Hand hielt, blickte noch immer der gleiche alte Matrose durch den Rettungsring. Ich spürte einen Stich der Enttäuschung und hielt kurz inne. Es war einer dieser Momente, die eigentlich aus dem Nichts kommen, aber enorme Auswirkungen haben. Ich war von einem Bild manipuliert worden, das absolut nichts mit dem zugehörigen Inhalt zu tun hatte. Plötzlich verstand ich die Macht der Werbung in ihrer ganzen Tragweite und schütze mich seitdem vor ihr.

Hinter mir unter dem Fenster war noch Platz für einen großen Zeichentisch, an dem normalerweise ein Künstler oder ein Cartoonist arbeiteten. Manchmal war es Keith Waite, ein renommierter Cartoonist. Er war ein außergewöhnlich liebenswerter Mann, ein Wochenendsegler, der mich dazu gebracht hat, über einen Bootskauf nachzudenken (Gott sei Dank habe ich das nie umgesetzt). Manchmal arbeitete dort der *Sketch*-Künstler David Gwynne und fertigte Illustrationen an oder schrieb Teaser-Texte. Er war ungeheuer belesen und gab immer Zitate aus den Büchern zum Besten, die er gerade las.

Im Jahr 1962 könnte auch Michael Molloy eine Weile dort gesessen haben, ein junger Mann frisch von der Kunstschule. Eigentlich war er Maler, aber er zeichnete auch den Cartoon *The Ravers*, der seiner Zeit weit voraus war. Michael kleidete sich ungewöhnlich gut, war äußerst wohlerzogen, ganz offensichtlich sehr intelligent, neugierig und ein sehr angenehmer Gesprächspartner. Nachdem er den *Sketch* verlassen hatte, nahm Molloys Leben einen bemerkenswerten Verlauf. Er wurde irgendwann Redakteur beim *Daily Mirror*, was unter dem zwielichtigen Herausgeber Maxwell eine machtvolle, aber gleichzeitig undankbare Position war. Er hatte eine große Schwäche dafür, seltsame Ereignisse und Sätze festzuhalten. Eines Tages erzählte er mir von einem Friseurbesuch, bei dem der Crimper (so nannten wir sie damals) zu Mike sagte: »Ich bin ein Künstler und habe ein geschultes Auge. Ich sehe etwas an deinem Hosenumschlag, und das ist ... braun!«

Selbst jetzt, wo ich es fast sechzig Jahre später niederschreibe, kann ich seine Stimme hören. Er wiederum hat etwas, das ich sagte, nie vergessen. Ich las gerade die erste Ausgabe einer Zeitung Korrektur, welche in der Regel viele kleine, uninteressante Nachrichten enthielt, die bei späteren Ausgaben rausflogen. Plötzlich sah ich unten auf der Seite einen kleinen gelben Platzhalter: *BBC MAN DIES*. Und auch wenn der Name fehlerhaft abgedruckt war, wusste ich sofort, um wen es ging.

»Oh, mein Gott«, sagte ich, »mein Vater ist tot.«

Von den dramatischen Umständen abgesehen berührte es mich nicht mehr als Mike. Seit über zwanzig Jahren hatte ich meinen Vater nicht gesehen oder von ihm gehört. Ich wusste, dass er während des Kriegs bei der BBC gearbeitet hatte, wobei das wahrscheinlich nur der Tarnung diente. Seine eigentliche Arbeit bestand darin, fremdsprachige Sendungen für das GCHQ, das große Spionage-Hauptquartier in Cheltenham, abzuhören. Er war ein guter Linguist gewesen und hatte diverse Sprachen gesprochen. Außerdem wusste ich von meiner Mutter, dass er wieder geheiratet hatte und mit seiner jüdischen Frau und zwei Töchtern irgendwo in Oxfordshire lebte. Allerdings hatte ich jedes aufkeimende Interesse an ihm und seinem Leben im Keim erstickt.

Die Details seines Todes aber machten mich traurig. Er hatte einen schweren Schlaganfall erlitten, war dadurch fast vollständig gelähmt und konnte es schließlich nicht mehr ertragen. Er schloss sich in der Garage ein, startete den Motor und das war's. Irgendwann spürte ein Freund oder Kollege von ihm mich auf. Er erzählte, mein Vater hätte ihn gebeten, mich zu finden und mir 100 Pfund zu geben. »Er war ein guter Mann«, sagte er, wollte aber kaum etwas erzählen. Um ehrlich zu sein, habe ich auch nicht energisch genug nachgefragt – etwas, das ich später bereuen würde.

Im Herbst 1962 verliebte ich mich in das Mädchen, das alle Leserinnen der Zeitung faszinierte. Sie hieß Unity Hall, ein Name, von dem ich immer fand, dass er eher für eine Einrichtung als für eine Person passte. Sie schrieb eine wöchentlich erscheinende Kolumne, in der sie Frauen half, sich in den neuen Freiheiten und Modetrends der Sechziger zurechtzufinden. Sie selbst war allerdings eher konservativ. Sie war gewiss attraktiv, aber es war nicht immer leicht zu sagen, was an ihr echt war und was Make-up. Und sie nahm ihren Job sehr ernst. Eines Tages, das Wetter in London war schon ziemlich winterlich, fragte sie mich, ob ich Lust auf einen Ausflug an die Côte d'Azur hätte. Man hatte ihr ein Wochenende für zwei im Carlton Hotel in Cannes – das Beste vom Besten – angeboten, und alle Kosten wurden übernommen. Ich konnte nicht ablehnen. Wir fuhren im Sprite und hatten eine großartige Zeit. Es war kaum überraschend, dass wir uns nach unserer Rückkehr verlobten.

Ich verkündete die Neuigkeit bei uns in der Feuilletonabteilung und veranstaltete einen kleinen Champagner-Umtrunk im Redaktionsbüro. Als wir danach auseinandergingen, gestand mir unser Redakteur Colin Valdar, dass er von der Nachricht überrascht wäre: Er hätte nie gedacht, dass ich ein Typ für die Ehe sei. Ich hatte keine Ahnung, wie ich das verstehen sollte. Wären wir nicht in Eile gewesen, hätte ich ihn gefragt – seine Bemerkung blieb jedenfalls hängen. Zum einen war ich überrascht, dass er überhaupt über mich nachgedacht hatte, doch zum anderen schien in seiner Äußerung eine irritierende Bedeutung mitzuschwingen: Er konnte kaum gedacht haben, ich sei queer (*gay* hatte damals noch seine ursprüngliche Bedeutung), was also hatte er gemeint? Nun, meine Verlobung mit Unity endete irgendwann – eine etwas beunruhigende Bestätigung seiner Einschätzung.

Ich habe nie vergessen, wie privilegiert ich war. Ich musste nicht in überfüllten Zügen oder Bussen zur Arbeit fahren, fühlte mich als Herr meines Lebens und hatte endlich auch Selbstvertrauen bei meiner Arbeit. Nie hat es mich gestört, so viel später Feierabend zu haben als andere, denn es gab eigentlich immer Freunde, mit denen ich auch dann noch essen und trinken konnte. Einen Aspekt meiner Arbeit genoss ich besonders: mit den Druckern am sogenannten »Stein« zu arbeiten. Eine kleine Treppe im hinteren Teil des Büros führte hinunter in die Setzerei, wo Setzmaschinen unsere Wörter ratternd in Typen umsetzten. Die Typen mussten in schweren Metallrahmen angeordnet werden, die auf einem Stahltisch, dem »Stein«, lagen. Dort wurden die Seiten entsprechend dem Layout gestaltet, das wir oben vorbereitet hatten. Der »Stein-Unter«, das konnte auch ich sein, hatte den Überblick, während ein professioneller Setzer nach meinen Hinweisen die Seite setzte. Auf diese Weise habe ich gelernt, Texte verkehrt herum und vom Ende zum Anfang zu lesen. Ich fand diese Tätigkeit sehr befriedigend, denn die Männer, mit denen ich arbeitete, waren interessant und intelligent. Wir hatten ein gutes Verhältnis zueinander. Doch wehe, wenn ich auch nur ein Metallstück berührte. Die Arbeit würde auf der Stelle ruhen, und die Männer, alle Mitglieder einer mächtigen Gewerkschaft, wären sofort bereit zu streiken. Ich habe nie erlebt, dass es passierte, aber man hat mir davon erzählt – selbst der stärkste Mann würde Tränen der Verzweiflung weinen, wäre er der Auslöser.

Als ich anfangs Assistent in der Feuilletonredaktion war, hatte ich drei Vorgesetzte über mir. Alle drei waren etwa in meinem Alter: David English war Redaktionsassistent, John Knight war für Klatsch und Tratsch zuständig, und John Saunders war mein Boss. Es schien, als hätten sie eine spezielle, fast geheimnisvolle Verbindung zueinander. Im Stillen nannte ich sie *The Brighton Boys*, obwohl English eigentlich aus Oxford kam. Ich erinnere mich insbesondere an Englishs feuchte Lippen, als würde er beim Gedanken an sein nächstes Manöver anfangen zu sabbern. Aus meiner jugendlich-selbstgefälligen Sicht teilten sie eine gierige, rücksichtslose Energie. Die Zeitung schien ihr Spielzeug zu sein. Erst später konnte ich anerkennen, dass ihre Haltung vermutlich die intelligenteste von allen war. Ich erinnere mich an die Nacht während der Kuba-Krise, in der Kennedy sein Ultimatum an Chruschtschow stellte. Alle befürchteten, dass dies einen Atomkrieg provozieren könnte. Die Atmosphäre war angespannt, die Unterhaltungen fast fiebrig.

»Er ist verrückt«, sagten die Leute, und in der Redaktion klebten wir an den Fernschreibern. Die meisten waren der Meinung, Kennedy hätte sein Blatt überreizt und würde die Welt in einen nuklearen Albtraum treiben. Als Chruschtschow nachgab, war die Erleichterung allerorten unbeschreiblich.

Nach einiger Zeit wurde deutlich, dass Colin Valdars Veränderungen an der Zeitung sich nicht in den Verkaufszahlen des *Sketch* niederschlugen, und irgendwann im Jahr 1962 erzählte Pat mir, dass Valdar uns verlassen und durch Howard French, von dem wir noch nie gehört hatten, ersetzt würde. Im Zuge der Veränderungen ernannte Pat mich zum Assistenten des Feuilletonredakteurs, was im Grunde nichts Besonderes war, aber es war eine Stufe höher auf der Leiter, die ich hinaufklettern konnte. Colin Valdars letzte Nachricht an das gesamte *Sketch*-Team war eine Notiz an der Pinnwand: »Man hat mich gebeten, meinen Platz für einen älteren Mann zu räumen.« Mit angehaltenem Atem warteten wir auf das, was dieser alte Mann für uns bereithielt.

Howard French bot einen bemerkenswerten Anblick, als er ins Büro kam. Er war Anfang fünfzig, groß und schlank, mit grau-meliertem Haar und einem kräftigen Schnurrbart – alles so makellos gepflegt, als käme er direkt aus dem Barbershop. Bei seinem ersten Auftritt in der Redaktion trug er einen navyblauen, der aktuellen Mode entsprechend geschnittenen Anzug, eine Krawatte der alten Schule und auf Hochglanz polierte Chelsea Boots, die damals sehr angesagt waren. Er hatte die Stimme und das Gehabe eines Upperclass-Militärs und hielt dieses eher distanzierte Image so lange aufrecht, bis er fast zu einem wandelnden Klischee wurde. Ich kann mich nicht daran erinnern, ihn je ohne Jackett gesehen zu haben – von hochgekrempelten Ärmeln ganz zu schweigen.

Es stellte sich heraus, dass er ein komplizierter Mensch war und Vere Harmsworth, dem Boss der *Associated Newspapers*, nahestand. Außerdem erzählte man sich, dass er vor dem Krieg ein Unterstützer von Oswald Mosely gewesen sei. Meine Mutter hätte ihn einen Faschisten genannt, aber solange ich ihn kannte, deutete nichts darauf hin. Im Gegenteil: Kurze Zeit später habe ich Claud Cockburn, einen brillanten Schriftsteller, aber auch bekannten Kommunisten, damit beauftragt, einen wichtigen Artikel für uns zu schreiben, und French gratulierte mir zu dieser Entscheidung.

Nachdem Valder seinen Posten für Howard French geräumt hatte, beanspruchte die Zeitung mich immer stärker und ich kletterte die Leiter weiter nach oben. Ich hatte Valdar und seine ruhige, respektvolle Art bewundert. Er war entschlossen aufgetreten, hatte aber auch immer ein offenes Ohr gehabt. In vielerlei Hinsicht war er fast der perfekte Zeitungsredakteur gewesen.

Seiner Vorstellung von einer Zeitung konnte ich allerdings
nichts abgewinnen. Die Suche nach dem kleinsten gemeinsamen Nenner führte dazu, dass am Ende alles trivialisiert wurde.
Vielleicht war es nicht einmal sein Fehler. Wahrscheinlich war
er vom *Sunday Pic* geholt worden, um aus dem *Daily Sketch* ein
echtes Boulevardblatt und damit eine Konkurrenz für den *Mirror*
zu machen, doch der Eigentümer hatte nicht genug Feuer im
Hintern. Das Vorhaben misslang gründlich. Als Howard French
die Zeitung übernahm, entfernte er den ganzen Schnickschnack
und verwendete mehr und mehr seriöse Schriftarten, und bald
begann der *Sketch* wieder wie eine Zeitung auszusehen.

28. »Jetzt bist du einer von uns.«

Der Winter 1962/63 war einer der härtesten seit Beginn der Wetteraufzeichnungen in Großbritannien. Es gab Schneestürme, Tote und Unmengen an Schnee. Als das Land im März daraus auftauchte, war es wie eine Wiedergeburt. Ich wohnte noch immer in der Upper Street. Eines Morgens wachte ich zu fast sphärischer Musik, einer außergewöhnlichen Melodie auf: Harfen würden so klingen, wenn sie ohne ihre Besitzer erklingen könnten. Ich schaute aus dem Fenster und sah, dass die Londoner Verkehrsbetriebe den Frühling mit der Einweihung des Trolleybus-Netzes feierten. Alle Oberleitungen hingen bis auf den Boden durch und gaben ein kraftvolles Klingeln von sich.

Ich folgte dem Beispiel der Verkehrsbetriebe und nahm neben meiner Arbeit für die Zeitung verschiedene andere Projekte in Angriff. Eines davon war ein Münzautomat, der deutlich mehr Verwendungsmöglichkeiten haben sollte als die primitiven Versionen, die man kannte. Islington war damals noch eines dieser Viertel, in denen man Rohstoffe und Primärmaterialien – einen Meter hiervon, ein Pfund davon und ein bisschen von jenem – kaufen konnte, und zwar ohne schicke Plastikverpackung, die den Preis in die Höhe trieb, und ohne Gesundheits- und Sicherheitsvorgaben, die es später unmöglich machen sollten, viele der Grundstoffe wie Säuren, Quecksilber und andere Chemikalien zu erwerben. Ich kaufte Aluminiumteile in unterschiedlichen Formen, verschiedene Federn und weitere Teile aus Blech.

Irgendwann hatte ich all das zu etwas zusammengebaut, das ganz gut funktionierte, nur um festzustellen, dass der schwerere Teil des Verkaufs noch vor mir lag.

Etwa zur selben Zeit wollte mich eine PR-Agentur anwerben, die mein alter Schulfreund Don Wheal gerade aufbaute. Don hatte sich als Drehbuchautor einen Namen gemacht – von ihm stammen einige der frühen Episoden von *The Avengers* und *Star Trek*. Dennoch wollten er und ein Freund namens Hamish, ein Schotte mit einem anarchischen Sinn für Humor, sich eine stabilere Einkommensquelle aufbauen.

Es war nicht das erste Mal, dass sie auf eine meiner Ideen ansprangen. Als sie sich nach der Universität als Aushilfslehrer durchschlugen, begeisterte ich sie für Kartoffelpuffer. Das Rezept für dieses Bauerngericht hatte ich von meiner Großmutter. Man brauchte dafür rohe Kartoffeln und Zwiebeln, die man mit Ei mixte und wie kleine Pancakes briet. Die beiden fanden die Puffer sehr lecker, ganz anders als die Pancakes aus gekochten Kartoffeln, und natürlich waren sie auch in der Herstellung sehr günstig. Don und Hamish wollten sie nach Fußballspielen im Stamford Bridge-Stadion an die herausströmenden Chelsea-Fans verkaufen.

Sie schnappten sich einen alten Teewagen, der irgendwo herumlag, und schnitten ein Loch in die obere Ebene. Irgendwie – ich glaube, es war mit einem Campingkocher – machten sie auf der unteren Ebene Feuer, rührten einen Vorrat an Kartoffelpuffermasse an und machten sich mit einer Pfanne auf dem Weg zum Spiel. Ich glaube, sie verkauften einige Puffer, aber die Polizei war hinter ihnen her und irgendwann lösten sich die Räder vom Trolley.

Das PR-Geschäft erschien da erfolgversprechender. Zum einen hatte es keine Räder, zum anderen ließ sich das Angebot mit einem aktiven Zeitungsmenschen besser verkaufen. Mir war wegen der ethischen Seite etwas unwohl, aber ich hatte einfach Lust, mitzumachen. Wir dachten uns einen Namen aus: *Spring, Fraser Associates.* Einer unserer ersten Klienten war ein Mann, der in Kent Trauben anbaute: Er verkaufte *Do-it-yourself-*Rotweinpacks. Sie bestanden aus einem großen Plastikbehälter mit Traubensaft, etwas Hefe und ein bisschen Ausrüstung. Wir probierten das Ganze selbst, und das Ergebnis war zu meiner Überraschung durchaus trinkbar. Von einem großen Einkaufszentrum in Kilburn hatte der Mann einen Testauftrag erhalten, und wir gestalteten die Präsentation dazu. Es lief ziemlich gut, bis wir bemerkten, dass einer der Traubenbehälter leckte. Es endete in einer riesigen roten Sauerei. Das Geschäft lief eine Zeit lang schleppend, aber es kam nicht viel dabei herum, weshalb ich ausstieg, als ich bei *Sketch* zum ersten Mal befördert wurde.

Neben alledem verbrachte ich viel Zeit mit einer Freundin. Wir hatten uns in der *Tate Gallery* an der Themse kennengelernt. Sie hieß Karin Sundquist, war Schwedin und auf einem ausgedehnten Besuch in London. Ich mochte sie sehr schnell sehr gern. Sie zog zu mir nach Islington, und bis Ende des Sommers waren wir uns einig, dass wir heiraten wollten. Bald darauf kaufte ich in Chiswick ein Haus in der Burlington Lane gegenüber vom Park.

Nicht lange nach Howard Frenchs Ankunft beim Sketch lösten sich die *Brighton Boys* auf. English ging zum *Daily Express*, Saunders fing bei einem großen Magazinverlag an, und Knight verschwand einfach von meinem Radar. Viele Jahre später kehrte David English zurück und wurde einer der mächtigsten und am längsten an der Fleet Street tätigen Redakteure.

Weil es keinen Nachfolger für Saunders gab, wurde ich vorläufiger Feuilletonredakteur. Ich begann, mich ein wenig auszuprobieren. Ich hatte einige sehr gute Feuilletonschreiber – John Sandilands, Fergus Cashin und eine Zeit lang einen jungen Amerikaner namens Jon Bradshaw –, doch die großen Geschichten übernahm normalerweise die Nachrichtenredaktion. Das änderte sich an einem ruhigen Sonntag, als French zu Hause gerade seinen Rasen mähte oder an seinem *Pimm's*-Likör schlürfte. Es gab keine besonders wichtigen Nachrichten, bis plötzlich eine große Medizinstory auf meinem Schreibtisch landete. Es handelte sich um einen bedeutenden Durchbruch in der Organtransplantation, und es gelang mir, die Ausgabe damit zu füllen, indem ich das Thema von allen möglichen Seiten beleuchtete. Wir brachten Fotos und Steckbriefe von Chirurgen, Grafiken und Zeitachsen, die Beschreibung einer Operation aus erster Hand, einen zukunftsweisenden Artikel, Reaktionen von Patienten, die von den Entwicklungen profitieren könnten, und so weiter und so fort.

Am nächsten Tag kam French zu mir und erzählte, als er am Morgen die Zeitung geöffnet hätte, wäre er vor Freude außer sich gewesen. Er bestätigte auf der Stelle meine Position als Feuilletonredakteur und sagte: »Jetzt bist du einer von uns.« Eine Weile genoss ich das Zusammengehörigkeitsgefühl, das sich einstellte, wenn die kleine elitäre Gruppe täglich zur Morgenkonferenz zusammenkam.

Mein Arbeitstag begann nun zu Hause, indem ich die Tageszeitungen nach verwertbaren Nachrichten durchkämmte. Ich las sie alle, aber der *Daily Telegraph* war die ergiebigste Quelle, wenn es um kleine Informationsstückchen ging, die wir ausarbeiten konnten, oder die Fragen aufwarfen, die nach Antworten verlangten. Mal sprühend vor Ideen, mal verzweifelt auf der Suche nach ihnen, durchquerte ich im Sprite West London, fuhr durch Green Park, kam gegen 10.30 Uhr in der Fleet Street an und brachte die Dinge in Gang. Es gab jede Menge Seiten zu füllen, selbst wenn ein Teil des Platzes für regelmäßige Features und Kolumnen reserviert war.

Obwohl ich nicht auf der politischen Linie der Zeitung lag, griffen meine Vorgesetzten kaum ein. Es war eher so, dass sie mir auch mit wachsender Verantwortung bemerkenswert freie Hand ließen. Oft arbeitete ich bis spät in die Nacht, sei es im Büro oder bei *Auntie's*, dem traditionellen Stammpub der Zeitung, der nur einen Häuserblock und einen Anruf entfernt war. Der Rhythmus der Zeitung, die tägliche Katharsis, nahm Besitz von mir. Wo auch immer ich war, was auch immer ich gerade tat: Wenn ein Telefon klingelte, dachte ich, es sei für mich.

Auf der Leitungsebene einer Zeitung zu sein, brachte viele Privilegien mit sich: Einladungen in Restaurants und Clubs oder gelegentliche Reisen zu weit entfernten Orten. Ich flog in der ersten Klasse der *Caledonian Airways* (es gibt sie nicht mehr) zu den Cayman Islands und saß auf dem Rückflug zufällig neben Sarah Vaughan, die mich prompt zu einem Konzert einlud. Außerdem bekam man Tickets für Premieren, und als ich auf einer von ihnen den Gang hinunterlief, kreuzte ich den Weg der Queen – Ihrer Majestät, meine ich natürlich. Es war ein außergewöhnlicher Moment, schließlich veröffentlichten wir ständig Fotos von ihr mit schmeichelnden Bildunterschriften wie »Die Königin strahlte« in diesem oder jedem Designerkleid. Als sie mich nun im winzigen Augenblick des Vorübergehens anblickte, lächelte diese 35-jährige Frau und strahlte tatsächlich.

Eine Einladung, die mir sehr viel bedeutete, war die von Manfred Mann zu einer Aufnahme in den berühmten Abbey Road Studios. Der Song, den sie aufnahmen, war großartig. Er hatte einen magisch-abstrakten Text, ich erinnere mich an die erste Zeile: *The world is just the world, Apollinaire...* Die Melodie wurde zu einem Ohrwurm. Ich glaube nicht, dass der Song je veröffentlicht wurde.

Etwa zur gleichen Zeit erhielt ich im Büro einen Anruf von einem Andrew Oldham, der mir erzählte, er würde eine neue Rock'n'Roll-Band namens *The Rolling Stones* managen – ob ich interessiert sei.

»Nicht noch eine verdammte Band«, murmelte ich und würgte ihn ab.

Feuilletonredakteur einer nationalen Tageszeitung mit knapp unter einer Million verkaufter Exemplare täglich zu sein, war eine anständige Leistung. Diese Position mit 32 Jahren innezuhaben, war sehr gut. Ich war begeistert von den Möglichkeiten meiner Position: Ich hatte die Kontrolle über große Teile der Zeitung (alle Seiten, die weder Nachrichten noch Sport waren), und für gewöhnlich mischte sich von oben niemand ein. Doch das Geld war knapp. Andere Zeitungen verkauften ein Vielfaches an Exemplaren, sodass es einen ständigen Kampf um neue Absatzmärkte und höhere Verkaufszahlen gab, während wir gleichzeitig immer mehr Werbeeinnahmen an das Fernsehen verloren. Ich entwickelte ein Konzept, das es *Sketch*-Lesern erleichterte, die von ihnen bewohnten Häuser zu kaufen. Es war ziemlich erfolgreich, und ich wurde mit einem Bonus belohnt – doch es blieb bei diesem einen Mal.

Ich suchte weiter nach Möglichkeiten, die Zeitung von anderen abzuheben, und fragte mich, ob es nicht einen Weg gab, die *Gutter* zu nutzen. Obwohl Boulevardzeitungen manchmal als *Gutter Press* bezeichnet wurden, war der *Gutter*, der mich interessierte, vollkommen harmlos. Es handelte sich um den weißen Platz entlang des Falzes in der Mitte der Doppelseiten. Er war etwa zweieinhalb Zentimeter breit, und soweit ich wusste, hatte bisher niemand versucht, ihn zu bedrucken. Ich fragte

Tony Holland, ob er einen Cartoon zeichnen könnte, der in diesen Bereich passen würde. Er hatte ein paar richtig gute Ideen, und wir nannten die Reihe die *Tall Stories*. Doch sie setzten sich nicht durch. Wahrscheinlich haben wir es nicht geschafft, dass die Leser sie überhaupt wahrnahmen. Meine kleine Revolution verlief also im Sande.

In der Zeit, in der Valdar Redakteur war, hatte für eine Weile ein Kolumnist namens Godfrey Winn bei uns gearbeitet, ein verblassender Stern, von dessen Beiträgen man sagte, sie könnten die Butter im Mund einer Frau zum Schmelzen bringen. Er war seit langem fort. Obwohl ich gute Autoren im Team hatte, waren es Autoren mit einer Fangemeinde, die ich brauchte, mir aber nicht leisten konnte. Neidisch blickte ich auf die Ressourcen, die anderen Redakteuren zur Verfügung standen. Trotz allem versuchten wir, erfolgreiche Autoren von anderen Blättern abzuwerben. Eines Tages kam French zu mir und sagte: »Probieren Sie mal, ob Sie Robert Robinson dazu kriegen können, für uns zu schreiben.«

Robinson war ein sehr eloquenter, sehr amüsanter und sehr erfolgreicher Kolumnist beim *Evening Standard*. Es war offensichtlich, dass er dort seinen Platz gefunden hatte. Ich war der Meinung, dass er sicher nicht wechseln würde, ja, dass es im Grunde dumm von ihm wäre, und dass ich lügen würde, wenn ich behauptete, er sei bei uns besser dran. Trotzdem verabredete ich mich mit ihm zum Mittag.

Wir trafen uns in der *Punch Tavern*, setzten uns an die Bar, bestellten etwas zu essen, und ich begann, mich an das Thema heranzutasten. Robinson war ein sehr angenehmer Mensch, eine athletische Erscheinung Anfang vierzig und ein guter Gesprächspartner. Während wir uns unterhielten, wurde ein Krabbencocktail in einem Glaskelch vor mich gestellt. Ich aß ein paar Krabben und legte die Gabel zurück in den Kelch, aber sie war zu lang.

Sie kippte heraus, verspritzte etwas Cocktailsauce auf den Tresen und fiel klirrend zu Boden. Ich witzelte darüber und sprach weiter. Der Barkeeper brachte mir eine neue Gabel. Einige Minuten später aß ich erneut ein paar Krabben und legte die Gabel geistesabwesend in den Kelch – mit demselben Ergebnis.

Robinson betrachtete mich äußerst amüsiert, während ich mich redlich bemühte, meine Verlegenheit zu verbergen. Vergeblich, denn wenige Minuten später tat ich es wieder. Ich stand jetzt knöchelhoch in Gabeln, und ein Großteil der Cocktailsauce zierte den Tresen. Robinson beugte sich zu mir und sagte: »Sie sind verrückt.«

Ich antwortete, dass ich den Laden verklagen würde, weil ich mich durch seine inkompatiblen Gabeln lächerlich gemacht hätte. Robinson erklärte, er würde als Zeuge für mich aussagen.

»Natürlich könnten Sie nicht darüber schreiben, wenn Sie zum *Sketch* kämen«, erwiderte ich.

»Wohl wahr«, sagte er.

»Damit hätten wir das«, sagte ich.

Wir beendeten unser Mahl ohne weitere Unterbrechungen, und ich genoss weiterhin seine Beiträge im *Standard*.

Alles in allem jedoch war ich zufrieden mit dem Lauf der Dinge. Wie üblich verbrachte ich auch in diesem Sommer meine Ferien in Frankreich und Italien, und dieses Mal zogen mich die wundervollen Glasfenster zwischen Paris und Florenz in ihren Bann. Selbst bei meiner Rückkehr war ich noch ganz verzückt. Auch in London war es ein großartiger Sommer, und wenn die jungen Frauen aus den Läden der Carnaby Street oder aus Mary Quant-Geschäften kamen, trugen sie Miniröcke, die kaum mehr als breite Gürtel waren.

Ein Bild, das mir von diesem Sommer blieb, ist das von warmem Sonnenlicht, das durch die großen Fenster der Redaktion fiel, während sich eine schöne junge Frau namens Penny

Purgavie über den Schreibtisch des Klatschredakteurs Fred Gossip beugte. Sie trug den kürzesten Rock, den ich je gesehen hatte, und ich schwöre, dass er weniger erotisch als vielmehr ein Fest der Freiheit war. Man hätte sich wirklich anstrengen müssen, um in jenem Sommer unglücklich zu sein.

Der Herbst jedoch läutete eine Zeit der Fülle ein, die alles andere als angenehm war, und zwar mit der schriftlichen Ankündigung meiner Nemesis in Form eines Mannes, der mein Leben allmählich vergiften sollte. Die Dinge gerieten aus den Fugen, als French mich beiseite nahm und erklärte: »Wir bekommen einen neuen Mann ins Team. Ian Howard kommt aus Schottland herunter und wird Assistenzredakteur. Sie werden eine Menge von ihm lernen.«

Howard kam am folgenden Tag an, und ich mochte ihn nicht. Sein langer Körper war in einen unscheinbaren grauen Anzug gewickelt, sein Kopf schwebte zehn oder zwölf Zentimeter über mir. Das Gesicht war blass und wirkte auf mich irgendwie verunstaltet. Seine Augen waren kalt, grau und verschlagen. Der kleine, schmale Mund bewegte sich kaum, als er sagte, er würde sich darauf freuen, mit mir zusammenzuarbeiten.

In den folgenden Monaten erfuhr ich, dass er in der *Scottish Nationalist Party* sehr aktiv gewesen war, dass er jede Menge Whisky trank und dass sein Privatleben ein einziges Chaos war. Er interessierte sich besonders für meinen Teil der Zeitung und hatte eine Art, die seine Vorschläge eher wie Vorwürfe klingen ließ. Ab und zu trug er mir auf, ihm Tickets für eine Veranstaltung zu beschaffen oder ihm verschiedene Dinge zu besorgen. Außerdem bat er mich, ihn am Telefon zu verleugnen und irgendeiner Frau zu sagen, er sei unterwegs. Und obwohl sich diese persönlichen Gefälligkeiten häuften, schaffte ich es nicht, sie ihm abzuschlagen – ich hatte Angst vor einer unangenehmen Konfrontation. Es war das erste Mal in meinem Leben, dass ich es mit einem solchen Persönlichkeitstyp zu tun hatte, und mir fehlte die soziale Kompetenz, besser mit der Situation umzugehen.

Schließlich nahm seine Gegenwart für mich zu viel Raum ein – ich begann, mich im Büro unwohl zu fühlen. Ich wusste jedoch nicht, was meine Gefühle mit mir gemacht hätten, wenn ich das Thema offen angesprochen hätte. Es war offensichtlich, dass French ihn schätzte – manchmal lud er ihn sogar zur Morgenkonferenz ein. Sollte je zur Debatte stehen, ob Howard oder ich bleiben sollten, hatte ich keinen Zweifel daran, wer gehen müsste.

Rein formal war ich nur zwei Stufen von der Top-Position entfernt, doch ich wusste, dass das wenig bedeutete. Inzwischen war mir klar geworden, dass es für den nächsten Schritt auf der Karriereleiter mehr bräuchte als reine Kompetenz. Ich würde proaktiv und sicher auch konfrontativ handeln müssen – und das war nicht meine Stärke. Ganz allmählich, als ich etwa gegen Ende des Jahres immer unzufriedener wurde, begann ich, das ganze Geschäft mit etwas mehr Abstand zu betrachten.

Es war kaum noch zu leugnen, dass die Zeitungen immer mehr Bedeutung an das Fernsehen verloren: Die Neuigkeiten, die das Öffnen der Morgenzeitung so aufregend gemacht hatten, waren längst auf dem Bildschirm, wenn die Zeitung geliefert wurde. Um mitzuhalten, mussten wir eigenhändig mit Debatten und Wortgefechten Aufregung kreieren – und das wurde unweigerlich politisch. Da meine eigenen politischen Überzeugungen denen der Zeitungseigentümer diametral entgegenstanden, sah ich mich in einer zunehmend unbequemen Lage.

Natürlich wäre es möglich gewesen, eine Stelle bei einer sympathischeren Zeitung zu bekommen. Ich fand erst später heraus, dass ich in der Fleet Street bekannter war, als ich damals ahnte. Am Ende des Jahres jedoch war ich so entmutigt, dass ich einfach nur rauswollte aus diesem Geschäft. Wie der Zufall es wollte, erzählte mir Connor Walsh, ein aus Yorkshire stammender Reporter, der manchmal für mich schrieb, dass er eine PR-Agentur aufziehen wollte. Er fragte, ob ich als Partner einsteigen wollte. Er hatte schon genügend Kunden, um die Agentur am Laufen zu halten und uns beiden ein Gehalt zu zahlen. Das gab für mich den Ausschlag. Ich sagte French, dass ich heiraten und vor Weihnachten aufhören wollte. Er gab sich keine große Mühe, mich zu halten.

Ironischerweise hatte der *Sketch* im Herbst Harold Keeble geholt, einen meiner frühen Zeitungshelden, den ich beim *Daily Express* beobachtet und bewundert hatte. Mit stylishen und gut designten Seiten hatte er aus dem *Express* eine deutlich besser aussehende Zeitung gemacht. Gerade kämpfte er sich nach einem schweren Autounfall zurück ins Berufsleben. Er war teilweise gelähmt und hatte bereits für Aufruhr gesorgt, weil er sich einen Kühlschrank mit ins Büro gebracht hatte. Leider war die gefürchtete June Baker nicht mehr an seiner Seite, um ihm Martinis zu mixen. Ich mochte ihn sehr, und die Vorstellung, mit ihm zusammenzuarbeiten, kippte fast meine Entscheidung. Aber es war zu spät.

Keeble war so freundlich zu sagen: »Du wirst fehlen.«

29. New York, New York – welch wunderbare Stadt!

Heute kann ich unmöglich sagen, ob ich in Karin verliebt war. Ich bin sicher, dass ich es damals dachte, doch wie so viele junge Männer meines Alters, ich war 33, fürchtete ich auch, dass mein Leben mir wie Sand zwischen den Fingern zerrinnen würde. Ich dachte, ich sollte die Dinge verfolgen, die ein Mann angeblich erreichen sollte, um sein volles Potenzial zu entfalten. Tatsächlich kann ich mich sogar an eine Nacht erinnern, in der ich mit dem Gedanken daran schweißgebadet aufgewacht bin.

Ich hatte also das Haus und ich hatte einen Beruf, wenn auch strenggenommen keine Karriere, da ich meine gerade hinter mir gelassen hatte. Es schien irgendwie wichtig, nicht in Stillstand zu verfallen, sondern sich eine Frau zu nehmen. Karin und ich hatten mehrere Monate lang glücklich zusammengelebt, und es hätte auch einfach so weitergehen können. Keiner von uns beiden hatte das Thema Kinder angesprochen. Karin war Mitte zwanzig, eine liebevolle und zärtliche Frau mit einer ruhigen Intelligenz und einem ausgeglichenen Gemüt. Ich bin sicher, dass ich ein sehr eigenwilliger Mensch war (damals noch mehr als heute), doch wir hatten nur sehr wenige Meinungsverschiedenheiten. Ich habe den Verdacht, sie fand es einfacher, sich meiner Meinung anzuschließen.

Meine Mutter mochte Karin sehr: Sie war die Art Frau, von der meine Mutter immer gehofft hatte, ich würde sie heiraten. Das wusste ich, weil sie damals, als ich über der Tagesstätte gewohnt hatte, oft und gern die Tugenden der netten, stabilen und praktisch veranlagten Mädchen lobte, die für sie arbeiteten. Ich hingegen verliebte mich zielsicher in die »falschen« Mädchen. Zweifellos hatte sie gehofft, dass ich mit Karin endlich zur Ruhe kommen und vernünftig würde – jedenfalls das, was sie dafür hielt. Sie bewunderte meine Erfolge, aber sie beruhigten sie nicht. Mehr als einmal fragte sie mich, wie ich »mein Einkommen aufbessern« wollte. Jedenfalls freute sie sich und kaufte Teppiche für unser Haus.

Karins Leidenschaft war die Fotografie. Ein praktischer Nutzen der Hochzeit mit mir war, dass ihr Visum auslief und sie Britin werden könnte. Die Idee einer Hochzeit hatte sich von diesem Punkt aus entwickelt. Es stand außer Frage, dass sie sich in London leichter eine Karriere als Fotografin aufbauen konnte als in der schwedischen Provinz. Karin kam aus Skövde (das eher wie Shevde ausgesprochen wird), einer Stadt mit knapp 30.000 Einwohnern im Herzen Südschwedens. Volvo war der Hauptarbeitgeber in der Region. Wir hatten überlegt, dass es schön wäre, dort zu heiraten, sodass ich ihre Eltern und ihren Bruder kennenlernen könnte. Um dem Auslaufen des Visums zuvorzukommen, planten wir die Hochzeit für den 29. Dezember; ihre Eltern kümmerten sich um die Vorbereitungen.

Wir reisten mit dem Zug über Ostende und Hamburg – dieselbe Strecke, die ich schon einmal gefahren war – dann weiter nach Kopenhagen, über Stockholm und schließlich nach Skövde. 1963 waren Flugreisen noch absoluter Luxus, und ich glaube nicht, dass einer von uns beiden auf die Idee gekommen wäre zu fliegen. Abgesehen davon hatte die Vorstellung einer langen Zugreise noch immer etwas Magisches. Die Fahrt dauerte zwei volle Tage und Nächte, und als wir in Hamburg umstiegen, verbrachten wir höchstwahrscheinlich eine Nacht bei meinen Tanten und meiner Großmutter. Ich habe aber keine

Erinnerung mehr daran. Natürlich war es die kälteste Zeit des Jahres, aber die Züge hatten kaum noch etwas mit den Stahlgerippen gemein, in denen ich fünfzehn Jahre zuvor nach Hamburg gereist war.

Es gab keine dieser ewig langen und unerklärlichen Stopps, keine endlosen und unvorhersagbaren Befragungen durch irgendwelche Beamte, keine Geldbeschränkungen, und wir hätten beliebig viel Kaffee mitnehmen können. Die Züge fuhren mit Diesel- anstelle von Dampflokomotiven, die Abteile waren gut geheizt, die Sitze bequem gepolstert – mein Steißbein hatte die Holzbänke aus früheren Zeiten noch allzu gut in Erinnerung. Selbst der Speisewagen hatte wieder zu kulinarischer Größe gefunden. Wir reisten zwar zu früh, um den TEE, den *Trans Europ Express*, zu genießen, einen Erste-Klasse-Zug, der später in Betrieb genommen wurde, um dem Flugverkehr Konkurrenz zu machen – aber wir hatten es dennoch sehr bequem.

Karins Eltern empfingen mich so warmherzig, wie es ihnen ihre natürliche Zurückhaltung erlaubte. Da ich nie zuvor in Schweden oder in einem anderen Land nördlich der Ostsee gewesen war, wollte ich viel darüber erfahren. Die Sundquists hatten ein sehr schönes Haus mit hohen Decken, glänzend weiß gestrichenen Holzelementen überall und Sturmfenstern – etwas, das ich nie zuvor gesehen hatte. Das Haus stand am Stadtrand, ganz in der Nähe eines Parks. Eines Abends schlenderte ich bis zur anderen Seite dieses Parks, wo ich zu meiner Überraschung einige junge Männer – kaum älter als Jungs – sah, die offensichtlich ältere Männer umwarben und mit ihnen verschwanden. Mich überraschte vor allem, dass dies so offen geschah. Am nächsten Tag gingen wir Wein kaufen, und ich erfuhr einiges über den schwedischen Umgang mit Alkohol. Man hatte mir gesagt, dass man Wein, Bier und Stärkeres nur in staatlichen Geschäften kaufen könnte und dass diese ausschließlich für über 18-Jährige zugänglich wären. Die schwedische Regierung beschäftigte Einkäufer, die Wein aus der ganzen Welt ins Land brachten. Sie hatten einen sehr guten Ruf, sodass auch der Wein im Allgemeinen vorzüglich war. Um vom Haus der Sundquists zum nächstgelegenen Geschäft zu kommen, musste man durch eben diesen Park. Als ich Karin von den verstörenden Vorgängen erzählte, die ich am Vortag beobachtet hatte, brach sie in schallendes Gelächter aus.

»Die Jungs schicken die älteren Männer ins Geschäft, damit sie ihnen Bier und Wodka kaufen – und natürlich muss die Übergabe unbeobachtet stattfinden. Man könnte wohl sagen, dass die Schweden eher betrunken sind als queer.« Viele Jahre später musste ich an diese Szene zurückdenken, denn ich erfuhr, dass Karins Bruder schwer alkoholkrank war. Auch Karin selbst musste später gegen diesen Dämon kämpfen. Damals aber überschattete nichts die Tage, die wir gemeinsam bis zur Hochzeit verbrachten – nicht einmal die gelegentliche Auseinandersetzung mit Lutefisk, dem glibbrigen Fischgericht, das die Schweden noch immer essen.

Die Hochzeit fand in einer modernen, luftig-hellen lutherischen Kirche statt, die reich mit Blumen geschmückt worden war. Da es in mir keine einzige gläubige Faser gibt und ich zudem kaum mehr als drei Worte Schwedisch konnte, war ich fast ein Zuschauer meiner eigenen Hochzeit. Natürlich bemerkte der Pastor, dass ich nichts vom Gottesdienst verstand. In dem Bemühen, mir etwas zu sagen, das ich in Erinnerung behalten konnte – und vielleicht auch, um zu zeigen, dass er etwas Englisch sprach, wobei er freilich die Tücken meiner Sprache nicht kannte – wandte er sich mit großem Ernst zu mir.

»Die Ehe«, sagte er, »ist das unaussprechliche Geschenk Gottes.«

Es brauchte einige Wochen der Abwesenheit vom *Daily Sketch*, bis mir vollends bewusst wurde, in welchem Ausmaß Ian Howard mein Leben verdorben hatte. Natürlich ärgerte mich diese Erkenntnis. Warum hatte ich seine Gegenwart als so toxisch empfunden, dass ich einen Job aufgab, der sehr befriedigend hätte sein können? Was hatte ich in mir, das mich zu einem selbstverständlichen Opfer seiner überheblichen Persönlichkeit hatte werden lassen – und zwar so sehr, dass er selbst in meinen Träumen als unheilvolle Präsenz auftauchte? Warum hatte ich mich nicht einfach nach einem Job bei einer anderen Zeitung umgesehen? Vielleicht hätte ich bei einem liberaleren Blatt wie dem *Guardian* unterkommen können. Hatte ich wirklich und vollkommen mit dem Zeitungsgeschäft abgeschlossen?

Ich schlug mich eine Weile mit diesen Gedanken herum, aber die Freiheit, die ich jetzt spürte, war weit verführerischer als jede Selbstreflektion. Es sollte etwa zehn Jahre dauern, bis ich begann, mich besser zu verstehen. Damals war ich einfach gespannt zu erleben, was Connor und ich aus unserem kleinen Start-up machen konnten. Obwohl es eigentlich eine PR-Agentur war, hatte keiner von uns vor, nur in diesem Bereich zu arbeiten. Con war ein spannender und komplexer Charakter, ein Typ aus Yorkshire, ein paar Jahre älter als ich, unerschütterlich, ein wenig geheimnisvoll und zynisch. Er war genau die Art Hans-Dampf-in-allen-Gassen, die ich als Reporter beim *Daily Express* hätte werden sollen, wenn ich nach Manchester gegangen wäre. Seine Gefühle verbarg er gut, aber in der stämmigen Gestalt in ihrem navy-blauen Anzug schlug ein romantisches Herz. Ich weiß nicht, ob er mit der Frau namens Bunty verheiratet war oder nur mit ihr zusammenlebte, jedenfalls hatte er sie aus einer verzweifelten häuslichen Gewaltsituation im Norden gerettet. Ich erinnere mich nur an ein sehr kurzes Treffen mit ihr – er verstand es, sie im Verborgenen zu lassen.

Wenn ich mich recht erinnere, rauchte er mit Zigarettenhalter – entweder so oder er hielt die Zigarette zwischen Daumen und Zeigefinger an seinen kleinen Mund, als rauchte er durch einen Halter. Es war eine sehr spezielle Eigenschaft, ich konnte nicht anders, als ihn mir in einem Hogarth-Cartoon vorzustellen. Einmal fragte er mich, ob mir aufgefallen sei, dass intelligente Menschen im Allgemeinen kleine Münder hätten. Das führte dazu, dass ich mich an jenem Abend sehr genau im Spiegel betrachtete.

Connor hatte nicht nur für den *Sketch* gearbeitet, sondern auch die PR für einige Firmen und Geschäftsleute gemacht, zum Beispiel für eine Bauunternehmung in Kent oder für einen Vertriebshändler des schweizerischen Süßstoffs *Hermesetas*. Um unser neues Unternehmen gebührend zu würdigen, mietete Con ein Büro im Obergeschoss eines Gebäudes am Salisbury Square an. Es war gleich um die Ecke der Fleet Street. Er nannte das Unternehmen *Europress*. Unsere Vorstellung war, dass die PR uns und die Miete finanzieren würde, wir aber offen wären für alles, was uns über den Weg lief.

Natürlich waren wir an allen Medien interessiert. Insbesondere das Fernsehen, obwohl noch immer in schwarz-weiß, war deutlich spannender geworden. Es gab nicht nur das unglaublich erfolgreiche Granada-Programm *World in Action* von Tim Hewats – seit zwei Jahren strahlte die BBC auch Ned Sherrins herrlich respektlose Satireshow *That Was The Week That Was,* meist einfach *TW3* genannt, aus. Ganz besonders bewunderte ich die Arbeit des Produzenten Alasdair Milne und suchte eine Möglichkeit, Teil davon zu werden. Es war die Sendung, mit der David Frost sich einen Namen machte und zehn Jahre später weltweit als der Mann bekannt werden würde, der den in Ungnade gefallenen Präsidenten Nixon festnagelte.

Die Vorstellung, beim Fernsehen zu arbeiten, fand ich schon immer reizvoll. Bevor ich den *Sketch* verließ, hatte ich mich fast zu spät auf eine Stelle als Produktionsassistent bei BBC-TV beworben. Obwohl sie ihre Entscheidung bereits getroffen hatten, quetschten sie mich in letzter Minute ins Bewerbungsverfahren, und ich wurde von einem Mann namens Aubrey Singer interviewt. Es war eine einmalig deprimierende Erfahrung. Das Ganze fand in einem Büro statt, das von *Habitat* hätte eingerichtet sein können. Das Licht war sorgfältig gedimmt, nichts lag herum, kein Fitzelchen Papier war zu sehen. Nichts deutete darauf hin, dass in diesem Raum jemals etwas passierte. Ich meine mich zu erinnern, dass Singer in Schwarz gekleidet war, und irgendwie hatte er etwas Affenartiges an sich, als wollte er mich jeden Moment anspringen. Über seinen blitzsauber polierten Schreibtisch hinweg stellte er mir eine Reihe von Fragen, die exzellent formuliert waren und meine Unwissenheit offenlegen sollten. Es gelang. Schlimm war, dass ich nicht schlagfertig genug war, ihnen etwas entgegenzusetzen.

»Was sind Ihrer Meinung nach die zehn bedeutendsten Ereignisse des 20. Jahrhunderts?«

Ich hangelte mich mit Mühe bis zum fünften durch.

»Was sagen Sie zu dem Konzept, dass das Management ein goldener Faden ist, der die Spitze mit der untersten Ebene verbindet?«, war seine letzte Frage. Ich musste gestehen, dass ich dazu nichts sagen konnte. Wahrscheinlich hätte ich sagen sollen, dass das Bild meiner Meinung nach in absurder Weise sentimental war. Singer dankte mir höflich. Etwas später erhielt ich einen Brief, in dem man mir, immerhin mit Bedauern, für meine »interessante« Bewerbung dankte. Singer wurde eine wichtige Persönlichkeit im britischen Fernsehen und später als »der größte Generaldirektor, den die BBC nie hatte« bezeichnet. Ich sollte wohl einfach stolz darauf sein, von ihm abgelehnt worden zu sein. Unabhängig davon machte die Entwicklung des Fernsehens diese ganze Zeit sehr aufregend.

Ich hatte noch immer engen Kontakt zu den Leuten, die mit mir bei der Zeitung gearbeitet hatten. John Sandilands und Jon Bradshaw waren gute Freunde. Der Fotograf Terry O'Neil meldete sich regelmäßig, ebenso wie Herbie Kretzmer, der eine Zeit lang Theaterkritiken für uns geschrieben hatte. Ab und zu traf ich Mike Molloy und Paddy O'Gara, einen seiner Freunde. Es war Jon Bradshaw, der mir den Floh ins Ohr setzte, nach Amerika zu fahren. Sollte mir je der Gedanke kommen, nach New York zu reisen, könnte ich im Apartment seiner Mutter wohnen.

Wie den meisten Engländern der damaligen Zeit schien mir Amerika verlockend vertraut und gleichzeitig unfassbar fremd. Seit meiner Kindheit waren amerikanische Produkte, amerikanische Musik, amerikanische Redewendungen, Witzeleien und vor allem natürlich amerikanische Verbrechen größer, schärfer und glamouröser als unsere. Die Vorstellung, tatsächlich dort zu sein und zu sehen, wo diese laute und überwältigende Kultur entstand, war ebenso aufregend, wie sie unmöglich schien. Ich ging davon aus, dass eine Reise unvertretbar teuer wäre.

Aus reinem Interesse und ohne jeden Hintergedanken erzählte ich Con eines Tages nebenbei von Jons Angebot. Zu meiner Überraschung sprang er sofort darauf an.

»Du solltest fahren«, sagte er. »Das wäre gut für uns. Nimm ihn beim Wort!«

Ich war überzeugt, dass allein die Flugkosten mein Budget sprengen würden.

»Nicht unbedingt«, sagte Con. »Es gibt da eine Billig-Airline namens *Loftleider*, die sitzen in Island. Ich habe sowieso schon über sie nachgedacht. Wir könnten vielleicht mit ihnen zusammenarbeiten. Ich schau'mir das mal an. Die sind allerdings sehr langsam – ich glaube, du musst einen Übernachtungsstopp in Reykjavik in Kauf nehmen.«

Nachdem ich angefangen hatte, die Idee ernst zu nehmen, und mich versichert hatte, dass Jon mit seinem Angebot nicht scherzte, schien sich alles relativ leicht zu fügen. Ich musste das strenge Antragsverfahren für das Visum durchlaufen, das voller verdeckter Drohungen steckte (»Sind Sie aktuell oder waren Sie jemals Mitglied der Kommunistischen Partei?«) und ähnliche Fragen, bei denen ich fast gelogen hätte. Abgesehen davon war es recht unkompliziert. Mit jedermanns – auch Karins – Segen brach ich am 23. März 1964 zu zwei Wochen New York auf.

Seit meinem jugendlichen Höhenflug bei der Royal Air Force zwanzig Jahre zuvor hatte ich in keinem Flugzeug mehr gesessen. Der Flug nach New York dauerte fast einen ganzen Tag und eine ganze Nacht, doch ich genoss jeden Moment, auch wenn ich von Island nur den Flughafen sah. In Goose Bay auf Neufundland musste die DC6 auftanken. Die Temperatur war niedriger, als ich es je für möglich gehalten hatte, und wie auf Island stapften wir in den Flughafen, um uns dort ein paar Stunden lang aufzuhalten. Dies aber war das erste Mal, dass ich Schnee unter meinen Schuhen knirschen hörte.

Wir landen am frühen Morgen auf dem frisch getauften Flughafen JFK, und obwohl ich während des Flugs kaum geschlafen hatte, war ich voller Energie. All meine Sinne waren hellwach. Alles, was ich sah, faszinierte mich – aber auf eine seltsame Weise: Als lebte ich in einem Traum, als wäre ich eine Figur in einem Film. Alles, was ich sah, war vertraut, obwohl ich es nie zuvor gesehen hatte. Von meinem Sitz im Bus nach New York schaute ich herunter auf den Expressway-Verkehr und staunte über die unfassbar langen Autos mit ihren enormen Heckflossen und Verzierungen. Die Verkehrsschilder, die Straßengestaltung, die gelben Taxis: All das war durch den enormen Einfluss, den Hollywood auf meine Vorstellungskraft hatte, in mir verankert. Ich wartete nur noch darauf, dass der Abspann losging. Die

Illusion hielt noch längere Zeit an, bis ich irgendwann durch die Straßen von New York ging und plötzlich eine Wolke aus Zigarrenrauch meine Nase traf und mich in der Realität aufwachen ließ. Filme haben keine Gerüche.

Dann begann ich, Dinge zu sehen, die ich nie zuvor gesehen hatte. Ich sah Maschinen wie riesige Geldautomaten, die warme Mahlzeiten ausgaben. An Türen sah ich Schilder, die Vertreterbesuche verboten. Ich staunte über die mit Metall vergitterten Fleischsafes, die vor fast allen New Yorker Fenstern hingen. Sie erinnerten mich an die Kriegszeiten in Ladbroke Gardens, als wir während der Sommermonate auf diese Weise unsere Lebensmittel kühl hielten. Wie konnte etwas derart Primitives in dieser modernen Welt noch immer zum Alltag gehören? Ich lebte eine ganze Weile mit diesem Rätsel, bis ich verstand, dass es sich um Klimaanlagen handelte – etwas, das mir noch nie begegnet war.

Selbst wenn der ganze Besuch durchchoreografiert worden wäre, hätte ich zu keiner besseren Zeit und unter keinen besseren Umständen nach New York kommen können. Jon Bradshaws Mutter bewohnte ein Apartment in einem *Brownstone*-Stadthaus in der New Yorker East Side, sie war Redakteurin beim *Vogue Magazine*. Im Erdgeschoss lebte George Plimpton. Er war einer der bekanntesten Multikreativen in Manhattan und sehr zugänglich. Ich wurde Mary-Ann Madden vorgestellt, die in der gleichen Wohngemeinschaft lebte wie Gloria Steinem, welche mich, wie mir im Vertrauen gesagt wurde, mit zu Elaine nehmen würde. Mir wurde bald klar, was das bedeutete: Ich war aus dem Himmel mitten in den vor Kreativität pulsierenden Kreis der Kultur-Ikonen New Yorks gefallen. Und das Beste daran? Alles, was ich tun musste, um dabei sein zu dürfen, war zu reden. Es war die Zeit, in der ein britischer Akzent wie Magie wirkte – und was war der Grund dafür? Die Beatles!

Sie waren einen Monat vorher angekommen, und als ich in New York landete, hatte die *Beatlemania* ihrem epochalen Höhepunkt erreicht. Alles Britische wurde gefeiert. Meine Tage bestanden aus Mittagessen und Abendeinladungen – dazwischen Treffen mit Autoren, Redakteuren, Musikern und Künstlern – und endeten fast immer in *Elaine's Bar & Restaurant*, dem Epizentrum der Kulturelite. Es ist wohl nicht verwunderlich, dass mein Leben in London mir bald unwirklich erschien. Mary-Ann war eine sehr attraktive und schlagfertige Frau meines Alters, die einer mächtigen Südstaatenfamilie entstammte. Sie beanspruchte mich fast gänzlich für sich, und ich fügte mich, ohne zu murren.

An einem der seltenen Tage, die ich nicht mit Mary-Ann verbrachte, lud Jons Mutter mich ins Büro der *Vogue* ein, das damals eine fast heilige Aura hatte. Ich erinnere mich daran, dass die pastellfarbenen Flure so still und sanft wirkten, dass sie eher wie gewebt als erbaut schienen. Wir aßen mit zwei ihrer Kollegen zu Mittag, wobei dies zum größten Teil flüssig daherkam. Natürlich waren die Frauen atemberaubend schick gekleidet – sie trugen sogar Hüte, die zu ihren Kleidern passten. Ihre Drinks waren mit Früchten und Schirmchen dekoriert. All das lenkte von der Tatsache ab, dass am Ende des Lunches alle völlig fertig waren, auch wenn sie es irgendwie schafften, unversehrt über die Fifth Avenue und zurück in ihre geistige Heimat zu taumeln.

Es gab zwei erschütternde Ereignisse, die dieses Traumgebilde fast platzen ließen. Das erste war der Mord an Kitty Genovese. Ihr furchtbarer Tod rüttelte die New Yorker wach und zeigte ihnen, dass die Kriminalität immer schlimmer wurde. Ich las in der *New York Times* von dem Verbrechen. Kitty wurde in einem Innenhof vor ihrem Apartmenthaus niedergestochen, aber es dauerte eine ganze Weile, bis sie starb. Sie rief und sie schrie, und es gibt Berichte darüber, dass Anwohner ihre Fenster öffneten und herausschauten. Doch niemand kam zu Hilfe. Von diesem Tag an bis in die siebziger Jahre hinein schien eine Welle der Kriminalität die Stadt zu überrollen.

Das zweite Ereignis war persönlicher. Jon hatte einen Onkel, der ebenfalls im Apartment der Bradshaws lebte. Er war Verlagsvertreter und viel unterwegs, um Bücher an Buchläden zu verkaufen. Er hatte ein gewinnendes Wesen und so manche Geschichte zu erzählen. Ich erzählte ihm, dass ich mir gern Harlem ansehen würde, und er riet mir, das nicht allein zu tun.

»Man kennt mich dort, mit mir wirst du dort sicher sein. Wir fahren da mal hin.«, sagte er und ich freute mich darauf. Eines Nachmittags jedoch kam ich ungeplant in das Apartment zurück und fand ihn in einer Badewanne voller Blut.

Wie ich damit umgegangen bin? Ich weiß es nicht mehr. Niemand war da, das schwarze Hausmädchen war unterwegs. Irgendwie holte ich Hilfe, und man brachte ihn ins Krankenhaus. Später, als ich wieder in London war, erzählte Jon mir, dass sein Onkel schon mindestens einmal versucht hatte, sich das Leben zu nehmen. Er war schwerer Alkoholiker, und obwohl man damals nicht über diese Dinge sprach, wird mir jetzt klar, dass er wohl schwul war. Es tat mir sehr leid für ihn, und es tat mir leid, dass ich nie nach Harlem gekommen bin.

Und dennoch: Nichts konnte das Gefühl der Verzauberung trüben, das ich seitdem in mir trage. Zwei Wochen lang war ich der Prinz von New York.

30. Solange der Körper sich nicht bewegt ...

Als ich dieses Buchprojekt begann, wollte ich einfach die besonderen Ereignisse in meinem Leben niederschreiben, die Entscheidungen, die ich getroffen hatte, meine Erfolge und Niederlagen – und all dies ohne zu viel Bewertung oder Selbstreflektion. Dennoch scheinen einige Erklärungen notwendig zu sein, für meine Leser ebenso wie für mich selbst. Ich muss heute wohl anerkennen, dass ich meiner Ehe damals nicht allzu großen Wert beimaß, wenn ich nur drei Monate nach der Hochzeit in New York so leicht in eine Affäre rutschen konnte. Ob meine Frau davon wusste oder es ahnte, kann ich nicht sagen.

So manche Bewertung ist wohl doch unvermeidbar, und ich vermute, dass die Fakten für sich sprachen. Was ich weiß, ist, dass Carin (aus irgendeinem Grund änderte sie zu dieser Zeit die Schreibweise ihres Vornamens) und ich nie einen schweren Streit hatten, schon gar nicht wegen Untreue. Offensichtlich war meine Zuneigung zu Carin nicht sehr tief, und vermutlich galt umgekehrt dasselbe.

Auch wenn unsere Ehe in den folgenden Jahren immer schaler wurde, gab es nie irgendwelche Beschuldigungen, und ich bin der festen Überzeugung, dass wir immer freundlich miteinander umgingen. Ich erinnere mich daran, dass es in jener Zeit das Vorurteil gab, Schweden würden die Ehe auf die leichte Schulter nehmen (Hintergrund war wohl die skandinavische freie Liebe), und vielleicht habe ich dieses Vorurteil ausgenutzt.

Ich füge hinzu, dass es auf der abendlichen Party nach unserer Hochzeitsfeier mehrere attraktive Frauen gab, die es einem Beobachter – hätte es einen gegeben – schwer gemacht hätten, zu sagen, welche von ihnen meine Braut war.

Carin und ich lebten als Mann und Frau zufrieden in unserem Haus in Chiswick, bis es nach drei Jahren offensichtlich wurde, dass unsere Ehe uns beiden nichts mehr bedeutete und dass sie begann, zu einem Käfig zu werden. Es ist nicht leicht, sich mit einem Abstand von fünfzig Jahren die damaligen Einstellungen zu vergegenwärtigen. Seither habe ich Zeiten erlebt, in denen man viel über Veränderung sprach. Gurus, Motivationssprecher und Selbsthilfebücher verbreiteten die Idee, man könnte sich durch die richtige Umgebung, den richtigen Lehrer oder das richtige Buch in eine bessere, freiere und schönere Version seiner selbst verwandeln.

Daran mag durchaus etwas Wahres sein, schließlich gibt es keinen Rauch ohne Feuer. Meine persönliche Meinung ist jedoch, dass Menschen sich weniger verändern – sie gestalten sich eher um. Es geht mehr darum, die persönlichen Eigenschaften in ein gutes Gleichgewicht zueinander zu bringen, und ich glaube, das gelingt am besten, wenn man sich einer großen physischen oder mentalen Herausforderung stellt. Es muss etwas sein, das drängend und kraftvoll genug ist, um eingefahrene Gedanken- und Verhaltensmuster zu zerschlagen. Ich weiß jedenfalls, dass ich jetzt anders mit den Gegebenheiten umgehen würde, als ich es in meinen Dreißigern getan habe.

Als ich nach meiner Zeit in New York zurück ins Büro am Salisbury Square kam, sprühte ich vor Energie und Ideen. Wir hatten nur wenige Kunden, und das meiste unserer Arbeit war Routine. So verbreiteten wir zum Beispiel die Botschaft, dass Zucker giftig sei, damit unser schweizerischer Süßstoffkunde *Hermesitas* davon profitierte. Ich hoffte immer auf den großen

Coup, auf eine brillante Gelegenheit, nach der alle Welt von uns reden würde. Doch sie blieb mir verborgen. Dann, an einem Tag im August, machte Connor mir einen außergewöhnlichen Vorschlag.

Bis zu diesem Tag hatte ich nur eine sehr vage Vorstellung davon, wie gut seine Verbindungen waren. Da Connor viele Jahre lang als Reporter gearbeitet hatte, waren sie unweigerlich viel stärker ausgeprägt als meine eigenen, darunter auch Kontakte zu allen möglichen zwielichtigen Figuren. Eine davon war Paul Raymond, der später als der King von Soho (natürlich Londons Soho) bekannt wurde, wo er mit seiner *Raymond Revuebar* extrem erfolgreich war.

Es war nicht so, dass Raymond selbst ein besonders zweifelhafter Charakter war, auch wenn seine ungewöhnliche Herkunft, die in Wikipedia sehr gut beschrieben ist, dies nahelegen könnte. Er präsentierte sich meist als Geschäftsmann und hatte meines Wissens nichts Illegales getan, aber man kann davon ausgehen, dass jemand, der in Soho und besonders in der dortigen Unterhaltungsbranche Geschäfte machte (vor allem, wenn es dabei auch um Mädchen geht), Verbindungen zur Unterwelt haben musste. Und Raymond war ein weithin sichtbares Ziel.

Die softe Pornographie, die Raymond 1964 anbot, würde heute kaum jemanden hinter dem Ofen hervorlocken. Damals wurden alle öffentlichen Veranstaltungen noch wie zu Shakespeares Zeiten durch den jeweiligen Lord Chamberlain überwacht und zensiert, und jede Art von Nacktheit war selbstredend eine Beleidigung seines ebenso strengen wie herablassenden Auges. Man hatte sich auf einen Kompromiss geeinigt, der ihn zweifellos sehr schmerzte: Der weibliche Körper, in der Feigenblattregion natürlich diskret bedeckt, durfte als ein Objekt der Kunst gezeigt werden – wenn er sich *unter keinen Umständen*, nicht einmal in einem leichten Zucken, bewegte.

Raymond Revuebar war ein ziemlich kleines Etablissement. Man ließ die ausgewählten Mädchen auf der ebenfalls kleinen Bühne als »künstlerische« Bilder posieren. Was die männliche Kundschaft dann in der Dunkelheit trieb, war ihre Angelegenheit – und natürlich Raymonds.

Die große Neuigkeit, die Connor mir an jenem Augustmorgen mitteilte, war, dass Paul Raymond ins Verlagsgeschäft einsteigen wollte. Es zeigte sich, dass Connor und Raymond einander gut kannten, und dass Raymond gefragt hatte, ob wir ein Magazin für ihn machen würden. Zunächst vermutete ich, dass er ein billiges, schmutziges Schmierblatt wollte, welches »eklige alte Männer« in der Tasche ihrer Regenjacke umhertragen könnten.

»Nein, überhaupt nicht«, sagte Connor. »Er will ein großes, stylisches Hochglanzmagazin für Männer.«

Ich war noch immer skeptisch und sagte, ich könnte nicht glauben, dass ein Mann wie Raymond (den ich überhaupt nicht kannte) seinen Namen oder sein Etablissement – ganz zu schweigen von seinen Mädchen – überall im Magazin sehen wollte, aber Connor brachte mich zum Schweigen.

»Nein, warte, wir haben darüber gesprochen. Er will keinerlei redaktionelle Kontrolle, er will einfach ein gutes Magazin für Männer. So etwas wie den *Playboy* vielleicht.«

In diesem Moment traf es mich wie ein Schlag.

Seit meiner Jugend, in der ich die amerikanischen Wochenmagazine wie *Holiday*, *Life*, *Collier's* oder die *The Saturday Evening Post* immer bewundert hatte, hatte ich zugleich darüber geklagt, dass es im Vereinigten Königreich offenbar unmöglich war, ein ähnliches Magazin erfolgreich zu publizieren. Es hatte zwar großartige Medien für Literatur, Fotografie, Humor und Kultur im Allgemeinen gegeben, und es gab sie noch immer. Und es hatte Versuche britischer Verlagshäuser gegeben. Die *Picture Post*, die in den Kriegsjahren überaus erfolgreich gewesen war, war 1957 eingestellt worden und würde damit wohl nicht die Letzte sein.

Es war alles eine Frage der Werbeeinnahmen. In ihren erfolgreichsten Zeiten waren die amerikanischen Magazine die einzigen regelmäßigen Veröffentlichungen, die über das gesamte riesige Land hinweg vertrieben werden konnten. Die damaligen Zeitungen waren Sklaven ihrer Deadlines und konnten deshalb nur in ihrer jeweiligen Region ausgeliefert werden. Die Magazine waren also die einzige Anlaufstelle, die Werbetreibende brauchten, wenn sie in ganz Amerika verkaufen wollten. Hohe Werbeeinnahmen ermöglichen es Verlagshäusern, ihre Druckprodukte zu niedrigeren Preisen zu verkaufen – und gleichzeitig mit sehr guten Honoraren die aktuell gefragtesten Autoren, Fotografen und Künstler anzulocken. In ihren besten Zeiten verkaufte *Life* unglaubliche 13 Millionen Exemplare pro Woche.

In Großbritannien dagegen konnten die großen Zeitungen an einem Tag im gesamten Land ausgeliefert werden. Anzeigenkunden erreichten die ganze Nation über die Zeitung, während die Leser daran gewöhnt waren, ihre wöchentliche Dosis Kultur in den Sonntagszeitungen zu erhalten. Auch die besten Magazine konnten nur auf einen relativ kleinen Leserkreis bauen und kämpften meist erfolglos um ihr Überleben.

Doch spätestens 1964 wurde deutlich, dass selbst in Amerika die Zeiten der großen Wochenmagazine gezählt waren: Immer mehr der landesweit verfügbaren Werbemittel flossen ins Fernsehen. *Collier's* gab es schon nicht mehr. Die *Saturday Evening Post* erschien nur noch zweiwöchentlich und würde bald ganz verschwinden. Das Magazin *Holiday* kämpfte ums Überleben. Die große Ausnahme von der Regel war der *Playboy*, dessen Auflage beständig wuchs, weil er fast zufällig auf das Erfolgsrezept gestoßen war. Die erste Ausgabe, die Hugh Hefner von Chicago aus in die Welt schickte, kostete 50 Cents. Alle anderen großen

Magazine konnten sich erlauben, zwischen 10 und 15 Cents zu berechnen, weil sie die Differenz mit Werbeeinahmen ausgleichen konnten.

Hefner ging mit seinem Ansatz ein großes Risiko ein. Er wusste, dass er noch nicht attraktiv genug für Anzeigenkunden war und dass er deshalb alle Exemplare verkaufen musste, bevor er eine neue Ausgabe drucken konnte. Aber er hatte gezeigt, dass es funktionierte, und ein neues Geschäftsmodell entwickelt. Männer waren gewillt, für die Feier der Nacktheit, die er anbot, deutlich mehr zu bezahlen. Die Verkaufseinnahmen deckten die Produktionskosten. Er musste keine Werbeagenturen davon überzeugen, dass Werbung in seinem Blatt sicher und lohnend war. Als die Auflage stieg und als sich vor allem die Qualität verbesserte, wandelte sich das Image des Magazins allmählich von »schockierend und pornografisch« zu »frech und unanständig«. Berühmte Autoren und Fotografen fanden nichts dabei, Beiträge für das Blatt zu liefern. Plötzlich kamen die Werbekunden – und die Werbeeinnahmen waren Reingewinn. Es dauerte nicht lange, bis sich das Magazin in eine Goldgrube verwandelt hatte.

Könnte diese Strategie auch in Großbritannien aufgehen?

Die tief verwurzelte Bewunderung, die ich für die großen amerikanischen Magazine empfand, gab meiner Fantasie Nahrung. Wie erfüllend wäre es, in der Lage zu sein, brillanten Autoren und Fotografen Raum für ihre Arbeiten zu geben! Es kam mir nie in den Sinn, dass ich *nicht* in der Lage sein könnte, ein solches Magazin zu produzieren. Ich hatte den Aufbau schon genau vor Augen. Wenn alles, was das Magazin zum Überleben brauchte, ein ausfaltbares Nacktbild und ein paar Seiten wunderschöner Weiblichkeit waren – wo war dann das Problem?

Es wäre eine gewaltige Aufgabe und unvorstellbar viel Arbeit. War Raymond dazu bereit? Connor versicherte mir, dass er es war, und so sagte ich voller Begeisterung: »Okay, lasst es uns angehen!«

Normalerweise folgt die Entscheidung, eine neue Publikation auf landesweiter Ebene ins Leben zu rufen, monatelanger Plackerei mit Marktstudien, Layoutentwürfen und Testausgaben, Kostenschätzungen, Werbekundenanalysen und Einnahmenschätzungen. Dann folgte die unvermeidliche und nervenaufreibende Zitterpartie beim Auftreiben der Finanzmittel. All das blieb mir erspart. Das Geld war da. Die Entscheidung war gefallen. Am Tag, an dem ich zum ersten Mal überhaupt vom Projekt gehört hatte, musste ich nur noch »Ja« sagen.

Es war wie ein Lottogewinn. Die Ideen, die mir in den zurückliegenden Jahren gekommen waren, mein Neid auf die großen, üppigen amerikanischen Magazine – all das fiel mir nun wieder ein. Ich hätte nicht besser für die Aufgabe vorbereitet sein können, und ich zweifelte nicht daran, dass ich sie bewältigen würde. Ich konnte das Glänzen des Papiers schon fast sehen, das Gewicht in meinen Händen fühlen. Das Magazin würde schön werden – nicht nur die Frauen, alles würde schön sein. Es würde aufregend zu lesen und aufregend anzusehen sein. Wir hatten nichts zu verlieren, wir konnten nur gewinnen. Es war einfach wunderbar.

Wir hatten Mitte August, und es schien sinnvoll, dass wir unsere erste Ausgabe für Weihnachten anvisierten. Es sollte ein Monatsmagazin werden, also mussten bis Ende des Jahres wenigstens zwei Ausgaben fertig sein. Von diesem Moment an nahm das Magazin mein Leben in Beschlag.

Connor hatte nur einen Raum gemietet, und sofort war klar, dass wir die ganze Etage bräuchten. Es gab drei weitere Räume, und zum Glück standen sie leer. Wir würden mindestens einen Unterredakteur und einen Künstler-Designer-Layouter brauchen sowie eine Person für die anfallenden kleineren Jobs.

Sobald wir die große Entscheidung getroffen hatten, erzählte ich überall davon, um ein wenig Aufsehen zu erregen. Mein Job würde es sein, über die Bewerber zu entscheiden, Connors Job wäre das jeweils mögliche Gehalt.

Bisher war Connor unser einziger Kontakt zu Raymond, der bisher nicht ein einziges Mal in unserem Büro aufgetaucht war. Ich traf ihn bei einem Besuch in seiner *Revuebar* und lernte einen besonnenen, ruhigen Mann ohne Allüren kennen – also so ziemlich das Gegenteil von dem, was man von einem Mann erwarten würde, der ein Oben-ohne-Etablissement in Soho betrieb. So gut es ging, legte ich ihm meine Vorstellungen für das Magazin dar, und für ihn schien es vollkommen in Ordnung, mich einfach machen zu lassen.

Ich war sehr dankbar, dass er mir nicht reinredete, denn es gab unglaublich viel zu tun. Zunächst mussten wir die physischen Merkmale des Magazins festlegen: Format, Anzahl der Seiten, welches Papier und wie viel Farbe – damals war der Farbdruck noch ein bedeutender Kostenfaktor. All diese Faktoren wurden mehr oder weniger von den Druckbedingungen und von der Art, wie das Papier in den Pressen gefaltet wurde, entschieden. Am ökonomischsten war es, die Blätter beidseitig mit je sechzehn Magazinseiten zu drucken. Um seinen Verkaufspreis zu rechtfertigen und es auf dem Markt zu etablieren, hielten wir sechsundneunzig Seiten plus Cover für das Mindeste, und sei es nur für die erste Ausgabe. Auf meinem Schreibtisch lag ein großes weißes Blatt mit den Umrissen von achtundvierzig Seiten. Sie waren in vier Spalten zu je zwölf Seiten angeordnet, und ich machte mich daran, sie zu füllen: Sport, Geld, Essen, Kleidung, Reisen, Autos, Karriere – eben all die Dinge, für die sich Männer angeblich interessieren. Und natürlich Frauen – vorn, hinten und in der Mitte. Das zentrale Aufklappbild, das durch den *Playboy* so berühmt geworden war, würde es natürlich auch geben müssen. Dennoch hoffte ich, dass wir dem Magazin unseren eigenen Stempel aufdrücken würden.

Ich sprach jeden in meinem Bekanntenkreis an, der vielleicht mitarbeiten wollte. Mike Mollow besuchte uns in unserem Haus in Chiswick und brachte Paddy O'Gara mit, einen seiner Freunde von der Kunstschule. Wir sprachen darüber, wie das Magazin aussehen könnte, und diskutierten über Schrifttypen und Leerräume. Ich holte John Sandilands vom Sketch und Jan Bradshaw, der gerade als Freelancer arbeitete, ins Büro und fragte sie, ob sie Ideen für das Magazin hätten, die sie umsetzen wollten, und wer sonst noch für uns schreiben könnte. Ich sorgte dafür, dass die Fotografen wussten, dass wir Nacktbilder im *Playboy*-Stil wollten, und hoffte, damit vor allem die ganz Großen der Modefotografie, also das Triumvirat aus Bailey, Duffy und Donovan, zu ködern. Wir mussten uns schon allein um der Aufmerksamkeit willen mit so vielen bedeutenden Namen wie möglich in Verbindung bringen. Eine große Werbekampagne konnten wir uns nicht leisten, aber wie sonst hätte die Welt wissen sollen, dass es unser Magazin bald geben würde?

Raymond hatte zwar zugesichert, das Magazin zu finanzieren, doch er hatte Connor auch deutlich zu verstehen gegeben, dass die Mittel nicht unbegrenzt waren. Ich konnte den berühmten Autoren daher keine riesigen Geldsummen anbieten, aber dafür hatte ich eine gute Idee: Wir könnten berühmte Menschen anderen berühmten Menschen vorstellen – Leuten, die sie noch nicht kannten: die Autoren den Komponisten, die Filmstars den Philosophen, die Politiker den Poeten und so weiter. Ihre Neugier könnte sie alle zum Mitmachen bewegen. Wir könnten sie zu einem luxuriösen Mittagessen an einem beeindruckenden Ort einladen, sie während ihrer Unterhaltungen fotografieren und ihre Gespräche aufnehmen. Ihre Namen würden uns helfen, das Magazin zu verkaufen, und ihre Unterhaltungen wären gewiss interessant. Es lief wie am Schnürchen. Unser erstes Paar bestand aus Len Deighton, der mit seinen Spionageromanen *The Ipcress File* und *Horse Under Water* enorme Erfolge feierte, und dem streitsüchtigen Malcolm Muggeridge, der den Fernsehzuschauern wegen seiner unkonventionellen und eloquent vorgetragenen Meinungen zu allem und jedem wohlbekannt war.

Es war unglaublich zu sehen, wie sich alles zu fügen schien. Connor gelang es, mit den Druckereien einen extrem guten Deal auszuhandeln. Und es war für ihn kein Problem, uns den nötigen zusätzlichen Platz zu besorgen. Etwa zur gleichen Zeit küsste das Glück mich zweimal. Das erste Mal war, als ein sehr ansehnlicher junger Mann namens David Chasten eines Tages in mein Büro schlenderte. Er habe gerade seinen Abschluss am *Royal College of Art* gemacht und frage sich, ob wir Künstler bräuchten, die Designs, Layouts und Ähnliches machten. Ich antwortete, dass wir solche Leute bräuchten, schickte aber gleich die übliche Einschränkung hinterher, dass wir nicht viel Geld hätten. Er sagte, das wäre okay, weil sie hier und da schon etwas Geld verdienen würden.

»Wir?«, fragte ich. »Wer ist wir?«

»Nun, wir sind zu dritt. Wir sind zusammen aufs College gegangen, Roy Giles, Mike Foreman und ich. Sie könnten uns als eine Art Paket bekommen: Roy ist Fotograf, Mike Illustrator, und ich mache Designs. Wir würden nicht viel verlangen, aber es wäre großartig, wenn wir hier im Büro arbeiten könnten.« Es dauerte nicht lange, bis ich ihre Arbeiten sah und begriff, was für ein Gewinn die drei für uns waren.

Der zweite Glückskuss, die nächste Portion Manna, fiel in Form einer schlanken, großen und hübschen jungen Frau vom Himmel. Eines Tages kam sie in mein Büro und fragte, ob wir einen Job für sie hätten. Josephine Brooker arbeitete als Mädchen für alles bei McCann Erickson, einer Werbeagentur in der

Nähe, und fand es dort unfassbar langweilig. Ihrer Meinung nach wäre es deutlich unterhaltsamer, die gleiche Arbeit für uns zu machen – und sie wollte dafür kaum etwas haben. Wie hätte ich da widerstehen können? Josephine erwies sich als pures Goldstück, ihr Wert für uns war nicht zu überschätzen. Viele Jahre später wurde sie eine äußerst erfolgreiche Redakteurin eines Frauenmagazins. Jetzt aber setzte sie ihre höchst verführerische Stimme ein, um unsere Berühmtheiten zu bezirzen, die Örtlichkeiten für ihre Begegnungen vorzubereiten und sicherzustellen, dass alles so lief, wie es sollte. Und wenn man erst einmal begreift, wie viel mit Aufnahmegeräten, Fotos und pingeligen Persönlichkeiten schiefgehen kann, ahnt man, wie außergewöhnlich kompetent Josephine war.

Jo und ich gehören zu den wenigen, die aus dieser Zeit noch am Leben sind, und gerade neulich erzählte sie mir, dass eine ihrer lebendigsten Erinnerungen die ist, wie sie Noel Coward seine wie Schnee rieselnden Schuppen von den Schultern bürsten musste.

31. Wir druckten 80.000 Exemplare – und hielten den Atem an.

Die Entscheidungen zum Aussehen des Magazins kosteten mich viel Zeit. Damals gab es nur zwei andere allgemeine Hochglanzmagazine. Eines war *Town*, das sich vorrangig mit dem beschäftigte, was in London vor sich ging. Das andere, *Queen*, legte seinen Schwerpunkt mehr auf Stil und Eleganz. Natürlich glaubte ich nicht, mit ihnen konkurrieren zu können, aber ich suchte noch immer nach einem Design, das auffiel: selbstbewusst und zugleich sinnlich. Dann küsste mich das Glück ein drittes Mal. Irgendwie, ich weiß nicht mehr, wie, lernte ich Tony Palladino kennen. Vielleicht hatte er mich aufgesucht – in jedem Fall passte es perfekt. Tony war ein Grafikdesigner aus New York und arbeitete für eine neue, bereits sehr erfolgreiche amerikanische Werbeagentur namens PKL, die gerade ein Büro in London eröffnet hatte. Er war ein kleines, dunkelhäutiges Energiebündel, ein sizilianischer Straßenkämpfer – er sprühte Funken. Es gab sogar Gerüchte über gewaltsame Auseinandersetzungen in der ach-so-schicken Agentur in der Sloane Street.

Die Welt ließ endlich Jahrzehnte voller Sparsamkeit hinter sich, und schon bald umgab eine glamouröse Aura die Werbeagenturen und Designer der Zeit. Dies galt nicht nur für diejenigen unter uns, die im Verlagswesen arbeiteten, es spiegelte sich auch in den Möbeln von *Habitat*, in den Stoffen von Laura Ashley und in der Mode von Mary Quant wider. Filmvorspanne wie der vor dem neuesten *Bond*-Spektakel wurden zu eigenen kleinen Filmen, produziert von Agenturen wie PKL und BBDO. Ihre Werbeanzeigen waren in Widerspruch zu allen traditionellen Verkaufsmethoden gestaltet und setzten stark auf Humor und Pointen, die in weitem, weißem Raum schwebten. Es war Tonys Genius, der sie dort platzierte. Er bot mir an, ein Konzept für unser Magazin zu erstellen – ohne Bezahlung, einfach, weil es ihm Spaß machte. Das Ergebnis war unglaublich und sehr nah an dem, was ich mir vorgestellt hatte. Doch es fehlte noch etwas, ohne das wir es nicht weit bringen würden: Das Magazin hatte noch keinen Namen. Wochenlang spielten wir verzweifelt zahllose Ideen durch, um schließlich mit nichts Besserem als *King* dazustehen. Nachdem die Entscheidung getroffen war, gewöhnte ich mich bald an den Namen, aber noch heute frage ich mich, ob nicht ein besserer Name ganz dicht über unseren Köpfen geschwebt hatte.

Die Welt da draußen hörte immer öfter etwas über uns, die Köder waren platziert. Eines Tages biss ein sehr ungewöhnlicher Fisch an. Ein großer, gertenschlanker Mann mit einem verschmitzten Gesicht und gewelltem Haar kam in mein Büro und machte mir ein Angebot. Sein Name war Gillon Aitken, und man erkannte sofort und unzweifelhaft, dass er ein Sprössling der Upper Class war. Er war jünger als ich, begann gerade seine Karriere als Literaturagent und behauptete, ein Buch genau nach meinem Geschmack zu haben. Wenn ich mich entscheiden würde, einen Auszug aus dem Buch abzudrucken, würde er gern Literaturredakteur bei *King* werden. Bei dem Buch ging es um *Candy* von Terry Southern, und es war – im wohl wahrsten Sinne des Wortes – Pornografie, wie sie im Buche steht. *Candy* wurde zuerst von *Olympia Press* in Paris veröffentlicht. Es handelte von einer jungen, unschuldigen Frau, die immer wieder in Bedrängnis gerät und von sexhungrigen Männern missbraucht wird. In den USA war das Buch sofort nach seiner Veröffentlichung verboten worden. Jetzt kam es endlich nach Großbritannien, und wir wären die Ersten, die ein Kapitel daraus bringen würden. Ich nahm Gillons Angebot an. Wir hatten eine sehr gute Beziehung, und er blieb mein Agent, bis er vor einigen Jahren starb.

Die meisten guten Entwicklungen passierten ungeplant. So traf ich zufällig Irma Kurtz wieder, eine Freundin in meinem Alter, die ich Jahre zuvor kennengelernt hatte. Sie war Amerikanerin und schrieb gerade an einem Roman, aber sie brauchte einen Brotjob und schrieb schließlich eine großartige Kolumne für das Magazin. Später sollte sie als »Kummerkastentante« für die *Cosmopolitan* sehr erfolgreich sein. Über einen Freund gelang es mir, den Formel-1-Champion Jackie Stewart dazu zu bringen, eine Kolumne zu schreiben. Meine Freundschaft mit Danny Halperin, meinem Mentor aus Pariser Zeiten, hatte ich aufrechterhalten. Er war inzwischen nach London gezogen und schenkte uns wundervolle und kenntnisreiche Kolumnen über Jazz.

John Sandilands schlug vor, Restaurantkritiken für den *King* zu schreiben. Natürlich hoffte er dabei auf einige außergewöhnlich gute Mahlzeiten, was nur fair schien, wenn daraus eine anspruchsvolle und durchaus witzige Rubrik entstand. Er nannte sich Martin Martinez – ich habe nie herausbekommen, warum. Eines Tages verabredeten wir uns zu einem Mittag in einem Themenrestaurant, das sich auf das Römische Reich spezialisiert hatte. Es befand sich auf einem Lastkahn in der Themse, und die Kellner trugen Brustpanzer und Metallschilde. John hatte ein Schneckengericht bestellt. Nach einer ewig scheinenden Wartezeit schnappte er sich einen der Kellner und fragte ihn, ob die Schnecken allein auf dem Weg zum Tisch wären.

In der Zwischenzeit ermutigte das künstlerische Trio der Redaktion Fotografen dazu, Bilder von jungen Frauen in allen erdenklichen interessanten Situationen einzureichen. Es war, als hätten wir alle Dämme gebrochen. Connor und ich mussten ihnen begreiflich machen, dass wir noch immer vom Lord Chamberlain überwacht wurden, der die Messlatte für Unzüchtigkeit sehr hoch ansetzte und unser Magazin jederzeit einstampfen konnte, wenn wir etwas taten, das in seinen Augen zu anrüchig war. In unserem Fall wurde das Amt von Mr Watkin Powell, einem eher kleinen walisischen Anwalt, repräsentiert, der stilecht mit Nadelstreifenhose und Melone daherkam und den ich beim *Daily Sketch* kennengelernt hatte. Obwohl er einen recht anwaltlichen Sinn für Humor hatte, war er ziemlich streng und hatte schon so manchen Traum zerstört. Wir konnten es uns nicht leisten, ihn zu verstimmen.

Noch immer fügte sich alles erstaunlich gut, wir hatten eine ebenso spannende wie unterhaltsame erste Ausgabe zusammengestellt. Doch während der gesamten Produktion war mir klar, dass wir einen außergewöhnlichen Aufhänger brauchten, um Aufmerksamkeit zu erregen. Dann hatte ich einen Geistesblitz. Das Jahr 1963 war in politischer Hinsicht sehr turbulent gewesen. Der Kriegsminister John Profumo hatte zurücktreten müssen, weil er das Unterhaus über eine Affäre mit einer gewissen Christine Keeler angelogen hatte. Der Umstand, dass diese zur gleichen Zeit eine Beziehung mit einem sowjetischen Verteidigungsattaché führte, machte den Skandal umso pikanter. Als wäre all das nicht genug, nahm sich Stephen Ward, der Mann, der Profumo und Keeler einander vorgestellt hatte, das Leben. Sein Freundeskreis hatte aus zahlreichen Würdenträgern und Aristokraten, darunter angeblich auch Prinzessin Margaret, bestanden.

Keelers Quertreibereien nahmen in den Nachrichten noch immer großen Raum ein, aber niemand durchschaute sie und ihre Motive wirklich. War sie eine Nobelprostituierte oder einfach eine junge Frau, die in etwas hineingerutscht war? Wie auch immer die Wahrheit aussah, ich war mir sicher: Mit Christine Keeler als Akt würde unsere erste Ausgabe einschlagen wie eine Bombe. Sie zu finden und zu überzeugen war leichter als ich gedacht hatte. Sie wirkte verloren und ratlos, wie es für sie weitergehen sollte. Und sie war alles andere als der verruchte Vamp, sie war eine eher einfache junge Frau, die immer den Traum hatte, Model zu werden – wie wohl fast jede junge Frau mit einer einigermaßen guten Figur. Ich versprach ihr, einen guten Modefotografen zu organisieren, der Bilder von ihr machen würde.

Ich weiß nicht, warum es Brian Duffy wurde. Vielleicht war er einfach der erste der drei, der ans Telefon ging. Wir trafen uns zu einem Mittagessen in der *Trattoria*, einem sehr hippen Ort, der bei der neuen Generation der sogenannten *Mover and Shaker* überaus beliebt war. Brian mochte den Gedanken, etwas durchaus Grenzwertiges zu machen, das abseits der Routinen bei *Vogue* und *Harper's Bazaar* lag. Er überlegte, etwas mit einer großen *Union Jack*-Fahne zu machen – es hörte sich großartig an. Ich freute mich auf die Bilder, die ebenso schön wie sexy sein würden.

Um die erste Ausgabe noch aufregender zu machen, dachte ich über eine populäre Figur aus dem Literaturbereich nach, um dem Ereignis ein Denkmal zu setzen. Ich entschied mich für Colin MacInnes, der vor Kurzem mit seinem Buch *Absolute Beginners* über das Leben in London berühmt geworden war.

Ich traf ihn in seiner Souterrainwohnung irgendwo in Kensington und fragte mich, wie ich mich verhalten sollte, damit er mich ernst nahm. Ich hätte mir keine Gedanken machen müssen. Bevor ich auch nur mit einer Silbe erklären konnte, was ich von ihm wollte, schlug er mir vor, mich mit seinem Schwanz zu beschäftigen, der seiner Meinung nach sehr schön anzusehen sei und bezaubernde Nuancen von Lila aufweise. Ich war, gelinde gesagt, verlegen: Niemand hatte mir gesagt, dass Colin in recht offensiver Art bisexuell war. Ich konnte ihn davon überzeugen, das gute Stück für schlechtere Zeiten in seiner Hose zu lassen. Von da an kamen wir gut miteinander aus.

Nun gab es nur noch eine Hürde zu überwinden, und das war das Titelbild – hier hatte ich auf Tony Palladino gesetzt. Ich hatte gehofft, dass er oder einer der drei Fotografen, also Dave, Roy oder Mike, ein unwiderstehliches Bild gemacht hätten, doch dem war leider nicht so. Inzwischen rückte die Deadline gefährlich nahe. Ich wusste, dass es eine Frau sein musste, sexy, verführerisch und elegant. Doch je mehr wir suchten, umso mehr schien dieses Ideal sich zu entfernen – bis ich mich umdrehte und es erblickte. Jo Brooker, meine Assistentin, hatte das perfekte Gesicht, den perfekten Ausdruck. Wir schossen Dutzende Bilder, und ich brachte sie zu Tony.

»Ein Gesicht allein reicht nicht«, sagte er. »Es würde wie ein Frauenmagazin aussehen. Wir müssen noch ein anderes Element reinsetzen.«

Wir probierten alles Mögliche, und am Ende wurde es eine sehr männliche Hand, die Jos Kopf berührte. Wir druckten 80.000 Exemplare und hielten den Atem an.

Als das Magazin Wirklichkeit wurde, konnte niemand von uns seine Aufregung verbergen. Wir waren ein kleines Team, hatten alle viel für den Erfolg eingesetzt, und wir schienen sehr gut miteinander zu funktionieren. Neben Connor, mir, den drei kreativen Jungs und Jo gab es nun auch Ken Bound, der sich uns als Unterredakteur angeschlossen hatte. Er war etwa fünfunddreißig, grundsolide und besonnen, und hatte als Unteroffizier im Koreakrieg gekämpft. Außerdem hatte auch er beim *Sketch* gearbeitet und war auf der Suche nach etwas Verheißungsvollerem gewesen. Zu seiner Unterstützung hatten wir Caroline als Sekretärin angestellt, denn Jo war für diesen Job einfach zu wichtig geworden. Ich habe Carolines Nachnamen vergessen, aber das ist nicht weiter schlimm, denn sie und Ken verstanden sich so gut, dass sie bald darauf seinen annahm.

Manchmal kam Carin vorbei, verbrachte Zeit mit den Kreativjungs und stellte mit ihnen die Seiten zusammen. Das Magazin würde auf Offset-Maschinen gedruckt werden – ein Vorgang, der sich vollkommen von dem unterschied, was ich bisher kannte. Die Seiten wurden aus Schrifttypen zusammengesetzt, die über ein Spezialpapier der Firma *Letraset* übertragen wurden. Es war eine kleinteilige Arbeit, die viel Fingerspitzengefühl erforderte. Carin machte das außergewöhnlich gut, und ich glaube, sie genoss den Umgang mit den Jungs, vor allem mit dem Fotografen Roy. Ihm war wichtig, dass immer sein vollständiger Name Roy A. Giles angegeben wurde, weshalb wir ihn spaßeshalber Royagiles nannten, als wäre er Grieche.

Wir alle arbeiteten rund um die Uhr und für so wenig Geld, dass wir gerade so über die Runden kamen. Unsere Hoffnungen lagen im Erfolg des Magazins. Nun, um ehrlich zu sein, galt das nicht für mich. Ich habe nie einen Gedanken an das Geld verschwendet. Ich war vollkommen abgetaucht in die Herstellung des Magazins – es war alles, woran ich während der vier Monate, in denen wir das Heft fertigstellten, Tag und Nacht dachte.

Als wir bereits seit zwei Monaten am Heft gearbeitet hatten, war Connor zu mir gekommen und hatte gemeint, dass wir mehr Hilfe bräuchten. Wenn wir ein neues Magazin über das ganze Land verteilen wollten, bräuchten wir professionelle Unterstützung. Die Welt der Zeitungsagenturen und -distributoren war ein kommerzieller Dschungel, in dem wir ohne professionelle Hilfe schnell untergehen würden. Weder Connor noch ich hatten das Wissen, die Erfahrung oder die Kontakte, die wir brauchten.

Als Feuilletonredakteur beim *Sketch* hatte ich manchmal mit Vertrieblern über spezielle Projekte gesprochen, mit denen die

Verkäufe gesteigert werden sollten. Ich erinnerte mich an einen Mann, der mich damals sehr beeindruckt hatte. Ich wühlte mich durch mein Adressbuch und fand ihn. Er hatte in der Hierarchie der *Associated Newspapers*, die unter anderem den *Sketch* und die *Daily Mail* veröffentlichten, eine bedeutende Position inne. Ich erhoffte mir von ihm eigentlich nur einen Rat und vielleicht einige Referenzen. Doch er überraschte mich: Er wusste bereits von unserem Projekt. Es interessierte ihn sehr, und zu meinem Erstaunen schlug er vor, seine Stelle zu kündigen und unser Business Manager zu werden.

Sein Name war Brian Fisk, und er war immer auf dem Sprung. Ihm fehlte die Geduld, um in einer Konzernhierarchie Jahre mit einem allmählichen Aufstieg zu verbringen. In seinen Augen konnte *King* ein Riesenerfolg werden, und er wollte auf dieser Erfolgswelle nach oben surfen. Fisk war ein kleiner Mann mit sehr aufrechter Körperhaltung und eher flachen Zügen in einem blassen, aber gut geschnittenen Gesicht. Seine hellblonden Haare fixierte er mit irgendwelchen Cremes, die man damals benutzte. Auch an seine Hände erinnere ich mich. Sie waren klein, sehr weiß, kräftig und hatten Stummelfinger mit sorgfältig manikürten Nägeln. Seine Kleidung war die makellose Uniform eines urbanen Geschäftsmannes und seine Schuhe funkelten.

Fisk verlangte ein eigenes Büro, und wir fanden eine Etage höher einen freien Raum. Er möblierte ihn selbst mit einem imposanten Schreibtisch und Tischen, einem Teppich, einem Hutständer (obwohl er nie Hut trug) und einer Schreibtischlampe mit grünem Schirm – kurz: Alles passte zu dem Verlagstycoon, der er werden wollte. Er fuhr einen Sportwagen von Mercedes, und er fuhr ihn sehr schnell. Ich erinnere mich nicht daran, je ein Lachen von ihm gehört zu haben.

Zweifellos war er gut in seinem Job und zudem gut bekannt mit den Herren, die unser Schicksal in ihren Händen hielten:

Presseagenten wie W. H. Smith und Menzies (man sprach es »Mingies« aus, wie ich erfuhr). Immer wieder verlautete in den folgenden Monaten aus seinem Büro, dass Vorbestellungen aus diesem oder jedem Teil des Königreichs eingegangen waren. Zum Zeitpunkt der Drucklegung hatte er so viele Bestellungen gesammelt, dass sie eine Auflage von 80.000 Exemplaren rechtfertigten. Das waren unglaubliche Nachrichten – wir waren begeistert. Wir verstanden es als Vertrauensvorschuss des Handels in unser Magazin und waren sicher, auf das richtige Pferd gesetzt zu haben. Ich war sogar schon in die Konzeption der zweiten Ausgabe eingetaucht. Die Zukunft sah rosig aus.

Es gibt vieles aus dieser Zeit, an das ich mich jetzt, fünfundfünfzig Jahre später, nicht mehr erinnere, vor allem in Bezug auf die Zeitpunkte und die Reihenfolge von Ereignissen. Ich weiß nicht mehr, ob es vor oder nach der Veröffentlichung der ersten Ausgabe war, dass Connor mir die schockierende Nachricht überbrachte, dass Paul Raymond aussteigen würde. Bei der zweiten Ausgabe wäre er noch dabei, dann aber war Schluss. Ich war wie gelähmt. Wie kam das, warum sollte er so etwas tun? Connor konnte es auch nicht erklären. Es war, zumindest unserer Meinung nach, offensichtlich, dass das Magazin ein Erfolg war. Ja, Raymond hatte viel Geld investiert, aber wenn wir auch nur annähernd so gut verkauften, wie die Zahlen es erhoffen ließen, schrieb das Magazin schon bald schwarze Zahlen. Wusste er etwas, das wir nicht wussten?

Die Antwort darauf lautet wahrscheinlich »Ja«. Oder er hatte einfach das richtige Gespür. Die Wahrheit blieb mir irgendwie verborgen, und ich hätte sie wohl ohnehin nicht hören wollen. Fakt ist, dass alle 80.000 Exemplare in den Verkauf gegeben wurden und gegebenenfalls retourniert werden konnten. Die Großhändler, die sie bestellt hatten, hatten drei Monate Zeit, sie zurückzuschicken. Drei Monate lang hätte Raymond weiter

Geld ausgegeben, ohne zu wissen, wie viel – und ob überhaupt etwas – wieder reinkommen würde. Und würde es dann Geld sein oder nur ein Bündel eingestaubter, nutzloser Zeitschriften nach dem anderen? Wir glaubten an das Magazin, aber offensichtlich hatte Raymond seine Zweifel. Ich habe nie mit ihm darüber gesprochen, aber ich frage mich, ob er mit seinem kühleren Blick auf die Gründe, aus denen sich Männer nackte Frauen ansehen, fand, dass wir zu abgehoben und zu neunmalklug waren. Wie dem auch sei: Connor konnte ihn nicht von seiner Entscheidung abbringen.

Seinen Ausstieg vollzog Raymond auf anständige Art. Er verlangte von uns nichts, das wir nicht leisten konnten. Doch nun waren wir auf uns allein gestellt. Wir hatten viele lange Diskussionen, einige unter Alkoholeinfluss, andere nicht, aber letztlich wussten wir alle, wie sie enden würden. Es war undenkbar, dass wir das Magazin einfach sterben lassen würden. Wir waren entschlossen, *King* irgendwie am Leben zu erhalten.

32. »Das ist einfach ein Haufen Gauner.«

Nach unserer Entscheidung, das Magazin zu retten, waren wir beständig im Adrenalinrausch. An jedem Tag, so scheint es zumindest im Rückblick, strahlte die Sonne vom Himmel, The Supremes führten (natürlich gemeinsam mit den Beatles) die Charts an, und Männer schlenderten durch den Sonnenschein und pfiffen *Baby, baby, where has our love gone*, während sie auf die neuen Miniröcke von Mary Quant stierten und auf das, was sie darunter erblickten.

Weil ich monatelang fast ausschließlich im Büro gewesen war, hatte ich keine Ahnung, welchen Eindruck das Magazin in der Nachbarschaft hinterlassen hatte – und damit meine ich die Fleet Street und die Welt der Unterhaltung. Seit der Veröffentlichung der ersten Ausgabe konnten wir deutliches Wohlwollen spüren, und die allgemeine Stimmung hob sich beträchtlich. Die Leute schienen überrascht davon, wie gut *King* war, und es tat ihnen gut, etwas Neues und Nützliches am Kiosk zu finden.

Das Magazin versprach, ein Markt für Autoren zu sein, was bedeutete, dass Literaturagenten uns wohlgesonnen waren. Das machte es einfacher für Gillon Aitken, uns mit den Manuskripten sensationeller neuer Erotikromane wie Nabokovs *Lolita* und *Modesty Blaise* zu versorgen. Auch wenn Duffys Fotos von Christine Keeler mich enttäuschten, war seine Mitarbeit im Magazin Gold wert, was unseren Ruf unter Fotografen anging. Und Terry

O'Neils Bilder von Ursula Andress sorgten in der Filmbranche definitiv für Aufsehen.

Nachdem sich Raymonds erloschenes Interesse an *King* herumgesprochen hatte und wir Geld auftreiben mussten, wurden wir für gewöhnlich freundlich empfangen. Uns fehlte noch immer das richtige Gefühl dafür, wie gut sich die erste Ausgabe verkauft hatte, aber wir glaubten an *King* – und alle anderen offenbar auch. Es gab Geld, das aus heiterem Himmel und ohne Anfrage unsererseits kam. Victor Davis, ein Reporter beim *Daily Express*, den ich kaum kannte, verblüffte mich vollends, als er (ohne überhaupt mit mir zu sprechen) 500 Pfund in uns investierte – eine Summe, die im Jahr 2020 mehr als 4.000 Pfund entsprochen hätte.

Mein größter Durchbruch jedoch kam mit Bryan Forbes, einem früherer Kinderschauspieler. Ich hatte nicht an ihn gedacht, bis er mich eines Tages anrief. Ich hatte ihn in einem oder zweien seiner späteren Filme gesehen: ein meist munteres Kerlchen mit Stupsnase. Allerdings wusste ich nichts von seiner Bedeutung in der Filmindustrie, und als ich seine Einladung zu einem Mittagessen annahm, war ich in Ermangelung von Google und Wikipedia kein bisschen schlauer.

Ich traf auf einen bemerkenswert angenehmen Mann, der jugendlich, ernsthaft, bescheiden und sehr, sehr intelligent wirkte. Er gratulierte mir zum Magazin und sagte, er wolle helfen. Er bot an, Connor anzurufen und mit ihm über Geld zu sprechen, gab mir aber auch die Namen einiger Leute, die ich mit seiner Empfehlung anrufen sollte. Und so kam es, dass ich mich im Büro von Bill Wills wiederfand, der sich einen Ruf als Vermögensverwalter der Stars aufgebaut hatte. Zu seinen Klienten gehörte Peter Sellers, und Brian meinte, Sellers könnte durchaus helfen wollen.

Meine einzige Erinnerung an Wills ist die an einen kleinen, nervösen Mann, der schnell lachte und mir sagte, Peter Sellers würde uns gern mit 500 Pfund unterstützen und ich möge doch bitte mit dem Buchhalter im Raum nebenan sprechen. Ansonsten ist er mir nur verschwommen als älterer Gentleman mit Pfeife in Erinnerung geblieben. Als ich ihn fragte, wie lange es dauern würde, bis wir das Geld hätten, antwortete er, es würde »im normalen Lauf der Zeit« kommen – eine Formulierung, die ich bis heute sehr gern verwende. Auf meinem Weg nach draußen lief ich in Peter Sellers höchstpersönlich hinein und dankte ihm für seine Unterstützung. Er wirkte erstaunlich steif und unbehaglich. Mit der salbungsvollen Stimme eines Bankmenschen sagte Sellers feierlich: »Es ist mir eine Freude, Ihnen eine Hilfe zu sein.« Dann verließ er den Raum. Erst sehr viel später hörte ich wieder etwas von Bill Wills. Ganz offensichtlich litt dieser Mann, dem die Stars ihr Vermögen anvertraut hatten, unter Spielsucht und hatte ihr gesamtes Geld in einem Casino in Monte-Carlo verspielt.

Ich erhielt weiterhin Mittagseinladungen, wobei es nicht immer um Geld, sondern manchmal auch um die Arbeit ging. *The Trat'* war weiterhin ein beliebtes Restaurant für die Schickeria, doch Bob Monkhouse lud mich ins *Ivy* ein, das noch eine Klasse besser war. Er schenkte mir zwei sehr unterhaltsame Stunden seiner Zeit und sagte mir finanzielle Unterstützung zu. Inzwischen hatten wir genügend Geld zusammen, um weiterzumachen – immer vorausgesetzt, das Magazin verkaufte sich. Sogar meine Mutter investierte (gegen meinen Rat) in uns. Mir war allerdings noch nicht klar, was wir als Gegenleistung für das Geld anbieten könnten. Es war offensichtlich, dass es zu Connors Job als Chefredakteur gehörte, eine Art Investitionsplan aufzustellen. Ich war nur der Verkäufer, der eine Zeitschrift herausbrachte, und ich zog mich mit Freuden in mein Büro zurück, um weiter daran zu arbeiten.

Wir brachten die zweite Ausgabe zu Beginn des Frühlings heraus, wussten aber noch immer nicht, wie gut oder schlecht sich die erste Ausgabe verkauft hatte. Wir wussten jedoch, dass sie bei Weitem nicht ausverkauft war – trotzdem war unsere Druckerei sehr entgegenkommend. Wahrscheinlich war es auch für ihre Abläufe besser, die Druckpressen selbst dann laufen zu lassen, wenn kein Profit zu erwarten war. Wir druckten 50.000 Exemplare. Bald jedoch zwang uns eine Lawine aus Retouren, der düsteren Wahrheit ins Auge zu blicken: Wir hatten nur etwa 25.000 Exemplare verkauft – nicht genug, um finanziell zu überleben. Wir mussten entweder die Verkäufe steigern oder Werbekunden finden, die für ihre Anzeigen im Magazin bezahlten.

Connor und Brian Fisk steckten die Köpfe zusammen, um alternative Wege zu finden, auf denen wir Geld einnehmen könnten. Wir gründeten einen Club für Abonnenten und boten eine spezielle Vergünstigung für Reisen an. Brian trieb einen erfahrenen Werbeexperten auf, der sich bereit erklärte, auf Kommission für uns zu arbeiten. Er war ein wohlgenährter Gentleman Ende fünfzig, zu dessen Grundausstattung gestreifte Shirts und Hosenträger gehörten. Ihm gelang es, den Marketingvorstand von *Wool* davon zu überzeugen, Daueranzeigen im *King* zu schalten. Er tat natürlich sein Bestes, um Zuversicht auszustrahlen, und konnte auch ein paar Erfolge erzielen, aber der Durchbruch schien immer knapp außerhalb unserer Reichweite zu bleiben. Fragte man ihn nach Fortschritten, antwortete er regelmäßig: »Mein Junge, steter Tropfen höhlt den Stein.«

In der Zwischenzeit tat ich mein Möglichstes, um die Verkaufswahrscheinlichkeiten für das Magazin zu erhöhen – doch ich hatte einen Feind namens Watkin Powell. Ich war überzeugt davon, dass der Inhalt unseres Magazins kaum besser werden konnte, aber die sexy Nacktbilder waren einfach nicht sexy genug. Wir hatten eine fantastische Bildfolge mit dem Schauspieler Dudley Moore (der damals unglaublich berühmt war), in der er mit einer nackten Frau wie mit einem Instrument umgeht. Die Bilder waren durchaus sexy und ziemlich provokativ, aber Watkin Powell war in den Ferien. Sein Stellvertreter sah kein Problem, also machten wir uns an den Druck. Doch dann kam Watkin Powell zurück und explodierte fast.

»Sie werden euren Laden dichtmachen!«, erklärte er (britische Anwälte können nicht brüllen). »Ihr könnt doch nichts drucken, in dem ein Mann den Intimbereich einer Frau berührt!« Nun, so schlimm war es gar nicht, aber wir mussten definitiv etwas tun. Ich glaube, es war Dave Chasten, der die rettende Idee hatte. Der Prozess des Vierfarbdrucks war schon so weit fortgeschritten, dass wir nur noch die Fotoplatte verändern konnten. Er druckte einen schwarzen Notensatz über den Frauenkörper, sodass die gefährlichen Partien verdeckt waren. Das Ergebnis war unterhaltsam, aber deutlich weniger sexy. Im Nachhinein habe ich mich gefragt, ob dies der Anfang vom Ende war. Ob wir einfach ohne Rücksicht auf Watkin Powell hätten weitermachen und einen juristischen Eklat riskieren sollen. Etwa zu dieser Zeit, also Mitte 1965, brachte ein Mann namens Bob Guccione das Magazin *Penthouse* auf den Markt. Es wurde unser Konkurrent und wahrscheinlich auch unser Untergang. Ich bin ziemlich sicher, dass er das Risiko eingegangen wäre.

Trotzdem – und in dem Wissen, dass wir ein sehr gutes Magazin hatten, das durchaus geschätzt wurde – fanden wir immer wieder Wege weiterzumachen. Wir mussten einfach nur genügend Käufer erreichen. Jemand aus unserem Bekanntenkreis, der viel mit dem *Playboy* zu tun hatte, sagte uns, dass man *King* dort als den größten Konkurrenten betrachtete. Das waren erfreuliche Informationen. Wir veröffentlichten unser Magazin weiterhin monatlich in höchster Qualität und versuchten gleichzeitig, die zusätzlichen 10.000 Leser zu finden, die wir so dringend brauchten.

Irgendwann während unseres ersten Jahres hatte jemand aus dem Team die Idee, dass wir das Magazin auch in den USA vertreiben sollten. Angesichts der unfassbaren Begeisterung, die damals alle britischen Dinge in Amerika hervorriefen – die Beatles waren damals gerade auf ihrer ersten Welttournee – würde *King* dort drüben ganz bestimmt Fans finden. Connor bestand darauf, dass ich hinflog und den Markt sondierte, also reiste ich erneut für zwei Wochen nach New York. Dieses Mal bot mir Tony Palladino an, mich in seinem Wolkenkratzer-Apartment unterzubringen. So lernte ich auch seine Frau Angela kennen.

Tony witzelte gern, dass er sie in Sizilien gekauft und nach New York verschifft hätte, und offenbar hatte die Geschichte einen wahren Kern. Angela war als Bauernmädchen ohne besondere Schulbildung aufgewachsen und nach New York gekommen, um Tony zu heiraten. Dort hatte sie voller Begeisterung Tonys Gemälde und seine Pinsel entdeckt – und begonnen, einfache, primitive Bilder zu malen. Schon bald hatte Tony erkannt, wie gut die Bilder waren, und begonnen, sie in seinen Kreisen zu zeigen. Erste Bilder wurden verkauft, die Nachfrage war gestiegen, und bald hatte sie mehr Bilder verkauft als er. Man muss wissen, dass es nie einen größeren Macho als Tony gegeben hat, und mit einer Mischung aus Schrecken und Stolz beobachtete er, wie ihre Bilder bekannter wurden als seine. Doch Angela kochte weiterhin seine Pasta, er konnte sich also nicht beschweren. Sie war eine zauberhafte, großzügige Frau, und ich mochte sie sehr.

In New York empfing Mary-Ann Madden mich mit der gleichen Zuneigung wie früher, und wir verbrachten großartige Abende bei *Elaine's*. Als ich ihr erzählte, warum ich in der Stadt war, stellte sie mich Lewis Lepham vor, der damals Chefredakteur und (so glaube ich zumindest) Teilhaber des *Harper's Magazine* war. Sie hoffte, dass er ein paar Ideen haben könnte.

Ich hatte mich gründlich vorbereitet und mich darauf eingestellt, mit einem Vertriebshändler draußen in Philadelphia zu
tun zu haben. Ihm eilte der Ruf voraus, Verbindungen zur Mafia
zu haben. Lewis dachte einen Moment lang über mein Anliegen
nach, rief jemanden an und sagte dann, ich sollte mich mit Ken
Sidel treffen, einem seiner alten College-Kumpels, der in einem
Hotel in Downtown lebte. Er reichte mir den Telefonhörer, und
Sidel lud mich zum Frühstück in sein Hotel ein.

Es war ein sehr teures Hotel. Ich erinnere mich an den
frisch gepressten Orangensaft mit sanft klirrenden Eiswürfeln,
damals ein großer Luxus für mich. Sidel begrüßte mich in einem
dunklen Anzug und aufgeknöpftem weißem Hemd – dabei trugen Männer damals noch Krawatte. Er war sportlich, sah gut
aus und war etwa in meinem Alter. Doch unter alldem war eine
mühsam im Zaum gehaltene Energie spürbar, fast eine Gefahr.
Wie ich hörte, verdiente er sehr viel Geld mit einem Transport-
unternehmen in Brasilien, und ich konnte mir kaum vorstellen,
was für ein harter Geschäftsmann er sein musste, um das aufzubauen.

Wir unterhielten uns eine Weile. Er wusste nicht viel über
das Verlagsgeschäft, stellte aber genau die richtigen Fragen. Er
erklärte sich bereit, mit mir zu kommen, um die Leute da draußen in Augenschein zu nehmen. Ich fand ihr Büro – ich weiß
nicht mehr, wo es war, aber es war keine angenehme Gegend
– und wir fuhren hin, um diesen Typen (hier muss man einfach
in die Umgangssprache verfallen) zu treffen. Er legte uns seine
Bedingungen dar. Sie waren absolut inakzeptabel.

Kenny sprang auf (noch nie habe ich diese Wendung so überzeugend umgesetzt gesehen) und brüllte dem Mann »Bock-
mist!« ins Gesicht. Zu meiner Überraschung zog der Mann keine
Waffe. Er brüllte einfach zurück. Von da an wurde die Unterhaltung in enormer Lautstärke geführt – doch vergeblich. Ein

Deal hätte uns zu viel gekostet, bevor wir überhaupt Gewinn gemacht hätten.

»Das ist einfach ein Haufen Gauner«, sagte Ken. »Sieh bloß zu, dass du nicht in ihre Nähe kommst.«

Ich sah keine andere Lösung für unsere Situation, also zog ich mich wie ein verwundetes Tier zurück und verbrachte meine restliche Zeit in New York schändlicherweise damit, mich zu amüsieren. Wenn ich eines gelernt habe, dann, dass Geschäftemachen nicht zu meinen Stärken zählt.

Bryan Forbes war ein treuer Leser. Nach jeder neuen Ausgabe schlug er Leute vor, die wir für unsere Promi-Gespräche anfragen könnten, und half dabei, die Verbindungen herzustellen. Inzwischen hatte ich herausgefunden, was für ein unglaubliches Werk er als Schauspieler, Romanautor, Drehbuchautor und Produzent geschaffen hatte. Seine Unterstützung wurde für uns unschätzbar wertvoll. Er hatte immer Ideen, wie wir unser Profil schärfen konnten, und eine davon war äußerst überraschend. Ich fuhr noch immer den kleinen Sprite, den ich mir sieben Jahre zuvor gekauft hatte, doch Bryan fand, dass der Redakteur des *King* eine glamourösere Erscheinung haben sollte. Er bestand darauf, mir direkt aus seinem Fuhrpark das angemessene Fahrzeug auszusuchen, ein lächerlich aufgeplustertes Ford Galaxy Cabrio, das länger wirkte als zwei meiner Sprites hintereinander.

Wir schossen eine Männermodestrecke irgendwo auf dem Land – Dave, Roy, John Sandilands, Danny Halperin und ich waren die Models. Wir fuhren im Galaxy raus, um ihn als Requisite zu benutzen. Auf dem Rückweg näherten wir uns dem Kreisverkehr an der Hyde Park Corner, an dem amerikanische Besucher regelmäßig Albträume bekamen. Plötzlich versagten alle Bremsen. Es war ein Automatikwagen, es gab also keine

Gänge, die ich herunterschalten konnte. Mit voller Geschwindigkeit und ohne Rücksicht auf das, was in ihm unterwegs war, musste ich in den Kreisverkehr hineinfahren. Irgendwie kamen wir unversehrt wieder heraus und krochen nach Hause. Bryan brachte den Wagen in die Werkstatt, und ich erfuhr später, dass einige Hydraulikleitungen geschmolzen waren. Ich sagte zu Bryan, dass der ganze Vorfall so sehr wie ein Klischee aus einem Kinofilm wirkte, dass ich sicher wäre, er hätte ihn arrangiert. Ich bat ihn, doch bitte seinen Hunger nach öffentlicher Aufmerksamkeit zu zügeln, in jedem Fall aber Ralph Nader von dem Vorfall zu erzählen.

Wir brachten unter Mühen weiter Ausgabe um Ausgabe heraus. Mitte 1966 löste Connor unsere erste große Krise aus. Vielleicht hätte ich es kommen sehen müssen, sie war letztlich unvermeidlich. Für ein Unternehmen wie unseres, das sich gerade so über Wasser halten konnte, waren zwei Manager ein nicht finanzierbarer Luxus. Eines Tages erzählte Connor mir, dass Brian ein Komplott schmiede, um ihn, Connor, aus der Firma zu drängen. Er zeigte mir etwas, das Brians Machenschaften beweisen sollte, und sagte, der einzige Ausweg sei, Brian loszuwerden.

Es stand außer Frage, dass meine Loyalität Connor gelten müsste, sollten die beiden tatsächlich nicht mehr zu versöhnen sein. Ich wollte jedoch sichergehen, dass wir das Richtige taten und dass auch unsere Förderer es so wahrnahmen. Der wichtigste von ihnen war zweifellos Bryan Forbes, also rief ich ihn an und erzählte ihm, was auf dem Spiel stand. Bryan antwortete, er hätte großes Vertrauen in den Geschäftssinn von Richard Attenborough, der mindestens einen seiner Filme produziert hatte. Er riet mir, die Sache mit diesem zu besprechen. Bryan organisierte ein Treffen in Attenboroughs Haus, und schließlich setzten wir uns für eine oder zwei Stunden zusammen.

Attenborough hörte aufmerksam zu, als Connor ihm die Situation darlegte, und schien die Problematik sehr gut zu erfassen. Ob er glaubte, was er hörte, kann ich nicht sagen, doch es wurde klar, dass Brian und Connor unmöglich beide bei *King* bleiben konnten. Ich hatte fast nichts beizutragen – ich hatte diese üblen Ränkespiele nicht wahrgenommen. Natürlich wollte Attenborough wissen, ob Connor sich in der Lage sähe, Brians Position im geschäftlichen Bereich einzunehmen. Connor antwortete, dass er sich dazu bereit fühle, zumal wir inzwischen ein Netz an Distributoren aufgebaut hatten. Ich hatte Brian, der zweifellos ein sehr guter Geschäftsmann war, ins Unternehmen geholt, aber meine Loyalität galt Connor. Ich bat ihn, die unangenehme Aufgabe zu übernehmen, Brians Ausstieg zu regeln. Dann vergrub ich mich in die kommende Ausgabe – und sollte es später bereuen.

33. Kapitulation

Trotz des finanziellen Drucks und der unzähligen Arbeitsstunden hatte ich durch *King* jede Menge Spaß. Ich erhielt viele Einladungen, und wir konzipierten einige sehr unterhaltsame Fotoshootings, die uns in die ungewöhnlichsten Gegenden führten.

So hatte die Tourismusagentur von Gibraltar uns gebeten, nach Weihnachten auf Haifischjagd zu gehen. Wir nahmen Angela, eine reizende junge Frau, die so tun sollte, als riskiere sie unter den gefährlichen Kreaturen ihr Leben, mit auf das Fischerboot und fuhren nach Tanger und zurück. Tatsächlich waren die Haie eher klein und harmlos. An beiden Ufern der Meerenge ließen wir es uns jedoch so gut gehen (ich sage nur: Taubenpastete in Marokko), dass wir beim Rückflug nach London keinen Penny mehr in den Taschen hatten. Ich kann mich sehr gut an den Flug erinnern. Es war Silvester, und wir flogen mit der *British European Airways*. Mein Sitz war kaputt, ich konnte meine Lehne nicht zurückkippen. Die Lehne vor mir hingegen war zurückgekippt, sodass ich äußerst unbequem zwischen beiden klemmte. All die Glückspilze an Bord betranken sich hemmungslos, während ich mir nicht einmal ein Wasser leisten konnte. Dann, kurz vor der Landung, ertönte aus den Lautsprechern eine fröhliche Stimme:

»Hier spricht Ihr Kapitän, ich wünsche Ihnen ein glückliches neues Jahr! Und nun, damit es schon glücklich beginnt, wird unser Steward alle Getränkerechnungen zerreißen!«

Natürlich schoss meine Hand sofort in die Höhe, um etwas zu bestellen, aber der Steward schnaubte abfällig. »Oh nein, Sie nicht«, sagte er. Es schien ihm eine gemeine Freude zu bereiten, meine ausgetrocknete Kehle zu ignorieren. Für mich war dies einer der schlimmsten PR-Momente, die ich je erlebt habe. Die *British European Airways* hat ihr Ende verdient.

Nicht so Madame Prunier. Ihre Seafood-Restaurants in London und Paris gehörten zu den besten weltweit, und sie lud regelmäßig neue Redakteure zum Mittagessen ein. Ich nahm Jo Brooker, meine Assistentin und Titelheldin, mit ins Restaurant in St James. Hinterher fanden wir beide, dass wir noch nie eine Mahlzeit derart genossen haben – weshalb hier daran erinnert werden soll. Simone Prunier stellte ein Menü für uns zusammen, kam zu unserem Tisch und erklärte es uns. Es war ein volles Vier-Gänge-Menü, und noch heute, fünfundfünfzig Jahre später, erinnere ich mich an den Heilbutt. Jo und ich verließen das Restaurant wunderbar gesättigt und gleichzeitig leicht und energiegeladen. Gerade erst habe ich erfahren, dass die alte Dame, die tatsächlich genau in meinem Alter war, vor zwei Monaten, also im Oktober 2020, nicht weit von meinem Zuhause hier in Frankreich gestorben ist. Besonders dankbar bin ich ihr dafür, dass sie *Pouilly Fumé* in mein Leben gebracht hat. Es ist ein Wein, von dem ich nicht genug bekommen kann.

Dann war da Claude Terrail, ein weithin bekannter Pariser Playboy, dem das extrem schicke *Tour d'Argent* gehörte, das gegenüber von Notre Dame am anderen Seine-Ufer lag. Auch er meinte, mich in sein Restaurant einladen zu müssen. Also genoss ich – begleitet von der entzückenden Jo Brooker – ein weiteres Mal seine gefeierte Ente à l'Orange, während die Kathedrale nur für uns (so behauptete er) angestrahlt wurde. Wir hatten für die Fahrt nach Paris ein äußerst schnittiges Jensen Cabrio geliehen und natürlich schrieben wir für das Magazin eine Reportage über unser »unanständiges Wochenende«, auch wenn es lange nicht so unanständig verlaufen war, wie ich es gern gehabt hätte.

Dies ist das einzige Exemplar, das ich noch habe. Normalerweise hatten wir keine Männer auf dem Cover, aber die Namensliste war für damalige Zeiten beeindruckend.

Ein anderer, der an das Potenzial von *King* glaubte, war Doug Hayward. Als Zeichen dafür schneiderte er mir einen Anzug aus anthrazitgrauem Kammgarn mit genau dem richtigen Maß an Stoff an den Beinen – die Zeit der ausgestellten Hosen lag noch vor uns. Doug war bereits auf dem Weg zu Wohlstand und Ruhm: Zu seinen Kunden zählten unter anderem Michael Caine, John le Carré, Peter Sellers, Mick Jagger und Terence Stamp. Man mag sich fragen, warum er sich mit mir abgab. Nun, er beobachtete die Entwicklungen um ihn herum, hatte die Zukunft im Blick und dachte wie viele andere, dass *King* Erfolg haben würde. Außerdem war er ein sehr demokratisch eingestellter Schneider mit Cockney-Akzent und behandelte alle seine Kunden auf dieselbe respektlose Art und Weise. Wir verstanden uns sehr gut, und sein Atelier in der Mount Street entwickelte sich zu einem informellen Club für Auserwählte.

Einer meiner Ausflüge in das Nachtleben endete eher ungewöhnlich. Wir beschäftigten einen freiberuflichen Cartoonisten, der an diesem Tag im Büro war. Er erzählte, dass der *Playboy* eine Party in Knightsbridge veranstaltete, und meinte, dass ich dorthin gehen sollte. Jeder könnte kommen, es würde niemanden stören. Der Londoner Vertreter des *Playboy* war Victor Lownes III., ein erfolgreicher, weitsichtiger Geschäftsmann von der US-Ostküste, der tatsächlich mehr Playboy war als Hugh Hefner selbst. Die Party fand in seinem Haus statt. Allein die Möglichkeit, mir diesen Menschen einmal anzusehen, war für mich Anreiz genug, zur Party zu gehen. Sie fand in einem großen Raum in der ersten Etage statt. Ich kannte einige Leute, und alles lief gut, bis Lownes – offensichtlich in sehr guter Stimmung – auf mich zukam und sagte, er wollte mit mir reden. Er war ein ziemlich großer, gut gebauter Mann; ich meine, er spielte Polo. Freundlich legte er einen Arm um meine Schultern.

»Lassen Sie uns irgendwohin gehen, wo es ruhiger ist«, sagte er und manövrierte mich in Richtung Tür. Dann, bevor ich überhaupt begreifen konnte, was er vorhatte, standen wir an der Treppe. Er schubste mich hinunter, sodass ich mich kaum halten konnte. Die Schlagzeile des *Evening Standard* schrieb sich im Grunde von selbst: »Drama zwischen oben und unten in Knightsbridge: Schachmatt – *Playboy* schlägt *King* ...« Man sagt, es gibt keine schlechte Publicity, aber ein gebrochener Hals wäre doch ein sehr hoher Preis für diese Schlagzeile gewesen. Mir schmeichelt, dass Lownes offenbar davon ausgegangen war, ich könnte damit umgehen.

Seltsamerweise habe ich nie das Privileg in Anspruch genommen, welches ich nach Meinung einiger am meisten genossen hätte: den intimen Umgang mit *les girls* – oder den Frauen, wie ich sie lieber nenne. Als Redakteur eines »Mädchenmagazins« hätte ich wohl in meinem Ford Galaxy umhercruisen sollen, das Auto geschmückt mit Möchtegern-Starlets oder vermeintlichen Models. Der Umstand, dass mir diese Idee nie gekommen ist, könnte ein Grund dafür sein, dass es das *King*-Magazin nicht mehr gibt.

Ich muss wohl nicht betonen, dass ich Frauen sehr mag, und eine oder zwei habe ich in meiner Zeit als *King*-Redakteur auch geliebt – aber meine Affären gingen die Öffentlichkeit nichts an. Alle Nackt-Shootings wurden von freien Fotografen durchgeführt. Welche lüsternen Empfindungen dabei auch immer geweckt wurden: Sie wurden von anderen und weit entfernt von meinem Büro genossen. Ich erfuhr von den Shootings erst, wenn die Abzüge meinen Tisch erreichten. Vermutlich hat sich meine Gleichgültigkeit irgendwie im Magazin gespiegelt: Ich erinnere mich an die emotionslose Atmosphäre während der Treffen, bei denen wir die Bilder ansahen und auswählten.

Immer wieder war die Qualität der Nacktbilder ein Thema, und wahrscheinlich habe ich es nicht ernst genug genommen. Ich erinnere mich an einen Moment, in dem wir nebeneinander vor einem dieser Zeichentische standen, an denen Künstler, Fotografen und Layouter ihre Entwürfe zeigen. Wir schauten uns die Steckbriefe einiger nackter Mädchen an, und Ken Bound fragte mit lässiger, sachlicher Stimme: »Magst du Titten oder Hintern lieber?«

Nach all den Jahrzehnten höre ich zwar seine Stimme nicht mehr, aber er hat diese Worte ganz sicher ausgesprochen, und zwar in nüchternem Tonfall. Es war mehr ein Grübeln als eine Frage. Ken war vier oder fünf Jahre älter als ich, alt genug, um als Unteroffizier in Korea gedient zu haben. Er war verantwortlich für die Produktion unseres Magazins und machte seine Arbeit großartig, aber er war auf ernsthafte Weise unerschütterlich. Ich kann mich nicht erinnern, dass er je Begeisterung für etwas gezeigt hätte.

Jedenfalls stand die Frage im Raum: »Magst du Titten oder Hintern lieber?«

Ich antwortete, dass mir Titten lieber seien. Vielleicht war ich in diesem Moment etwas kurz angebunden. Die Wahrheit ist, dass ich eine große Leidenschaft für Brüste hatte (und noch immer habe), und irritiert darüber war, dass er so leidenschaftslos über sie sprach, als stünden wir an einer Fleischtheke und würden sie pfundweise bestellen.

»Ich steh' eher auf Hintern«, sagte er.

Das sehr bildliche Wort *Buns* hatte in den Sechzigern noch nicht seinen Platz im allgemeinen Sprachgebrauch gefunden, aber ich hätte auch dagegen protestiert. Die Vorstellung, diese göttlichen Rundungen mit einem Teigprodukt zu vergleichen, hätte mir zu schaffen gemacht. Dieses kleine Schnipselchen unserer Unterhaltung trage ich seit fünfzig Jahren mit mir, weil es wahrscheinlich ein weiterer Hinweis auf das unvermeidliche Schicksal des Magazins ist.

Im Jahr 1967 produzierten wir zwar noch immer monatlich neue Ausgaben, und einige davon waren sehr gut. Aber wir standen unter spürbar zunehmendem finanziellem Druck. In meiner Verzweiflung, die Verkäufe nach oben zu bringen, war ich zu allem bereit. Es gab eine Phase, in der ich dachte, das Magazin würde einfach zu altmodisch aussehen. Wir waren der Druckerei, unserem größten Gläubiger, sehr verpflichtet, und natürlich hatte auch er großes Interesse an unserem Erfolg. Also stimmte er zu, das Magazin in Klebebindung herauszubringen, wodurch es (ähnlich wie der *Esquire*) einen kantigeren Gesamteindruck erhielt. Ich fand den Look deutlich besser, auch wenn es nun keine Mittelfalz mehr gab. Wir brachten zwei Ausgaben mit dieser Bindung heraus, ohne dass es einen erkennbaren Effekt auf die Verkaufszahlen gehabt hätte – dann konnte ich die Extrakosten nicht mehr rechtfertigen. Der Aufbau des Anzeigengeschäfts verlief schmerzhaft langsam, und weder ein Weinclub noch Reiseangebote halfen uns auf kurze Sicht.

Eine naheliegende Lösung wäre der Verkauf des Magazins gewesen, und eine Zeit lang dachte ich, ich hätte einen Käufer. Sein Name war Peter Evans. Ich hatte ihn kennengelernt, als ich noch beim *Express* war. Evans war ein großgewachsener, eleganter Unternehmer aus Südafrika. Er hatte eine Coffee Bar (eine der ersten überhaupt) in der Kingly Street, wo der Sänger und Schauspieler Tommy Steele seine Karriere begann. Bald gründete Evans die Restaurantkette *Peter Evans Eating Houses* und war erneut einer der ersten, der erkannte, wie gut sich Menüs verkaufen und dass man mehr Eier verkauft, wenn man sie mit dem Hinweis »Frisch vom Bauernhof« versieht. Er war stets hervorragend gekleidet. Die *Clothing Manufacturers' Federation* kürte ihn 1965 zum *Beau Brummell*, dem bestgekleideten

Gentleman des Jahres. Als er kam, um mich zu treffen, trug er einen Anzug ohne Revers, was ihn seltsam nackt wirken ließ.

Ich erzählte ihm, dass wir einen Käufer suchten, und er zeigte großes Interesse. Er hatte einem der großen Wirtschaftsprüfungsunternehmen den Auftrag gegeben, unsere Bücher zu prüfen und die Abläufe zu beobachten. Der entsandte Herr – ebenfalls sehr gut gekleidet und in Chelsea Boots – trieb sich ein paar Tage bei uns herum, sichtete unsere Unterlagen und schaute Fotos an. Er überreichte Peter einen Bericht mit einem äußerst positiv ausfallenden Fazit. Ich schaute hinein und sah nur Unsinn. Dieser hoch bezahlte Wirtschaftsprüfer hatte den schlimmsten Anfängerfehler gemacht und unser Einkommen auf der Annahme berechnet, dass alle versandten Exemplare verkauft würden. Er hatte nicht verstanden, dass Magazine auf Kommission verschickt wurden und dass unsere Retouren beträchtlich waren. Seit damals ist mir immer wieder aufgefallen, dass global agierende Wirtschaftsprüfungsunternehmen dumme und furchtbare Fehler machen – und es überrascht mich kein bisschen. Glücklicherweise konnte Evans die Lage selbst einschätzen und betrachtete die Angelegenheit als erledigt. Ich war erleichtert, denn zweifellos hätte ich mich ihm gegenüber schuldig gefühlt.

Im Mai 1967 kam unser Drucker zu uns ins Büro, so langsam wurde es unzweifelhaft eng für uns. Er war ein ehrlicher Mann, geradeheraus und sympathisch, aber er war eindeutig am Ende seiner Möglichkeiten. Connor und ich setzten uns mit ihm zusammen, um über Auswege zu sprechen. Plötzlich, mitten im Gespräch, tischte Connor ihm eine große, handfeste Lüge auf. Ich wünschte, ich könnte mich an die genauen Zusammenhänge erinnern – es war in jedem Fall entscheidend für unsere Überlebenschancen. Connors Worte verschlugen mir den Atem, und zwar auch, weil es unmöglich war, dass der Drucker die Sache nicht als schweren Betrug durchschaute. Ich erschauderte auf meinem Stuhl und sagte nichts, während Connor den Drucker weiterhin unbeirrt anschaute, der zu meiner Überraschung nicht aufsprang und hinausstürmte oder »So ein Unsinn!« brüllte. Stattdessen beendete er das Treffen, indem er uns etwas Spielraum einräumte, obwohl er eindeutig kurz davor war, uns zu kündigen. Ich jedoch hatte eine Seite von Connor gesehen, die mir bisher verborgen geblieben war, und war dennoch nicht vorbereitet auf das, was kommen sollte.

Nicht lange nach diesem Vorfall ging ich eines Vormittags in Connors Büro, um ein bisschen mit ihm zu plaudern. Völlig unerwartet warf er mir eine Reihe von Anschuldigungen an den Kopf. Er behauptete, ich würde hinter seinem Rücken versuchen, ihn loszuwerden, dass ich alles täte, um ihn zu diskreditieren. Die Vorwürfe häuften sich, doch die Krönung des Ganzen war der lächerlichste von allen:

»Du hast dich geweigert, Keith Waterhouse zu publizieren, weil er ein Freund von mir ist – du wolltest mich demütigen!«

All das war derart absurd, dass ich laut gelacht hätte, wäre die Situation nicht so schmerzvoll gewesen. Mit Freuden hätte ich alles Mögliche von Waterhouse gebracht, aber er hatte mir nie angeboten, etwas für *King* zu schreiben. Plötzlich und mit erschreckender Klarheit begriff ich, dass Connor mich loswerden wollte, wie er bereits Brian Fisk losgeworden war. Warum hatte ich das nicht kommen sehen? Nun, die Erklärung war einfach. Auch wenn der Druck unseres Versagens, mit *King* Profit zu machen, auch auf meinen Schultern lag, so war ich doch so sehr in die Produktion des Magazins vertieft, dass ich ihn leicht abschütteln und meinen Job machen konnte. Connor hingegen konnte wahrscheinlich an nichts anderes mehr denken.

Ganz offensichtlich hatte ich seinen Frust nicht wahrgenommen. Wir hatten nicht mehr wie früher über verschiedene Dinge diskutiert. Jetzt, wo sie gegen mich gerichtet war, zeigte sich seine Paranoia offen. Aus seiner Sicht war der Plan, auch mich loszuwerden, mehr als gerechtfertigt.

Von diesem Moment an empfand ich die Atmosphäre im Büro als unerträglich. Ich hatte genug zu tun, um mich von unserer Situation abzulenken, aber sie machte mir dennoch zu schaffen und es war klar, dass wir über kurz oder lang eine Lösung finden mussten. Und eines Tages, ich saß gerade an meinem Schreibtisch, geschah etwas, das mir mehr als deutlich machte, was ich zu tun hatte.

Eine riesige Zange legte sich um meinen Oberkörper und presste ihn unvermittelt mit eiserner Kraft zusammen. Ich weiß nicht, wie ich es sonst beschreiben könnte. Es war erschreckend und ließ mich atemlos und angstvoll zurück. Weil mir keine bessere Erklärung einfiel, dachte ich an einen Herzanfall. Als sich jedoch keinerlei weitere Beschwerden einstellten, wurde mir klar, dass es eine Botschaft der Götter gewesen war.

Jetzt, da ich mehr als fünfzig Jahre später über die Menschen und Ereignisse von damals schreibe, erkenne ich einige meiner Eigenschaften, die viele der Entscheidungen im Verlauf meines Lebens erklären. Da ist zunächst die Tatsache, dass ich mir nicht viel aus Geld mache. Ich behaupte nicht, dass das eine Tugend ist. Mir ist Geld sehr wichtig, wenn ich keines habe, und wenn ich welches habe, fühle ich keinen Drang, es loszuwerden. Solange ich jedoch genug habe, um klarzukommen, kümmere ich mich nicht zwingend darum, mehr zu verdienen. Mein Interesse und meine ganze Aufmerksamkeit richten sich vielmehr auf die spezielle Sache, mit der ich mich gerade beschäftige. Wenn es darum geht, im Kampf ums Geld mitzumachen, bin ich ein Weichei.

Natürlich bestand kein Zweifel daran, dass Connor *King* zu langfristigem finanziellen Erfolg führen wollte. Unser neuer Konkurrent *Penthouse* war drauf und dran, seinen Gründer und

Redakteur Bob Guccione zum Millionär zu machen – schon ein kleiner Teil von dessen Gewinn hätte Connor wenigstens zeitweise zufriedengestellt. Für mich kann ich ehrlich sagen: Ich habe nie darüber nachgedacht. Ich wollte einfach nur ein richtig gutes Magazin herausbringen. Man kann mir dies (zusätzlich zur fehlenden Laszivität) durchaus ankreiden, wenn man sich fragt, warum *King* untergegangen und in Vergessenheit geraten ist.

Wenn ich schon einmal bei meinen Motiven und Selbsterkenntnissen bin, so gibt es da eine Sache, die ich durch meine Erfahrungen bei *King* gelernt habe: Es ist kaum möglich, andere von einem Produkt oder einer Erfahrung zu überzeugen, die einem selbst nicht sonderlich viel bedeuten. Es ist die eigene Leidenschaft, die durch das Produkt spürbar wird. Marshall McLuhan sagte einmal:»Das Medium ist die Botschaft.« Meine Annahme, die nackten Frauen würden uns genügend Leser bringen, um ein gutes Magazin zu finanzieren, wäre stimmig gewesen, wenn ich selbst von Nacktfotos begeistert gewesen wäre. Ich war es nicht, und unsere Bilder waren nicht gut genug für diejenigen, die es waren. Bob Guccione machte seine Bilder selbst. Er liebte, was er tat. Und er hatte Erfolg damit – *quod erat demonstrandum*.

Wie dem auch sei: Sobald ich wieder zu Atem gekommen war, wusste ich, dass ich *King* loslassen und kündigen musste. Der Kampf, den wir gerade kämpften, war einfach nichts für mich. Ich sagte, ich würde mich nicht wohlfühlen, und ging nach Hause. Am nächsten Tag kam ich zurück und verkündete, dass ich die Projekte auf meinem Tisch abarbeiten würde und dann endgültig weg wäre. Es war keine Erleichterung, im Gegenteil. Es fühlte sich furchtbar an. Ich hatte drei Jahre meines Lebens in *King* gesteckt, drei Jahre voller Anstrengung und Kreativität. Ich verließ Freunde, die mich unterstützt hatten – allen voran

Bryan Forbes –, doch ich konnte so nicht weitermachen. John Sandiland, noch immer ein guter Freund, könnte sicher meinen Job übernehmen, solange es ihn noch gab. Ich hatte allerdings das sichere Gefühl, dass Connors einzige Möglichkeit, noch Geld aus dem Magazin zu holen, darin bestand, es zugrunde zu richten – was schließlich auch geschah.

Ironischerweise war es Brian Fisk, der das zusammenkratzte, was von *King* übriggeblieben war. Er hatte in der Zwischenzeit ein weiteres Herrenmagazin namens *Mayfair* aufgekauft. Dann jedoch raste er einmal zu viel in seinem Mercedes durch die Gegend und starb bei einem Unfall.

Für mich aber begann 1967 ein neues und bereicherndes Leben.

34. »Jim Clark hat nicht hier geschlafen.«

Ende Juni 1967 verließ ich die Räumlichkeiten von *King* ein letztes Mal. Hinter mir ließ ich ein Magazin, das ich drei Jahre lang erdacht, geschaffen und herausgegeben hatte. Und nicht nur das. Ich verließ Menschen, die ich zusammengebracht hatte, die meine Freunde geworden waren und denen ich – so empfand ich es – vieles schuldig geblieben war. Ich fühlte mich betrogen und hatte das Gefühl, auch sie auf eine Weise betrogen zu haben. Es machte mich krank, über all das nachzudenken. Ich wollte so weit weg von alledem wie irgend möglich.

Ich ging in Frieden mit den wenigen Menschen auseinander, von denen ich wusste, dass sie mich und das Magazin unterstützt hatten. Bryan Forbes lud mich liebenswürdigerweise zu sich nach Hause in Virginia Water ein, und auch meine Mutter vergab mir. Sie wollten wissen, was ich nun tun würde, und ich versuchte mir vorzustellen, wie vorher in der Fleet Street zu arbeiten. Ich wusste, dass ich problemlos einen Job bekommen würde. Im Handumdrehen könnte ich jeden Tag von meinem Haus, in dem ich allein oder vielleicht sogar mit jemandem lebte, in die City pendeln und die Karriereleiter hochklettern – aber wohin? Für viele mag dies das ideale Leben sein, für mich aber fühlte es sich an, als hätte ich Asche im Mund.

Burlington Lane 62 war ein anständiges, kleines Doppelhaus mit einem kleinen Garten vorn und einem größeren auf der

Rückseite. Als ich es kaufte, war die Straße noch relativ ruhig. Häuser gab es nur auf der einen Seite. Auf der anderen zog sich eine Ziegelmauer um den Besitz des Chiswick House, einer herrlichen Villa, die ein gewisser Lord Burlington 200 Jahre zuvor erbaut und eingerichtet hatte. Er wollte so mit seinen durchaus bemerkenswerten Fähigkeiten als Architekt angeben. Da es allerdings weder Küche noch Badezimmer gab, lebte er nie dort, sondern bewohnte ein deutlich konventionelleres Haus daneben (ähnlich wie die Musiker *Flanders & Swann*, die mit Nr. 7a angaben, aber in Nr. 7b nebenan wohnten). Der Park um die Villa herum war (und ist) ein großartiges Beispiel für Gartenanlagen und klassische Bildhauerei. Wegen *King* verbrachte ich viel zu wenig Zeit in meinem Haus, aber Carin genoss es, wenn sie dort war. Im Erdgeschoss gab es ein großes Wohnzimmer und die Küche, im Obergeschoss zwei Schlafzimmer und ein Bad. Unter der Treppe stand ein Schrank mit Platz für Besen und solche Sachen. Außerdem war dort der Gaszähler. Als ich einzog, tauchte ein Mann vom Gaswerk auf, um einen neuen Zähler zu installieren. Kaum war er fertig, bot er mir an, später wiederzukommen und einen Bypass einzubauen.

»Brauche ich einen?«, fragte ich völlig ahnungslos.

»Nein, eigentlich nicht.«, antwortete er – und ich lehnte ab.

Erst später begriff ich, dass er mir kostenloses Gas angeboten hatte. Ich war froh, dass ich abgelehnt hatte, aber ich hätte doch gern etwas Anerkennung für meine Ehrlichkeit bekommen. Meine Gutgläubigkeit hat mich des Öfteren bares Geld gekostet, aber ich glaube, dass sie mir aufs Ganze gesehen ein angenehmeres Leben ermöglicht hat als eine misstrauische Natur. Dennoch fragte ich mich manchmal, wie viele meiner Nachbarn von dieser beglückenden Möglichkeit profitierten.

Das Obergeschoss war ziemlich gewöhnlich – bis auf das kleine Schlafzimmer, welches berühmt ist und ein Schild an der

Tür verdienen würde. In seinen Anfangszeiten zog das Magazin die Aufmerksamkeit des königlichen Ritters Sir John Whitmore auf sich. Er hatte seinen Titel geerbt und besaß ein großes Haus mit unzähligen Zimmern in Orsett in der Grafschaft Essex. Sir Whitmore war groß und dünn, hatte eine riesige Hakennase und sprach mit der näselnden Stimme eines Aristokraten. Außerdem war er reich, gutmütig, impulsiv, maßlos und wohlwollend. Gelegentlich war er in großem Stil töricht, aber er war auch ein unglaublich guter Autofahrer und wurde europäischer Sportwagen-Champion.

Er suchte mich auf, weil er fand, *King* müsste eine Kolumne über Autos haben. Ich stimmte ihm zu, und mit der Hilfe von Ken Bound verfasste er eine Kolumne – einfach so zu seinem Vergnügen. Dann lud er mich nach Orsett ein und stellte mich seinem Kumpel Jackie Stewart vor. Jackie fand den Gedanken, eine Kolumne unter seinem eigenen Namen zu schreiben, ebenfalls spannend. Auch das kam mir sehr gelegen.

Etwa ein Jahr später – Carin und ich planten gerade einen Kurzurlaub in einem *Club Med* in Israel – fragte John mich, ob er unser Haus für eine Party nutzen könnte. Offenbar hatte er eine unwiderstehliche Frau kennengelernt, aber da er verheiratet war, konnte er die Party kaum im eigenen Haus steigen lassen. Seine Gäste waren allesamt Rennfahrerkumpels mit ihren Freundinnen. Der berühmteste unter ihnen war Jim Clark, eine absolute Rennfahrerlegende, der von ihnen allen vergöttert wurde. Nach der Party räumten sie alles ordentlich auf, doch das Bett im kleinen Zimmer war kaputt und nicht mehr zu reparieren. Der Schuldige war Jim Clark, mit dem es laut John »durchgegangen« war. Auf dem Schild würde stehen: »Jim Clark hat nicht hier geschlafen.«

Ach, es war ein gutes kleines Haus, und ganz bestimmt hätten wir ein gutes kleines Leben darin leben können, doch ich war dazu nicht bereit. Ich brauchte etwas, das das Leben, das ich hinter mir gelassen hatte, ausbrannte und vernarben lassen würde.

Ein paar Leute, die ich in Doug Haywards Atelier kennengelernt hatte, hatten über eine Reise zu den Stierkämpfen in Spanien gesprochen. Die berühmtesten beginnen am siebten Tag des siebten Monats in einer Stadt namens Pamplona, und je mehr ich darüber nachdachte, umso mehr schienen sie meinem Bedürfnis nach einem Gegenmittel für meine Beschwerden zu entsprechen. Ich hatte noch nie einen Stierkampf gesehen – bei meinem einzigen Spanienbesuch im Jahr 1952 war es zu früh im Jahr gewesen. Von der gesamten modernen Literatur, die ich gelesen hatte, war Hemingways *Fiesta* für mich das Beste, und die Atmosphäre, die laut seinen Zeilen in Pamplona herrschte, übte eine enorme Anziehungskraft aus. Es gab nichts, das mich zurückhielt. Carin und ich hatten uns vor langer Zeit mit großem Respekt füreinander getrennt. Sie war in eine kleine Wohnung in Stanley Crescent gezogen, ganz in der Nähe von Ladbroke Gardens, wo ich meine Kindheit verbracht hatte. Sonst gab es niemanden in meinem Leben. Dave Salmon, einer der Bekannten, die nach Pamplona wollten, war schon früher dort gewesen und erzählte mir, dass es sehr schwer wäre, Zimmer zu bekommen. Er gab mir den Namen des Hotels, in dem er und die anderen wohnen würden. Weil sie vor mir anreisen würden, bat ich ihn, ein Zimmer für mich zu reservieren.

Ich konnte jedoch nicht abreisen, ohne wenigstens zu versuchen, eine der in die Brüche gegangenen Freundschaften zu retten. Jo und John Sandilands hatten im Jahr zuvor geheiratet, und sie beide lagen mir sehr am Herzen. Ich rief John an, um ihm von meinem Plan zu erzählen, und gab ihm die Adresse in Pamplona.

»Wie wollen wir es machen?«, fragte ich. »Du könntest mir ein Telegramm schicken, und vielleicht könnten wir uns irgendwo treffen?«

»Wie wäre es in Venedig?«, antwortete er, »Jo war noch nie dort.«

»Unbedingt! Lass mich wissen, wann ihr Zeit habt, und ich besorge die Tickets.«

Ich räumte mein Konto, kündigte mein Zeitungsabo, kaufte einen alten grauen Ford Cortina und verriegelte das Haus. Am 5. Juli machte ich mich auf nach Folkestone und zur Fähre. Ich erinnere mich kaum an die Reise. In meinem Sprite war ich schon mehrfach durch Europa gefahren. Die Michelin-Karten waren gut, es gab keine Überraschungen. Auf den alten *Routes Nationales* fuhr ich durch hunderte Städte und Dörfer und verbrachte eine Nacht in St-Jean-de-Luz. Trotzdem war diese Reise anders als alle Reisen, die ich seit meinem Aufbruch nach Paris fünfzehn Jahre zuvor unternommen hatte. Keine Rückfahrt. Kein Büro, in das ich zurück musste. Nichts, das unfertig war oder auf Erledigung wartete. Niemand verlassen daheim, niemand, der sich nach mir verzehrte. Ich erreichte Pamplona am frühen Nachmittag des 6. Juli – ein freier Mann mit einem wachsenden Glücksgefühl im Herzen. Ich kam gerade rechtzeitig, um Tickets für alle Stierkämpfe zu kaufen, die ich mir leisten konnte.

Zu meiner Überraschung habe ich vor Kurzem einen Umschlag mit einer darauf gekritzelten »1967« gefunden. Er enthielt sechs eben jener Tickets, alle in wunderbar leuchtenden Farben.

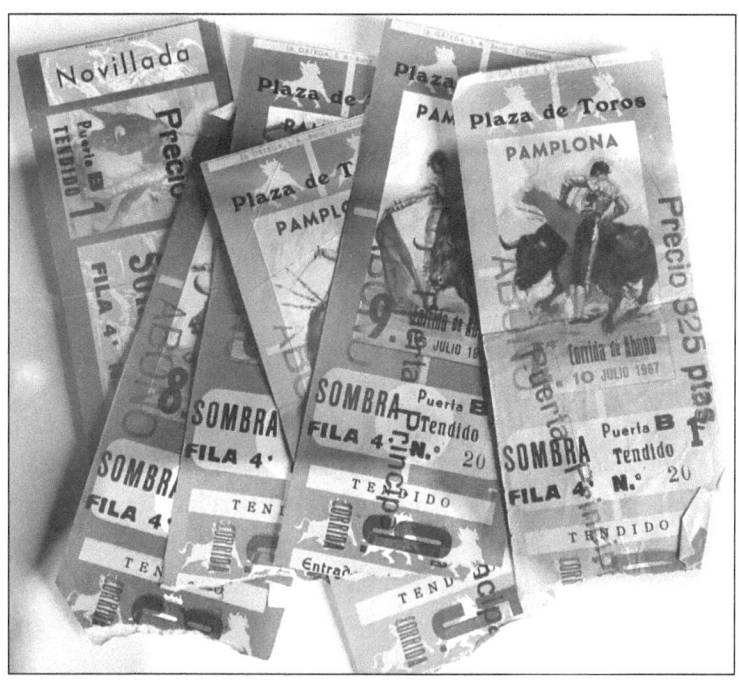

Bei ihnen lag ein Telegramm von John, das ich am 15. Juli erhalten hatte:

HEUTE GEKÜNDIGT ZUKUNFT DÜSTER STOP BITTE KAUF TICKETS ASAP JOHN

Es gibt Zeiten – sehr besondere, denkwürdige Zeiten – in denen es scheint, die Welt wäre für das eigene, persönliche Glück geschaffen. Alles fügt sich reibungslos, und ein unsichtbarer roter Teppich wartet nur darauf, beschritten zu werden. Der Himmel, die Temperatur, die sanfte Brise auf der Haut, die Farben der Häuser, die Musik, die aus so manchem Fenster schwebt: Alles soll wohltun. Pamplona war in jenem Jahr unglaublich aufregend. Die Leute, die zu treffen ich gehofft hatte, begrüßten mich voller Freude. Das Zimmer, das sie für mich gebucht hatten, war besser als erwartet. Auf den Straßen und Plätzen pulsierte das Leben: Junge und Alte tanzten und sangen und feierten in den berühmten roten Tüchern und Baskenmützen die bekannteste aller Fiestas, die *Sanfermines*. Die Sonne brannte erbarmungslos vom Himmel, und die Bars waren kühle Höhlen mit nackten Holzregalen und Weinfässern. Sie waren wie schattige, harzig duftende Zufluchtsorte, in denen sich dunkel glänzende Tresen unter verschiedensten Tapas aus Fisch und Oliven und Nüssen und Schinken bogen und in denen die Spanier, die in jenen Tagen noch Sherry tranken, sich in dem für ihre abgehackte Sprache so typischen maschinengewehrartigem *Ratatatat* anschrien und in der kurzen Phase ihrer Befreiung aus Francos mörderischer Diktatur das Leben feierten.

Tatsächlich wurde die Freiheit der Fiesta durch die Realität des faschistischen Terrors weit köstlicher. Meine eigenen Erfahrungen im nationalsozialistischen Deutschland machten es noch faszinierender, durch die Straßen zu schlendern und unter den Markisen durch abgedunkelte Fenster in düstere Clubs zu blicken, wo die Satrapen, Francos alt gewordene Schergen, das Ende der Fiesta abwarteten.

Natürlich ließen die allgegenwärtigen Erinnerungen an Tod, Folter und Vertreibung jeden Gedanken an politische Korrektheit in den Hintergrund treten – die uralte Tradition, Bullen zu töten oder von ihnen getötet zu werden, schien nur allzu passend. An sechs meiner sieben Tage saß ich auf schattigen Plätzen in der Arena und beobachtete gebannt die unglaublichen Geschehnisse voller Glitzer und Pomp, Grausamkeit und Mut, brüllte mit der Menge »*Olé!*« und versuchte, mir die Fachbegriffe zu merken und eine *Verónica* von einer *Rebolera* zu unterscheiden.

Die Abende verbrachten wir essend, trinkend und plaudernd, und eines Morgens gegen drei hatte ich das Gefühl, mein Glück sei mir derart hold, dass es mich beschützen würde. Ich fasste den Entschluss, mit den Bullen zu rennen.

Tatsächlich konnte man das jeden Morgen machen, wenn die Bullen durch enge, abgesperrte Straßen zur Arena gebracht wurden und übermütige Idioten wie ich vor ihnen her und manchmal auch mit ihnen liefen. Es waren jedoch nicht nur Bullen. Unter ihnen gab es auch Kühe, die, wie mir gesagt wurde, die Bullen auf Trab halten und oftmals sogar gefährlicher sind. Nun, wahrscheinlich war es eine Kuh, die mich jagte, und ich stürmte auf eine Absperrung zu. Flinke Hände streckten sich mir entgegen und halfen mir, auf die sichere Seite zu klettern. Dennoch ließ die Kuh es sich nicht nehmen, ihr Horn noch unter meine linke Achsel zu bohren und meine Lederjacke mit einem fünfundzwanzig Zentimeter langen Riss zu versehen. Es ist mir ein absolutes Rätsel, wie ich unverletzt davonkommen konnte, doch all das verstärkte mein Gefühl, ein Glückskind zu sein. Ich beschloss, von nun an meinem Schicksal und guten Möglichkeiten zu folgen, wo auch immer sie sich zeigen würden.

Zu uns gehörten zwei Daves: Dave Salmon, ein eleganter Engländer, und Dave Pierce, ein großer, dünner Amerikaner. Wir verstanden uns alle prächtig. Am vorletzten Tag fragte mich Dave Pierce, ob ich Zeit für einen Segeltörn hätte.

»Aber klar! Woran denkst du?«

»Mein Freund ...«, ich habe seinen Namen vergessen, aber er gehörte zu einer der Pariser Bankiersfamilien, »hat eine Yacht vor Antibes, aber ich habe kein Geld, um dorthin zu kommen.« Natürlich fuhren wir in meinem Cortina. In Barcelona machten wir eine Pause, und Dave sagte, er würde das Hotel bezahlen, indem er mir sein Zwei-Mann-Segelboot überlassen würde. Während der Fahrt unterhielt er mich mit der Geschichte einer Segelreise von Paris ans Mittelmeer, die er und einer seiner Freunde unternommen hatten. Es hätte keinen besonderen

Grund für diese Reise gegeben, sagte er, außer, dass sie irgendwie an dieses Boot gekommen wären, mit dem keiner von ihnen
umzugehen gewusst hätte. Sie übten also ein bisschen auf der
Seine und organisierten dann eine Abschiedsparty am Kai.

»Es war eine gute Party«, erzählte er, »wir fuhren am Vormittag los, kamen aber kaum voran: Als es am Ende des Tages
dämmerte, konnten wir die anderen noch immer feiern sehen.«

Trotzdem fuhren sie weiter, legten abends am Flussufer an
und zelteten. Nach einigen Tagen merkten sie, dass sie kaum
gegen den Strom ankamen, und ließen sich von einem Kahn
mitnehmen. Doch der Skipper legte nachts ebenfalls an und
fuhr auf seinem Fahrrad in die Nacht. Dies tat er drei Nächte in
Folge. Etwas verwirrt fragten die Jungs, wohin er immer führe
– er fuhr nach Hause zu seiner Frau. Ihnen wurde klar, dass
sie auch so nicht viel Zeit gewinnen würden. Also gingen sie
wieder aufs Wasser und lernten, richtig mit ihrem Boot umzugehen. Schließlich erreichten sie die großen Schleusen, in
denen sie von der Seine in die Rhône übersetzen würden. Die
erste – in diesem Moment leere – Schleuse war knapp zwölf
Meter tief. Da eine längere Wartezeit angekündigt war, machten sie das Boot fest und gingen schlafen. Mitten in der Nacht
wachten sie auf und stellten fest, dass sie unter Wasser waren.
Glücklicherweise, so erzählte Dave, hatten sie ein Messer mit
einem schwimmenden Griff. Er bekam es zu fassen und schnitt
das Boot los. Irgendwann, nach weiteren Abenteuern, erreichten sie das Mittelmeer.

Das Boot war in einer Wohnung in London eingelagert, und
Dave gab mir einen Brief an seinen Anwalt, in dem er meine
Eigentümerschaft bestimmte. Ich konnte mir nicht vorstel-
len, dass es *mich* jemals irgendwohin bringen würde, aber die
Geschichte unterhielt uns bis Antibes, wo tatsächlich ein Drei-
mastschoner vor Anker lag und einige Tage später ablegen

sollte. Mir fiel ein, dass Walter Coleman aus Paris (der mit der Vikunja-Jacke) jetzt in den Bergen über Antibes lebte. Als frischgebackenes Glückskind fand ich ihn bald und wurde in seinem kleinen Steinhaus willkommen geheißen. Er war noch immer die warmherzige, vor Energie sprühende Person von damals – nun mit einem grauen Rauschebart – und hielt sich mit Malen über Wasser.

Am Morgen verließ er das Haus und kam mit einem Fünf-kilosack der lokalen *Prairie*-Muscheln, einem Fässchen und anderen Köstlichkeiten zurück. Wir sprachen über Paris, darüber, wie seine Jacke die Sloane Rangers in London beeindruckt hatte, und darüber, wie viel es mir bedeutete, die Zeichnung von Lady Day zu haben, vielleicht gerade wegen des Schlitzes, den er ihr in seinem Ärger und seiner Ungeduld zugefügt hatte. Mir wurde bewusst, wie viel Glück ich hatte, dass mein Leben andere interessante Leben wie das von Walter berührte: Er war aus einem schwarzen New Yorker Ghetto gekommen, hatte dort Schulschwänzen, Straffälligkeit, Kriminalität und Drogen durchlebt, war in einer Beziehung mit Billie Holiday gewesen, hatte in den italienischen Alpen neben Partisanen gekämpft und lebte nun auf den Spuren von Van Gogh und Cézanne als Maler in der Provence.

Ich fuhr zurück nach Antibes und ging mit Dave an Bord der Yacht. Drei Tage lang segelten wir bei bestem Wetter und schwelgten in unfassbarem Luxus, reichlich versorgt mit Hummer, Champagner und den üblichen Annehmlichkeiten. Wir verbrachten einen Tag in Heliopolis, einem Nudisten-Resort auf der Île du Levant. Diese Erfahrung machte auf mich einen tiefen Eindruck. Es verblüffte mich, dass die nackten Menschen bereits nach einer halben Stunde nicht interessanter oder anregender waren, als sie es bekleidet gewesen wären – vielleicht sogar weniger. Plötzlich begriff ich, wie einschränkend und unnötig Kleidung sein konnte, wenn sie eher als Uniform denn aus Notwendigkeit getragen wurde.

Jeden Tag schenkte die Freiheit, die ich erlebte, mir neue Gedanken, strahlend frische Perspektiven und die Fähigkeit, das Leben so zu genießen, wie es kam. Natürlich hatte ich Glück, dass das Leben mir all diese unerwarteten Extravaganzen vor die Füße legte.

Im Hafen von Antibes lernte ich Sally kennen, eine sommersprossige junge Frau, die mit ihrem Vater in dem kleinen Boot *Giggle II* reiste. Wir verbrachten zwei schöne Tage miteinander, bevor sie nach Cannes weitersegelten. Dann lief mir Heather aus Paris über den Weg. Es war ein unglaublicher Zufall, dass wir uns trafen. Es gab keine Verbindung zu Walter oder zu etwas anderem, doch dieses Treffen hatte entscheidende Auswirkungen auf meine Zukunft.

35. Heather hat einen Plan

Heather war noch immer die große, schlanke, blasse und ruhige Kanadierin, die ich fünfzehn Jahre zuvor zum ersten Mal im Café Danton gesehen hatte. Nun aber war sie mit Daniel Chait, einem herausragenden New Yorker Architekten, verheiratet. Mit ihrem siebenjährigen Sohn Jonathan reiste sie gerade mit öffentlichen Verkehrsmitteln durch Europa. Wir freuten uns beide sehr über das Wiedersehen und gingen sofort auf ein Gespräch ins nächste Café. Es dauerte nicht lange, bis klar war, was wir tun würden. Sie wollte den Balkan bereisen. Ich hatte ein Auto. Für mich klang der Balkan gut. Wir würden also zusammen reisen, aber nicht sofort – Heather wollte noch jemanden in Saint-Tropez treffen und hatte die Zugtickets schon.

»Und ich muss nach Venedig«, sagte ich, »am 5. August treffe ich mich dort mit Freunden.« Ich hatte bereits die Flugtickets nach Venedig für John und Jo Sandilands gekauft, wo wir den Untergang von *King* betrauern wollten. Es bedeutete mir viel, sie jetzt wiederzusehen, denn ich brauchte die Bestätigung, dass aus diesen Trümmern etwas Wertvolles geborgen werden konnte.

»Das ist gut«, nickte Heather, »ich würde Jonathan gern Venedig zeigen. Wir können uns dort treffen.« Ich empfahl ihr *Da Bruno*, das Hotel, in dem ich während meiner zurückliegenden Aufenthalte in dieser atemberaubend schönen Stadt übernachtet hatte. Alles war so einfach.

Für meine letzten Tage in Antibes mietete ich mir mit Gerry, einem anderen Bekannten aus Pamplona, der ebenfalls mit nach Venedig kommen wollte, ein Haus. Doch am Abend vor der Abfahrt ließen wir es uns so gut gehen, dass ich am Morgen eine mitleiderregende Nachricht vorfand, die ich zufällig bis heute aufbewahrt habe:

> *»Weck mich nicht. Ich bin zu krank, um zu reisen.*
> *Wenn ich dir Geld fürs Zimmer schulde, gebe ich es dir,*
> *wenn wir uns wiedersehen. Gerry.«*

Ich fuhr über Turin nach Mailand, und von dort am folgenden Tag nach Venedig.

Solange Venedig besteht, wird es eine ganz außergewöhnliche Stadt sein, doch in jenen Tagen, bevor der Tourismus alles überrollte und die Kreuzfahrtschiffe anlegten, war es unvergleichlich viel schöner. Damals war es noch fast ausnahmslos von Venezianern bewohnt, die inzwischen zum größten Teil entweder vor chinesischen Geschäftsleuten geflohen sind oder von ihnen verdrängt wurden. Ich verbrachte Stunden damit, Werke von Caravaggio, El Greco und Tintoretto anzuschauen oder mit Blick auf die Brücken Campari Soda zu trinken, während ich auf die Ankunft von Jo und John wartete. Als sie schließlich da waren (sie konnten nur wenige Tage bleiben), verbrachten wir die meiste Zeit am Strand des Lido. Die Sonne brannte, und Jo, die noch nie so weit im Süden gewesen war, verbrannte sich ihre Füße auf dem heißen Sand. Es tat mir sehr gut zu hören, dass sie meinen Weggang von *King* nachvollziehen konnten. Und es war auch nicht mehr zu ändern. Wie ich vorhergesagt hatte, führte Connor bereits Gespräche mit dem Besitzer des deutlich schlechteren Magazins *Mayfair*, und kurz nachdem ich die Flugtickets für Jo und John gekauft hatte, war mein Konto geschlossen worden. Irgendwie schien es wichtig, diesen Moment zu würdigen, und aus dieser Laune heraus ließen John und ich uns Schnurrbärte wachsen. Die folgenden zehn Jahre trug ich diese Erinnerung in meinem Gesicht.

Ich kehrte ins *Da Bruno* zurück, das damals noch eine recht einfache, kleine *Trattoria Pensione* mit Heißwasserboilern über der Dusche war. In meinem Fach lag eine Nachricht, die ich seltsamerweise ebenfalls noch habe:

»Ted, mein Lieber, nach einer furchtbaren Abreise aus St Trop. sind wir nun angekommen. Es ist zu viel! Schauen uns die Stadt an, sind aber etwa zwischen 18.00 und 18.30 zurück. x x x Heather, Zimmer 20«

Ich weiß nicht mehr, was damals bei der Abreise aus St. Tropez so schrecklich gewesen war. Da ich Heather als unerschütterliche Kanadierin kannte, musste es schlimm gewesen sein, doch als die beiden zurück ins Hotel kamen, ging es ihnen gut. Während des Abendessens unterhielten wir uns angeregt und überlegten, was wir als Nächstes machen wollten und wie wir es organisieren könnten. Schnell einigten wir uns auf eine Arbeitsteilung: Ich würde mich um die Fortbewegung kümmern, Heather um die Unterkünfte. Wo immer es möglich war, würden wir uns ein Hotelzimmer mit Einzelbetten teilen. Wir haben nie über unsere Beziehung gesprochen – uns war beiden klar, dass dies eine rein platonische Freundschaft war, nicht mehr.

Heather hatte einen ziemlich ambitionierten Plan, und keiner von uns war zeitlich eingeschränkt. Sie wollte die Balkanküste erkunden, danach nach Budapest fahren und sich dann zurück nach Frankreich treiben lassen. Ich fand diese Aussicht großartig, sie war voller exotischer Möglichkeiten. Wie alles, was sich seit meiner Abfahrt aus London etwa einen Monat zuvor ergeben hatte, fügten sich die Umstände auch jetzt auf ganz natürliche Weise.

Ich stellte fest, dass ich all die Geschenke, die die Vorsehung über mich ausschüttete, ohne Schuldgefühle oder Ängste annehmen konnte – was wirklich erstaunlich war. Obwohl ich immer Glück gehabt hatte, schien dieses Glück doch auch ein Ergebnis der Anstrengungen, Ambitionen und Sorgen gewesen zu sein, die mich angespornt hatten. Nun begann ich zu ahnen, dass es eine andere Möglichkeit zu leben gab – nicht zwingend ohne Anstrengungen und Ambitionen, aber eine, bei der die Dinge sich natürlich fügten. Es war nur eine Ahnung. Ich spürte sie, dachte aber nicht weiter darüber nach.

Unser erstes Ziel war die Stadt Split an der Adriaküste im heutigen Kroatien, das damals noch zu Jugoslawien gehörte. Nach ein oder zwei Tagen fuhren wir die Küste hinunter nach Dubrovnik. Beide Städte waren wunderschön und damals noch vom 19. Jahrhundert geprägt. Sie haben sich bis heute sehr verändert. Jugoslawien bestand aus den Balkanstaaten Slowenien, Kroatien, Serbien, Bosnien-Herzegowina, Montenegro und Mazedonien. In ihrer langen Geschichte hatten sie sich zahllose Male bekämpft, doch nun waren sie alle unter der Führung und der Kontrolle von Josip Broz Tito in einem Staat zusammengeschweißt und mit der Sowjetunion verbrüdert. Während der ganzen Reise wurden wir mit den Nachwirkungen des Zweiten Weltkriegs konfrontiert, die sich einerseits schon in westlichen Strömungen auflösten, andererseits aber noch immer die Kargheit des kommunistischen Regimes trugen. Seit ich mich vor langer Zeit vom Kommunismus gelöst hatte, empfand ich eine besondere Faszination, wenn ich die triste Realität dieser Länder sah, gegen die weder die natürliche Schönheit der alten Städte noch die Küste ankamen.

Noch dramatischer war es in Montenegro, wo wir in die alte Hauptstadt Cetinje fuhren. Ich erinnere mich an eine breite, unbefestigte Straße, die von einstöckigen, weiß gestrichenen Steinhütten gesäumt war: der Weg ins Stadtzentrum. Die Menschen auf der Straße fesselten meine Aufmerksamkeit: Die meisten Männer trugen Kleidung aus weißem, selbstgewebtem Stoff, die für das westliche Auge wie Einheitskleidung wirkte.

In der Nähe des Stadtzentrums entdeckten wir ein neueres Gebäude mit mehreren Stockwerken. Ich erinnere mich daran, dass auf Bodenhöhe ein Fries in das Mauerwerk eingelassen war, das erstaunlicherweise Kamele, Pyramiden und vielleicht auch eine oder zwei Sphinxen zeigte. Ich ging hinein und stellte fest, dass es sich um ein Kulturzentrum handelte. Irgendjemand konnte Französisch, sodass ich nach den ägyptischen Motiven fragen konnte. Die Erklärung war noch weit erstaunlicher.

Cetinje war einst die Hauptstadt des Königreichs Montenegro und dieses Gebäude die französische Botschaft. Alle französischen Botschaften weltweit wurden nach Plänen erbaut, die das französische Außenministerium am Pariser Quay d'Orsay konzipierte – doch hatte man dort die Pläne für Montenegro und Kairo vertauscht. Niemand machte sich die Mühe, Paris über den Irrtum aufzuklären, und die Steinmetze in Cetinje meißelten (hoffentlich mit einem verschmitzten Grinsen) weiter Kamele in den montenegrinischen Kalkstein. Ich glaube diese Geschichte, denn ich habe erlebt, wie die französische Bürokratie arbeitet.

Natürlich sprachen weder Heather noch ich auch nur ein Wort Serbokroatisch; Einkaufen wurde zu Slapstick. So ging ich einmal in ein Geschäft, um Milch zu kaufen, doch die beiden Babuschkas hinter dem Tresen konnten mit meinen Erklärungsversuchen rein gar nichts anfangen. Ich versuchte es mit allen Wörtern für Milch, die ich kannte – *milk*, *lait*, *leche*, Milch – vergeblich.

»Muh!«, muhte ich in meiner Verzweiflung. Sie starrten mich ungläubig an. Dann tat ich so, als würde ich eine Kuh melken, was sich so im Nichts sehr dämlich anfühlte.

»Ah!« Einer der beiden war offenbar endlich ein Licht aufgegangen. Sie eilte nach hinten – und kam mit einer Flasche Mineralwasser zurück. Ich gab auf und kaufte sie.

Wir fuhren weiter, durchquerten Belgrad und gelangten schließlich nach Ungarn, wo das Auto zum ersten Mal liegenblieb. Die Lichtmaschine war durchgebrannt, doch bis Budapest war es nicht mehr weit. Wir fanden eine Werkstatt ganz in der Nähe, und ein Mechaniker brachte uns netterweise in seinem kleinen Wartburg durch die neblige Nacht bis in die Stadt. Ich hatte befürchtet, es würde schwierig sein, im sowjetischen Ungarn Teile für einen Ford-Motor zu finden, aber während wir die Stadt genossen, wurde das Problem ziemlich schnell behoben. Budapest hat mich beeindruckt. Ich glaube, dass wir im *Continental* übernachtet haben, aber es gehörte bestimmt zu keiner amerikanischen Hotelkette. Es wurde in der uralten Tradition der europäischen Grand Hotels geführt, wo die Flure nach Wachspolitur dufteten und erwartet wurde, dass man seine Schuhe vor die Zimmertür stellte, sodass sie geputzt werden konnten.

Ich erlebte einen Moment äußerster Beunruhigung, als eines meiner liebsten Vorurteile sich in Luft auflöste. Ich glaubte, dass die Menschen im Ostblock in langen Schlangen warten mussten und nur hoffen konnten, Brot oder andere Lebensmittel zu bekommen. Und dort, in einer Nebenstraße in Budapest, entdeckte ich eines Morgens vor einer Bäckerei tatsächlich eine lange Schlange Menschen. Irgendwo an ihrem Ende kam ich mit einer Frau ins Gespräch. Ich bedauerte sie und fragte:

»Denken Sie, dass Sie noch etwas bekommen werden?« Sie wirkte sehr überrascht.

»Natürlich«, sagte sie.

»Aber warum müssen Sie dann anstehen?«

»Ich will mein Brot so frisch wie möglich haben«, antwortete sie. »Wir kommen immer so früh wie möglich. Aber zu wenig gibt es nicht.«

Ich lernte viel daraus, doch noch weit mehr lernte ich durch den Umgang mit Heather und ihrem Sohn. Während der ganzen Reise staunte ich immer wieder über Jonathans ruhige Wertschätzung dieses Abenteuers. Er machte kaum Ärger, schien ernsthaft interessiert an dem, was wir sahen, und war überhaupt ein außergewöhnliches Kind. Natürlich hatte Heathers ruhiger Charakter viel damit zu tun. Sie ließ sich nie zu einem Streit provozieren, und er war zu schlau, um einen zu forcieren.

Wir fuhren durch Wien und Salzburg, und allmählich näherten wir uns Frankreich. Eines Tages – unsere gemeinsame Reise näherte sich ihrem Ende – fragte Heather mich, ob ich mit in ihr Haus in Südwestfrankreich kommen wollte.

Es war das erste Mal, dass ich von dem Haus hörte – ich hatte gedacht, sie würde nur in New York leben. Sie sagte, sie wäre sicher, dass ich die Region mögen würde. Da ich nichts Besseres vorhatte und ich ihr mit dem Auto die Rückkehr sicher erleichtern würde, sagte ich zu. Während unsere lange Reise mit der Durchquerung Frankreichs langsam zu Ende ging, erzählte sie mir genauer, warum sie mich mitgenommen hatte.

Der Teil Frankreichs, in den wir nun kommen würden, war offenbar sehr traditionell und wenig entwickelt. Im Südosten des Landes war der Tourismus schon dabei, das enorm unterhaltsame, profitable und zerstörerische Monster zu werden, das es jetzt ist, während der Südwesten Frankreichs lange von seiner Gier verschont blieb. Pauschalurlauber und Kreuzfahrttouristen strömten an die Riviera (an die Côte d'Azur und in die Provence im Allgemeinen), während das Leben in den westlichen Regionen Languedoc und Roussillon fast unverändert weiterging.

Hier kümmerten sich noch unzählige Bauern um kleine Weinberge und produzierten über ihre Kooperativen große Mengen meist mittelmäßigen Weins, wie sie es seit Jahrzehnten und Jahrhunderten getan hatten. Doch natürlich konnten sie den steigenden Lebenshaltungskosten nicht entfliehen. Viele Menschen verließen ihre Dörfer, um in den Städten zu arbeiten, und Häuser standen für lächerlich niedrige Preise zum Verkauf. Hier, in einem Dorf namens Mas Audran, hatten Heather und ihr Mann ein Haus gekauft. Ihre Idee war, dass ich dasselbe tun könnte.

Sie erzählte mir von Patrick Shelley, einem südafrikanischen Maler, der vor ein paar Jahren ins Dorf gekommen war und davon träumte, eine Gemeinschaft künstlerisch interessierter Menschen aufzubauen. Er hatte eine Frau, die in Paris als Privatsekretärin des Milliardärs und Finanzmoguls James Goldsmith tätig war, und er hatte seine Geliebte Thérèse Stievenard, die im nahegelegenen Lodève als Immobilienmaklerin arbeitete. Offenbar waren alle beteiligten Parteien mit diesem Arrangement sehr zufrieden. Auf Shelleys Drängen hatte Thérèse eine Liste mit einfachen Gebäuden erstellt, die nur armen Poeten und Malern (und vielleicht mir) gezeigt werden durften.

Als wir in Mas Audran ankamen, rief ich meine Nachbarn in der Burlington Lane an und erfuhr einige beunruhigende Neuigkeiten, wegen derer ich bald nach Hause musste. Es war das erste Mal seit meiner Abreise aus London, dass ich mir eine Art Zeitvorgabe auferlegte. Dennoch war mir danach, mich mindestens einen Tag lang umzusehen. Am folgenden Morgen suchten wir Thérèse auf. Sie war eine schlanke, attraktive Frau mit langem, dunklem Haar, aber ich fand, dass sie ein wenig müde und melancholisch wirkte. Sie sagte, sie könnte mir sechs Anwesen zeigen. Heather ließ uns allein, und wir fuhren in Thérèses Renault los.

Das erste Gebäude, das wir besichtigten, war ein sehr einfaches, scheunenartiges Gebäude aus Stein – wie alle Gebäude in dieser Gegend – mit einem Dach aus Steinplatten. Es kostete fast nichts (nur 6.000 Francs, damals 600 Pfund), aber ich mochte es nicht besonders. Dann fuhren wir weiter zu dem Ort, an dem ich meinem Schicksal begegnen sollte: in das versteckt unter einem Steilhang liegende Dorf Saint-Privat. Das Augustwetter war traumhaft: warm und trocken unter einem strahlend blauen Himmel. Wundervolles Licht lag auf allem. Wir fuhren bis zum Ende des Dorfes, überquerten auf einer kleinen Steinbrücke einen Fluss und erreichten ein imposantes Gebäude, das die Straße mit einem Torbogen überspannte.

»Das ist es«, sagte Thérèse.

»Was meinen Sie?«, fragte ich ungläubig, »Das ganze Gebäude?«

»Nein, nicht das ganze. Nur die Etage über dem Bogen. Sie verlangen 7.000 Francs. Sie werden sehen.«

Das Dorf Saint-Privat

36. »Haben wir dich!«

Auf den ersten Blick sah das Gebäude, das mein Leben über Jahrzehnte prägen würde, nicht nach einer Ruine aus. Die gepflasterte Straße, auf der ich stand, führte unter dem Gebäude hindurch ins Zentrum des Dorfes. Wir befanden uns auf einem Berg, der zu meiner Linken steil hinab in einen Fluss fiel. Am Ufer konnte ich Gemüsegärten erkennen. Rechts oberhalb von mir, aber zurückversetzt in den Hang, befand sich eine Felswand. Das Gebäude war ungefähr fünfundzwanzig Meter lang und schien aus zwei Etagen zu bestehen, wobei die obere ungeteilt von der Felswand über den Bogen und die Straße bis zum Talhang verlief. Das Erdgeschoss bestand aus zwei Teilen, zwischen denen die Durchfahrt lag. Außerdem schien es auf der Talseite ein weiteres, kürzeres Stockwerk unter dem Gebäude zu geben, das natürlich viel höher war. Die nackten Steinmauern, die vor mir etwa acht Meter in die Höhe ragten, waren in gutem Zustand und boten der Welt einen beeindruckenden Anblick.

Tatsächlich wurde mir hier für 700 Pfund ein mittelalterliches Torhaus mit Veränderungen aus der Renaissance-Zeit angeboten. Auf der linken Seite sah ich ein großes, von Renaissance-Ornamenten eingefasstes Fenster, das mit groben Steinen verschlossen worden war. Thérèse führte mich in Felsen gehauene Stufen hinauf, bis wir unter dem Hang zu einer Tür in der oberen Etage kamen, durch die wir einen rechteckigen, überdachten Raum mit einem kleinen Fenster betraten. Durch ihn gelangten wir in einen offenen, gepflasterten Innenhof von etwa zehn mal fünf Metern. Die meisten Bodenfliesen waren kaputt. Thérèse erklärte, dass dieser Bereich früher unter einem Dach mit Steinplatten gelegen hätte, dieses jedoch kürzlich eingestürzt wäre. Der Rest des Bodens, etwa zehn weitere Meter, wurde von einem etwa fünf Meter hohen Dach mit neuen Schindeln geschützt. Das ebenfalls kunstvoll eingefasste Fenster am Ende des Raumes stand halb offen und erlaubte einen Blick über das Tal. Besser als in meinem vor vielen Jahren erschienen Buch *Riding High* kann ich es auch heute nicht beschreiben:

So zerstört und verfallen es auch war: Das Haus hatte glorreiche Tage gesehen. Das mittelalterliche Torhaus überspannte eine schmale Straße, die zu dem hübschen und unberührten Dorf führte, das zu schützen es erbaut worden war. Es stand am Rand eines Tals oberhalb gepflegter Gemüsegärten und eines plätschernden Baches. Seine großen Fenster, während der Renaissance kunstvoll verziert, waren hinter Steinhaufen verborgen, was ihm den Anschein eines geblendeten Riesen verlieh, der tapfer seinen Feinden trotzt, ohne zu merken, dass die Zeit sie längst begraben und vergessen hat.

Es war ein heißer Augustnachmittag, als ich das Haus zum ersten Mal sah. Ich stand zwischen seinen ungeschützten, bröckelnden Wänden und stellte mir die Banden bewaffneter Plünderer vor, die es einst gierig von den Bergen herab betrachtet haben mochten. Aus den bloßen Sandsteinblöcken um mich herum schien goldenes Licht zu leuchten, während die unerträglich helle Sonne durch jeden Spalt drang und messerscharfe Schatten warf. Hinter den leeren Türrahmen lag höhlenartige, rabenschwarze Dunkelheit. In seinem verwahrlosten Zustand entblößte das Gebäude jedes Detail seiner Erbauung, und ich konnte sehen, wie die Mauern durch die Jahrhunderte hindurch hochgezogen, zerstört und wieder hochgezogen worden waren. Es gab faszinierende Gewölbereste und ein äußerst ungewöhnliches Objekt aus bearbeitetem Stein, das ich irgendwann als mittelalterlichen Kühlschrank identifizierte. Es juckte mich in den Fingern, die geschwärzten Eichenbalken zu bearbeiten, das Dach zu erneuern und die atemberaubenden Fenster zu öffnen. Der Impuls, Teil der Geschichte dieses Hauses zu werden, war unwiderstehlich. Innerhalb weniger Augenblicke hatte ich beschlossen, mein Stadtleben, das sich ohnehin schon auflöste, aufzugeben und die Herausforderung anzunehmen, die ich so laut und deutlich hörte, als würde das Haus zu mir sprechen.

Am nächsten Morgen begann ich zu verhandeln. Der Preis war zu niedrig, um ein Thema zu sein, doch ich wollte auch die Keller kaufen. Der alte Mann ließ sich aus Gründen, denen ich nichts entgegensetzen konnte, nicht darauf ein: In einem Keller machte er seinen Wein, im anderen lagerte das Futter für sein Pferd. Alles, was ich erreichte, war eine schriftliche Vereinbarung, die mir das Vorkaufsrecht einräumte, sollten die Keller je verkauft werden. Sobald ich konnte, veräußerte ich meine restlichen Besitztümer in London, baute ein Zelt in meiner Ruine auf und machte mich daran, sie wieder herzurichten.

Damals kochten die Menschen in der Region noch auf Holzfeuern und bewirtschafteten ihre Weinberge mit Pferden. Die alten Steinhäuser, die zur leichteren Verteidigung eng zusammengedrängt standen, waren im Sommer schattig und kühl, im Winter jedoch dunkel und eisig. An jedem Herd schien eine schwarz gekleidete Großmutter aus dem 19. Jahrhundert zu spuken. Einige Teile meines Hauses waren sechshundert Jahre alt, und die Nachbarn, die es mir verkauft hatten, lebten mit Überzeugungen und Glaubenssätzen, die kaum jünger waren. Sie waren Bauern, so knorrig und verknotet, so genügsam und widerstandsfähig wie die Reben, die sie pflegten.

Die Familie bestand aus einem alten Mann, einer älteren Frau, seiner Stieftochter und einem unehelichen Sohn. Sie lebten nebenan unter derart rustikalen Bedingungen, dass sie selbst dort als altmodisch galten. Eine Glühbirne, zwei Betten, der Wasserhahn in der Küche, die Feuerstelle und der Schuppen waren alles, womit sie ihren Alltag bestritten. In diesem altersschwachen Haus herrschte der alte Mann auf launische und manchmal gewaltsame Weise, und dennoch hatten ihre Leben einen tröstlichen und befriedigenden Rhythmus. Sie waren fast nie krank und eher durch Unwissenheit als durch materielle Zwänge eingeschränkt. So vieles in ihrem Leben war über die Jahrhunderte hinweg unverändert geblieben – die Arbeit, die sie verrichteten; die Werkzeuge, die sie benutzten; die Lebensmittel, die sie anbauten und aßen – dass es im Grunde unwichtig war, in welchem Jahrhundert sie lebten.

Mit einer Ausnahme war von der hoch technologisierten Welt da draußen kaum etwas zu spüren: Nur zwei Telefone, ein Radio und die in den Dreißigern installierte schwankende Stromversorgung hatten es ins Dorf geschafft. Die eine Ausnahme jedoch war so extrem, dass sie fast unmöglich zu verstehen war: Unser Dorf lag zufällig auf der Strecke, die Techniker in Toulouse ausgewählt hatten, um das erste Überschallflugzeug der Welt zu testen. Mindestens einmal pro Woche erschütterte ein ohrenbetäubender Knall die Steinwände und durchbrach die Stille des Tals. Dann blickten die Dorfbewohner von ihrer Arbeit auf und sahen die Concorde, die wie ein leuchtender Blitz aus heiterem Himmel durch die Stratosphäre raste.

Der alte Mann hatte mir sein Gebäude aus einem einzigen Grund verkauft. Nachdem das Dach eingestürzt war, hatte er nicht lange gebraucht, um den Grund dafür zu finden: Er war davon überzeugt, dass ein Überschallknall es zerstört hatte. Es war im Übrigen nicht das erste Mal, dass er himmlische Mächte für persönliches Unglück verantwortlich machte. Etwa sechzehn Jahre zuvor – seine Stieftochter war auf geheimnisvolle Weise schwanger geworden – erklärte er der Dorfgemeinschaft, dass sie den Gelüsten eines »durchreisenden Fliegers« zum Opfer gefallen war. Dieser hätte sich mit dem Fallschirm in den Weinberg herabgelassen, in dem sie gerade arbeitete, und sie willenlos gemacht.

Leider nahmen die Dorfbewohner ihm diese moderne Version des griechischen Mythos nicht ab. Sie hielten es für wahrscheinlicher, dass nicht ein moderner Zeus, sondern der alte Mann selbst das Mädchen zwischen den aufkeimenden Reben verführt hätte. Mit den vergehenden Jahren schien sich ihr Misstrauen mehr und mehr zu bestätigen, da der Junge nicht nur kein starker Halbgott war, sondern vielmehr einen schwachen Verstand offenbarte. Es gab keinerlei biologische Gründe dafür, denn der alte Mann und seine Stieftochter waren keine Blutsverwandten. Das moralische Urteil jedoch schien naheliegend.

Als nun das Gebäude des alten Mannes zusammenbrach, neigten die Dorfbewohner eher dazu, dies mit Vernachlässigung zu begründen als mit himmlischen Kräften. Das Dach war höchstwahrscheinlich deshalb eingestürzt, weil er nichts getan hatte, um es davon abzuhalten. Regen und Nagetiere hatten in ihm gewütet, und der allmähliche, über Jahrhunderte während Zerfall hatte schließlich auch das Herz des dicksten Eichenbalkens erreicht. Irgendwann war schließlich der gesamte mittlere Bereich des Daches unter dem enormen Gewicht der großen Steinplatten auf die Fliesen darunter gekracht.

Der alte Mann blieb bei seiner Geschichte. Eines Tages beobachtete ich ihn, wie er in den Ruinen stand und das Ereignis beschrieb. Er war ein zwergenhafter, unverwüstlicher Mann, der, wo immer er auch anhielt, Wurzeln schlug und so

unverrückbar stehenblieb wie die Stieleichen an den zerklüfte-
ten Hängen um uns herum. Seine blaue Arbeitshose war weit
über sein markantes Hinterteil hochgezogen, das noch immer
fest und kräftig war, weil er sein Leben lang gebeugt in der Erde
gebuddelt hatte. Der Bund seiner langen Unterhose aus grober
Wolle war über den schweren Ledergürtel gefaltet, der seinen
vorwitzigen Hängebauch umschloss. Sein kleiner, kahler Kopf,
der auf einem faltigen Hals nach vorne ragte, erinnerte mich an
eine Schildkröte.

Mit einem Arm zeigte er dramatisch nach oben.

»Vom Himmel kam ein Feuerball«, rief er, »es war die Concorde. Ich habe dem Präsidenten geschrieben und eine Entschädigung verlangt, aber ich habe nie eine Antwort erhalten. Was
sagt ihr dazu, eh?«

Vor dem Einsturz hatte das alte Gebäude als Stall für eine
kleine Schafherde gedient, die seine Frau jeden Tag zum Grasen
in die Berge brachte. Es sei ein Wunder, sagte er, dass die Katastrophe tagsüber passiert sei. Er glaubte an Wunder. Jedes Jahr
machte die Familie sich auf den Weg nach Lourdes, um welche
zu erleben. Der Mann hatte offenbar seinen Arm vergessen, der
noch immer ins Himmelsgewölbe zeigte, während er mit seinem
anderen Arm auf die Tür deutete.

»Es ist eine Gnade, dass die Schafe schon weg waren!«, rief er.
»Sonst wären sie alle getötet worden.« Und so blieb er stehen,
einen Arm horizontal und einen vertikal. Mehr denn je sah er
aus wie ein kleiner Baum.

»Et alors, ich habe den Verkauf beschlossen.«

Zuerst verkaufte er die Schafe. Dann, als der Regen begann,
durch die zerstörten Fliesen in seinen Keller hineinzulaufen,
verkaufte er mir das Gebäude für einen Apfel und ein Ei – unter
der Voraussetzung, dass ich es reparieren und seine Keller trocken halten würde.

Das alte Gebäude und ich haben wie in einem Traum zueinander gefunden. Ich wusste nicht, dass ich es gesucht hatte. Auf seine eigene besondere Weise scheint es nach mir Ausschau gehalten zu haben.

Bevor ich Anfang Juli aus London weggefahren war, hatte ich meinen Nachbarn gesagt, dass ich auf unbestimmte Zeit unterwegs sein würde, und sie gebeten, ab und zu einen Blick auf mein Haus zu werfen. Ich erklärte ihnen, ich würde nicht erreichbar sein, aber vor meiner Rückkehr anrufen. Es war dieser Anruf, der nun meine zügige Heimfahrt veranlasst hatte.

Sie hatten gesagt, dass meine Haustür offen stünde, und sie glaubten, jemand wäre eingebrochen. Sie hatten die Polizei gerufen. Und so fuhr ich am Tag, nachdem ich beschlossen hatte, das Torhaus in Saint-Privat zu kaufen, durch Frankreich und über den Kanal. Als ich mein Haus erreichte, war es fast dunkel. Meine Nachbarn hatten mich gewarnt, dass die Polizei die Eingangstür blockiert hatte, doch ich kannte eine Möglichkeit, durch ein Oberlicht an der Rückseite der Küche hineinzukommen.

Im Haus gab es kein Licht, weil ich vor meiner Abreise den Strom abgestellt hatte. Durch den dunklen Flur tastete ich mich zum Stromkasten vor, als plötzlich die Hölle losbrach. Grelles Licht blendete mich, wütende Stimmen riefen etwas wie: »Haben wir dich, du Bastard!« und ein sehr dicker Polizist holte mit seinem Stock zu einem Schlag auf meinen Kopf aus. In letzter Sekunde, bevor die Handschellen gezückt wurden, konnte ich die beiden davon überzeugen, dass ich der Eigentümer des Hauses war.

Mit schamroten Gesichtern erklärten sie die Situation. Als sie in Folge des Notrufs meiner Nachbarn zum Haus gekommen waren, stellten sie fest, dass sich ein Obdachloser darin eingenistet hatte. Da sie ein Haus laut Gesetz nicht ohne Einwilligung des Besitzers betreten durften (ein Halbsatz, der in dieser Situation durchaus komisch wirkte), hatten sie die Eingangstür versperrt und die Nacht im Garten verbracht. Sie waren davon ausgegangen, dass der Verdächtige das Haus nun von hinten betreten müsste: der perfekte Moment für eine Festnahme.

Einige Tage später hatten sie jedoch bemerkt, dass dieser einen Weg gefunden hatte, die Eingangstür zu öffnen, und im Haus ein und aus gegangen war, ohne dass sie es bemerkt hätten. Wutentbrannt sagten sie sich »Scheiß auf die Regeln!« und warteten im Haus – wo sie mich erwischten.

Es dauerte ein paar Tage, bis ich wieder entspannt war. Der Schuft hatte Walters Bild gestohlen, die Fernsehantenne in eine Skulptur verwandelt und in der Mitte des Teppichs platziert und im Staub über einer Bilderleiste Nachrichten hinterlassen. Ich war froh, dass er keine ekligeren Dinge zurückgelassen hatte (ich glaube, einige Einbrecher tun so etwas). Doch das Bild konnte ich ihm nicht verzeihen. Natürlich wurde er nie gefasst.

Alles, woran ich jetzt denken konnte, war, das Haus zu verkaufen und nach Frankreich zurückzukehren. Mein Glück erholte sich schnell von dem Rückschlag und stand mir einmal mehr zur Seite: Ein Paar, das ich gerade kennengelernt hatte, suchte nach einem Haus wie meinem. Wir wurden uns schnell einig, doch ein Haus zu verkaufen dauert seine Zeit – damals noch viel mehr. Von der Kaution und dem, was ich für meinen alten Cortina bekam, kaufte ich ein neueres, besseres und geräumigeres Auto, einen Simca mit Fließheck. Ich packte es randvoll und rauschte zurück nach Frankreich.

In den frühen Sechzigern zwang der *London County Council* meine Mutter, ihre Kindertagesstätte zu schließen, woraufhin sie sich entschloss, das Haus in der Kensington Park Road zu verkaufen. Mehrere Male war ich mit ihr und Bill, der inzwischen offiziell mein Stiefvater war, unterwegs gewesen, um ein Haus auf dem Land zu finden, in dem sie sich zur Ruhe setzen konnten. Sie wollten gern in Essex wohnen, weil Bill noch immer im *Transport House* arbeitete und deshalb eine gute Anbindung nach London brauchte. Bei einer dieser Gelegenheiten stießen wir in einer wunderschönen Ecke von Essex auf ein entzückendes altes Bauernhaus aus diesen hübschen rosa Ziegeln, und ich drängte die beiden, es zu kaufen. Sie mochten es auch, doch Bill sah, dass eine Menge Arbeit nötig war – zu viel für ihn.

Es scheint mir bedeutsam, dass ich den Anblick dieses Hauses nie vergessen habe. Ich war traurig, als sie sich schließlich für ein deutlich gewöhnlicheres Angebot entschieden: ein kleines Anwesen am Rand des weniger schönen Wickford. Doch ich sah, wie wichtig es für Bill war, dass er es eigenhändig instand halten konnte. Und obwohl ich in jenen Jahren nur wenig Zeit bei ihnen verbrachte, bewunderte ich die Veränderungen, die Bill am Haus vornahm.

Zu Beginn musste meine Mutter wochenlanges Chaos ertragen, weil Bill alle Rohre und elektrischen Leitungen erneuerte. Dann ersetzte er die alten Fenster und Türen durch neue, überholte eine Treppe, öffnete die Küche und baute auf der Rückseite des Hauses einen Wintergarten an. Bill war Ingenieur, und seine Umbauten atmeten diesen Geist: Es gab keine ausgefallenen Schnörkeleien oder Verzierungen, alles rechtwinklig, stabil und verlässlich – gemacht für die Ewigkeit. Durch seine Arbeit bei *London Transport* hatte Bill jede Menge Material, unter anderem Rohre, Kabel und Teakholz, das man damals noch für Rolltreppen verwendete.

Gelegentlich half ich ihm und genoss die kleinen Arbeiten, die ich erledigte. Wir schnitten und schliffen Holz, wir arbeiteten mit Zement und Beton. Ich lernte den Setzversuch kennen und wie viel von diesem man mit so viel von jenem mischen musste. Obwohl mein Zeitungsjob und später das Magazin den größten Teil meiner Energie gefordert hatten, fühlte ich die Befriedigung, die man beim Erschaffen von etwas Neuem erleben konnte. Ich war noch immer ein Stadtkind, das Häuser als etwas Selbstverständliches ansah, doch diese Erfahrung ließ mich ahnen, was möglich war. Und sie machte es mir nun bei meiner Rückkehr nach Saint-Privat leichter zu glauben, dass ich die Herausforderungen allein meistern konnte.

37. Saint-Privat – und sonst gar nichts

Meine Ruine war schön, aber unbewohnbar. Es gab kein Wasser, keine Kanalisation, keinen Strom. Die meisten Fußböden lagen unter einer zentimeterdicken Schicht aus Schafsmist. In den folgenden zwei Monaten campte ich in einem der kleinen Räume. Ich brachte aus Lodève, der nächstgelegenen Stadt, genügend Holz mit, um dort einen Boden und eine rudimentäre Treppe zu errichten. Es gelang mir, fließendes Wasser im Haus sowie eine Klärgrube darunter zu installieren und beides mit einer Toilette unter der neuen Treppe zu verbinden. Abends erleuchtete ich den Raum mit zwei Öllampen, die mein Stiefvater Bill mir geschenkt hatte. Wasser und Mahlzeiten erhitzte ich auf einem Campingkocher. Das Wetter war traumhaft, Wein und Käse gab es im Überfluss, und ich war glücklich.

Ich weiß nicht, wie ich meine Liebe zu Steinen, insbesondere zu alten Kalksteinmauern, erklären soll. Wenn sie nach einem Tag glühender Sonne am Abend die Wärme mit einem goldenen Leuchten wieder ausstrahlen, wird etwas tief in mir berührt. Die Abende in diesem zerstörten Innenhof gehören zu meinen wertvollsten Erinnerungen. Ich verbrachte dort viel Zeit damit, mein Leben neu zu entwerfen. Ich stellte mir vor, als Freiberufler ab und zu Aufträge aus London zu bekommen, zum Beispiel Boulevardberichte über Filmsets in ganz Europa. Das Geld wollte ich für Kalk und Holz sowie Lebensmittel und Getränke ausgeben. Tatsächlich lief es dann ungefähr so.

Das Dorf – mein Gebäude ist unten rechts zu sehen.

Ich fuhr zurück nach London, um den Hausverkauf abzuschließen, und besuchte bei der Gelegenheit Freunde und Bekannte. Ich erzählte ihnen von meinem neuen Leben und bot meine Dienste als Freiberufler an. Auch Carin besuchte ich – wir waren noch immer verheiratet, wenn auch nur auf dem Papier. Sie hatte sich einen Ruf als Fotografin erarbeitet und sich ein gutes Leben aufgebaut, zu dem auch unsere gemeinsamen Freunde, darunter mein alter Schulfreund Don Wheal, gehörten. Ich traf mich mit Mike Molloy, der für eine Farbbeilage des *Daily Mirror* verantwortlich war. Er sagte, er fände es interessant, wenn ich einen Beitrag über David Hemmings schriebe, der gerade einen Film in Italien drehte. Natürlich schaute ich bei Doug Hayward vorbei, schließlich gingen eine ganze Reihe prominenter Menschen bei ihm ein und aus. Ich erwähnte, dass ich für meine

Zeit in London ein Zimmer zur Miete suchte, und er stellte mich einem Freund vor, der in seiner Wohnung in der Ebury Street in Pimlico ein Zimmer vermieten wollte. Es stellte sich heraus, dass dieser Freund ein Verwandter der Queen war.

Doug war sichtlich angetan von meinem überraschenden Abschied aus der Normalität und bestand darauf, dass ich mit ihm und seinen Freunden in ein neues italienisches Restaurant in der Kings Road kam. Wie alles, was Doug anfasste, wurde auch das *Alvaro's* ein gesellschaftliches Highlight. An unserem Tisch brummte es. Einige bekannte Drehbuchautoren und ein berühmter Sänger waren dabei, während ich mich neben einem außergewöhnlich liebenswürdigen Schauspieler namens Steve McQueen wiederfand. Auf meiner anderen Seite saß der Lyriker Herbie Kretzmer, der später mit den Texten für *Les Misérables* ein Vermögen verdiente.

Von da an stieß ich immer wieder zufällig auf die eine oder andere Berühmtheit. Sie alle waren gleichermaßen ungläubig und begeistert angesichts der Beschreibungen meines Hauses und des Lebens, das ich darin führen wollte. Meine Schilderungen riefen in der Regel ebenso viel Neid wie düstere Prophezeiungen hervor. Der Kern der Botschaft lautete: »Du bist ein Glückspilz, aber du wirst dafür bezahlen. Man kann der Fleet Street nicht einfach den Rücken kehren und erwarten, weiter Aufträge zu bekommen. In ein paar Monaten kennt niemand mehr deinen Namen.«

Zwei Dinge wurden mir sehr schnell klar. Zum einen, wie absolut abgeschnitten ich während der *King*-Jahre in meinem Büro gewesen war. Ich hatte mir tatsächlich einen Ruf aufgebaut, dessen ich mir jedoch kaum bewusst gewesen war. Zum anderen merkte ich im Umgang mit den Stars, dass ich einfach nur von meinem Leben in einer Ruine aus dem 13. Jahrhundert erzählen musste, um mir Anerkennung zu verschaffen. Hätte ich nur das gewollt, dann hätte schon die Geschichte allein genügt. Saint-Privat hätte gar nicht existieren müssen.

Die Jahre 1967–72 waren randvoll mit Aktivitäten, die sich heute kaum noch in eine chronologische Reihenfolge bringen lassen. Eine Konstante war das Leben, das ich in der Ruine in Saint-Privat entdeckt hatte. Es wurde zu meiner einzigen Inspirationsquelle und zum Brennpunkt meiner Existenz. Dort fühlte ich mich, als sei ich aus Versehen in eine Welt ohne jede psychische Schwerkraft geraten, frei von den Verpflichtungen und Sorgen, die ich kaum bemerkt hatte, bis ihr Gewicht mir wie von Zauberhand von den Schultern genommen wurde. Ich lebte wieder im Zustand kindlicher, purer Freude. Meine zurückliegende Reise mit Heather hatte mich zwar auf eine Befreiung vorbereitet, doch nie hätte ich mir träumen lassen, dass ich sie in dieser Form erleben würde.

Mein imposantes Gemäuer überspannte den Weg zum Dorf seit nunmehr 600 Jahren – es bot der Welt die Stirn. Räuber hatten es bedroht, Plünderer hatten es ausgeraubt, hochwohlgeborene Herren hatten es besetzt und Renaissance-Fensterrahmen von überwältigender Schönheit ergänzt. Mauern waren eingestürzt und wieder aufgebaut worden, man hatte Fenster mit Steinen verschlossen, um Steuern zu sparen, und ein Erdbeben hatte eine der Mauern gespalten und einen zehn Zentimeter langen Riss hinterlassen. Désiré Grimal, der Vorbesitzer, hatte das Ganze in einen Misthaufen verwandelt, und ich hatte nun das außerordentliche Privileg, es zu restaurieren. Es gehörte mir, wobei es gar nicht das Besitzen selbst war, was mich begeisterte. Es war das Recht oder eher das Vorrecht, das Haus so zu restaurieren, wie ich es wollte.

Es waren besondere Zeiten: keine Autoritäten, keine Regeln oder Vorgaben, keine Inspektoren oder Beamten. Es gab niemanden, der mich aufhielt, und so widmete ich mich vollkommen meinem Gebäude.

Wenn ich dort war, lebte ich auf denkbar einfachste Weise, vertraute mich nur den Steinmauern um mich herum an. Ich war der einzige Fremde in diesem Dorf, in dem sogar Pariser als Fremde angesehen wurden. Nur die Medizinstudenten, die ein kleines Haus oberhalb von meinem hatten und gelegentlich übers Wochenende kamen, um sich auszutoben, brachten einen Hauch von Weltläufigkeit in den Ort. Die Dorfbevölkerung bestand aus einigen Hundert Landwirten und Weinbauern, die in meinem Gebäude nichts Besonderes sahen. Sie akzeptierten mich und mein seltsames Verhalten schnell, wahrscheinlich, weil sie mich hart arbeiten sahen – etwas, das sie kannten.

Zum ersten Mal überhaupt führte ich ein rein körperliches Dasein. Ich trug nur fleckige und löchrige Arbeitskleidung, im Sommer fast nichts. Dann glänzte ich vor Schweiß, und mein größter Genuss war es, nach getaner Arbeit ein paar Kilometer weiter nach St-Jean-de-la-Blaquière zu fahren, wo ich mir eine Flasche eiskalte Orangina gönnte. Nachts schlief ich neben Désirés Stall und hörte, wie sein Pferd sich im Schlaf bewegte.

Ich musste eine Menge lernen über Kalk und Kacheln, über Steinmauern von einem halben Meter Dicke und darüber, wie sie gebaut wurden. Ehrfürchtig dachte ich über die Unmengen an Material und den riesigen Aufwand nach, die für den Bau meines Gebäudes nötig gewesen waren. Nach und nach lernte ich, wie man Mörtel so an eine Mauer wirft, dass er hält, wie man die Steinplatten von einem Dach abträgt und es mit römischen Ziegeln neu eindeckt, wie man zerstörte Mauerabschnitte restauriert und wie man mit einem Schlussstein einen Bogen über ein Fenster setzt.

Wenn ich es mir jedoch mit meinem Nachbarn nicht verderben wollte, musste ich zunächst die zerbrochenen Bodenfliesen im Innenhof erneuern, damit der Regen abfließen konnte. Dafür würde ich viel Zement und Sand brauchen.

Der Samstag war im fünfzehn Kilometer entfernten Lodève Markttag. Weil viele Häuser noch kein Badezimmer hatten, gab es dort auch öffentliche Bäder, in denen ich lange und heiß duschen konnte. Dann aß ich Mittag im *Hôtel de la Paix* und packte das Auto danach randvoll mit Lebensmitteln, Wein und einem oder zwei Säcken Kalk oder Zement, die ich bei einem Monsieur Balp an der Hauptstraße kaufte.

Er lieferte mir auch Sand, den er unter dem Bogen auf die gepflasterte Straße kippte. Die Zementsäcke mit ihren fünfzig Kilogramm konnte ich gerade noch den Steinweg entlang zu meiner Eingangstür schleppen, doch den Sand zog ich Eimer für Eimer mit einem alten, eisernen Flaschenzug hoch, der bereits an einer Öffnung über der Straße installiert war. Er bestand aus einer Kette und Rollen, es gab keinen Antrieb und keinen Strom dafür. Alles musste von Hand mit einer Schaufel gemischt werden. Nie zuvor war ich am Ende eines Tages so müde gewesen, doch auf meinen Körper war Verlass. Noch nie hatte ich mich so gut gefühlt wie in den Momenten, in denen ich mich mit einer Flasche St-Saturnin zurücklehnte und in der goldenen Wärme badete, die die Steinwände tagsüber eingefangen hatten und nun freigaben.

In Saint-Privat gab es weder Geschäfte noch ein Café, nur ein Bäckerwagen fuhr jeden Morgen vorbei, während ein Schlachter einmal pro Woche ins obere Dorf kam. Auch wenn ich die Welt jenseits von Saint-Privat wegen des bisschen Geldes für meinen Lebensunterhalt brauchte, gab es praktisch keine Kommunikation mit ihr. Im Dorf funktionierten nur zwei Telefone, und nur eines davon, nämlich das im Haus von Jean Manal, war öffentlich zugänglich. Wenn ich nach England telefonieren wollte, musste ich den Anruf am Tag zuvor bei seiner Frau anmelden und verbrachte eine ganze Weile wartend in ihrer Küche. Nur zu diesen Zeiten sah ich fern.

Ich erinnere mich an einen Beitrag, in dem George Marchais, der neugewählte und unerschütterlich selbstbewusste Führer der Kommunistischen Partei, interviewt wurde. Er sprach flüssig und gewählt, als er auf einmal den Faden verlor und sein Gesicht leer wurde. Für eine Sekunde oder zwei wirkte er völlig verloren – als hätte er plötzlich bemerkt, dass er Unsinn redete. Meine Gedanken flogen zu Peter Bessel, der bei *King* im Büro neben mir immer ins Telefon geschimpft hatte, und ich verspürte erneut das Gefühl von Unwirklichkeit, das mich überkommt, wenn Politiker allzu sehr in ihrem Element sind. Bessel hatte zugegeben, ein Lügner zu sein, während ich Marchais nicht beschuldigen will, absichtlich gelogen zu haben. Doch ein Politiker muss sich nun einmal verstellen, wenn er von Wählern mit unterschiedlichsten Bedürfnissen und Überzeugungen gewählt werden will. Immer, wenn ich Politiker auf Hochtouren erlebe, denke ich an diesen Moment. Vielleicht wurde Marchais plötzlich klar, dass er sich selbst ein Bein gestellt hatte.

Vielleicht hatte er sich aber auch einfach nur in die Hosen gemacht.

Das Gefühl, der Welt mit ihren Plänen und Terminen, ihren Weckern und Kosten entflohen zu sein, war betörend. Ich tauchte vollkommen ab und ermutigte auch niemanden, mich zu besuchen. Ich erinnere mich an einen losen Bekannten aus einem Sommerurlaub, der erfuhr, wo ich lebte, und entschied, mich mit einem unangemeldeten Besuch zu beglücken. Eines Tages fuhr er in einem Sportwagen und mit einem Seidenschal um den Hals vor. Nach einigen Minuten oberflächlicher Unterhaltung fragte er: »Und, Simon, erzähl mal: Was sind deine Pläne?« Ich konnte nicht anders, als in Gelächter auszubrechen.

Doch natürlich mussten gelegentlich Tage kommen, an denen ich mich auf wundersame Weise in einen Boulevard-Journalisten verwandelte. Dann polierte ich meine Fingernägel, zog meine beste Kleidung an und fuhr fast tausend Kilometer weit zu einem Filmset wie dem in Spanien, wo Michael Caine einen Film drehte, der im Zweiten Weltkrieg spielte. *Nova*, ein exzellentes britisches Magazin, wollte ein Portrait von Nigel Davenport, der ebenfalls mitspielte.

Oh, wie ich den Luxus des Hotels in Almería und das fantastische Essen in der Produktionskantine genoss! Ich scherzte mit den Schauspielern und schloss mich ihren gutgelaunten Versuchen an, ein wenig Spanisch zu lernen. Insbesondere Michael Caine machte es großen Spaß, dem Kellner »¡Oiga!« zuzurufen, der es gelassen hinnahm. Dann fuhr ich ohne Pause nach Saint-Privat zurück. Ich hielt nicht einmal an, als irgendwo bei Valencia eine große Flasche spanischen Brandys vom Rücksitz rollte, zerbarst und eine aromatische Sauerei anrichtete.

In Saint-Privat tippte ich auf meiner *Olivetti* den Bericht, fuhr – noch immer Brandywolken einatmend – nach London, ließ mich in bar bezahlen, besuchte Freunde, spielte mit Doug Howard und seiner Truppe Fußball im Park, holte mir einen neuen Auftrag mit einer Frist von vier oder fünf Wochen ab und fuhr zurück nach Saint-Privat, um mich dem zu widmen, was ich als meinen eigentlichen Job empfand.

Neben der Einebnung des Innenhofs musste dringend das undichte Dach über meinem Bett repariert werden. Es bestand aus überlappenden, etwa zweieinhalb Zentimeter dicken Steinplatten. Ich beschloss, es durch ein Flachdach zu ersetzen, auf dem ich vielleicht eines Tages etwas trinken konnte, das im 13. Jahrhundert einem trockenen Martini entsprochen hätte.

Mr Balp hatte mir ein Material mit dem Namen *Calandrite* verkauft: mit Aluminiumfolie kaschierte Bitumenbahnen, die man zu einer wasserdichten Oberfläche zusammenschweißen konnte. Bis ich das alte Dach abgetragen und ersetzt hatte, war es an der Zeit, mich wieder schickzumachen und ins italienische Salerno zu fahren, wo David Hemmings einen Thriller drehte. Mit seinem Film *Blow-up* war er in die Liga der Superstars aufgestiegen, und die Leserschaft des *Daily Mirror* zeigte großes Interesse an seiner Fähigkeit, »Vögel zu verführen«, wie die Kunst der Verführung damals genannt wurde.

Mike Molloy hatte vorgeschlagen, dass ich die Sache näher beleuchten sollte. Also stellte ich Hemmings jede Menge heikler Fragen, die er ziemlich offen beantwortete, während er mich mit seinen ehrlichen, blauen Schauspieleraugen anschaute. Seine Frau Gayle Hunnicutt, eine sehr würdevolle Lady aus dem texanischen Fort Worth, spielte ebenfalls im Film mit. Sie war nicht glücklich mit der Situation und ließ verlauten, dass ich niemals Klasse haben würde, selbst wenn sie auf Bäumen wüchse. Wieder brachte ich meine wertvollen Wörter zu Mike nach London und strich meinen Lohn ein. Bei diesem Aufenthalt wurde deutlich, dass die Fleet Street mich nicht vergessen hatte – vielmehr fragte sich so mancher, wie ich es schaffte, mit meinem Konzept durchzukommen.

Einige Zeit später passte mich Arthur Brittenden, Chefredakteur der *Daily Mail*, nach einem Mittagessen im *Alvaro's* ab und lud mich in sein Büro ein. Zu meinem Erstaunen fragte er mich, ob ich Feuilletonredakteur bei der *Mail* werden wollte. Es war ein unglaubliches Angebot, und die Versuchung war immens, doch ich erklärte ihm, dass ich tief mit dem Leben verbunden sei, das ich in Frankreich entdeckt hätte. In absoluter Offenheit sagte ich ihm, dass es mir einen neuen Blick auf das Leben eröffnet hätte. Zweifellos könnten daraus neue und frische Ideen für seine Zeitung entstehen, aber ich könnte es nicht aufgeben. Ich würde den Job nur annehmen, wenn ich die Hälfte meiner

Zeit in Frankreich verbringen könnte. Im Grunde war mein Vorschlag ziemlich unverschämt. Brittenden hätte in diesem Fall zwei Personen statt einer einstellen müssen, und ich war mehr als geschmeichelt, als er sagte, er würde darüber nachdenken. Erst einige Tage später lehnte er ab.

Die Vorstellung, das Beste aus beiden Welten zu haben, ließ mich nicht los. Ich trieb mich ein bisschen länger in London herum und erhielt schon bald den Auftrag, zwei Ausgaben einer farbigen Sonderausgabe für den *Sunday Observer* herauszubringen. Der Auftrag bereitete mir großes Vergnügen, unter anderem deshalb, weil ich die Ressourcen der Zeitung nutzen konnte, um meine eigenen Fragen zu beantworten.

Für eine der beiden Ausgaben wählte ich das Thema »Einfluss«. Wer in Großbritannien hatte den größten Einfluss auf die Gedanken und das Verhalten der Menschen? Ich erstellte eine Liste mit Namen von Politikern, Designern, Tycoons, Akademikern, Künstlern und anderen, die ganz offensichtlich Einfluss hatten. Ich fragte sie, wen *sie* als besonders einflussreich erachteten. Das Ergebnis war ein sehr interessanter und unterhaltsamer Blick auf die damalige britische Gesellschaft. Es war das einzige Mal, dass ich mit Rupert Murdoch sprach. Er hatte mit *The Sun* gerade seine zweite britische Zeitung gekauft, und ich bekam ihn tatsächlich ans Telefon. Als ich andeutete, dass er einen gewissen Einfluss ausübte, antwortete er: »Reden Sie keinen Unsinn!«

Natürlich fragte ich mich auch, ob die Krawatten der ehemaligen Schuluniformen noch immer einen so großen Unterschied machten, wenn es darum ging, eine gute Anstellung zu bekommen. Ich besaß noch ein inzwischen zwanzig Jahre altes Foto, das die Jungs meiner sechsten Klasse in der Sloane School zeigte, einer staatlichen Schule ohne soziale Allüren. Fast alle meine Klassenkameraden waren aus der Arbeiterklasse gekommen. Ich fand, es könnte interessant sein herauszufinden, was aus ihnen geworden war, um dies dann mit einer entsprechenden Klasse des privaten Eton Colleges zu vergleichen. Die Suche nach meinen Klassenkameraden förderte einige handfeste Überraschungen zutage. Viele hatten es zu etwas gebracht. Einer war Privatsekretär des Premierministers, ein anderer Kurator des Maritimen Museums, ein dritter leitete eine Textilfabrik, mein Freund Don Wheal war ein sehr erfolgreicher Drehbuchautor und so weiter.

Das Eton College zeigte sich äußerst hilfsbereit und stellte mir binnen eines Nachmittags eine Liste der Jungs von 1948 zusammen. Es waren recht angenehme Leute, doch bis auf eine Ausnahme waren sie alle Börsenmakler oder Gutsbesitzer geworden. Die Ausnahme arbeitete im Hauptbüro der Torys. Alle bestanden darauf, dass Eton inzwischen sehr demokratisch aufgestellt sei, und einer von ihnen sagte: »Ich reise sehr viel, wissen Sie, und überall, wo ich hinkomme, treffe ich auf Etonier.«

Die Ausgabe war ein Erfolg, doch genau diese Story wurde nicht veröffentlicht. Der Herausgeber David Astor war selbst ein alter Etonier und fand sie nicht spannend.

Meine zweite Ausgabe hatte die Schwerpunkte Arbeit, Jobs und Betriebspsychologie. Ich fragte die Leser, ob sie wirklich den Job ausübten, der am besten zu ihnen passte. Ich kreierte eine Art Brettspiel, das die Spieler über mehrere Auswahlmöglichkeiten schließlich zu ihrem perfekten Job führte. Tatsächlich lag dem Spiel ein Algorithmus zugrunde – und das lange, bevor ich das Wort zum ersten Mal hörte. Offenbar stieß es auf große Bewunderung, denn man bot mir mehrfach an, weitere ähnliche Systeme zu entwickeln. Doch aus irgendeinem Grund funktionierten diese nicht.

Ralph Steadman, ein wunderbarer Künstler und Cartoonist, hatte mich bereits bei *King* unterstützt. Jetzt kreierte er einige brillante Illustrationen von Menschen in typischen Berufen. Ich habe ihn ziemlich gut kennengelernt – tatsächlich überzeugte ich ihn sogar davon, ein Haus im Nachbardorf von Saint-Privat zu kaufen.

Während ich an den Beilagen für den *Observer* arbeitete, muss ich zur Untermiete bei dem entfernten Verwandten der Queen gewohnt haben, den ich durch Doug Hayward kennengelernt hatte. Ich erinnere mich an einen Abend, an dem ich aus Frankreich kommend in dem Zimmer in der Ebury Street ankam. Ich hatte einige Flaschen *Vin d'une Nuit* aus St-Saturnin (die bessere Version des lokalen Schnapses aus Saint-Privat) mitgebracht und prahlte mit seinem Preis und seiner Qualität. Es sind Erinnerungsfetzen wie dieser, aus denen ich meine Geschichte zusammensetzen muss. Außerdem erinnere ich mich daran, wie ich dort eines Nachts saß und über »Plum Beautiful« schrieb, die Farbe, die von der *Vogue* zur Farbe des Jahres gekürt worden war. Und natürlich stand Bea Miller, die Chefredakteurin der *Vogue*, auf der Liste meiner Influencer.

Während meines Aufenthalts lernte ich Caroline, die Schwester meines Vermieters, kennen. Sie trennte sich gerade von einem nutzlosen italienischen Grafen, den sie irrtümlich geheiratet hatte, und wir hatten eine kurze Affäre. In dieser Zeit wurden wir zu einem Abendessen in *Annabel's Restaurant* eingeladen, das sich in meine Erinnerung eingebrannt hat, als wäre es eine Szene aus *Alice im Wunderland*. Mindestens zwei Millionäre in Abendgarderobe waren Teil der Gesellschaft. Einer war Bernard Delfont, einer der Grade-Brüder; ein anderer, er hieß Max, hatte seine Millionen mit Schuhen gemacht. Außerdem waren drei oder vier ihrer Freunde da. Caroline saß links von mir, rechts von mir hatte Dorothy Squires Platz genommen.

Das Essen war selbstredend exquisit. Die Anwesenden diskutierten engagiert, meist über Politik, während Caroline genervt von mir war. Ich hätte mich stärker einbringen sollen, um mich des Platzes an ihrer Seite würdig zu erweisen, doch mir fiel nichts ein, das einen Beitrag wert gewesen wäre. Gegen Ende des Essens schlug jemand vor, dass wir alle auf einer Speisekarte unterschreiben und diese an jemanden schicken sollten, der offenbar wegen eines Krankenhausaufenthaltes nicht an diesem Abend teilnehmen konnte. »Oh ja, eine sehr gute Idee!«, riefen alle, woraufhin Max, der mir gegenübersitzende Millionär, seine Karte mit einem stinknormalen Kugelschreiber unterschrieb und beides nach links weiterreichte. Die Karte ging Reihum, doch als sie ihn wieder erreichte, war der Kugelschreiber verschwunden. »Nanu«, fragte er, »wo ist mein Stift?« Alles kicherte, bis sich plötzlich ein düsterer Schatten über die Runde legte. Max scherzte nicht. Er wollte seinen Stift. Und er wollte ganz sicher nicht, dass jemand anderes seinen Stift behielt. Die Gäste begannen, umherzukrabbeln und unter dem Geschirr und auf dem Fußboden nach dem Stift zu suchen. Man fand ihn nicht – und Max war nicht glücklich. Danach erholte sich die Stimmung nur wenig, doch ich hatte etwas darüber gelernt, wie es ist, ein Millionär zu sein.

Während der Aufenthalte in London wurde meine Entscheidung für Saint-Privat immer wieder hinterfragt. Es wurde offensichtlich, dass meine Fähigkeiten als Magazinredakteur breite Anerkennung erfuhren – und ich glaube, ich habe mich und meinen Entschluss unbewusst auf die Probe gestellt. Warum wäre ich sonst auf die Idee gekommen, Clive Labovitch zu besuchen? Er war (gemeinsam mit Michael Heseltine) Eigentümer des Magazins *Town*, doch ich kannte ihn noch nicht persönlich.

Zu dieser Zeit waren nur drei Qualitätsmagazine auf dem Markt – *Town*, *Queen* und *Nova* – und natürlich interessierten mich alle drei aus professioneller Sicht. *Nova* kannte ich, weil ich Beiträge geliefert hatte. Mit *Queen* hatten wir uns eine ganze Weile beschäftigt, weil eine Verbindung mit dem Magazin eine mögliche Lösung für *Kings* verzweifelte Lage und seine finanziellen Probleme hätte sein können. *Queen* war ein elegant gestaltetes Gesellschaftsmagazin, das dem allgemein als unberechenbar geltenden Jocelyn Stevens gehörte. Der eigentliche *Art Director* war Mark Boxer, ein weiterer bekannter Name in der Verlagswelt. Boxer war genau in meinem Alter, und ich habe mich manchmal gefragt, ob er jener »M. Boxer« war, der mir damals im Ring meiner ersten Vorschule gegenübergestanden hatte. Leider hatte ich nie die Gelegenheit, ihn zu fragen. Die Idee einer Verbindung von *King* und *Queen* erledigte sich von selbst, nicht zuletzt deshalb, weil der Umgang mit Stevens unglaublich schwierig war.

Labovitch war das genaue Gegenteil: einnehmend, sympathisch, amüsant und als Gesprächspartner eine wahre Freude. Im Gegensatz zu seinem Partner Heseltine, dessen Gesicht überall zu sehen war (und noch immer ist), fand man Clives Gesicht kaum in der Presse. Auch heute ist es fast unmöglich, Bilder von ihm zu finden. Ich habe ihn als eher kleinen Mann in Erinnerung, der mit sich im Reinen war. Er lud mich nach South Kensington in sein großes, etwas abgedunkeltes Erdgeschossapartment ein, und es dauerte nicht lange, bis er mich fragte, ob ich Ideen für ein neues Magazin hätte.

»Ich würde Sie nämlich unterstützen«, sagte er beinahe sehnsüchtig. Es war ein Angebot, dem ich nur schwer widerstehen konnte, doch ich tat es – nur um fast unmittelbar danach auf die schwerste Probe gestellt zu werden.

Dennis Hackett, Chefredakteur der *Nova*, hatte sich entschlossen, neue Wege zu gehen. Wir kannten uns nicht persönlich, aber offenbar hatte er seine Verleger gebeten, mich zu einem Gespräch einzuladen. Wenn es einen Job in London gab, der mich von Saint-Privat wegholen könnte, dann war es der bei *Nova*. Die Entscheidung fiel mir unendlich schwer. *Nova* war genau das, was ein Magazin in meinen Augen sein musste: Es war kontrovers, furchtlos, schön und offen, es arbeitete mit den Besten aus jedem Bereich, gehörte aber zu einem großen Verlagskonglomerat, das es unterstützen würde, solange es Profit machte. Meine Strategie, mit diesem Dilemma umzugehen, war, es ihnen so schwer wie möglich zu machen, sich für mich zu entscheiden. Ich forderte die Freiheit, kostspielige und weitreichende Projekte unabhängig von ihrer Rentabilität zu verfolgen, und hatte damit Erfolg. Sie lehnten mich ab und entschieden sich für einen sehr viel vernünftigeren Kandidaten, der es schaffte, das Magazin die kommenden ein oder zwei Jahre über Wasser zu halten. Ich hingegen war frei, meinen Weg in den Ruin fortzusetzen.

38. Mein mittelalterliches Rätsel

Als ich zu Frühlingsbeginn zurück nach Frankreich fuhr, war mein Bankkonto dank des *Observer* und einiger anderer Jobs gut gepolstert. Der Simca war voll beladen mit mehr Werkzeugen, mehr Ausrüstung und mehr Dingen, die mir helfen sollten, meine Ruine wohnlicher zu gestalten. Irgendwie schaffte ich es sogar, auf dem Autodach eine Ausziehleiter für Maurer mitzunehmen, die mein Stiefvater Bill mir geschenkt hatte. Ich war weit davon entfernt, mich von den Vergnügungen der urbanen Zivilisation bezirzen zu lassen, im Gegenteil: Ich konnte die Einsamkeit und die vor mir liegende harte Arbeit kaum erwarten.

Die Beatles erfreuten mich mit *Madonna* und *The Fool on the Hill*, während ich Frankreich bei bestem Sonnenwetter durchquerte. Als ich mein Ziel erreichte, war dort alles genau so, wie ich es verlassen hatte. Ich fuhr das Auto um die Haarnadelkurve unter den riesigen Kastanienbäumen und über die winzige Brücke, um auf dem kleinen Parkplatz vor dem Torbogen meines Gebäudes zu parken. Beim Anblick der großartigen Fassade des Hauses blieb mir fast das Herz stehen – ich konnte noch immer nicht glauben, dass es mir gehörte. Abgesehen von der ihm eigenen Faszination war es die fast vollständige Freiheit von staatlichen Verordnungen, die diesen Ort für mich so wertvoll machte.

Ich bin von Natur aus ein Außenseiter. Meine Vorfahren, die Umstände meiner Geburt, meine Erziehung und die Entscheidungen, die ich seitdem getroffen hatte, verhinderten meine

Zugehörigkeit zu einer Klasse oder Kategorie. Selbst meine Nationalität war mir suspekt. Ich liebte vieles von dem, was das Britisch-Sein ausmacht: die Sprache, die Literatur und die traditionellen Werte, selbst wenn sie uneinheitlich gelebt wurden. Und doch: Ich kann nicht voller Überzeugung sagen, dass ich mich eher Großbritannien zugehörig fühlte als Frankreich. Sollte ich jemals in den Krieg ziehen, so wäre es für ein Ideal, nicht für ein Land.

In Saint-Privat genoss ich die Freiheit von allen Vorgaben. Weder Beamte, Inspektoren noch die Polizei, weder Steuern noch Genehmigungen, Bußgelder oder Prüfungen spielten eine Rolle – es gab buchstäblich keine Kontrolle. Man konnte hier offenbar in absolutem Frieden und ohne Störungen leben, solange man wollte – vorausgesetzt, man belästigte nicht seine Nachbarn.

Nach und nach lernte ich diese kennen. Louis Hugounenc war zufällig vor Ort, als ich ankam, und begrüßte mich mit einem breiten Lächeln. Er war ein attraktiver Mann mittleren Alters, ernsthaft, aber fröhlich, der ein paar Häuser weiter links lebte. Seine Frau Francine, die immer Schwarz trug, war dünn, unruhig und wollte allen gefallen. Bei ihnen lebten zwei erwachsene Töchter, die außerhalb arbeiteten, und eine Großmutter, die das Haus nie verließ. Louis war zweiter Bürgermeister, weil Saint-Privat mit dem benachbarten, knapp einen Kilometer entfernten Dorf Les Salces eine Kommune bildete und dort der erste Bürgermeister und das Rathaus waren.

Weiter unten auf der gleichen Straßenseite wohnten die Bougettes, eine Familie von Weinbauern. An der Ecke hinter ihnen, dort, wo ein Weg hinunter zum Fluss führte, lebte die einsame Jungfer Rose, eine große, ältere Frau mit fleckiger Haut, die immer dieselben voluminösen, düster wirkenden Kleider trug. Sie verließ das Dorf praktisch nie, obwohl sie mir erzählte, sie hätte einmal das fünfzig Kilometer entfernte Montpellier besucht. Sie erzählte auch von ihrer Kindheit im Dorf, als die einzigen Annehmlichkeiten Zucker, Salz, Kaffee und (Mist, ich habe die vierte vergessen) wahrscheinlich Kakao waren. Kleider und andere Textilien wurden aus Ginster gefertigt, der reichlich an den Berghängen wuchs. Er wurde im Fluss aufgeweicht und in Fasern geschlagen, die dann wie Leinen gewoben wurden.

Hinter Roses spitzwinkligem Eckhaus öffnete sich die Straße zu einem Platz mit einem Springbrunnen. Die meisten Häuser, die ihn umgaben, schienen leer zu stehen. Eines der Häuser – es hatte einen großen Balkon im ersten Stock, der fast eine Terrasse war – beherrschte den Platz. Hier lebten die Manals: Jean Manal mit seiner raumgreifenden, weltläufigen Art, der das Dorf während des Kriegs angeblich mit Waren vom Schwarzmarkt versorgt hatte, und seine Frau Marie, die Hüterin des Telefons.

Im Grunde waren dies alle Nachbarn, mit denen ich es zu tun hatte – abgesehen natürlich von Désiré, Lucette und ihrem behinderten Sohn Lucien, dem Trio nebenan. Während meiner ersten Jahre in Saint-Privat waren sie sehr liebenswürdig. Meist sah ich sie durch mein Fenster, wenn sie in dem kleinen Garten arbeiteten, der jenseits des Fußwegs zu meiner Tür lag. Ich bewunderte ihre Gelenkigkeit. Selbst im mittleren Alter konnten sie sich beim Unkrautjäten oder Pflanzeneinsetzen mit geraden Beinen nach unten beugen und mit den Händen die Erde bearbeiten. Manchmal brachte Désiré mir ein paar Tomaten an die Tür und gelegentlich kam er mit seinem Luftgewehr heraus, um auf eine Drossel in seinem Apfelbaum zu schießen.

Die ersten Monate vergingen, während ich glücklich und völlig versunken vor mich hinarbeitete und immer tiefer in die Geheimnisse meines Hauses vordrang. Das seltsamste dieser Geheimnisse war ein Objekt aus Stein, das in eine große Aussparung einer Mauer eingemeißelt war. Die Mauer gehörte zu

Das geheimnisvolle Objekt. Der alte Grimal hatte gedacht, es sei eine Guillotine, was ziemlich lächerlich war. Es stellte sich heraus, dass man Lebensmittel im Mittelalter kalt hielt, indem man kaltes Wasser vorbeilaufen ließ.

dem Teil des Hauses, den ich als Innenhof angesehen hatte, der einst aber ein Innenraum gewesen sein musste. Das Objekt hatte die Form einer Box, war etwa fünfzig Quadratzentimeter groß, hatte vorn eine halbkreisförmige Öffnung und brachte mich zum Grübeln. Einmal fragte ich Désiré nach seiner Vermutung. Er antwortete, dass es sich wahrscheinlich um eine Guillotine aus der Feudalzeit handelte. Diese Annahme war derart absurd, dass ich das Thema nie wieder erwähnte. Drei

Hier bohre ich Löcher – es gab keinen Strom und keine batteriebetriebenen Werkzeuge. Alles war reine Handarbeit.

Jahre lang blieb das Rätsel ungelöst, bis ich irgendwann eine benachbarte Wand durchbrach und dahinter einen in Stein gehauenen Kanal entdeckte, der Wasser von einer außen liegenden Quelle zur Steinbox führen konnte. Mein geheimnisvolles Objekt war tatsächlich ein mittelalterlicher Kühlschrank.

Die Mauern gaben weitere Geheimnisse preis. Gelegentlich waren in ihnen Bruchstücke der steinernen Zierrahmen verbaut worden, die irgendwo im Gebäude herumgelegen haben mochten. Es war ein faszinierendes Puzzle, das ich in meiner Fantasie zur Geschichte des Gebäudes zusammensetzte.

Der lange Raum, von dem aus man über das Tal schauen konnte, hatte vor nicht allzu langer Zeit ein neues Dach mit römischen Ziegeln bekommen. Sie schienen in exzellentem Zustand zu sein, doch als ich auf Bills Leiter hinaufstieg, um mir das Dach genauer anzuschauen, sah ich, dass das Gebälk darunter dringend in Angriff genommen werden musste. Es war, wahrscheinlich in den Dreißigern, aus einer Pinienart neu errichtet worden, die nun heftig von einem Insekt mit dem entzückenden Namen Einhornkäfer befallen wurde. Die Oberflächen sämtlicher Dachsparren waren von mit Sägemehl gefüllten Tunneln durchzogen. Ich würde sie alle, einen nach dem anderen, säubern und behandeln müssen. Das bedeutete lange Stunden auf dem Dach, in denen ich Steinplatten versetzen und das Holz erst ausstemmen und dann giftigem Dampf aussetzen musste. Das Dach war in etwa viereinhalb Metern Höhe, während Bills Leiter gerade bis an seine Kante reichte. Von unten hatte ich das Dach betrachtet und es für ein Leichtes gehalten, hochzusteigen und dort zu arbeiten. Doch auf halbem Wege bekam ich zu meiner eigenen Überraschung weiche Knie, musste mich an die Leiter klammern und kam nur mit Mühe wieder herunter. Das ärgerte mich sehr. Mit strengen Worten erinnerte ich mich daran, dass ich damals, in den guten alten

Feuerwehrzeiten von 1956, sogar mit einem Mann auf meiner Schulter eine lange Leiter herabgeklettert war.

»Jetzt ist Schluss mit diesem Unsinn«, sagte ich zu mir – vielleicht sogar laut.

Ich ging zurück zur Leiter und kletterte ohne jedes Zögern hinauf und aufs Dach. Es klingt verrückt, doch dies wurde ein wichtiger Moment in meinem Leben. Ich hatte nicht nur erfahren, dass ich mich zu fast allem überreden konnte: Ich hatte auch die Freiheit auf dem Dach gewonnen. Tag für Tag verbrachte ich nun dort oben und bemerkte, dass sich meine Sicht auf die Welt wandelte. Das Dach befand sich zwar nur viereinhalb Meter über dem Boden des Innenhofs, zugleich aber mindestens siebeneinhalb Meter über der Straße und am Ende des Tals mehr als zwölf Meter über dem Boden. Als ich mich dort oben erst einmal sicher fühlte, war es, als hätte mein Leben eine Dimension hinzugewonnen, als hätte ich eine weitere Stufe meiner Befreiung erreicht.

Jean Manal sah mich auf dem Dach und rief mir einen typisch französischen Witz zu: »*Quand vous aurez terminé, je viens vous aider.*« Zwei Wochen dauerte es, das Dach zu reparieren. Danach hatte ich das Gefühl, es wirklich in Besitz genommen zu haben.

Im Allgemeinen hielt ich Besucher aus der – in meinen Augen nun anderen, äußeren – Welt fern. Meist störten sie nur, wollten mit Geschichten unterhalten und mit geführten Touren bespaßt werden, stolperten über Schläuche und feuchten Zement und unterbrachen den Arbeitsrhythmus. Trotzdem begannen die englischsprachigen Siedler in der Gegend, meine Existenz zu bemerken.

In Saint-Guiraud, einem nur wenige Kilometer entfernten Dorf, waren ein englischer Fotograf namens Harry Chapman und seine amerikanische Partnerin Thelma Chomski in ein altes Haus gezogen und hatten es renoviert. Eines Tages tauchte sie in Saint-Privat auf, doch es zeigte sich, dass sie aus anderem Holz geschnitzt war. Dünn und farbenfroh gekleidet wie ein Vogel, bot sie mir sofort an, beim Verputzen der Wände zu helfen. Ihr Heraustreten aus der äußeren Welt war so dramatisch wie das meine: Sie war einmal Theatermanagerin am Broadway gewesen. Ihre Erzählungen davon, wie sie Judy Garland fit für die Bühne gemacht hatte, waren erschreckend und urkomisch zugleich. Oft gab es in letzter Minute noch eine kalte Dusche, doch, so erzählte Thelma, »Sobald sie da draußen vor Publikum stand, war sie wundervoll – immer. Alles, was sie brauchte, war ein Publikum.«

Harrys Bilder, die er im Stil von Cartier-Bresson machte, waren weithin bekannt, und er hatte Verbindungen zu einer der großen Fotoagenturen. Wie Cartier-Bresson hatte er die Gabe, besondere Momente im alltäglichen Leben einzufangen. An ein Bild erinnere ich mich besonders: Es zeigte zwei junge Nonnen, die einen Gepäckwagen einen Bahnsteig entlang schoben. Auf dem Wagen befanden sich Holzkisten mit dem fetten Aufdruck *LSD*. Ich denke, heute würde man das Bild mit *Nonnen verschieben LSD* betiteln.

Ich war jedoch viel zu sehr von meinem Gebäude absorbiert, um viel Zeit woanders zu verbringen. Gelegentlich tauchte unangemeldet eine andere Art Besucher auf. Einer war ein junger Medizinstudent, der auf der Suche nach einem Platz für seinen Schlafsack war und später ein guter Freund wurde. Ein anderer war ein junger Diplomingenieur aus Ohio, der durch Frankreich trampte und für einige Nächte einen Schlafplatz suchte. Für mich war er ein Geschenk des Himmels, denn ich hatte ein Problem. Nachdem ich mit dem Dach fertig geworden war, hatte ich entschieden, im Raum darunter eine Zwischenebene einzuziehen, eine Art Betonregal, das den Raum über der Tür überspannen und als Schlafbereich dienen sollte. Ich wusste genug, um das Gerüst zu bauen, das den Beton stützen sollte, um den Beton zu mischen und um der Platte die richtige Dicke zu geben. Doch wenn es um das verstärkende Metall ging, konnte ich nur raten. Nun, hier war ein Bauingenieur, den die Götter geschickt hatten, damit er mein Problem löste. Doch er weigerte sich.

»Ich weiß, dass der Abstand vom Boden zweieinhalb Zentimeter sein muss«, sagte ich, »aber wie viel Eisen brauche ich?«

»Ich weiß es nicht«, sagte er, »ich habe meine Tabellen nicht dabei.«

»Ah, okay«, sagte ich. »Aber du kannst es bestimmt besser schätzen als ich, oder?«

Er weigerte sich zu schätzen. Zwei Abende lang bedrängte ich ihn, doch er ließ sich nicht erweichen. Ich musste also selbst schätzen und machte offenbar alles richtig, denn die Konstruktion ist noch immer intakt. Der junge Mann jedoch wurde für mich zum Sinnbild für eine Welt, die zu abhängig ist von Tabellen und vorgegebenen Daten und ohne sie hilflos ist. Ich war froh, dass ich sie hinter mir gelassen hatte.

Dann kam der Sommer. Mit ihm kamen Heather und ihre Kinder in das Haus in Mas Audan – und mit ihnen eine junge, schlanke Engländerin mit wallendem goldenem Haar, einem traumschönen Gesicht, verblüffend intensiven Augen und einer aufregenden Intelligenz. Schon bald wurde aus meiner Verliebtheit echte Liebe.

39. Mein Jahr mit March

Jo Lynch hatte bedeutenden Einfluss auf mein Leben. Obwohl sie viel jünger war als ich, war sie mir in verschiedenen wichtigen Bereichen weit voraus. Sie hatte (oder vielmehr: hat, denn sie ist noch unter uns) ein untrügliches Gespür für jede Falschheit, für unbedachte Annahmen, falsche Gleichsetzungen und anmaßende Meinungen. Sie war eine junge, bezaubernde Frau, die das Leben in vollen Zügen genoss. Zugleich aber kämpfte sie energisch dafür, dass ihr Urteilsvermögen scharf und von flüchtigen Modeströmungen ungetrübt blieb. Ganz besonders galt dies für die Bereiche Kunst und Design, denn, so erfuhr ich, sie war eine Künstlerin. Allerdings war sie ziemlich unnachgiebig, was sowohl erheiternd als auch zermürbend sein konnte.

Am Ende jenes Sommers zog sie zu mir nach Saint-Privat, obwohl sie selbst eine kleine »Ruine« in einem Dorf näher bei Lodève gekauft hatte. Ich vermutete, dass sie sich damit auch ein wenig Unabhängigkeit aufbauen wollte. Mehr als vier Jahre waren wir zusammen, und vollendeten in dieser Zeit eine erstaunliche Vielfalt an Projekten. So reisten wir in die Auvergne, das Hochplateau nördlich von uns, und brachten von dort jede Menge Kastanienholz mit, aus dem wir einen neuen Fußboden für den großen Raum machten. Außerdem errichteten wir einen großen, verzierten Kamin, dessen Steineinfassung dasselbe Muster trug wie die Renaissance-Fenster in anderen Teilen des Gebäudes.

Wir bauten eine Treppe mit Balustrade bis hoch zu der Galerie, die ich gebaut hatte. Dafür nutzten wir das übriggebliebene Kastanienholz, was schwierig war, weil es noch nicht vollständig abgehärtet war. Mir gefiel sie sehr gut. Das Design war allein Jos Idee: Sie hatte darauf bestanden, für die Treppe nur Dübel zu benutzen – in ihr findet sich kein einziger Nagel und keine einzige Schraube. Ich habe viel dabei gelernt.

Dann legten wir das Fenster zum Tal frei, das teilweise zugemauert worden war, nachdem im 19. Jahrhundert ein Erdbeben es in der Mitte zehn Zentimeter tief gespalten hatte. Dafür musste zunächst der Fensterbogen mit einem neuen Schlussstein restauriert werden – ebenfalls ein lernintensiver Prozess. Dann mussten die verzierten Partien des Fensterrahmens um eben diese zehn Zentimeter erweitert werden. Jo war in ihrem Element. Zuerst nahm sie Gipsabdrücke, stellte danach eine Mischung aus Zement und gemahlenem Stein her, die dem vorhandenen Stein glich, und goss dann die neuen Steinabschnitte.

Jetzt, wo ich darüber nachdenke, fällt mir auf, dass ich in einem Punkt nicht die Wahrheit geschrieben habe. Um das Haus an das Stromnetz anzuschließen, *habe* ich mit einem Inspektor gesprochen. Wir hatten ein Kabel an einen Stromkasten an der Straße angeschlossen und in unserer primitiven Küche eine Glühbirne samt Schalter installiert. Der Schalter befand sich an der Innenwand direkt neben der Tür zum Innenhof. Diese Tür war für Menschen des Mittelalters konstruiert worden, war also etwa eineinhalb Meter hoch und zudem gekrönt von einem schweren steinernen Türsturz, der zu gut in die Wand eingelassen war, als dass man ihn hätte verändern wollen.

Der Inspektor mochte meinen Schalter nicht: Er hatte nicht den Standardabstand vom Boden.

»Die Vorgaben müssen eingehalten werden«, sagte er in offiziellem Tonfall.

»Aber welchen Unterschied können ein paar Zentimeter höher oder tiefer ausmachen?«, protestierte ich.

»*Monsieur*«, sagte er, »stellen Sie sich nur vor, Ihre Freunde besuchen Sie, und es ist dunkel ...«, und er senkte seinen Kopf, um in den Innenhof zu treten, »... sie suchen nach dem Licht, tasten nach dem Schalter ...«, und als er seine Hand durch die Tür streckte, stieß sein Kopf mit einem lauten Knall an den Türsturz. Die Vorgaben des 13. Jahrhunderts waren nun einmal andere. Mit Mühe unterdrückten wir einen Lachanfall und erhielten unsere Genehmigung ohne jede Auflage, die Tür umzugestalten.

Wir kauften uns zwei Vélosolex-Mofas (die mit dem kleinen Motor über dem Vorderrad) und fuhren mit ihnen nach Lodève zum Markt und den heißen Duschen oder nach Fozières, wo Jo ihr Haus hatte. Beim Gedanken an diese Fahrten durch unsere Region werde ich von akuter Nostalgie übermannt. Auch wenn es gelegentlich Streit gab, war es für mich eine Zeit einzigartiger Intimität. Eines Morgens, ein weiterer wundervoller Tag wollte gerade beginnen, hörte ich Simon & Garfunkel singen:

>*Eine Zeit der Unschuld,*
>*eine Zeit der Vertrautheit*«,

und ich war sicher: Sie sangen über uns.

Trotz allem musste natürlich Geld ins Haus kommen, und ich bekam Aufträge aus London, durch die wir schöne Reisen unternehmen konnten. Einen Job kombinierten wir mit einem Aufenthalt in Venedig. Es war das letzte Mal, dass ich das ursprüngliche Venedig erlebte – dann kamen die Kreuzfahrtschiffe. Irgendwann entschieden wir uns, den Winter 1969 in London zu verbringen, und mieteten eine kleine Wohnung in der Packington Street in Islington.

Für einen meiner Aufträge reiste ich nach Israel, um über einen Film zu schreiben, den Richard Harris dort drehte; er spielte einen israelischen Footballspieler. Ich traf ihn häufig und stellte fest, dass er ein ungewöhnlich sympathischer und interessanter Mann war. Zwischen uns entwickelte sich eine Freundschaft, die auch nach den Dreharbeiten weiterbestand. Später in London verbrachten Jo und ich immer wieder Zeit mit ihm. Er lebte in einem außergewöhnlichen und recht bekannten Haus in Holland Park in Kensington - ich erinnere mich an Buntglasfenster und lange Nachmittage mit entspannten Gesprächen.

Gegen Ende jenes Jahres erreichte mich ein Anruf. Völlig unerwartet fragte man mich, ob ich Interesse hätte, ein Buch zu schreiben. Jetzt, da ich diese Autobiografie schreibe, sehe ich meine Vergangenheit wie in einer Abfolge von Bildern, wie Fragmente eines Dokumentarfilms vor mir. Ich sehe das Telefon, eines dieser alten schwarzen Modelle mit Wählscheibe, auf einer Kommode im Schlafzimmer in der Packington Street stehen. Die Wände des Zimmers hatte Jo in hellen Farben gestrichen. Ich sehe mich, wie ich ans Telefon gehe. Der Anrufer war March, Mitglied des Rennteams der neu gegründeten Formel 1. Irgendjemand (wahrscheinlich Jackie Steward oder John Whitmore) hatte mich vorgeschlagen, um ein Buch über die Gründung eines neuen Grand Prix-Teams zu schreiben. Allem Anschein nach war dies in der Welt des Motorsports ein bemerkenswertes Ereignis.

Doch auch wenn Jackie und John Kolumnen für mein Magazin geschrieben hatten, schien all das nun weit hinter mir zu liegen. Bis auf den Umstand, dass es einmal einen berühmten Fahrer namens Fangio gegeben hatte – oder immer noch gab? – wusste ich absolut nichts über die Formel 1. Wie konnte jemand glauben, ich sei die richtige Person für dieses Buch?

Andererseits käme uns das Schreiben an einem Buch recht gelegen, wenn es sich denn finanziell lohnen sollte. Wir waren entschlossen, im Frühling zurück nach Saint-Privat zu fahren, und wenn das Buch genügend Geld einbrachte, bräuchte ich zwischendurch nicht mehr nach London zu fahren. Also antwortete ich, dass ich interessiert sei. Es stellte sich heraus, dass Cassell, ein altes englisches Verlagshaus, dem Autoren 500 Pfund Vorschuss zahlen wollte.

Als ich ein wenig in die Materie eintauchte, entdeckte ich, dass March drei Ziehväter hatte: Mosely, Rees und Herd. Sie spielten eine wichtige Rolle, denn der Weltmeister Jackie Stewart hatte bei ihnen unterschrieben – und da ich Jackie Stewart kannte, standen die Chancen gut, dass ich ins Umfeld der relevanten Personen gelangen würde.

Nun, 500 Pfund hätten vielleicht genügt, wenn ich nur über die Entwicklungen bis zu jenem Zeitpunkt geschrieben hätte. Ich war jedoch der Meinung, dass die eigentliche, die große Story sich während des ersten Jahres der Formel 1 entfalten würde. Um darüber angemessen zu schreiben, müsste ich zu den Rennen fahren und würde dafür sehr viel mehr brauchen als 500 Pfund.

Ich weiß nicht mehr genau, wie es passierte oder ob ich mir anders hätte helfen können. Während ich mir noch den Kopf zerbrach, rief Richard Harris an. Er wollte ins Kino gehen und sich *Butch Cassidy and the Sundance Kid* ansehen, einen Film, über den er schon viel gehört hatte – ob ich mitkommen wollte? Natürlich wollte ich, also schauten wir uns diesen großartigen Film an. Und irgendwie, ich vertraute einfach auf unsere Freundschaft, drehte ich mich auf einmal zu ihm und fragte:

»Kannst du mir 1.000 Pfund leihen?«

Er antwortete nur: »Ja.«

Natürlich erzählte ich ihm später, wofür ich das Geld brauchte. Er zeigte sich sehr interessiert, aber nichts deutete darauf hin, dass er eine Gegenleistung erwartete. Niemals zuvor oder seitdem gab es jemanden in meinem Leben, den ich einfach so um eine solche Summe hätte bitten können – schon gar nicht ohne Erklärung oder Erwartung. Richard Harris war ein bemerkenswerter Mann. Um das Geld zu bekommen, musste ich seinen Agenten aufsuchen. Der gute Mann musste zugeben, dass er etwas verwirrt war.

»Wofür ist das Geld?«, fragte er durchaus nachvollziehbar, und ich antwortete: »Für nichts Bestimmtes, ich will damit ein Buch schreiben.«

»Nun, ich muss es mit einem Verwendungszweck versehen«, sagte er. »Wie wäre es mit der Option auf Filmrechte?«

»Sehr gut«, antwortete ich, »wenn das so für Sie passt.« Ich verließ sein Büro mit genügend Geld, um meinen Auftrag anständig zu erledigen.

In jenem Jahr waren dreizehn Rennen angesetzt, und ich schaffte es, bei acht davon dabei zu sein. Die ersten beiden, die in Südafrika und in Spanien, verpasste ich. Auch zum Rennen in Kanada, zu den beiden niederländischen und zum britischen Rennen konnte ich nicht. Zu allen anderen begleitete Jo mich. Um ihr einen der begehrten Boxenpässe zu besorgen, gab ich sie als meine Fotografin aus – dabei wusste ich damals noch nicht, dass Fotografieren tatsächlich eines ihrer Talente war. Sie machte großartige Bilder, die später im Buch verwendet wurden. Ihre Anwesenheit in den Boxen war jedoch auch darüber hinaus wertvoll, denn die Piloten und ihre Teams genossen die Gegenwart einer Dame sehr. Die jüngeren Fahrer brachten gern ihre Frauen und Freundinnen mit in die Boxen. Einige halfen bei den Aufzeichnungen, andere saßen nur da und schwangen ihre wohlgeformten Beine umher, gehörten aber eindeutig zu diesem Schauplatz.

Es war eine unglaublich spannende, aber auch eine tragische Saison. Es waren die letzten Tage einer Zeit, in der Piloten sich fast unweigerlich zu Tode fuhren, und in diesem Jahr starben gleich drei: Courage, McLaren und Rindt. Jochen Rindt kannte ich am besten, weil er mit Jackie befreundet war und ich ein Interview mit ihm aufgenommen hatte – am Tag vor seinem Tod. Das Band habe ich noch, falls jemand Interesse hat.

Die Rennen fanden alle zwei Wochen statt, und in der Zwischenzeit arbeiteten Jo und ich weiter am Haus. Nach dem letzten Rennen, das im Oktober in Mexiko stattfand, machte ich mich daran, das Buch zu schreiben. Es dauerte vier Monate. Wie sich herausstellte, war meine Unwissenheit in allen Bereichen der Formel 1 ein Segen: Als Laie musste ich mir einen Großteil des technischen Wissens – etwa das Gegensteuern – selbst erarbeiten und konnte es dann im Buch gut verständlich und lesbar darstellen.

Irgendwann im Jahr davor hatte John Whitmore sein altes Familienanwesen in Essex an einen Geschäftsmann namens Tony Morgan verkauft und war in ein kleines Haus in London gezogen. Seine Frau Gunilla – Lady Whitmore, versteht sich – war nicht nur Stewardess gewesen, sie hatte auch als Sekretärin gearbeitet. Sie bot mir an, mein Manuskript, ein peinliches Durcheinander voller Fehler, neu zu tippen. Also blieben wir bei Gunilla, während sie das Manuskript überarbeitete.

Das Buch, das ich *The Chequered Year* genannt hatte, wurde gut aufgenommen. Die Verleger bezeichneten es als ihr Lieblingsbuch des Jahres. Mein lieber Freund und Agent Pat Kavanagh verkaufte es an einen amerikanischen Verlag, der es unter dem Namen *Grand Prix Year* veröffentlichte. Bis heute erreichen mich positive Rückmeldungen zu dem Buch. Inzwischen hatte Richard Harris den Atlantik überquert und sich in Kalifornien niedergelassen; wir haben es nicht geschafft, uns noch einmal zu treffen. Meine letzte Erinnerung an ihn ist seine urkomische Rolle als *Duck of Death* in Clint Eastwoods Meisterwerk *Erbarmungslos*.

Auch Tony Morgan lernte ich sehr gut kennen. Er engagierte sich inzwischen stark in der Politik und erwartete von mir, dem Journalisten, Einschätzungen zu seinen Initiativen. Wie so viele andere war er unzufrieden mit dem britischen Zweiparteiensystem. Seiner Meinung nach verdienten die Liberalen, die zwischen der Konservativen Partei und der Labour Partei aufgerieben wurden, sehr viel größeren Einfluss. Jo und ich wohnten bei ihm in Essex, während er jede Menge Treffen oder Konferenzen organisierte.

Er war in Essex geboren worden und hatte sich, wie man so sagt, aus dem Nichts hochgearbeitet, hatte aber eine überdurchschnittliche Schulbildung genossen. Er war ein begeisterter Sportler. Bei den Olympischen Spielen von Tokio 1964 hatte er in einem Flying Dutchman-Segelboot gemeinsam mit Keith Musto die Silbermedaille geholt. Sein Leben als Geschäftsmann begann er äußerst bescheiden mit einem Lastwagen zur Entleerung von Klärgruben. Er hat mir die lustigsten und traurigsten Geschichten erzählt, die ich kenne.

So hatten er und sein kleines Team einmal eine Region in Essex betreut. Einer seiner neuen Kunden war ein Offizier, der gerade nach sechs Monaten Dienst in Indien zurück nach Hause gekommen war. Mit seiner Frau wohnte er in einer kleinen Villa mit Garten, an dessen hinterem Ende ein Klärtank stand. Eines Tages fuhren Tony und sein Team dort vor und trafen diesen *Pukka sahib* an der Tür.

»Na, das wird richtig spannend, oder?«, sagte er. »Ich habe noch nie gesehen, wie das gemacht wird. Faszinierend – ich komme mit runter und schaue Ihnen zu!«

Also gingen sie gemeinsam zum Tank und Tonys Männer hoben den Betondeckel. Ihnen bot sich ein gewohnter Anblick: dunkles Wasser, in dem viele kleine, weiße, fingerförmige Ballons schwammen und anklagend nach oben zeigten.

»Na sowas«, sagte der Major, »was um alles in der Welt ist das?«

Tony erklärte ihm, dass es sich um »französische Briefe«, um Kondome, handelte – aufgebläht von Methangas. Der Major wurde kreidebleich und ging wortlos zurück ins Haus. Tony beendete den Auftrag. Er schob die Rechnung unter der Tür hindurch, nachdem niemand auf sein Klingeln geöffnet hatte. Einige Wochen später erhielt er eine Gerichtsvorladung: Er sollte als Zeuge in einem Scheidungsfall aussagen.

40. Einer der »schönen Menschen«

Bei meinen Versuchen, mich an jene Jahre in Saint-Privat zu erinnern, stelle ich immer wieder fest, dass ich etwas revidieren muss, das ich fünf Minuten zuvor für wahr gehalten habe. Tatsächlich habe ich 1970 nicht fünf, sondern sechs Formel-1-Rennen verpasst – zum Teil konnte ich wegen meiner Fußballkarriere (von der ich später mehr erzählen werde) nicht an ihnen teilnehmen. Außerdem fuhr ich nicht nur zu Rennen und arbeitete weiter an meiner Ruine, ich genoss auch einige kurze, aber eindrucksvolle Auftritte als einer von Londons »schönen Menschen«.

Es war Angus McGill, der Boulevard-Kommentator des *Evening Standard*, der diejenigen als »schöne Menschen« bezeichnete, die in den Nachtclub *Dell'Aretusa* eingelassen wurden – und ich war dort mehr als einmal anzutreffen.

Alles begann mit Doug Hayward, dem »Schneider der Stars«, der seine Rolle als gesellschaftlicher Vermittler auf schon fast geniale Weise ausfüllte. In seinem eleganten Geschäft in der Mount Street, das mehr Höhle war als Atelier, wurde die maskuline Atmosphäre der glänzenden Ledermöbel durch diskrete feminine Accessoires abgemildert. Sessel aus weichem Leder luden erschöpfte Berühmtheiten dazu ein, sich fallenzulassen und sich an Dougs unwiderstehlich guter Laune und seinem Humor zu laben. Seine unverkennbare Intelligenz, sein offenes Gesicht und sein warmer Arbeiterklassenakzent führten alle sozialen Unterschiede ad absurdum und ließen Vertrauen entstehen. Schauspieler, Musiker und Journalisten, die sich bereits einen Namen gemacht hatten oder auf ihrem Weg nach oben waren, fühlten sich bei ihm wohl. Mit günstigen oder sogar geschenkten Anzügen unterstützte Doug klugerweise immer wieder Kunden, von denen er sich später wechselseitige Unterstützung erhoffte.

Ich betrat als Redakteur von *King* das erste Mal sein Atelier und schaute später, wann immer ich in London war, bei ihm vorbei. So wurde ich sozusagen Gastmitglied in einem Club, dem auch Nicol Williamson, Tom Courtney, Herbie Kretzmer, Michael Parkinson, Philip Kingsley, Ian McShane, Ian La Frenais, Peter Sellers, Tony Richmond, Steve McQueen und viele, viele mehr angehörten. Einige von ihnen kennt man noch, andere sind längst vergessen. Da Essen und Trinken grundlegend für ein geselliges Leben sind, war es wohl unvermeidlich, dass Doug einen Restaurantbesitzer mit ähnlicher Lebenseinstellung finden würde. Er wählte Alvaro, der ein gutgehendes italienisches Restaurant in der Kings Road betrieb. Es dauerte nicht lange, und Dougs Kundschaft traf sich bei *Alvaro's*, um zu essen und einander zu unterstützen. So war es keine Überraschung, dass Alvaro über einen Club als natürliche Ergänzung zu seinem Restaurant nachdachte.

Dell'Aretusa war ein zauberhafter Ort, um dort einen Abend oder eine Nacht zu verbringen. Ich war nur einige Male dort, einmal bei einem Abendessen mit einem sehr düster wirkenden Peter Cook, einmal bei einer Party mit David Hemmings, der auf der Tanzfläche eine äußerst gelenkige Solonummer hinlegte. Auch die Beatles traf man dort oft, und schon das sicherte die Bekanntheit des *Alvaro's*.

Nichts von alledem hätte sich entwickelt, wäre Doug kein Schneider der Spitzenklasse und Alvaro kein außergewöhnlich guter Restaurantbetreiber gewesen. Ich wusste nicht viel über Alvaros Werdegang, aber Doug erzählte mir von seinem. Er hatte seinen Beruf in einem Geschäft in Fulham erlernt. Er und sein Boss waren leidenschaftliche Fußballfans, und Doug war der Erste, der mir das verzweifelte, fast bipolar anmutende Leben eines echten Fußballfans beschrieb, dessen Wochenenden sich abhängig von den Spielergebnissen der Samstage zwischen tiefster Verzweiflung und höchster Ekstase bewegten.

Tatsächlich hatte sich Doug einmal als Profi beim Fulham Football Club – auch liebevoll *The Cottagers* genannt – versucht, allerdings erfolglos. Dennoch war er noch immer unverkennbar sportlich, locker und lässig, als wir uns kennenlernten. Er liebte es, für Freunde sonntägliche Fußballturniere im Hyde Park zu organisieren. Unser Team waren die *The Mount Street Marchers*. Wir waren nicht die besten Fußballspieler, hatten dafür aber jede Menge Prominenz. Als die Weltmeisterschaft 1970 näher rückte, begannen Doug und seine Freunde zu überlegen, wie diese Prominenz uns dazu verhelfen konnte, zum Endspiel nach Mexiko zu kommen.

Peter Shilling hatte die Idee eines selbstgemachten Image-Films, der parallel zum Image-Film der Meisterschaft erscheinen sollte, den die *Rank Film Organisation* bereits plante. Peter erzählte: »Wir haben eine einseitige Skizze für einen Image-Film entworfen. Es sollten jedoch Stars mitmachen, und das war Dougs Aufgabe. Ich glaube, Herbie Kretzmer hat auch etwas beigesteuert. Ich habe Rank die Seite, mein Budget und Dougs Liste der potenziellen Spieler vorgestellt. Er stimmte sofort zu und überwies mir 20.000 Pfund für zwanzig Personen mit Flügen, Aufenthalt im Hotel *Cuernavaca*, Tickets sowie die Fahrten zu und von den Spielen.«

Also flogen wir alle – immerhin fünfzehn – nach Mexiko, wo wir Brasilien und dem überragenden Pelé beim besten

Fußballspiel aller Zeiten zusahen. Und während England von Deutschland aus dem Turnier geworfen wurde, spielten wir in Toluca gegen eine Dorfmannschaft. Schließlich gab uns ein Team aus Kindern den Rest, die das Fußballspielen barfuß im Sand erlernt hatten.

Shillingford zufolge war Dougs Reaktion auf ein paar jubelnde Deutsche, die uns gerade in unserem Nationalsport geschlagen hatten, die beste Bemerkung überhaupt: »Oh«, sagte er, »aber wir haben *euch* in *eurem* Nationalsport geschlagen. Sogar zweimal.« Ich erfuhr später, dass unser Film zusammen mit einem Film über Pinguine gezeigt wurde, und so endete meine Fußballkarriere.

Es wäre nun an der Zeit gewesen, zu den Rennen und meinem Buch zurückzukehren, aber ganz offensichtlich blieb ich in London. Ich kann nicht sagen, warum. Das nächste Rennen fand im französischen Clermont-Ferrand statt – es wäre ein Leichtes und nur allzu selbstverständlich gewesen, dorthin zu fahren. Stattdessen kehrte ich erst nach dem nächsten Rennen, dem British Grand Prix in Brands Hatch am 19. Juli, nach Saint-Privat und zu Jo zurück. Es steht außer Frage, dass ich Jo sehr zugetan war. Heute ist es mir ein Rätsel, dass ich sie mehr als sechs Wochen nicht sehen wollte, doch es deutet wohl an, was schließlich geschehen würde.

Für den Rest des Jahres und die übrige Rennsaison blieben wir jedoch zusammen. Wir fuhren nach Hockenheim in Deutschland, nach Zeltweg in Österreich und zum dramatischen Rennen im italienischen Monza, in dem Jochen Rindt ums Leben kam. Er hatte bereits so viele Punkte, dass er der erste und bisher einzige Rennfahrer wurde, der posthum den Grand Prix gewann. Wir verpassten das Rennen in Kanada und flogen dafür im Oktober nach New York, um über das US-Grand-Prix-Rennen in Watkins Glen zu berichten. In New York wohnten wir bei Heather und ihrem Mann Daniel, den wir aber kaum zu Gesicht bekamen.

Er war ein erfolgreicher Architekt, der wesentlich an der Neugestaltung des New Yorker Pavillons für die Weltausstellung '64 mitgewirkt hatte. Außerdem stand er Robert Moses nahe, dem außerordentlich selbstherrlichen Stadtplaner, dessen Bedeutung mit der Haussmanns verglichen wurde. Es war die Zeit der Präsidentschaft Richard Nixons, und Daniel Chait hielt es für sinnvoll, seine Verbindungen zu den damals relevanten Politikern zu stärken. So freundete er sich mit John Mitchell, Nixons Generalstaatsanwalt, an. Sie veranstalteten Dinnerpartys und wenn sie bei Heather zu Hause waren, herrschte eine seltsame Stimmung von Geheimhaltung und Intrigen. Eines Nachts wurde diese ernste Atmosphäre von einem meiner lieben Freunde aus der Fleet Street zerstört. Es war der einäugige Dermont Purgavie, der zu dieser Zeit als Korrespondent der *Daily Mail* in New York tätig war. Er stand mit leuchtenden Augen vor der Tür, in der Hand ein Spielzeug, aus dem irres Gelächter schepperte und im ganzen Haus widerhallte. Immer wieder ließ er dieses Lachen ertönen. Wie sich herausstellte, war es durchaus angemessen. Daniel Chait bedauerte später seine Verbindung zu Mitchell, als dieser wegen Watergate ins Gefängnis ging.

Auch ich habe das Gefühl der Erniedrigung erfahren, zwar deutlich abgemildert, aber dennoch von der Art, die man so leicht nicht vergisst. Ich lieh mir Heathers langen Kombi und würgte ihn mitten auf der Fifth Avenue ab. Leider vergaß ich, was ich bei meinem Ford Galaxy gelernt hatte: dass man ein Automatikgetriebe in »Parken« setzen musste, um es wieder starten zu können. Ich blockierte den gesamten Verkehr, bis ein freundlicher New Yorker mich nach einer ganzen Weile wieder in Gang setzte.

Ich glaube, wir sind für das letzte Rennen der Saison nach Mexico City geflogen, was besonders aufregend war, weil

Pedro Rodriguez, ein mexikanischer Fahrer, in seinem BRM die Chance auf den Sieg hatte. Wir wohnten im Stadtzentrum in einem sehr mexikanischen Hotel namens *Vasco de Quiroga*. Es war über und über mit antiken Töpferwaren dekoriert, die fest mit den Möbeln verklebt waren. Der Aufenthalt war für uns beide eine bereichernde Erfahrung, und ich sah sehr viel mehr als mit meinen rüpelhaften Begleitern im Juni. So verbrachten wir beispielsweise viel Zeit im Anthropologischen Museum, das erst einige Jahre zuvor eröffnet worden und berühmt für seine exquisiten Ausstellungsstücke war.

Außerdem lernten wir Chris Amon, den Fahrer des March-Teams, besser kennen. Der Neuseeländer mit den Manieren eines Gentlemans war der beste Formel-1-Fahrer, der nie einen Grand Prix gewonnen hat. Nach einem Jahr stetig wachsender Frustration über ein immer weniger konkurrenzfähiges Auto hatte er schließlich beim französischen Team *Matra* unterschrieben. Im folgenden Jahr war er deutlich besserer Stimmung. Mehrere Male aßen wir mit ihm und seinem extravaganten Manager Richard Burton in ihrem Hotel und lernten so die mexikanische Küche und den überraschend vielfältigen Einsatz von Schokolade kennen.

Ich weiß nicht mehr, wo und wie wir über Jeffrey stolperten, und ebenso wenig erinnere ich mich an seinen Nachnamen oder den Grund seiner Anwesenheit. Was ich noch weiß, ist, dass er ein Freund, vielleicht ein Jünger, des hitzköpfigen New Yorker Schriftstellers Norman Mailer war, dass er ein Auto hatte und dass er Begleiter suchte, um dieses mit ihm zurück nach New York zu fahren. Er war ein großer, schlaksiger, jüdischer Kerl um die zwanzig mit einem Schopf krauser Haare und einem Geschichtenvorrat, mit dem er uns auf dieser fast fünftausend Kilometer langen Reise unterhalten würde. Wir wollten durchfahren, uns am Steuer abwechseln und im

Auto schlafen. Keiner von uns hatte viel Geld, sodass uns diese Idee gut gefiel.

Ich erinnere mich daran, dass ich die erste Etappe hinaus aus Mexico City fuhr – hinein ins Dunkle auf regennassen Fahrbahnen ohne erkennbare Begrenzungen und zwischen Fahrzeugen, die ähnlich verloren wirkten wie wir und dennoch irgendwie durchkamen. In meiner nächsten Erinnerung – es muss etwas nördlich von Nuevo Laredo gewesen sein – schlafe ich unter einer Decke auf dem Rücksitz und werde an der texanischen Grenze von einem Beamten geweckt. Er ist davon überzeugt, einen mexikanischen »Bohnenfresser« bei der illegalen Einreise erwischt zu haben.

Mit meinem Pass in der Hand, den er offenbar nicht lesen kann, in der Hand fragt er:

»Und woher kommen Sie, Mr Simone?« und betont dabei überdeutlich die für das Lateinamerikanische typische letzte Silbe.

»Nun, aus London«, antworte ich mit meinem schönsten Oxford-Akzent, was seiner Befragung das gewünschte Ende bereitet.

Es ist aber die letzte Erinnerung dieser Reise, die mir am stärksten im Gedächtnis geblieben ist. Ein Stück weiter hielten wir an dem einzigen Straßenschild, das seit unserer Einreise in Texas auf Leben hindeutete – ich glaube, es war in Encinal. Es handelte sich um eine Tankstelle mit einer Bar und einer, so sagte zumindest ein Schild, Toilette. Nach knapp 1.200 Kilometern lechzten wir nach fließendem Wasser. In der Bar sah ich zwei oder drei Gäste. Ihr Gewicht erstaunte mich. Sie waren nicht nur dick, nicht einfach stark übergewichtig – sie waren es bis in die Fingerspitzen. Noch nie hatte ich übergewichtige Finger gesehen. Auch die Toilette war ein Graus. Es gab keinen Quadratzentimeter, der nicht mit Dreck bedeckt war. Wollte man auch nur die kleinste Menge Wasser aus dem Wasserhahn holen, ohne sich zu beschmutzen, musste man eine akrobatische Übung höheren Schwierigkeitsgrades absolvieren. Selbst angesichts der vielen guten Zeiten, die ich seitdem in Texas hatte (und es gab einige), scheint dieses Bild in meinen Erinnerungen immer wieder durch.

41. Und noch eine Unterbrechung

Es schien, als würde Saint-Privat mir alles für ein zutiefst erfülltes Leben bieten. Ich hatte mein Herz an das Haus verloren, das mir unendlich viele Möglichkeiten für Restaurierungen und Verbesserungen bot. Ich lebte mit einer großartigen und intelligenten Frau zusammen, die all meine Interessen teilte und mit mir arbeitete. Ich liebte die französische Lebensart und all die fantastischen Dinge, die das Land ausmachten. Zum ersten Mal seit den Monaten bei der Royal Air Force war mein Alltag wieder von körperlicher Arbeit geprägt, doch jetzt war es selbst gewählt und willkommen. Wenn ich in Saint-Privat war, stand ich zeitig auf und erledigte schon vor dem Frühstück schwere Arbeiten – manchmal mit Holz, manchmal mit Stein oder Zement. Ich bemerkte, dass ich dabei nicht nur kräftiger und geschickter wurde, auch mein Denken veränderte sich. Früher hatte es sich ständig um die Gesellschaft, Politik und Standpunkte sowie mögliche Themen für Geschichten oder Artikel gedreht. Nun schien es mehr in der Wirklichkeit verwurzelt zu sein – ich würde fast sagen, es war gesünder. Ich begann, die Bedeutung der Balance zwischen körperlicher und geistiger Anstrengung zu verstehen.

Die Kombination der Kargheit von Saint-Privat und dem relativen Luxus, den ich auf meinen Reisen nach England genoss, machte mich sehr produktiv. Es war eine unglaubliche Freiheit, einfach so zwischen Frankreich und England hin und her reisen zu können. Damals waren die Regierungen noch nicht so eng miteinander verflochten wie jetzt. Aus Großbritanniens Sicht war ich ausgewandert, Frankreich hingegen nahm kaum Notiz von meiner Existenz. Ganze dreizehn Jahre lang blieb ich von jeder Bürokratie verschont. Der Umstand, dass ich keine Steuern zahlte, spielte dabei kaum eine Rolle, denn ich hätte ohnehin nur wenig oder gar keine zahlen müssen. Es war einfach die pure Freude, mich frei bewegen zu können, ohne vor irgendjemandem Rechenschaft ablegen zu müssen.

Eine Zeit lang hatte ich eine sehr fruchtbare Zusammenarbeit mit einem Magazin namens *Honey*, ich schrieb einige Beiträge für seinen Redakteur Gillian Cook. Besonders auf den letzten war ich sehr stolz: Es war ein langes Interview mit Ian McKellen (jetzt Sir Ian McKellen), der gerade am Beginn seines Aufstiegs zu einem der bedeutendsten Schauspieler Englands stand. Wir hatten uns in seiner Mietwohnung in Holland Park getroffen und mehrere Stunden miteinander verbracht. Ian war ein bescheidener junger Mann, der nach jahrelangen Theatertourneen durch die Provinz an Armut gewöhnt war. Und er fuhr Motorrad. Nach unserem Gespräch fuhr er, einen langen, gestreiften Wollschal um den Hals, mit seinem Motorrad zu einem Theater im West End. In dem Moment jedoch, in dem er die Bühne betrat, war er ein anderer. Es war der Abend, an dem er Edinburghs Kritiker mit einer Tour de Force im Sturm eroberte: Er spielte zwei Könige – Shakespeares Richard II. und Marlowes Edward II. – an ein und demselben Abend. Wir verstanden uns so gut, dass ich ihn schließlich als Freund betrachtete. Ich gab mir sehr viel Mühe mit dem Text und war sehr traurig, dass er aus mir unbekannten Gründen nie veröffentlicht wurde.

Mit der Zeit kamen ein oder zwei Londoner Freunde nach Saint-Privat und kauften sich kleine Häuser in der Nähe. Ralph Steadman wohnte bereits im Nachbardorf Les Salces und richtete sich dort einen kleinen Rückzugsort ein. John Whitmores Frau Gunilla kaufte ein Haus in meiner Straße. Es gab so viele leerstehende Häuser und die Grundstückspreise waren so niedrig, dass man fast davon träumen konnte, die Beatles würden das ganze Dorf kaufen.

1970 war ich kurz davor, die Beatles zu treffen. Ron Kass, einer ihrer Manager, war ein Kumpel von Doug Hayward. Er lud mich ein, sie in ihrem Büro in den Räumen der *Apple Corps. Limited* zu treffen. Wir warteten darauf, dass sie aus ihrem Proberaum herunterkommen würden. Wir warteten sehr, sehr lange. Schließlich erfuhren wir, dass sie ausgerechnet an diesem Tag die Entscheidung getroffen hatten, sich zu trennen.

Irgendwie, wahrscheinlich auf einer Party, machte ich die Bekanntschaft von Moira und Brigid Keenan, zwei Schwestern mit irischen Wurzeln. Brigid war freiberufliche Autorin, während Moira als Feuilletonredakteurin bei der *Times* arbeitete. Es gelang mir, ihr Interesse an einen Text zu wecken, den ich über Philip Kingsley schreiben wollte, einen der »Fußballhelden«, mit denen ich nach Mexiko gereist war. Philip war charmant, nicht sehr großgewachsen und eher ein intellektueller als ein sportlicher Mann. Er war mit einer Vision aus den Vorstädten Londons ins Zentrum gekommen.

Philip hatte Trichologie studiert, einen halb medizinischen, halb kosmetischen Ansatz zur Behandlung von Haaren und Kopfhaut. Er nahm sein Metier sehr ernst. Gleichzeitig verstand er das außerordentliche Wohlgefühl, das viele Menschen empfinden, wenn ihnen jemand durch das Haar streicht. Die meisten von uns kennen es nur von kurzen Momenten des Glücks bei ihrem Friseur. Philip eröffnete nun einen Trichologie-Salon in Mayfair, nicht weit entfernt von Doug Haywards Atelier. In diesem Salon saßen seine »Patienten« in gemütlichen Sesseln, während hübsche junge Frauen (natürlich in

Miniröcken, schließlich war das die damalige Mode) ihnen eine halbe Stunde lang Philips Speziallotion in die Kopfhaut massierten. Die Behandlung war teuer. Zweifellos hatten die Lotionen ihren Wert, doch ich war sicher, den Hauptgrund dafür zu kennen, dass Popstars, Bankiers und Menschen mit so viel Geld, dass sie es zum Fenster rauswarfen, seinen Salon stürmten: Er schenkte ihnen eine halbe Stunde ganz besonderer Ekstase.

Natürlich erschien der Artikel in *The Times*, und Moira war so nett, mich den Titel schreiben zu lassen:

JUST SEE WHAT A FROLIC'LL DO
FOR YOUR FOLLICLES

Ich mochte die Schwestern Moira und Brigid sehr, beide besuchten mich mehrmals in Saint-Privat. Leider starb Moira wenig später an Brustkrebs, Brigid jedoch kaufte mit Jos Hilfe ein Haus in Pégairolles, einem Dorf in der Nähe von Saint-Privat. Später entwarf Jo Brigids Küche und bot ihre Fähigkeiten im Bereich Inneneinrichtung bald auch offiziell an.

Obwohl unsere Region nach und nach von Abenteurern aus dem Ausland »entdeckt« wurde, hat das Dorf seinen zeitlosen Charme bis heute nicht verloren. Dennoch gab es über die Jahre große Veränderungen, die ich aus meinem Fenster über der Straße beobachtete. Ein Großteil des Wandels wurde durch eine neue Initiative aus Paris herbeigeführt. Der gesamte Südwesten Frankreichs, also das Languedoc und das Roussillon, war seit jeher das »Weinfass des Landes«: Hier produzierte man riesige Mengen mittelmäßigen, wenn nicht sogar schlechten Weins für den Rest des Landes. Den Beweis für die miese Qualität lieferte mein Nachbar Désiré, der den Saft seiner Carignan-Trauben im Keller unter meinem Haus presste und seinen Wein herstellte.

Gelegentlich bot er mir ein oder zwei Gläser an, die ich aus reiner Höflichkeit trank.

Er besaß nur einen oder zwei Hektar mit Weinreben, die er und seine Familie mit Pferd und Wagen bearbeiteten. Der Saft wurde in einer großen Betonkuhle fermentiert, die sich ebenfalls unterhalb meines Hauses auf der anderen Straßenseite befand. Danach wurde sein Wein von Zwischenhändlern aufgekauft, mit dem Tausender anderer Kleinproduzenten vermengt und nach Norden verschifft. Der größte Teil dieser Kleinbauern – wie Désiré besaßen die meisten von ihnen nur wenige Hektar – verwahrte ihr kleines Einkommen unter der Matratze. Die Regierung jedoch, die mit einer geschrumpften Steuerbasis zu kämpfen hatte, war entschlossen, die kleinen Weinbauern auf dem Land in die Wirtschaftsabläufe zu integrieren. Mit Hilfe der Banken setzte sie ein Kreditprogramm auf, das äußerst attraktive Darlehen für Renovierungen und landwirtschaftliche Maschinen anbot. Doch um in den Genuss dieser Darlehen zu kommen, mussten die Bauern ihr Einkommen angeben und sich im Steuersystem registrieren lassen.

Viele Bewohner von Saint-Privat nahmen Darlehen in Anspruch. Alte Küchen wurden herausgerissen, Toiletten wurden – oft zum ersten Mal – eingebaut. Der bislang unberührte Bach, der am Dorf vorbeifloss, wurde zur Müllkippe für Bauabfälle. Große Lastwagen von Antikmöbelhändlern, beladen mit alten und altmodischen Schränken und Kommoden, verließen auf der Straße unter mir das Dorf. Andere Lastwagen lieferten rostfreien Stahl und Plastikmöbel aus Mailand. Pferde verschwanden und wurden durch kleine Traktoren ersetzt. Aus den Ställen, die auch als Toiletten für Menschen und Tiere gedient hatten, kam kein Dünger mehr, also kaufte man Kunstdünger als Ersatz. Die grellbunten Plastiktüten, in denen er geliefert wurde, verschlossen danach entweder undichte Dachlöcher oder landeten im Bach.

Natürlich waren es vor allem Zement und Beton, die für die Arbeiten in den Häusern verwendet wurden, und Monsieur Muzzarelli in Les Salces, der sich darauf spezialisiert hatte, verkaufte seine Waren in alle Himmelsrichtungen und wurde ein reicher Mann. Es dauerte nicht lange, bis die Kopfsteinpflasterstraße unter mir aufgerissen, ein neues Abwassersystem installiert und die Straße zubetoniert wurde. All die Veränderungen, die in anderen Teilen Frankreichs über Jahrzehnte stattgefunden hatten, geschahen in Saint-Privat in wenigen Jahren. Irgendwann waren die meisten Auswüchse unter Kontrolle, der Bach wurde wieder sauber. Und obwohl das Dorf nun einen kleinen Vorort mit Betonhäusern hat, von denen viele von ebenjenem Muzzarelli erbaut wurden, ist Saint-Privat selbst zeitlos und schön geblieben.

Nie wieder habe ich eine so starke Verbindung zu einem Gebäude oder zu einem Ort gefühlt. Noch heute kann ich mir den Frieden und die Freude vergegenwärtigen, die ich empfand, wenn mich abends die warmen Mauersteine im Innenhof wärmten oder wenn ich in der großen Halle mit dem monumentalen Kamin Zuflucht vor der Hitze des Tages suchte. Einmal fand ich im Kamin eine eineinhalb Meter lange Ringelnatter, die sich zwischen den kühlen Steinen zusammengerollt hatte. Das Leben, das Jo und ich führten, mag idyllisch anmuten, und dennoch wuchs langsam eine gewisse Anspannung zwischen uns. Ich kann aus jetziger Distanz nicht sagen, wer von uns Schuld daran hatte, aber ich bin bereit, sie auf mich zu nehmen. Vielleicht ist es ein Ergebnis einer eher einsamen Kindheit, dass ich immer zu sehr in meine Gedanken versunken war und keine spontane Zuneigung zeigen konnte. Ich bin sicher, dass Jo das vermisste. Vielleicht behandelte ich sie eher wie einen Pokal, denn als geliebte Person, was schon Grund genug wäre für den Groll, der gelegentlich aufflammte. Es wäre absurd, einem von uns die Verantwortung zuschieben zu wollen, doch fest steht, dass ich die Spannungen zwischen uns Ende 1972 als unerträglich empfand und ihr sagte, dass ich Abstand bräuchte – wenn auch nur für eine Weile. Der Bruch war extrem schmerzhaft, und mindestens ein Teller flog an die Wand. Ich fühlte mich elend, weil ich die Situation verursacht hatte, und Jo war weiß vor Wut. Schließlich akzeptierten wir die Entwicklung und warfen uns nichts an den Kopf, das uns hinterher leidgetan hätte.

Schon seit einiger Zeit hatte ich mit dem Journalismus gehadert. Ich hatte bereits einige Anläufe gestartet, einen Roman zu schreiben und mich von den journalistischen Gewohnheiten zu befreien. Das Buch über den Grand Prix hatte meinen Appetit auf etwas Handfesteres geweckt, und ich wollte mir irgendwo in England ein ruhiges Plätzchen suchen, um mich an einem Roman zu versuchen. Ich hatte bereits einige Ideen, und es war an der Zeit, sie zu Papier zu bringen.

Mein Freund Tony Morgan, noch immer ein begeisterter Segler, besaß ein kleines Apartment in der Küstenstadt Lymington und gab mir die Schlüssel dazu. In diesem Winter schrieb ich die ersten dreißigtausend Wörter. Ich fand, dass es sich bisher ganz gut las, doch dann verlor ich den Faden und hatte keine Idee, wie die Geschichte weitergehen könnte. Ich hatte die Vorstellung, dass Menschen selten durch ein offensichtliches Motiv zum Handeln bewegt werden. Ein Mensch, der sich zu einem bestimmten Zeitpunkt einer aufkommenden faschistischen Bewegung anschließen könnte, wäre zu einer anderen Zeit ein vehementer Tierschützer oder würde sich in einer Anti-Kernkraft-Demonstration an ein Geländer ketten. Doch ich steckte in den Übergängen fest und konnte die Charaktere, die ich erschaffen hatte, weder verletzen noch umbringen.

Im März, als ich noch über dieses Dilemma grübelte, sah ich einen BBC-Beitrag über die Armut in den Entwicklungsländern.

Der Krieg und seine Folgen hatten jeden Gedanken an Armut und das beschwerliche Leben in anderen Teilen der Welt weggewischt. Wir alle hatten schwer damit zu kämpfen, Tod, Verwüstung und die Schwierigkeiten der Nachkriegsjahre zu verdauen. Jetzt, in den frühen Siebzigern, begannen wir, den Rest der Welt und seine Probleme wieder wahrzunehmen. Einhundert verdiente Menschen aus allen Bereichen hatten sich im *Club of Rome* zusammengeschlossen und einen Bericht vorgelegt. Er benannte den Klimawandel und unbegrenztes Wachstum als die größten Bedrohungen für die Zukunft der Menschheit.

Ich sah, wie die BBC-Kamera sich um die Welt bewegte und auf einer Südseeinsel landete, deren Bewohner angeblich in extremer Armut lebten. Ich sah einen Strand, der wunderschön golden wirkte, von Kokospalmen gesäumt war und gelegentlich von der Gischt der trägen Wellen überspült wurde. Am Strand sah man Männer, die einen reichen Fang Fische einbrachten. Sie trugen nichts als zerrissene Shorts, waren aber sämtlich schöne, muskulöse Männer, die ihrer Arbeit scheinbar mit Leichtigkeit nachgingen. Mir schossen gleich mehrere Gedanken durch den Kopf: Ich war noch nie auf einer Südseeinsel. Wenn diese Männer in Armut lebten, dann war Armut vielleicht gar nicht so schlimm. Ich hatte in Saint-Privat mehrere Monate in selbstgewählter Armut gelebt – und hätte nicht glücklicher sein können.

Ich war 42 Jahre alt und wusste fast nichts über die weite Welt. Wenn ich daran nicht bald etwas änderte, würde ich über den größten Teil des Planeten, auf dem ich lebte, kaum etwas wissen.

An Ort und Stelle entschied ich, dass ich eine Möglichkeit finden würde, um die Welt zu reisen und sie mir anzusehen. Am Abend hatte ich entschieden, wie ich es machen würde. Natürlich würde ich Geld brauchen. Und natürlich würde ich das Geld mit Schreiben verdienen. Damit das klappen könnte, musste es eine einzige Reise sein. Und wenn ich andere davon begeistern wollte, müsste ich dieses Abenteuer auf interessante und ungewöhnliche Weise gestalten. Ich würde ein Fahrzeug brauchen, und von allen Fahrzeugen, die mir einfielen, schien das attraktivste, handlichste und ungewöhnlichste ein Motorrad zu sein. Ich wusste nichts über Motorräder, doch genau das machte die Idee noch spannender. Ich war sicher, dass niemand zuvor diese Fahrt unternommen hatte. Sollte ich überleben, würde es ganz sicher ein gutes Buch werden.

42. »Warum hast du das gemacht?«

In meinem ganzen, langen Leben gab es keinen Tag, der diesem Märztag 1973 glich. Oft habe ich Entscheidungen getroffen, nur um sie am folgenden Tag wieder über Bord zu werfen. Meist ging es darum, keinen Alkohol mehr zu trinken, nicht mehr zu rauchen oder mehr Sport zu treiben. Allerdings bin ich einfach nicht konsequent, wenn ich angenehme Dinge aufgeben oder mich zu unangenehmen verpflichten soll. Wie konnte ich also mit absoluter Sicherheit wissen, dass ich um die Welt fahren würde, selbst wenn ich dabei draufginge? Schließlich fand bisher alles nur in meinem Kopf statt, und hätte ich meine Meinung am nächsten Tag geändert, hätte nie jemand davon erfahren. Warum wusste ich einfach, dass dies nicht geschehen würde, dass die Entscheidung in Stein gemeißelt war?

Ich wusste ja nicht einmal, *worüber* ich redete. Ich wusste kaum etwas über Motorräder oder über die Welt, die ich umkreisen wollte. Trotzdem war meine Vorstellung von dieser Reise, meine Vision, so vollständig und so absolut machbar, dass sie unwiderstehlich war. Es war eine Idee, die darauf wartete, Wirklichkeit zu werden.

Heute erkenne ich, dass ich Schritt für Schritt in ein derartiges Abenteuer hineingewachsen war. Schon immer hatte ich nach großen Ideen gesucht, denen ich mich mit Haut und Haaren hingeben konnte. Und ich hatte mir die Freiheit bewahrt, sie anzugehen und mit kraftvoller Begeisterung umzusetzen. Neben

Englisch sprach ich (wenn auch nicht besonders gut) Französisch und etwas Deutsch. Ich war körperlich fit und, vielleicht noch wichtiger, verfügte über eine robuste Verdauung. Außerdem hatte ich wissenschaftliche Grundkenntnisse, von denen ich glaubte, dass sie mir bei verschiedenen Problemen helfen würden. Und ich schaffte es leicht, dass Menschen mich ernst nahmen.

Bis heute werde ich wieder und wieder gefragt: »Warum hast du das gemacht?« Nun, die kurze Antwort ist: Neugier. Doch zur Wahrheit gehört viel, viel mehr. Über Jahrzehnte war diese Vision in mir gewachsen – genährt durch die Bücher, die ich las, die Geschichten, die ich hörte, die kurzen Reisen, die ich selbst unternahm, und zweifellos durch meine überall in der Welt verstreuten Vorfahren. Ich verspürte einen großen Hunger, ein unersättliches Verlangen nach dem, was wir leichthin »die Welt« nennen, was aber in Wirklichkeit eine unendliche Vielfalt des Lebens auf diesem ganzen, riesigen Globus ist: Menschen, Tiere und Pflanzen in all ihren Farben und Formen, ihrer Schönheit und Hässlichkeit, ihrer Liebe und Brutalität. Ich stellte mir vor, wie ich durch diese Welt fuhr, sie aufnahm, mich ihr anpasste und hoffentlich in ihr überlebte, um eines Tages reich beschenkt zurückzukehren.

All das kam an diesem einen Tag im März zusammen. Das Motorrad war das Mittel, nicht der Zweck. Es war diese Vision, die meine Entschlossenheit sechs Monate lang aufrechterhielt und festigte. Ich war ein Mann mit einer Mission.

Da ich kaum genug Geld zum Leben hatte, war von Anfang an klar, dass alles, was ich für die Reise brauchte, von anderen bezahlt werden musste – und die einzigen Menschen in meinem Umfeld, die das Geld ausgeben würden, waren Zeitungsredakteure.

Normalerweise muss jemand, der nach Unterstützung für ein herausforderndes oder absurdes Unterfangen sucht, seitenweise

Erklärungen, Budgets, Tabellen, Karten und seriöse Berichte abliefern, in denen die lebenslange Leidenschaft für die Wiederbelebung des fünfbeinigen Leguanvogels oder die Enthüllung der Wahrheit über Scientology ausgebreitet werden. Ich habe diese Fingerübungen immer verabscheut, die sich zudem meist als Hirngespinste herausstellten. Nur einmal in meinem Leben habe ich ein Exposé für ein Buch geschrieben, und es hat mir nicht zur Ehre gereicht. Ich ziehe es vor, Menschen zu treffen und mit ihnen zu sprechen.

Also versammelte ich meine relevanten Kontakte: eine Handvoll Redakteure und meinen wunderbaren, treuen Agenten Pat Kavanagh. Ich war zuversichtlich, dass meine Idee so gut war, dass sie sich von selbst verkaufen würde. In der Fleet Street kannte man mich gut genug, um mich ernst zu nehmen. Außerdem wussten die Leute bereits, dass ich schreiben konnte – sie konnten also sicher sein, anständige Geschichten für ihr Geld zu bekommen. Ich machte mich umgehend daran, meinen Plan zu verbreiten. Schon bald erfuhr ich, dass Arthur Christiansens Sohn Mike vom *Daily Mirror* von meiner Idee sehr angetan war und mich mit Freuden unterstützen wollte. Unglücklicherweise erwarteten seine Leute, dass ich in bester Boulevardmanier innerhalb von drei Monaten um die Welt fahren würde – was ganz und gar nicht meinen Vorstellungen entsprach. Ich wartete also ab. Dann berichtete Pat, er hätte mit dem Redakteur der *Sunday Times* gesprochen. Er schien interessiert.

Ich war überrascht. Die *Sunday Times* war eine der großen Zeitungen, seriös, einflussreich und dafür bekannt, furchtlos gegen Gauner und skrupellose Unternehmen zu schreiben. Es war noch nicht lange her, dass sie eine skandalöse Vertuschung von conterganbedingten Missbildungen bei Neugeborenen aufgedeckt hatte. Die Vorstellung, dass dieses Blatt sich mit einem motorradfahrenden Witzbold beschäftigen wollte, erstaunte mich. Ich hatte gedacht, dass Motorräder damals viel zu profan für ein Blatt wie die *Times* wären. Der Redakteur jedoch war zum Glück frei von solchen Vorurteilen, und zu meiner Überraschung erfuhr ich, dass er selbst eine BMW fuhr. Sein Name war Harold Evans. Wir trafen uns zu einem Gespräch, und sofort wusste ich, dass alles so werden würde, wie ich es mir vorgestellt hatte.

Harry Evans war ein eher kleiner Mann und ungefähr in meinem Alter. Er war fit, bewegte sich mit federnder Leichtigkeit (jeden Morgen schwamm er zwanzig Runden), und sein Dialekt offenbarte, dass er aus Manchester stammte. Er war erfrischend bescheiden, besaß aber eine natürliche Autorität. In der kurzen Zeit, die er für mich erübrigen konnte, beeindruckte er mich sehr. Er verstand, dass ich mit dieser Reise das ernsthafte Anliegen verband, die Armut in der Welt zu verstehen. Es sollte kein bloßes Abenteuer werden. Ich erklärte ihm, dass ich nicht einfach um den Globus *fahren*, sondern so viel wie möglich *erfahren* wollte – über die Welt und über die Menschen, die ich treffen würde. Evans bat Phillip Knightley und Peter Harland dazu, und Knightleys schätzte, dass ich etwa achtzehn Monate unterwegs sein würde. Evans sagte mir 2.000 Pfund zu und bestimmte Peter Harland zu meiner Kontaktperson bei der Zeitung.

Durch Harrys Zusage stand ich nun auf festerem Boden, um bei einem Verlag nach einem Vorschuss für ein Buch anzufragen. Natürlich wandte ich mich zuerst an Gillon Aitken, meinen früheren Literaturagenten. Er war inzwischen Geschäftsführer beim Verlagshaus *Hamish Hamilton* und sagte mir unumwunden 500 Pfund zu. Das war's!

Jetzt musste ich nur noch ein Motorrad finden, fahren lernen, den Führerschein machen, mich für eine Route entscheiden, alles, was ich mitnehmen wollte, irgendwie unterbringen, besondere Klima- und Wetterverhältnisse sowie die besten

Reisezeiten in Erfahrung bringen, in entfernten Regionen Inspektionen, Reifen und so weiter organisieren, Visa für die Länder besorgen, für die sie notwendig waren, und überhaupt so viele Informationen wie möglich einholen. Abgesehen davon wollte ich einfach nur fahren.

Der einzige Freund mit einem Motorrad, auf dem ich hätte üben können, war ein Buchhalter namens Anton Felton. Allerdings war seine Maschine eher ein Roller, eine Honda ohne Gänge. Ich fand es so leicht, damit umherzufahren, dass ich mich wenige Wochen später zur Prüfung anmeldete. Ich musste eine ganze Weile warten, doch schließlich kam der Prüfungstag und mit ihm ein äußerst unsympathischer Prüfer. Er forderte mich auf, einige Male um den Block zu fahren und eine Vollbremsung zu machen, sobald er die Straße betrat. Er tat seinen Teil, ich den meinen, und dann ließ er mich durchfallen. Auf meine Frage nach dem Grund antwortete er, ich hätte meine Knie seitlich zu weit herausgestreckt: »Ich bin in Brooklands Rennen gefahren«, sagte er, »und wenn ich meine Knie so weit herausgestreckt hätte, wären sie jetzt weg.« Erst später gingen Motorradrennfahrer dazu über, ihre Knie in den Kurven herauszuhängen – ich konnte ihm also nichts entgegensetzen.

Anton wollte seine Maschine zurückhaben, und ich wusste nicht, woher ich eine andere bekommen sollte. Inzwischen hatte ich viele Punkte auf meiner Liste schon fast abgearbeitet, und die Zeit wurde langsam knapp. Da ich meinen Führerschein womöglich nicht rechtzeitig bekommen würde, begann ich, über die – natürlich illegale – Möglichkeit einer Abfahrt ohne Führerschein nachzudenken. Seltsamerweise war es kein Problem, von der *Automobile Association* AA (vielleicht war es auch der *Royal Automobile Club* RAC – egal, es war irgendwo beim Piccadilly Circus) einen internationalen Führerschein zu bekommen. Alles, was sie wollten, waren ein Foto und ein Pfund. Dafür

bekam man ein kleines Heftchen mit dem Foto, ein paar schönen Worten, mit denen Behörden gebeten wurden, im Notfall
zu helfen, einem schicken Stempel und einer Unterschrift. Man
brauchte keinen gültigen Führerschein, ich schwöre! Ich habe
das Heftchen noch, ich kann es beweisen.

Dann hatte ich eine fantastische, wenn auch unvernünftige
Idee. Ich rief bei Yamaha an und gab mich als Mitarbeiter der
Sunday Times aus, der eines ihrer leichteren Motorräder testen
wollte. Sie zweifelten keine Sekunde an meiner Aussage. Das
einzige Problem war, die 125er Zweitakt-Maschine von ihrem
großen Werksgelände zu bringen: Ich war nie zuvor ein Motorrad mit Gangschaltung gefahren. Ich glaube, ich konnte den
Schein wahren, indem ich vorgab, die Maschine während der
Fahrt gründlich zu beobachten. Sobald ich jedoch außerhalb
der Absperrung war, zog ich schweißgebadet mein »L«-Schild
unter der Jacke hervor, brachte es an und untersuchte, wie
dieser komische Schalthebel funktionierte. Glücklicherweise
erschlossen sich mir die Geheimnisse des Motorrads ziemlich
schnell, aber ich musste noch auf einen neuen Prüfungstermin
warten. Währenddessen schaute ich mich natürlich weiter nach
einer Maschine um, die mich um die Welt bringen würde. Die
Auswahl war begrenzt. Man hatte mich vor japanischen Motor-
rädern gewarnt, was ich durchaus nachvollziehen konnte: Die
Yamaha war bereits einmal liegengeblieben, und italienische
Maschinen galten als zu kapriziös. Es würde also entweder ein
britisches oder ein deutsches Fabrikat werden.

Es gab Straßenmaschinen und es gab Rennmaschinen – ich
brauchte ein Straßenmotorrad. Hätte es damals schon Motorräder für beide Zwecke gegeben, hätte Don Godden, ein Freund
von John Whitmore und Motorrad-Rennsport-Champion, es
mir gesagt. Er riet mir zu einer Triumph, weil sie die leichteste
und verlässlichste der drei britischen Marken war. Die andere

naheliegende Option wäre eine BMW gewesen. Tatsächlich habe ich mit BMW-Vertretern gesprochen, doch sie wirkten nicht sehr begeistert. Wahrscheinlich hätte ich von ihnen ein Motorrad bekommen, aber ich hoffte zusätzlich auf beträchtliche Unterstützung, die hier eher unwahrscheinlich schien.

Also rief ich bei Triumph an und wurde zu Ivor Davis, dem PR-Chef, durchgestellt. Als ich ihm erzählte, dass ich die *Sunday Times* im Rücken hatte, war er begeistert und lud mich zu einem Besuch bei Triumph ein. Damals verloren britische Motorräder gerade große Marktanteile an japanische Eindringlinge, ihr Überleben war gefährdet. Es war eindeutig, dass Davis die Publicity wollte.

An einem sonnigen Sommertag fuhr ich also zur Triumph-Fabrik in Meriden, das zufälligerweise im geographischen Herzen Englands liegt. Davis hatte mir ein Zimmer über einem nahegelegenen Pub gebucht, in dem ich einen fröhlichen Abend verbrachte. Was den Abend für mich auf immer in dieser Zeit verankerte, war die Musik: Der Vietnamkrieg war noch in vollem Gange, und wieder und wieder drang *Tie a yellow ribbon round the old oak tree* an mein Ohr.

Für den folgenden Morgen hatte David eine kleine Besprechung organisiert, an der auch ein angenehmer, offener und spürbar intelligenter Mann namens Doug Hele teilnahm. Wir diskutierten, welches Triumph-Modell ich nehmen sollte und welche Veränderungen daran vorgenommen werden müssten. Ich hatte keine Ahnung, dass ich mich in der Gesellschaft des Mannes befand, der oft als größter Motoradingenieur aller Zeiten bezeichnet wurde. Umgekehrt hatten die beiden keine Ahnung, dass sie sich in der Gegenwart eines Mannes befanden, der nicht einmal einen Motorradführerschein hatte.

Sie kamen überein, dass die Tiger 500 Paralleltwin das beste Motorrad für mein Abenteuer wäre. Auch die Bonneville 650 stand zur Debatte, doch letztlich war ihnen Ausdauer wichtiger als Leistung. Die beiden schrieben alle notwendigen Umbauten auf einen Zettel gelben Kanzleipapiers. Ich versuchte inzwischen zu verbergen, dass ich nur ein unwissender Beobachter war, der weise nickte, wenn es angemessen schien. Für mich war das Wichtigste, dass sie anboten, mir schon jetzt ein Motorrad dieses Modells zu leihen, damit ich mich in Ruhe daran gewöhnen konnte. Sobald ich meinen Führerschein auf der Yamaha bestanden hatte, fuhr ich mit dem Zug nach Meriden, um es abzuholen.

Ich erinnere mich daran, wie groß und schwer mir das Motorrad damals erschien. Und natürlich gab es damals noch keine elektrischen Anlasser, sondern nur Kickstarter. Der großgewachsene Mechaniker, der mir die Maschine aus dem Werk fuhr, umfasste beide Griffe, zog die Kupplung, legte den Gang ein, schob sie mühelos an, sprang auf und ließ die Kupplung kommen, damit das Motorrad ansprang. Ich war richtiggehend eingeschüchtert.

Später hatte ich mich so sehr an das Motorrad gewöhnt, dass es ein Teil von mir hätte sein können, aber ich hatte nie den Mut, es auf diese Weise anzulassen.

Sobald ich konnte, nahm ich die Maschine mit nach Südfrankreich, wo ich mit einer Tour durch die wilde Landschaft des Larzac-Plateaus Fahrerfahrung sammeln wollte. Inzwischen hatte Jo sich irgendwie mit meinem seltsamen Verhalten versöhnt: »Wenn es jemand verdient hat, mit dem Motorrad um die Welt zu fahren, dann du«, sagte sie und unterstützte mich, wo sie nur konnte. Wir verbrachten einige wunderschöne Tage auf der Hochebene, probierten verschiedene Packvarianten für die Fiberglasboxen, die Ken Craven mir zur Verfügung gestellt hatte, und testeten ein moskitosicheres Zelt, das ich selbst entwickelt hatte.

Meinen schlimmsten Unfall hatte ich auf einer unserer kleinen Schotterstraßen. Es war nicht ernst, aber schmerzhaft, da sich eine hübsche Ansammlung kleiner Steine in meiner Hüfte versammelte. An diesem Abend verbrachte ich viel Zeit auf einem Tisch, während André, ein Freund von uns mit medizinischen Kenntnissen, die Steinchen einen nach dem anderen aus mir herausholte. »Na, wenn das schon so anfängt«, grinste er, »sehe ich schwarz für deine Zukunft.«

Jo nahm die Sache nicht so leicht. Sie kaufte ein Schaffell und fertigte mir ein Paar Beinkleider mit Riemen und Messingschnallen, die wunderschön anzusehen waren. Außerdem schenkte sie mir die Fliegerjacke, die ihr Vater im Zweiten Weltkrieg während der Luftangriffe auf Deutschland getragen hatte. Es war ein unbezahlbares Geschenk.

Als ich ein paar Wochen vor Beginn meiner Reise nach England zurückkam, fuhr ich auf meinem Leihmotorrad nach Meriden und bekam endlich die Maschine, auf der ich um die Welt fahren würde. Natürlich hatte ich mitbekommen, dass es im Werk gärte. Das Management von Triumph wollte die Fabrik schließen und die Produktion verlagern, während die Arbeiter sich gegen diese Bestrebungen zusammenschlossen. Das bestärkte mich einmal mehr in meiner Entscheidung für die Triumph – und natürlich sympathisierte ich mit den Arbeitern.

Sie taten ihr Möglichstes, um mich gut vorzubereiten. Einer der Jungs gab mir eine mehrstündige Einweisung zur Wartung der Maschine und gab mir ein Handbuch mit. Ich stellte sicher, dass ich das Minimum an notwendigen Werkzeugen hatte, und beobachtete dann, wie mein Motorrad, eine XRW964M, vom Fabrikband lief. Es war ein Polizeimodell mit Solositz, Einfachvergaser und Kolben mit niedriger Kompression. Allerdings war keine der spannenden Spezialanpassungen durchgeführt worden. Die Fabrik war in Aufruhr, am folgenden Tag verriegelten die

Arbeiter in Meriden die Werkstore und schlossen das Management aus. Ich aber hatte das Motorrad, das ich wollte.

In diesen letzten Wochen gab es jede Menge zu tun. Meine Freunde kamen vorbei und halfen mir, obwohl sie mich alle für leicht verrückt hielten. Nicht so Harry Evans. Er schlug vor, mit mir nach Hendon zu fahren, wo die Polizei ihre eigenen Motorradfahrer ausbildete und wir den einen oder anderen guten Tipp bekommen könnten. Also fuhren wir nach Hendon, er auf seiner BMW, ich auf meiner Triumph. Wir verbrachten einen Nachmittag in der Polizeischule und lernten von drei Polizeikommissaren, wie man »die Straße beherrschte«. Ich habe voller Dankbarkeit an sie gedacht, als ich durch Nordafrika fuhr.

Um genügend Zeit für die Beschaffung der Visa und anderer Dokumente zu haben, hatte ich mich schon vor einer Weile entscheiden müssen, welche Strecke ich fahren würde. Einige Teile der Welt, wie zum Beispiel die Sowjetunion, waren nicht zugänglich. Ich würde also südlich des Himalaya bleiben müssen. Der Hippie-Trail nach Kathmandu war inzwischen Kult geworden, viele Touristen reisten gen Osten. Ich aber entschied, zuerst durch Afrika zu fahren.

Ich traf diese Entscheidung vor allem aus Angst. Damals wohnte ich in Battersea bei Brigid Keenan und ihrem Mann Alan Waddams, der als Beamter im Britischen Überseeministerium arbeitete. Ich hatte gerade drei Michelin-Karten gekauft, die zusammen den afrikanischen Kontinent abbildeten. Auf dem polierten Holzboden des Wohnzimmers breitete ich sie nebeneinander aus. Die Karten waren wunderschön, aber riesig: Sie beanspruchten den halben Fußboden. Plötzlich wurde mir klar, wie unfassbar groß dieser Kontinent war und wie komplett ahnungslos ich mit Blick auf das war, was mir dort begegnen könnte. Die Vorstellung war furchterregend. Also sagte ich mir, dass ich das genauso gut als Erstes angehen könnte. Ich entschied mich, entlang der Ostküste Afrikas nach Süden zu fahren – zum einen, weil ich so den Krieg in Angola umfahren würde, zum anderen, weil Alan und Brigid zu Weihnachten in Addis Abeba sein würden. Ich vermutete, dass mir, wenn (falls) ich dort ankäme, durchaus nach einem englischen Christmas Pudding sein würde.

Vom südlichsten Punkt Afrikas aus wollte ich per Schiff den Atlantik nach Brasilien überqueren, dann um Südamerika, also Argentinien und Chile, herum und schließlich nach Norden in die USA fahren. Ich saß im alten Londoner Gebäude der Fluggesellschaft BOAC und wartete auf eine Gelbfieberimpfung, als ich las, dass General Pinochets Flugzeuge im chilenischen Santiago Bomben auf den Regierungssitz *Palacio de La Moneda* und Präsident Allende warfen. Würde mich das betreffen – und wenn ja, wie? Plötzlich wurde jede Meldung persönlich.

Ich plante meine Route durch Tunesien und Nordafrika bis Ägypten, dann weiter nach Süden. Ich brauchte Visa für Libyen, Ägypten, den Sudan und Äthiopien. Keines davon war leicht oder schnell zu bekommen, doch dank meiner Verbindungen zur *Sunday Times* hatte ich zwei Pässe. Am wichtigsten war es, rechtzeitig aufzubrechen, um die Regenzeit in Äthiopien und Kenia zu vermeiden. Das bedeutete, dass ich Anfang Oktober losfahren musste. Mit Peter Harland von der *Sunday Times* legte ich das Datum meiner Abfahrt fest: den 6. Oktober, was dann genau der Tag war, an dem Ägypten Israel den Krieg erklärte und sich alles änderte.

Der Rest ist Geschichte – zu erleben in *Jupiters Fahrt*.

INHALT